HERMES

在古希腊神话中，赫尔墨斯是宙斯和迈亚之子，奥林波斯众神的信使，道路与边界之神，睡眠与梦想之神，死者的向导，演说者、商人、小偷、旅者和牧人的保护神——解释学（Hermeneutic）一词便来自赫尔墨斯（Hermes）之名。

Harvard

西方传统 经典与解释
Classici et Commentarii
HERMES
德意志古典法学丛编
黄涛　吴彦◉主编

[加]李普斯坦（Arthur Ripstein）◉著

强力与自由

——康德的法哲学与政治哲学

Force and Freedom:
Kant's Legal and Political Philosophy

毛安翼 / 译

知识产权出版社
全国百佳图书出版单位

献给Noah、Aviva、Karen
以及从事康德研究的诸位同仁

缘　　起

自严复译泰西政法诸书至本世纪四十年代，汉语学界中的有识之士深感与西学相遇乃汉语思想史无前例的重大事变，孜孜以求西学堂奥，凭着个人的禀赋和志趣选译西学经典，翻译大家辈出。可以理解的是，其时学界对西方思想统绪的认识刚刚起步，选择西学经典难免带有相当的随意性。

五十年代后期，新中国政府规范西学经典译业，整编四十年代遗稿，统一制订新的选题计划，几十年来寸累铢积，至八十年代中期形成振裘挈领的“汉译世界学术名著”体系。虽然开牖后学之功万不容没，这套名著体系的设计仍受当时学界的教条主义限制。“思想不外乎义理和制度两端”（康有为语），涉及义理和制度的西方思想典籍未有译成汉语的，实际未在少数。

八十年代中期，新一代学人感到通盘重新考虑“西学名著”清单的迫切性，创设“现代西方学术文库”。虽然从迻译现代西方经典入手，这一学术战略实际基于悉心疏理西学传统流变、逐渐重建西方思想汉译典籍系统的长远考虑，翻译之举若非因历史偶然而中断，势必向古典西学方向推进。

九十年代以来，西学翻译又蔚然成风，丛书迭出，名目繁多。不过，正如科学不等于技术，思想也不等于科学。无论学界迻译了多少新兴学科，仍似乎与清末以来汉语思想致力认识西方思想大传统这一**未竟前业**不大相干。晚近十余年来，欧美学界重**新翻译和解释**古典思想经典成就斐然，汉语学界仅仅务竞新奇，仅限时下“主义”流变以求适时，西学研究终不免以支庶续大统。

西方思想经典即便都译成了汉语，不等于汉语学界有了**解读能力**。西学典籍的汉译历史虽然仅仅百年，积累已经不菲，学界的读解似乎仍然在吃夹生饭——甚至吃生米，消化不了。翻译西方学界诠释西学经典的论著，充分利用西方学界整理旧故的稳妥成就，於庚续清末以来学界理解西方思想传统的未尽之业意义重大。译界并非不热心翻译西方学界的研究论著，甚至不乏庞大译丛之举。显而易见的是，这类翻译的选题基本上停留在**通史**或**评传**阶段，未能向有**解释深度**的细读方面迈进。设计这套“西方传统：经典与解释”，旨在推进学界对西方思想大传统的深度理解。选题除顾及诸多亟待填补的研究空白（包括一些经典著作的翻译），尤其注重选择思想大家和笃行纯学的思想史家对经典的解读。

编、译者深感汉语思想与西方接榫的历史重负含义深远，亦知译业安有不百年积之而可一朝有成。

刘小枫
2000 年 10 月于北京

"德意志古典法学丛编"出版说明

19世纪下半期以降，实证主义和历史主义催生了法学的专业化和技术化，法学视野日趋狭窄。在20世纪的法律思想中，实证法学、社会法学、经济分析法学占据了法学的大半江山，现代法学十分"自觉地"排除有关制度与德行的思考，规范主义振振有辞，鄙夷有关法理之学的哲理思考，法学最终沦为律师的技艺。

德意志古典法学有关政法之理的思考极其深刻，其对共同体秩序的反思，对制度之品质的思考，足以令专业化的法律人汗颜。德意志古典法学想要揭示一切社会现象的本质，揭示人类的本真的政治存在，它将制度设计与共同体的美好生活关联起来，为反思社会现象提供基本尺度和范式。不仅如此，现代法学中的大部分观念及概念，早已在德意志古典作品中埋下伏笔。

德意志古典法学哲学化色彩成分极重，而非当今有板有眼之学术论文。凡此种种，均给阅读和理解带来了巨大困难。长期以来，对于隐藏在德意志古典大家作品中的政治法理，学人们仅停留于引证片段字句，未能有深入细致之钻研。本丛编不从意识形态的宏大叙事入手，亦不从流行的概念体系入手，而从德意志古典作品中政治法理的疏释入手，讲述政法学问和道理，引导有关政治法理之独立思考。

政法之理如人生之理，离不开深刻的哲学反思，诚如个人向往美好的人生，一个社会、一个国家亦会向往美好的共同体生活。尤其是在亟亟于变革的当下中国，我们完全有必要反顾德意志古典政法思想的印迹。

古典文明研究工作坊
西方经典编译部丁组
2012 年 9 月

中译本说明

本书作者亚瑟·李普斯坦（Arthur Ripstein），自加拿大马尼托巴大学本科毕业后，即赴耶鲁大学修习法学，此后转战著名的匹兹堡大学攻读哲学并获博士学位。他如今身兼两职，既是多伦多大学法律与哲学教授，又是哲学系的教授，研究和教学领域包括侵权法、刑法，尤专于法学理论和政治哲学。除了在法学理论和政治哲学方面发表大量论文以外，他的主要成果还有：《强力与自由：康德的法哲学与政治哲学》（*Force and Freedom*：*Kant's Legal and Political Philosophy*，Harvard，2009）、《平等、职责与法律》（*Equality*，*Responsibility and the Law*，Cambridge，1999），主编或合编《法律与道德性》（*Law and Morality*，Toronto 1996；第2版，2001；第3版，2007）、《实践合理性与偏好》（*Practical Rationality and Preference*，Cambridge，2001）等，目前正着手撰写侵权法哲学。值得一提的是，李普斯坦教授还是德沃金专家，是论文集《罗纳德·德沃金》（*Ronald Dworkin*，Cambridge，2007）的编者。除了专注于学问，他还是《哲学与公共事务》（*Philosophy and Public Affairs*）的副编辑，并曾担任多家法学理论和哲学刊物的编辑。

本书是李普斯坦教授研究康德法政哲学的代表作，亦是英语世界50多年来解读康德法政哲学的优秀作品。此书最大的贡献在于，阐释融贯贴切、结构分明、逻辑清晰，有利于读者整体把握康德法政哲学的基本思路和整体框架。作者通过少数几个站点式的关键概念，清晰勾勒出康德法政哲学的大纲略图：康德的法政哲学以实现个体的平等的自由为鹄的。为此，他以普遍法权原则悬设及其蕴含的内在法权概念为起点，逐次向私人法权和公共法权拓展。如同上帝、自由和灵魂不死，普遍的法权原则也是一个具有道德确定性的悬设，该悬设为人性中的内在法权奠基。但由于内在法权只包含每个人享有的对自己人身力量的权利，因而如果要完满地实现独立性（或个体的平等的自由），还必须享有私人法权。然而，由于自然状态存在诸种缺陷，以致私人法权的取得只是暂时的、不确定的，因而有必要进入合法权状态，如此公共法权才应运而生。

作者开阔的视域在本书中展现得淋漓尽致。本书并非就康德论康德，而是旁征博引，结合古今诸多思想流派（如为人熟知的洛克、罗尔斯、阿伦特，最近几年才升温的约瑟夫·拉兹，以及国内学界目前了解还不多但具有较大影响的约翰·西蒙斯、托马斯·博格等），与康德思想对参比较，互为镜鉴，凸显康德法政哲学的独特之处和若干学者的理论得失。例如，尽管在正义的论证上，罗尔斯继承了康德的规范主义进路，但李普斯坦教授指出，康德坚持把基于道德形而上学的规范主义进路贯彻到底，始终反对把正义与利益和义务的公平分配联系起来，罗尔斯则回归以边沁和穆勒为代表的经验主义和功利主义传统，在某种意义上把正义放在利益和义务的公平分配中来考量。

最后，值得一提的是，在沉寂近200年之后，康德的法政哲学于20世纪中兴绝非偶然。根据某些学者的诊断，当今时代最严重的问题可以概括为“欲望主义”“技术主义”和“虚无主义”。此三大主义正以雷霆万钧之势席卷全球，无论西方自身、中国还是面临西方现代科技文明（确切的说，应当是科学主义思潮）严峻挑战的其他文化圈，近期或远期似乎都难以幸免。在这个思想大背景下，方兴未艾的功利主义也越来越成为法政哲学思想的主流。因此，我们希望通过译介康德的法律思想乃至整个德国古典法学思想，引进一条思考法政问题的不同进路，以期对深受“功利主义”影响的学人有所启发。

毛安翼

2013 年 4 月

中文版序

能为我的《强力与自由：康德的法哲学与政治哲学》[1] 一书的中译本作序是一件令人愉快的事情。近年来，英语世界再度对康德的政治思想提起了兴趣。让我感到高兴的是，本书有望对中国严谨的康德哲学研究做出贡献。我希望《强力与自由》既是一部哲学史著作，又有益于当代的争论。在这份简短的序言中，我想强调的是在道德哲学与政治哲学的问题上康德所采取的独特路径。

人们有时以为政治哲学是受如下问题推动的，这些问题要么与目的有关，要么与利益和责任相互制衡的恰当原则有关。康德却认为，政治哲学根本上与自由相关。

自由可以是政治生活的有机观念，而在晚近的作品中，此一主张再难获得人们的支持。批评者们要么指责说，不同自由之间是相互冲突的，它们仅由于它们所要保护的利益才显得至关重要；要么指责说，自由不过是诸多价值中的一种价值。康德的处

[1] Cambridge, Mass., Harvard University Press, 1999.

理方式显得独具特色，因为它使自由成了核心的、有机的价值。康德是根据独立性这种特别方式来理解自由的，所谓独立性就是每个人独立于其他任何人的任意。这个自由观念（conception）开启了某种方式，按照这种方式，他构造了法哲学和政治哲学的基本问题，与此同时，该观念还开启了回应这些问题的形式。

每个人都享有对自由的道德法权，此观点激活了法哲学和政治哲学上许多常见的问题。政治上早熟的孩童偶尔会向双亲提问："为什么由你们来制定规则?"哲人们试图理解这个政治合法性问题：某人如何能够享有统治其他人的法权，或者一个团体如何能对其成员享有权威呢?

康德主张每个人都是"*sui iuris*"［他自己的主人］，上述问题正是从这个主张所表达的思想那里获得力量的。假如人们像农奴和奴隶那般拥有主人的话，那么这个问题——主人如何对自己的管理本就尊享权威——则无须其他回答了。准确来说，因为不存在自然的主人，一切形式的权威，包括财产所有权人对那些希望使用财产的人所享有的权威、父母对子女的权威、雇主对雇员的权威以及国家对公民的权威，就有说明的必要。

值得一提的是，康德认为，某人如何能够管理他人，对这个问题唯一完满的解释必须这样来处理该问题，即依据该问题得以自我呈现的条件：仅当管理他人在某种程度上与每个人作为自己的主人相协调时，管理他人才是合法权的。康德的回答是在不同层次上推进的，它表明为了许多人共同享有他们的自由，为什么就要求政治权威，以及为什么要约束政治权威——该权威是为了创立平等的自由体系才施加的——的运行。

我在《强力与自由》中力图阐明康德理解道德哲学和政治哲学问题所采用的独特策略，阐明这些问题所依据的条件正是这些问题据以自我呈现的条件。本书详细讨论了政治哲学的常见主题——物权的本质、国家征税和救助穷人的权力、惩罚、革命以及某些不太常见的主题（例如交通法），这些主题并非那些不相关的各种主题的杂烩，我们根据平等的自由体系理念最容易理解它们。斯坦福大学哲学教授希尔（David Hills）曾言，哲学回答的是孩童自然提出的问题，其工具却是律师自然使用的。康德政治哲学所回答的孩童的问题是："为什么由你们来制定规则?"而他援用的最基本的工具是：法权。

为使我的著作能获得更广泛的读者，译者毛安翼付出了辛勤的汗水，对此我谨致以诚挚的谢意。

多伦多

2012年8月22日

英文版序

康德对当代政治哲学的影响是毋庸置疑的。公民是“自由、平等的”，这一观念就像自律价值以及必须把人视为目的而不仅仅是手段这个要求一样，在自由思想中得到凸显。然而，康德本人置身于政治哲学的主流之外，其影响多是间接的。尽管他坚持严格区分法权问题和伦理问题，但影响的主要途径仍是在《道德形而上学基础》（*Groundwork of the Metaphysics of Morals*）中展开的道德哲学。

本书意在发展和捍卫康德政治哲学的独特主张，尤其是他在《法权学说》（*Doctrine of Right*）——《道德形而上学》（*Metaphysics of Morals*）第一部分——中所明确阐述的。我认为这是一部政治哲学著作，它与康德的观点——如果在一定程度上把这些观点放在他身后两个世纪政治哲学的趋势中来考察的话——是相融贯的。这些趋势大多与康德的核心观点相悖：建构一套平等的自由体系是可能的，这项主张正如他强调的强制是法律体系的特征一样，成了众矢之的；他还把平等的自由体系与建立在强制之上的、相互限制的体系等同起来，这使他腹背受敌。人们还普遍认为，他对私法和公法的基本区分是站不住脚的。[x] 一般来说，甚至他的支持者也不时怀疑，在不诉诸人类喜好和脆弱性观点的情况下，把正义要求明确表述出来是否还有可能。如今还有人认为他甚至未能融贯地表述这些观点。在他们看来，大多数政治哲人主张形式的观点必须让位于实质的观点，制度必须关注相互竞争的利益，不论这些利益能在多大程度上获得精确规定，也不论在重大利益的平衡上能设立哪些限制。我推进了康德的观点，这项工作表明，他的观点是可以表述融贯的，它们在概念上是有力的，在规范上是引人的。康德在《法权学说》中至为肯定地展开这些观点，因此，我不打算利用那些尚未出版而数量庞大的笔记、草稿和讲义，尽管这些文件与他对其立场的最终表述并不完全吻合。

《法权学说》不是一部容易阅读的著作。叔本华曾尖锐地品评过它，认为这是一位伟大思想家的暮年之作，许多读者也接受了这一看法。康德使用他在《纯粹理性批判》中展开的先验观念论术语来表述若干核心论断和区别，其余则借用罗马私法的传统语言。有时候，这两类专业词汇犬牙交错，就像康德把关系、实体、因果性和交互性这些范畴等同于罗马法范畴中“*facto*”[行为]、“*pacto*”[契约]和“*lege*”[法律]时表现出的那样。这么做是可能的，就此而言，我试图把康德的这一技术装置（technical apparatus）置于该背景之下；而且，从私人法权的高度结构化装置到表面上更为灵活的公共法权论断，康德对此作了一个“简易推导”，我力图详细阐明他描述的这个推导的特征。至于法权的普遍原则与《道德形而上学基础》中展开的绝对命令[1]（Categorial Imperative）之间的关系问题，我将留待附录中讨论。

---

[1] [中译按] 如果遵循康德有关“定言的”“假言的”和“选言的”逻辑划分，把“Categorial Imperative”译为“定言命令式”，显然更为贴切。但考虑到“绝对命令”的译法已为学界普遍接受，且均能理解其所指，故仍沿用通译。关于“定言命令式”的译法及其理由，得益于刘风娟博士的指点，特此致谢。

有些人认为，我强调康德关注的那些核心问题，并尝试把它们与晚近的某些观点联系起来，如此会使康德脱离所处的历史背景。对此，我并不遗憾。国家要求权威——告知人们做某事的权利并要求强制的权力——强制人们按照告知的内容展开行动的法权。[xi] 这些权力如何能够与每个人作为自己的主人的权利相协调呢？康德意识到，早在两个世纪以前，这就是个紧迫的问题，因为每个人都有保持自由的法权，并且任何恰当的回答自身都必须依赖于自由。

本书是我多年心血的结晶，许多友人的批评以及与他们的讨论令我受益匪浅。汤姆·希尔（Tom Hill）最早建议我写一部法权学说方面的著作，克里丝·科斯迦尔德（Chris Korsgaard）早就鼓励我着手这项工作。林赛·沃特斯（Lindsay Waters）——哈佛大学出版社编辑——始终给予我莫大的支持。加拿大社会科学和人文研究委员会为我提供了研究基金。

多伦多大学为本书写作营造了良好的环境。我觉得世上再无其他地方像在这里一样，有这许多人满怀兴致地从事康德政治与法律思想的研究。在六年半的时光里，一个庞大的、致力于法律和哲学的同事团体，他们与我共同参与每周的研讨班，我们按照自己的方式，以俗语所谓“蜗牛般”的速度来释读康德原著。首先要感谢研讨班的常客——耶胡达·阿达尔（Yehuda Adar）、彼得·本森（Peter Benson）、艾伦·布鲁德纳（Alan Brudner）、西莫内·钱伯斯（Simone Chambers）、布鲁斯·查普曼（Bruce Chapman）、亚伯拉罕·德拉斯纳尔（Abraham Drassinower）、昂维尔·埃蒙（Anver Emon），穆罕默德·法德尔（Mohammad Fadel）、哈里德·伽奈姆（Khalid Ghanayim）、鲍伯·吉布斯（Bob Gibbs）、威利·哥切尔（Willi Goetschel）、马西奥·格朗尚（Marcio Grandchamp）、阿隆·哈雷尔（Alon Harel）、路易斯－菲利普·霍奇森（Louis－Philippe Hodgson）、卡伦·克诺普（Karen Knop）、索菲亚·莫罗（Sophia Moreau）、哈米什·斯图尔特（Hamish Stewart）、塞尔吉奥·泰拉贝尔（Sergio Tenenbaum），穆罕默德·瓦塔德（Mohammed Wattad）、欧内斯特·魏因瑞伯（Ernest Weinrib）、雅各布·魏因瑞伯（Jacob Weinrib）和罗琳·魏因瑞伯（Lorraine Weinrib），还要感谢“康德午餐”的诸位来宾和我们的伙食管理员——帕特里克·查皮亚（Patrick Zappia），他的美食是我们与会的新动力。感谢前任院长罗恩·丹尼尔斯（Ron Daniels）和现任院长梅奥·莫兰（Mayo Moran）提供的午餐赞助。在写作本书的时候，我还受益于同以下诸位友人的讨论，他们是：迈克尔·布莱克（Michael Blake）、莎伦·伯德（Sharon Byrd）、保罗·弗兰克斯（Paul Franks）、乔姆基·赫努希卡（Joachim Hruschka）、格雷戈里·基廷（Gregory Keating）、克里斯托弗·莫里斯（Christopher Morris）、斯科特·夏皮罗（Scott Shapiro）、西娜·席福林（Seana Shiffrin）、戈帕尔·斯林瓦森（Gopal Sreenivasan）、汉尼斯·郇伯拉斯（Hannes Unberath）、阿诺德·魏因瑞伯（Arnold Weinrib）和马库斯·维拉切克（Marcus Willaschek）。

此外，在《法权学说》《道德形而上学基础》和《纯粹理性批判》诸课程中，与学生的交流亦使我受益匪浅。感谢哲学系主任唐纳德·安斯利（Donald Ainslie），他先是让我有机会开设“第一批判”，此后又“迫使”我勉力为之。［xii］在写作期间，我指导了若干毕业生的学术论文，从他们那里也学到不少东西，他们是：丽莎·奥斯丁（Lisa Austin），马丁·海维亚（Martin Hevia），莎莉·凯西拉弗斯基（Sari Kisilevlsky），保罗·米勒（Paul Miller），乔纳森·彼得森（Jonathan Peterson）和海尔格·瓦登（Helga Varden）。

本书论证的较早版本曾蒙加拿大、德国、以色列和美国的读者惠阅，他们的批评和讨论促进了论证的完善。在我们读完《法权学说》之后，大卫·戴泽豪斯（David Dyzenhaus）曾建议法律与哲学研讨班的同事们阅读本书原稿。2008 年 5 月，佐治亚州立大学哲学系主办了一场有关原稿的专题讨论会。安迪·阿特曼（Andy Altman）和安德鲁·I. 科恩（Andrew I. Cohen）负起了组织之责，我要感谢他们的首创精神及其招募的优秀成员。他们每个人都详细评论了一个或几个章节，通读原稿，并向我提出严厉而颇具建设性的批评，他们是：托马斯·希尔（Thomas Hill, Jr.）（第 1 章和第 12 章）、劳拉·丹尼斯（Lara Denis）（第 2 章）、梅丽莎·梅里特（Melissa Merritt）（第 3 章）、安德鲁·J. 科恩（Andrew J. Cohen）（第 4 章）、安德鲁·I. 科恩（Andrew I. Cohen）（第 5 章）、乔治·雷恩博尔特（George Rainbolt）（第 6 章）、约翰·西蒙斯（John Simmons）（第 7 章）、威廉·埃德蒙森（William Edmundson）（第 8 章）、伯纳德·波尔（Bernard Boxill）（第 9 章）、安德鲁·阿特曼（Andrew Altman）（第 10 章）、塞巴斯蒂安·兰德（Sebastian Rand）（第 11 章）。2008 年 7 月，拉瑞沙·卡茨（Larissa Katz）为我在纽约大学法学院安排了一次讨论会，让我有机会与所有权事务委员会就与所有权有关的章节展开讨论，詹姆斯·彭纳（James Penner）主持了这次讨论。2008 年 10 月，马尔科姆·索伯恩（Malcolm Thorburn）在女王大学就同一内容组织了另一场专题讨论会，斯蒂芬·史密斯（Stephen Smith）、丹尼斯·克里姆丘克（Dennis Klimchuk）和埃文·福克斯－狄森特（Evan Fox－Decent）主持这次讨论。科斯迦尔德邀请我在她的康德研讨班上讨论若干章节。许多人给我寄来了整部稿子的详细评论：凯特琳·弗里克苏（Katrin Flikschuh）、保罗·赫利（Paul Hurley）、马丁·斯通（Martin Stone）、马尔科姆·索伯恩、凯瑟琳·瓦尔克（Catherine Valcke）、海尔格·瓦登（Helga Varden）和伽拉西·威廉姆斯（Garrath Williams）。哈佛大学出版社的两位读者亦提供了有益意见。

此外，我要为欧内斯特·魏因瑞伯和雅各布·魏因瑞伯的付出向他们致以最诚挚的谢意。厄尼（Ernie）在康德私人法权上所做的开创性工作是我研究康德著作的起点，我们耗费了无数时间来钻研康德论证上的每一个细节。**雅各布**（Jacob）是我的学生兼研究助理，且在本课题的后期研究中还是一位对话者（比如他熟记《法权学说》这个事实），他的评论和反馈也颇有助益。

[xiii] 无论在身体还是智识上，拙荆**卡伦·魏斯曼**（Karen Weisman）都一如既往地支持我，鼓励我。我的孩子阿维娃和诺亚始终乐于在百忙之中抽空讨论书中的核心论题，在他们看来，从事本书的写作是我的毕生事业。他们对此心领神会，并给予充分理解。

本书某些部分是对其他地方已出版材料的修订。第1章的材料包括出自**托马斯·希尔**编辑的《康德伦理学指南》（*A Companion to Kant's Ethics*）的一篇论文"康德论法律与正义"（Kant on Law and Justice），布莱克维尔出版社已同意我使用该文。经**韦利·布莱克维尔**（Wiley Blackwell）允许，第2章和第3章引用了"权威与强制"（Authority and Coercion，载于 *Philosophy Pulic Affairs*，32，1，2004，页2－35）的若干章节以及"超越伤害原则"（Beyond the Harm Principle，载于 *Philosophy Pulic Affairs*，34，3，2006，页216－246）。承蒙 Duncker & Humblot 惠允，第10章所引材料来自"对自由之妨碍的妨碍"（Hindering a Hindrance to Freedom，载于 *Jahrbuch für Recht und Ethik*，16，2008）。剑桥大学出版社亦授权引用由**玛丽·格雷戈尔**（Mary Gregor）翻译的伊曼努尔·康德的《实践哲学》（*Practical Philosophy*）。

李普斯坦（Arthur Ripsten）

目　　录

第1章　康德论法律与正义：概论

［1］通常认为，政治哲学就是将一般的道德原则运用于实际情况，正是这些情况决定了政治制度的必要性。例如，穆勒（John Stuart Mill）试图通过如下方式证成自由制度，他表明，鉴于人性和实际情况这些常见事实，自由制度将产生无所不包的结果；洛克认为，只能以如下方式证成制度：为了应对自然状态的“不便利”，诸个体运用他们自然的前政治法权（natural prepolitical rights）来创立这些制度。

人们可能期待康德采用类似的策略，即把绝对命令应用于政治的合法性、国家权力、惩罚或税收等问题上，或者可能把国家视为一种使人们能够更有效履行道德义务的协调机制。人们还可能希望他与这些问题保持距离，对尘世的政治事务漠不关心。人们时常以为康德只根据个人据以行动的原则来理解道德。同样地，人们或许认为，康德主张道德只是偶然地取决于行动者在其中发现自我的社会，或者根本与这种社会无关。

这些期望很快化为失望——布朗（Stuart M. Brown Jr.）的评价比许多人都来得尖锐，但是在康德方案的构思以及该方案获得成功的标准上，他的评价具有代表性：

> [2] 为了完成法哲学预先规定的步骤，康德要做的只是表明如何运用绝对命令来检验实在法体系中各项规则的道德状况。如果检验得到满足，这些法律现在所是就是它们应当所是；如果检验失败，它们在道德上就是有缺陷的，因而应当修改。康德看上去基本上做到了这点……但事实上，康德对这个论点并无深入阐述。他没有说明如何用绝对命令来检验实在法规则，仅只提出许多不同的、在普遍性程度上存在差异的原则，这些原则的普遍性介于绝对命令的绝对普遍性和实在法规则之间。其中许多原则与绝对命令之间并无可以识别的逻辑关系，在实在法上也缺乏明确的运用。❶

布朗表达了他的失望："康德的困难既不在于对这些问题缺乏见解，也不在于没有提出我们必须向之勉力奋进的理想；而在于他的道德哲学使其束缚于某些原则，他既没有也未能运用这些原则来证成和阐明这些见解。由于这个困难，康德没有完成为自己设定的任务，也无任何法哲学可言。"❷

康德不仅否认政治哲学就是把绝对命令应用于具体处境，而且否认政治制度是从不幸状况中生长出来的。他坚持严格区分他

---

❶ Stuart M. Brown Jr.，"康德有法哲学吗？"（Has Kant a Philosophy of Law?），载于 *Philosophical Review*，71，1962，页 36。

❷ 同上，页 33。

提出的道德形而上学和关注人性的道德人类学，❶ 并主张“无论人类多么温顺和热爱法权”，❷ 在道德上都要求法律和正义。[3] 他否认可直接强制执行的帮助义务是由需要产生的，并鄙夷地把需要与“单纯的愿望”等同起来。❸ 他的许多论证是根据强制建构起来的，而晚近绝大多数哲人在法律和政治上只赋予强制以次要地位。在当代读者看来，最令人吃惊的是，康德否认正义与利益和义务的公平分配有关。他表述的那些原则不是根据利益和义务来阐明的。罗尔斯的正义理论发展了广义的康德式的政治哲学，通过与这种哲学的比较，康德在方法上的独特性就呈现出来了。罗尔斯援用康德式的概念来解决社会合作问题，该问题是根据社会合作所产生的利益和义务提出的。罗尔斯把自己对正义的解释描述为“超越内在于康德思想中的二元论”，❹ 他还把这些二元论放在“合理的经验主义诸原则”中加以改造。❺ 从形而上

---

❶ Immanuel Kant，《道德形而上学》（*the Metaphysics of Morals*）之第一部分《法权学说》（*The Doctrine of Right*），载于《实践哲学》（*Practical Philosophy*，Cambridge University Press，1996），Mary Gregor 编译，6：217。因为原著有多个不同版本和译本，甚至格雷戈尔的译本也有多种版本和页码，所以，所有引文都注明普鲁士科学院的页边码。《法权学说》的引文只注明科学院的页码；引用《实践哲学》中的其他作品则注明标题和科学院的页码。（[中译按] 在翻译过程中，有中译本的，一般参照中译本，但在必要的时候——李普斯坦教授所给的英文与中译文出入较大或者为了统一本书的前后译名等，译者会视情况改动。在翻译过程中，译者参考了相关中译本：在康德原著的中文翻译上，译者要特别感谢苗力田、何兆武、邓晓芒和李秋零等先生的筚路蓝缕之功，而李普斯坦教授引用的其他书籍的中译本，考虑到“让西方文化更好地说汉语”，译者也尽可能参考并视情况改动，但不再一一注明，在此谨为相关译者的辛勤付出致以诚挚的谢意）

❷ 6：312。格雷戈尔把康德的“*rechtliebend*”译为“守法”，拉德（John Ladd）则译为“正当的”。以上每一种译法都会以不同的方式引人误解。我要感谢瓦登（Helga Varden），她建议译成“热爱法权”。

❸ 6：230。

❹ Rawls，“作为主题的基本结构”（The Basic Structure as Subject），载于 *American Philosophical Quarterly*，14，2，1977，页165。

❺ Rawls，“道德理论中康德式的建构主义”（Kantian Constructivism in Moral Theory），载于 Rawls，*Collected Papers*，1999，页304。

学的走向经验的，从抽象的走向具体的，从普遍的走向历史的，罗尔斯由此提供了一个与一系列问题有关的、更为开阔的康德式视角，这一系列问题更多源自以边沁和穆勒为代表的经验主义和功利主义传统，而非康德传统。❶ 按照经验主义和功利主义传统，国家权力的运用以及某些人为其他人制定后者必须服从的规则的能力，最终是根据它们产生的利益和义务来评价的。在可认知的康德式基础上，罗尔斯反对功利主义者分配利益和义务的方式，但在有关该方式的问题上，他提供了一条可选择的原则来思考这同一个基本问题：［4］考虑到所有人能期待从社会合作中获取的利益，以及从社会合作中产生的义务，什么样的社会合作能够为自由平等的人们接受呢?❷

康德主义者回答了有关利益和负担的问题，这些回答不同于他们对康德自己的问题的回答。❸ 本书重在捍卫康德的方案，但同时将间接捍卫他的问题和这些问题的前提。康德的批评者大多指责他热衷于建构，或者援用陈旧过时的“基础主义”方法论，相对于经验性的答案而言，这种方法论更偏好先天的答案。尽管康德在论证上确有建构因素和方法论因素，但他在政治哲学上是反对经验性的、人类学起点的，其根本原因在于一个简单而令人

❶ 例如，罗尔斯总结性地讨论了穆勒，评论了规范性理论中心理假设的重要性，参阅 Rawls，《政治哲学史讲义》（*Lectures on the History of Political Philosophy*, Harvard University Press，2007），Samuel Freeman 编辑，页 313。

❷ 我相信存在一种更为康德式的方式来理解罗尔斯主义的总体规划，这种方式关注他的自由平等的人格观念，并强调社会强制结构。如果这样解读罗尔斯是可能的，那么这种解读显然并非主流，但此处不宜展开。

❸ 甚至当代对正义所作的“以法权为基础”的解释也是按照康德所反对的方式并根据义务中的利益来建构问题的。例如，在援引康德的这个观念——人们从来不能被视为用于追求其他人之目标的单纯手段——之后，诺奇克（Nozick）根据利益和义务进一步解释了法权。他的所有权理论取决于如下要求，即占用不会给其他人带来不利，而他的国家史则取决于赔偿理论，该理论使恐惧这个消极体验成为禁止的根据，并且被禁止从事自己意愿的事情所产生的不利构成了赔偿的根据。上述每一个解释都是根据福利效果来衡量的。参阅 Nozick，《无政府、国家和乌托邦》（*Anarch*, *State*, *and Utopia*, Basic Books，1974），页 32－33，页 178－182，页 71－87。

瞩目的规范性观念，即作为一个法权问题，每个人都有权成为自己的主人，但这是在不依附于其他特定人格之任意这一对比意义上而言的，而不是说拥有某种形式的特定的自我关系。这个起点在康德那里是一目了然的，但它激活了许多常见的政治哲学问题。权威的本质及其证成性、强制权限、分歧的含义、政治服从、民主和法治，都能根据这个版本的假设——每个人有权成为自己的主人——获得证明。一个人或一个团体告知他人做什么，或者迫使他按照被告知的内容展开行动，任何这种真实的或声称的权力，无不潜在地与被告知人作为自己主人的权利处于紧张之中。[5] 而且，如何处理分歧或作为现代社会特征的多元主义，与这个问题相关的规范性问题变得相当紧迫，因为存在分歧的、具有多样性的各方是他们自己的主人，所以任何人都无权把个别的决断强加给其他人。这同样适用于如下问题，即对于人们来说，通过制度统治自己，或者由法律而非个人来统治自己，这究竟意味着什么？

康德完整阐明了每个人是自己的主人而不是他人的仆役，本书多数篇幅都将对此予以阐述。但我现在只想指出，为什么这个规范性起点导致康德总体上反对人类学的和经验性的因素，并且尤其反对利益和负担。若非要考虑人类爱好和脆弱性等经验性癖好和计较利害得失，那么这个考虑必须与如下条件保持协调，即相对于其他人而言，每个人都是自己的主人。存在一些“政治原则”，它们包含了奠基于经验之上的内容，在引入任何这类原则之前，法权的系统含义必须优先具有效力。❶ 构成这些问题的方式是有先后次序的，这种方式又制约着如下这些方式，按照这些方式，利益和负担与任何基本的规范性原则的构思或应用有关。你有权成为自己的主人，其他任何人都无权就以下事情为你决

---

❶ Kant，“论出自人类之爱而说谎的所谓法权”（On a Supposed Right to Lie from Philanthropy），载于 Gregor，《实践哲学》（*Practical Philosophy*），8：429。

断，即你将从某些安排中获得的利益足以使你投身于这些利益。你自己就有权决定，对你而言，某些利益是否与其带来的负担相匹配。其他人不能根据对你的限制将给其他人带来更大的利益来证成你被施加的权威或强力。这同一个基本理念也禁止我们诉诸价值多元主义，根据价值多元主义，相互竞争的政治价值而非利益必须在彼此间达成“平衡”。任何个人或机构都有权发出平衡相互竞争的政治价值的命令，这种权威必须与每个人成为自己主人的法权相协调。［6］但这并不意味着政治权威或合法强力是不可能的，甚至诸机构也无权平衡相互竞争的价值，只意味着在能够考虑相互竞争的利益或价值之前，做出决定或实施决定的权威需要证明它与每个人的自由法权保持协调。

我的目的是在这个导言性的章节中，对康德的立场以及与该立场有关的论证作一宽泛的概述。这个概述必定只是概要式的。我的主要目的在于摆出他的结论，并澄清目前流行的一些误解。在此之前，我将指出那些误解是从某种版本的“应用伦理学”角度来解读康德的。这些误解之所以产生，有的在于康德的论证模式，有的在于康德拒绝把行动和效果区分开，还有的在于他们熟悉康德实践哲学更为宏大之计划的其他方面。

论证模式。首先，康德运用一系列论证来处理合法使用强力的问题，而不是把论证的每个阶段与读者审思过的判断协调起来。在康德的结论中，并非所有的结论都能够与当代读者的判断保持一致，但其论证与他们的判断之间的某些冲突只是表面的。随着论证的展开，康德提出新的法律行动者，因而，例如，虽然任何私人都不享有征税和惩罚的法权，但国家对此二者都拥有权力。我一开始就摆出这些论证，是希望消除如下印象，即合法国家的一切行为必须是康德平等的自由理念所蕴含的起点的直接应用（正如布朗期待绝对命令的直接应用一样）。

康德的论证模式反映了他对待事例的态度。在论证过程中，他列举了许多事例，但反对用事例来取代论证，或者说，哲学首先就有义务解释事例。相反，他主张“所有事例（仅仅是例示，但不能证明任何事物）都是靠不住的，因而理所当然地需要形而上学。”❶［7］他所说的形而上学并非有关什么是最真实的一系列陈述，而是一门实践的形而上学，它要阐明的是对其他人的行为构成限制的东西，即阐明每个人要求成为自己的主人。❷

但是，康德不把事例视为决定性的，不等于说他的论证就会产生一些经不起反思的结论。他从法权的普遍原则引申出的直接含义——每个人有权成为自己的主人，有权推定为无罪，有权亲自陈述——能够与人们审思过的判断很好地协调起来。而且，在这些直接含义中，罕见的和外来的含义并不多。康德认为日常道德观念是实践理性的运用，就此而言，正常不过的是，根据实践思维的宽泛结构，人们能够理解常见法律制度的宽泛结构所具备的特征。甚至论证中那些不太常见的方面也需要根据这些方面与其严格的出发点之间的关系来理解。诚然，康德的观点与哲学上根深蒂固的老生常谈相冲突，后者要么讨论正义问题的人类学本质，要么更一般地讨论实践思维的一些适当的概念。❸在多大程度上与那些分歧❹有关，这至少在一定程度上取决于上述常见的看法是否与如下这个同样根深蒂固的观点——即任何人都不是他人的主人——处于紧张之中。

---

❶ 6：355。

❷ 康德区分了自由领域和自然领域，我反对把这个区分解读为“两个世界”。我赞同的是，自然领域和自由领域建构了不同的立足点，一个是理论的，一个是实践的。参阅，例如 Henry Allison，《康德的先验观念论》（*Kant's Transcendental Idealism*，Yale University Press，1983）；Onora O'Neil，《〈道德形而上学基础〉第三部分中的理性与自律》（*Reason and Autonomy in Grundlegung* Ⅲ），载于 Onora O'Neil，*Constructions of Reason*：*Explorations of Kant's Practical Philosophy*，1989）；Christine Korsgaard，《作为自由的道德性》（*Morality as Freedom*），载于 Christine Korsgaard，*Creating the Kingdom of Ends*，1996。

❸ ［中译按］即他的观点。

❹ ［中译按］：“分歧”可能指的是英文版第 5 页所说的多样性个体之间的分歧或者作为现代社会特征的多元主义。

规则与制度的规范性地位。与政治哲学近似的应用伦理学，其第二个方面是把法律和国家设想为实现那些重要的潜在要素的工具。边沁的功利主义为这个观点提供了范例。他主张法律制度和政治制度的目标，以及事实上甚至一般的道德规则的目标，乃是实现最大多数人的最大幸福这个道德结果，该结果在原则上无须制度或规则就能得到阐明。[8] 边沁之所以对法律制度和政治制度抱有兴趣，是因为相信长期以来，在我们认识这些制度时所处的人类境况中，为人们制定规则和分配法权很可能是为了产生总体的幸福。当代许多平等主义理论也持类似的观点：应该这样来安排社会，它能够实现平等分配或对人们的任意而非他们在其中得以发现自我的境况保持敏感，或者换一种说法，它敏于适当权衡某人将其任意加于他人所要付出的代价。❶ 这样看来，由于规则是可依赖的，因而是适当的，它们是不完善的，但却是产生道德上可欲求之结果的工具。若根据外在标准来判断，创立法律制度的唯一根据在于它们更经常地产生正当结果，而非不正当结果。

人们有时认为，结果论和平等主义理论的替代理论是责任论，该理论按照某种与国家无关的方式来识别道德价值。这些理论在阐明它们的道德理想时，或许会谈及法权或规则，但它们与制度或法律并无直接关联。其例如下：以功过为根据的分配正义理论，这种理论假定利益和负担应当遵循道德价值或个体任意；以功过为根据的惩罚理论；洛克式的“自然法权”理论，该理论主张人们在自然状态中就已完全塑造出道德法权，法律制度唯一的合法目标在于解决自我偏好问题，或者当道德法权应用于个案时弥补认识的不足。在功利主义者/平等主义者与洛克主义者

---

❶ 科恩（G. A. Cohen）清晰地阐述了这个观点：“我关心的是分配正义，毫无疑问，我说的是在个体之间分配利益和义务的正义（以及正义的缺失）。”《如果你是一个平等主义者，你如何变得如此富有呢?》（*If You're an Egalitarian, How Come You're So Rich*?, Harvard University Press, 2000），页130。

（或责任论者）看来，公法规则是通过如下这种可能性证成的，即拥有公法规则比没有这些规则将带来更好的结果，衡量成功与否的标准是它们是否遵从制度形成以前就存在的价值。由此看来，如果人们知道得越多，对那些独立应用于制度的道德考虑因素（moral considerations）将关注得越多，或者对个案进行判决时心存更多的公平观念，那么我们就根本不需要任何法律制度了。

［9］如果制度是间接追求某物的工具，在它们缺失时这种追求也能获得完全阐明，那么康德对强制的关注也定然显得不合时宜了。国家应当追求何种结果，这个问题优先于追问产生该结果的最有效的手段。康德对规则的强调也是如此。如果人们假定规则或者制度产生出某些结果，即便离开这些规则或制度，这些结果也具有重要意义，那么规则或制度的规范性意义将被限定在它们趋于产生那些结果。

康德反对如下观点，即法律规范或法律制度是实现结果的工具，这些结果无须制度也能得到阐明。正如我们将在第 7 章、第 10 章和第 11 章更具体地看到，康德描述了“自律”的特征，其内容超越了功利主义者/平等主义者与洛克主义者/责任论者。功利主义者/平等主义者与洛克主义者/责任论者之间存在难以克服的分歧，其根源在于他们共同持有一个有关道德性本质的前提。功利主义者和洛克主义者（或以功过为根据的理论）预先假定这样一种观念，即人们在任何个别处境中应当如何行动，其方式是完全得到规定的，虽然这种方式可能是不可获取或不可知的。因此，他们假定在道德上对于社会生活具有重要意义的东西是那些无须法律制度就能获得阐明的结果，而且至少在原则上，在更善的人们所生存的更善的世界里，道德上欲求的结果无须法律制度也能获得实现。可欲求的结果是什么，他们在这个问题上是存在分歧的，但都承认在每一个情形中，每个问题的答案都完全规定好了，法律制度和政治制度的任务在于做出某些安排以便增加实现可欲求结果的可能性。

相反，康德的观点是，仅当存在公法制度时，每个人作为自己主人的权利才与其他人同样的权利保持协调。本书大部分篇幅将详细阐明这个论点。眼下的重点是，在康德看来，制度和强制权限不只是作为原因的条件，这些条件很可能会实现自由法权或者甚至使人们明智地做出某些牺牲，倘若他们要捍卫自由的话。相反，如果没有公法秩序，众多个体的自由法权的协调运用是难以想象的。

自由法权这个非工具化观念（conception）为康德提供了一个审视强制意义的独特视角。[10] 如果把法律制度和政治权力理解为实现道德结果的工具（原则上这些结果无须法律制度和政治权力也能实现），那么运用国家权力这一日常要求将使人们有责任证成该运用，❶ 并且它显然还会招致如下反驳：其他因素，包括个体的任意和自然的偶然性，几乎在每个方面都会对人们的生活产生重大影响。为什么关注国家——且不问国家的强制行动——而不关注个体的行动呢？❷ 正如我们看到的，康德非工具化地解释了平等的自由体系，该解释为强力的合法使用成为一个自足的（self－contained）问题提供了原则化的基础。

康德反对法律规则和法律制度的工具化观念，但不意味着他提出的规范性原则足以解决所有的法权问题。其批评者经常这样来解读康德，认为他在道德哲学中做过这样的要求，有时甚至认

---

❶ 例如，参阅 Jürgen Habermas，《在事实与规范之间：关于法律和民主的商谈理论》（*Between Facts and Norms*：*Contributions to a Discourse Theory of Law and Democracy*，MIT Press，1999），页 447－462；John Rawls，《作为公平的正义：正义新论》（*Justice as Fairness*：*A Restatement*，Harvard University Press，2001），页 40；Ronald Dworkin，《法律帝国》（*Law's Empire*，Harvard University Press，1986），第 4 章。

❷ 例如，参阅 G. A. Cohen，《拯救正义与平等》（*Rescuing Justice and Equality*，Harvard University Press，2008）；Liam Murphy，"制度与正义的要求"（Institutions and the Demands of Justice），载于 *Philosophy & Public Affairs*，27，4（1998），页 251－291。

为他对道德规则的强调是因为害怕“出轨”（off the rails）。❶ 故而对他的政治哲学提出类似批评也就顺理成章了。❷ 康德提出的法权诸原则是高度抽象的，这些原则要求进行判断时须应用于个案。虽然某些人（比如西季威克，Henry Sidgwick）认为这些概念——它们没有按照充分规定好的方式对个案进行分类——必定是可疑的，❸ 但康德认为，道德概念是抽象的，因为它们是规范性的。[11] 为此，它们要求进行判断时应用于具体境况。正如我们将看到，康德没有为私人争议的解决或公共立法的内容提供具体模式。他的论证表明那些问题必须如何形成，如何与每个人作为自己主人的法权相协调，以及为什么必须创立公共制度来解决它们。

绝对命令。正如布朗所做的，最直接解释康德道德哲学的方式是采用应用伦理学的视角。经过 19 世纪科恩（Hermann Cohen）❹ 和 20 世纪罗尔斯的工作，道德哲学对后康德式政治哲学产生了重要影响。无论正确与否，许多人从科恩与罗尔斯那里了解到，康德主义者假定自律生活是最好的生活，政治制度的设计

---

❶ 参阅，例如，John McDowell，“德性与理性”（Virtue and Reason），载于 John McDowell，*Mind*，*Value*，*and Reality*，1998，页 50 – 73。这些批评没有切中康德伦理学，对其原因的讨论可参阅 Barbara Herman，《道德判断的实践》（*The Practice of Moral Judgment*，Harvard University Press，1993），以及 Onora O'Neill，《通往正义与德性》（*Towards Justice and Virtue*，Cambridge University Press，1996），页 77 – 89。

❷ 典型的误读当属阿伦特（Hannah Arendt）。Hannah Arendt，《康德政治哲学讲义》（*Lectures on Kant's Political Philosophy*，University of Chicago Press，1982），Ronald Biener 译。相关的讨论文章，请参阅 Otfried Höffe，《康德的世界公民主义的法律与和平理论》（*Kant's Cosmopolitan Theory of Law and Peace*，Cambridge University Press，2006），第 3 章。

❸ Sidgwick，《伦理学方法》（*The Method of Ethics*，Hackett，1981），页 421。

❹ Hermann Cohen，《康德的伦理学依据》*Kant's Begründung der Ethik*，2nd ed.，Bruno Cassirer，1910），页 394。科恩承认费尔巴哈（Paul Johann Anselm Feuerbach）的影响，参见：《自然法权批判作为一门自然法权科学之入门》（*Kritik des natürlichen Rechts als Prop? deutik zu einer Wissenschaft der natürlichen Rechte*，Altona：Bei der Veringsgesellschaft，1796）。

必须有利于促进自律。❶“康德主义者”的立场正好使自己站到了工具论者的阵营。无论该立场多么诱人，它都不是康德的观点。本章的首要任务是摆出法权和伦理之间的基本区别，而对它们的详细论证则放到后续几个章节。

Ⅰ. 法权与伦理：为什么康德没有“应用”绝对命令

康德在法权和伦理之间作了一系列严格区分。伦理行为取决于行动所依据的准则；合法权的行为只取决于个人之间互动的外在形式。[12] 伦理行为的内在本质意味着与处于道德性核心的自律相协调的唯一动机必须是道德性本身；合法权的行为能够被其他人给予的动机引发。其他人有权迫使你履行法权责任，但无权迫使你履行德性责任。这些区分都不能直接诉诸绝对命令。但在康德的其他作品中有一些通常围绕着绝对命令的词汇，我们可以在论证的各个关节点上找到它们：法权仅在“普遍法则之下”才是可能的；你绝不能允许自己“仅仅作为手段”，人们必须“为自己立法”。

法权与伦理之间的每一个区别都促使康德把法权原则刻画为支配着占据空间的诸个体。你对自身人格的法权，其基本情形是你对自己人身的法权；所有权的基本情形是土地所有权，亦即排除其他人占据地球表面的某个特定位置的法权；契约的基本情形

---

❶ 例如，参阅 Jeffrie G. Murphy，《康德：法权哲学》（*Kant*：*The Philosophy of Right*，St. Martin's，1970）；Patrick Riley，《康德的政治哲学》（*Kant's Political Philosophy*，Rowman&Littlefield，1983），页 98 – 99。对这些观点及其他类似观点的批判，参阅 Onora O'Neill，“康德的正义与康德式的正义”（Kant's Justice and Kantian Justice），载于 Onora O'Neill，*Bounds of Justice*，2000，页 65 – 80。

是把一个客体从一地转移到另一地；国家的基本情形是它占据了地球表面的某个特定区域。

在康德那里，空间不仅仅是一个有用的隐喻。其规范性意义是基于如下方式产生的，即按照这些方式，占据空间的独立个人在运用他们的自由时会发生冲突，这取决于他们正在何处实施占据空间的活动，以及其他人恰好在这同一个地点正在做什么。这一规范性结构不同于另一种规范性结构，后者被包含在一个理性意志存在者的观念中，而理性意志存在者根据自己的行动原则与自身发生冲突。正如我们将在附录中看到，康德描述了内在自由与外在自由之间的关系的特征，这个描述产生于他对单一的所有权与关系的所有权之区别的更一般的哲学理解。这些区别有助于说明为什么康德要把法权的普遍原则的特征描述为“假设不可能有进一步的证明”。但是，无论是对法权的普遍原则进行规范性论证，还是对扩展该原则进行规范性论证，都不依赖于那些更为宽泛的哲学根据。规范性论证阐明了其人身活动会发生冲突的自由个人的内涵。康德有一个更为宏大的批判课题，该课题的其他方面尚未令某些人信服，但甚至对这些人来说，这些规范性论证也是颇为有趣的。

[13] 在讨论那些规范性论证之前，有必要对《法权学说》的论证与绝对命令的解释作一番比较，根据该解释，绝对命令被用于检验奠基于人类处境的一般特征之上的行为。按照这个解释，准则能否成为普遍法则取决于广泛采用它而可能产生的效果。这种“目的论的”解释激起许多人对康德发起猛烈的批判，其中就有黑格尔和西季威克，并且康德的拥护者也普遍反对这种解释。❶ 目的论解释正是布朗希望在《法权学说》中看到的东西，亦即设想一个能“用来检验实在法规则”的公式，检验方式是判断实在法规则能否通过一般性的检验。结果令布朗大失所

---

❶ Korsgaard，《创建目的王国》（*Creating the Kingdom of Ends*），页 87 – 92。

望，这证明了康德压根儿就不抱这种企图。任何原则，一旦它依赖于采用这条或那条法律规则的效果，就成了康德所说的“质料的”原则，后者取决于人们恰好（或很可能）拥有的目的。正如我们在第7章会看到，对法权普遍原则作质料的解释只能产生如下规则，这些规则是质料的、有条件的，因而与平等的自由体系——在这个体系中，每个人是自己的主人，任何人都不是他人的主人——不相协调。

Ⅱ. 康德论证的若干阶段

法权的普遍原则说的是“任何一个行动，如果它，或者按照其准则每一个人的任意的自由，都能够根据一条普遍法则与任何人的自由共存，就是正当的。”❶ 普遍原则产生每个人对自由的“内在法权”，“自由（独立于他人的任意所施加的强制），就它能够根据一条普遍法则与他人的自由并存而言，”就是“这种唯一的、源始的、每个人凭借自己的人性应当享有的法权”。❷［14］这个内在法权引向支配着自由个人进行互动的私人法权，然后引向要求建立宪政国家的公共法权。为禁止个人的损害而详细规定物权法、契约法乃至宪政分权，独立性理念由此承担起证成整个论证的责任。康德认为这些规范和制度不仅使独立性的实现变得更有希望，而且为人们平等自由地互动提供了唯一可能的途径。他关心的不是人们应当如何互动（作为伦理事实），而是他们如何能被迫进行互动（作为

---

❶ 6：230。
❷ 6：237。

法权事实）。❶

独立性这个核心理念涉及人与物的区别。人是能够为自己设定目标的存在者，物是可用于追求目标的东西。康德追随亚里士多德区分了任意和单纯的意愿，他依据的是，若某人选择了某物，他必须拥有那些可以获得的手段来赢获该物。❷ 你可以希望（wish）自己能够飞翔，但你不可以选择飞翔，除非你拥有或获得了能让自己飞翔的手段。在这个意义上，拥有用来追求目标的手段在概念上优先于对目标的设定。首先，为自己设定目标的能力就是你的人格：设想目的的能力，以及你拥有的任何身体上的追求目的的能力。如果你能够为自己决定将要追求的目标，你就具有独立性。

把你自己人身的力量设想为你拥有的手段，如果该设想意味着你人身的力量在某种程度上外在于你设定和追求目标的能力，或者它们只在你主动运用时才与你有关，那么该设想可能使人误入歧途。康德提出了不同的主张，他认为如果你的人身从属于自己的任意而不是其他任何人的任意，因而你——自愿地与其他人合作或者独自一人——有权为自己决定将要追求的目标，那么你就是独立的。［15］如果某人决定你将追求的目标，你就依附于他的任意。如果某人利用你的人身或人身的一部分来达成你未授

---

❶ 德文词“*recht*”及其同源词在英语中没有准确对应的单词。该词包含法律与合法的权力这个更一般的观念。晚近的翻译家们使用“right”来对译，该词按照“law”和“justice”所不具有的方式，在某种程度上保留了“*recht*”的模糊性。根据康德的用法，法权与可强制执行的义务的领域有关。

❷ 6：213；Aristotle，《尼各马可伦理学》（*Nicomachean Ethics*），1111a25。（［中译按］译者通常把“choice”译为“任意”，在极少数情况下，根据语境和汉语习惯才译为“选择”。此外，需要提醒的是 choice 与 choose 之间的词源关系。译者一般把“choose”译为“选择”，在某些时候，同样基于语境和汉语习惯的需要，把“choose to do”译为“决定做……”，因此在阅读时务必注意“任意”“选择”——包括动词和名词这两种情况——与“决定做……”这三者之间的关联。至于“wish”，一般译为“意愿”，极少数情况下译为“希望”，这完全是出于译名统一和便于理解的需要，尽管在有的时候译为“意愿”显得特别别扭）

权的目标，他就是让你依附于他或她的任意；如果你的人格——以你的人身的形式——被用于实现其他某个人的目标，你的独立性也同样受到了侵犯。即使某人没有伤害你，而且事实上还给你好处，他也侵犯了你的独立性。

在手段和目的上有一个常见的康德式区分，这个区分为一个人能够妨碍他人独立性的方式提供了一个独特见解：妨碍意味着或者为某人设定她没有选择的目标，或者剥夺她的手段。诚然，强迫他人或者欺骗性地引诱他人帮助你实现自己的目标，这是第一类妨碍的常例，人身伤害属于第二类妨碍的常例。在任何一种情况下，不法行为人都没有尊重他人为自己设定目标的能力，相反，他都只是把她视为用于追求自己目标的手段或要克服的单纯障碍。

妨碍他人的自由产生了某种形式的依附；独立性要求一个人不从属于他人的任意。我们可以比较一下康德对独立性和自律这个更强有力的观念所作的解释，后者有时把独立性刻画为个别行动者的特征。按照这个观念，假如世界上只有一个人，追问他是否自律以及在何种程度上自律也还是有意义的。康德的独立性不是一个孤立个体的特征，而是个体间的关系的特征。独立性是相对于对他人的依附而言的，依附就是从属于他人的任意。独立性是关系性的，因而不能成为孤立的特定个人的谓词。从以下两方面来看，这个差别是至关重要的。首先，原则上，一个拥有仁慈的主人并身处舒适生活境况的奴隶，在当代技术意义（technical sense）上可以是自律的，但不可能是独立的，因为他被允许做什么始终取决于主人的任意或恩惠。其次，自律能够通过其他人的行为得到调和（compromised），也能够通过自然的或者自我施予的因素得到调和；但独立性只能通过其他人的行为得到调和。对独立性进行扩张并非一件好事；独立性是对其他人行为的限制，该限制是由每个人有权成为自己主人这个事实施加的。

［16］独立性是法权的基本原则。它确保了平等的自由，因

而要求任何人都不从属于他人的任意。独立性理念同样成了许多人攻击的目标。几乎所有这些攻击的基本形式都集中于如下事实，即对规则的任何设定都是为了禁止某些行为，要是没有这些规则，人们是会实施上述行为的，因而，例如存在这样一些法律，它们禁止个人损害，禁止破坏所有权，它们对人们随心所欲的能力进行限制。由于不同的人拥有难以协调的需要，因而让一个人做他想做的事，通常都要阻止其他人做他们想做的事。因此，反对者甚至主张不能把自由描述为一种政治价值，因为自由始终处于冲突之中，调和冲突的唯一方式是诉诸各种善而不是自由。正如我在第 2 章将更详细说明的，就自由被理解为随心所欲的能力而言，上述对自由的反对具有一定效力，但它没有切中康德的独立性观念。对独立性的限制产生了一系列限定，这些限定按其本质平等地适用于所有人。它们的普遍性取决于如下事实，即它们是从康德所谓任意的“质料”——被追求的特定目标——中抽象出来的，并且它们关注的是由自己而非他人来为自己设定目标的能力。你能够完成什么取决于其他人正在做什么——其他人只要略加阻挠就能破坏你的计划。纵然他们这样做，也没有妨碍你的独立性，因为他们没有限制你运用自己的力量去设定和追求自己目标的能力。他们只是使你为实现设定的特定目标而使用的手段失效，由此来改变这个世界。他们有权按照那些方式来改变世界，这是他们的独立性法权。同样地，你与其他人展开合作的能力也取决于他们与你合作的意愿，他们有权接受或拒绝你的请求只是由于他们享有独立性法权。

康德意在表明，如果按照以上方式理解，独立性是能够与相互限制这个自足领域相协调的。平等的自由体系理念提出这个问题，并且为他提供了某些资源以对政治生活中最显著的特征做出原则性的解释。有些人以为，任何时候只要政治权力的使用能够产生有利结果就能使用它们，他们没有看到有必要为它们划定一条原则性的界限。[17] 康德的任务就是对自由做出原则性的解释。个体可以根据自己的判断来自由设定自己的目标，这个理念似乎与以下两种权力处于紧张之中：首先是取消个体的判断，其方式是让机构和被赋予权力的官员做出约束每一个人的决定；其次是强制执行上述决定的权力。康德旨在证明这些权力不仅与个体的自由相协调，而且事实上也是个体的自由所要求的。

康德分三个阶段来展开独立性理念。首先，他按照独立性的最简单形式把独立性关系描述为对个人之间的互动的约束。他称其为某人自身人格的“人性中的内在法权”，因为它不需要建构它的任何行动。相反，人们只是由于能够为自身设定目标才有权享有独立性。独立性的这个形式是不完整的，因而需要扩展，如此方能考虑如下可能性，即人们本来享有对物的权利，而非对自己人身力量的权利。康德把这些权利放在私人法权之下来论述，它们覆盖了罗马私法的传统范畴，所有权关系、契约关系和身份关系，这些范畴和关系支配着物权、对其他人履行行为的法权，以及在特殊情况下对其他人的法权。这些范畴完整地阐释了互动个人之间的独立性，但只有在设有立法部门、行政部门和司法部门的公共法权状态下，人们才协调地享有上述法权。反过来，上述每个部门都参与建构合法权状态，在此基础上，它才拥有更多的权力。

内在法权

康德从两个方面来阐述人性中的内在法权。首先，每个人都有权独立于其他人。没有人生来就是主人或仆役。每个人都内在地享有法律上平等的法权，该法权先于任何建构它的肯定行为。❶ 你对自己人格的法权确保你有权按照你认为合适的方式使用自己的力量，这与其他人为同样行为的自由是协调的。[18]

❶ 6：237。

内在法权还包括“免于惩罚”的法权，[1] 你只对自己的行为负责，除非实施了不法行为，否则应被推定为无罪。

其次，内在法权还包括合法权的正派（rightful honor）这个命令。康德把罗马法学家乌尔比安（Ulpian）的“*honeste vive*”（“正派地活着”）解释为不要让你自己成为其他人的单纯手段。[2] 他还把合法权正派的特征描述为“内在的责任”，内在责任首先表现为它不存在于外在自由的理论中。它是内在的责任，因为其他任何人都不能强制执行它；它是一项法权责任，因为它设定了一个自由在其中得以运用的范围，因而支配着一些人能够进入其中、作为法权事实的协议。因此，你有权自愿与他人达成某些协议，但仅限于与法权的普遍原则相协调的协议。结果是，你不能给予他人某种法权，这种法权使你只成为单纯的手段；他们可以按照某些方式约束你，而你不能同样地约束他们。就整个《法权学说》而言，对自由的使用方式所构成的限制具有重要含义。在私人法权上，你不能把自己出卖为奴隶；在公共法权上，国家无权为你做出某些安排，要求你推进他人的私人目标。

内在法权支配着自由个人之间的互动，但却是按照不完善的方式来支配的。康德连续拓展了存在于一个人自身人格中的人性的法权理念，由于人类具有任意的能力，因而他的每一个拓展都是有必要的。政治生活中存在两种突出的不平等，上述拓展亦表明这两种不平等是如何与内在法权所要求的平等的自由相协调的。**私人法权**——规范着所有权、契约和私人各方的其他法律关系的诸法律领域——说明了物质财富的不平等（包括所有权的持有、契约义务、雇佣关系和家庭关系）是如何与内在法权的平等协调起来的。**公共法权**——规范着国家立法权的法律领域，包括宪法、刑法和赋予国家警察权的公共职能——说明了不同的政府

[1] 6：238。
[2] 6：236。

部门是如何与内在法权相协调的，而内在法权又是如何要求设立这些不同部门的。

私人法权

［19］内在法权只是不完整地阐释了独立性，因为它仅规定一个人对自己的人格和荣誉享有权利。这就开启了某种可能性，即可以有其他一些手段，某人能够获得它们，并可能在设定和追求目标时加以利用。这一可能性要求进一步的“悬设”，一项与内在法权相协调但不包含在内在法权之中的扩展。❶ 康德认为，如果可用物不能获得合法权的使用，这项扩展就是与法权不协调的。为了你的目标而使用物的能力可以通过用益权（*usufruct*）体系得以实现，按照这个体系，人们为了特定的使用而借用共用物（borrowed from a common pool）。然而，康德设想了拥有手段和设定目的之间的关系，由于他设想这一关系的方式，许可使用某物并不足以拓展你的自由；它只能使你达成某个特定目标或者其他目标。自由要求你能够完全按照自己的意愿拥有可用物，按照自己认为合适的方式使用它们，因而能够决定使用它们以实现何种目标，而这只受到如下限制，即其他人有权使用其拥有的任何可用物。其他任何安排都将使你为自身设定目的的能力从属于其他人的任意，因为他们有权反对你按照自己的意愿对物而非自己的人身作特定的使用。所有人的内在平等要求的是，除了保护自己的独立性以外，没有人能够限制他人的自由。只因为你拥有的外在物是你自己的，你就没有剥夺其他任何人的手段。你使用自己的东西充其量只是剥夺了他可能意愿得到的物，但是妨碍其他人的意愿并不与他们的自由相冲突，因为任何人都无权要求其

❶ 6：246。（由于最近发现了更早时期德文版的印刷错误，在新近的版本中，这个悬设出现在6：250之后，但它仍然保留了科学院版的页码）

他人按照前者的意愿来安排前者的事务。因此，必须有可能把外在手段据为己有。所有人在内在法权上都处于对等的地位；私人法权则为不对等提供了空间，因为它允许不同的人拥有不同的诉求。你和我可以拥有不同的物，我们可以处于不同的契约关系和身份关系之中。

［20］康德通过分析所有权范畴、契约范畴和身份范畴来阐述私人法权，这些范畴构成了西方法律体系的主干。它们详细阐明了与自由相协调的互动的可能类型。所有权相关于物权；契约相关于对人权；身份包含着“类似于”物权的对人权。康德指出，把人格/物这个二分应用于自身就产生了四种可能性，但第四种，即类似于对人权的物权是空洞的，因为物不能承担起类似契约的义务。❶ 直观告诉我们，自由人只能按照三种基本方式展开互动。他们能够独立地互动，每个人各自追求自己的目标。这是内在法权的结构。所有权具有相应的结构，因为作为所有人（proprietor），我占有的东西是从属于我的目标而非其他任何人目标的财产。人们可以通过两种方式侵犯我的人格，也可以同样的方式在财产上侵犯我：为了他人的利益而拥有我的财产，或者阻止我为自己的利益使用我的财产。我占有和使用我的财产。如果你未经我的许可就使用我的马，你使用它就是为了自身的利益，而不是为了我的利益；如果你损害了它，你就妨碍了我为自身的利益而使用它。契约涉及某种情况，在该情况中，缔约双方独立地互动并达成合意。如果我邀请你进入我的住宅，你没有侵犯我；如果我同意为你做某事，你就能够按照自己的意愿处分我做这件事的力量，而且你有权根据我们的协定内容使用它们。如果我没有做到我承诺要做的，我就侵犯了你，因为我剥夺了你对之享有权利的手段。

履行承诺是更一般的道德义务，在康德看来，不能把契约理

---

❶ 6：358。

解为该义务的一种狭义的、特殊的情形，❶ 而应理解为一项特殊的法律制度，缔约双方根据该制度变更各自的法权和义务。❷［21］制订协定要求双方必须共同参与，任何一方都不能单方面变更他或她对对方的法权。可以创设某些权力，包括转让所有权的权利、强制服务的权利，或者对他人的行为负有职责的权利。

身份关系是契约关系的映像（mirror image），因为在身份关系中，一个人占有而非使用另一个人。如果人们相互独立地而不是达成合意地展开互动，这种关系就是可能的。其关系结构类似于一个人占有另一个人的财产：如果我正在修理你的汽车，你就得允许我驾驶它以检验是否运转良好，但我不能用它来走亲访友，不然就是使用你的财产来达成我的目标而非你的目标。康德承认存在少数事例，在这些事例中，一个人可以占有另一个人，其占有方式是在管理后者事务的方式上无须征得后者的同意。在康德所举的事例中，最常见的是父母与子女的关系。康德认为，既然父母“未经孩子的同意，并且专横地”❸ 把他们带到世上，父母就要负起为孩子谋利益的责任并享有“管教和塑造”❹ 的法权。在这种情况下，使父母与子女之间的互动合乎法权的唯一方式是父母为了子女的利益而行动。而且，在各种情境中，直观的看法也是我们熟悉的。教师不得从学生那里获取利益，因为他们的不对等关系会减损学生做出真实同意的能力。由于教师不能为自己的目标而作为，因而唯有为了学生的利益，他们与学生之间的关系才是合法权的。

对合法权互动的基本类型所做的上述分析无须利用伤害观

❶ 大多数可强制执行的契约都包含承诺，因为这些契约都涉及未来的安排。根据康德的分析，对法权的合意的变更对于契约而言是最根本的，无论是即时转让还是承诺在将来转让。

❷ 6：271。

❸ 6：280。

❹ 6：281。

念。没有侵犯某人却伤害了她，这是可能的——例如，当我从事一项竞争性的生意并抢走你的顾客，或者使用我的财产以致你失去往昔拥有的愉快想法。[22] 同样地，无须伤害一个人，也可能通过如下三种方式的任何一种使他受到侵犯。如果我在你睡着的时候未经你的同意而抚摸你，或者当你不在的时候未经你的同意而使用你的财产，我就是利用你来满足我的目标并且侵犯了你，即使（如事实表明的）你不知道我的行为，你的身体或财产也没有遭到任何可识别的伤害。如果我违反了你我之间的契约，即使（如事实表明的）你尚未依照契约为任何行为，我也侵犯了你，我从你那里夺走的期待纯粹是预期性的。在身份关系上占有他人的人，如果利用这一关系为自己牟利，就侵犯了被占有人，即使关系中的被监护人没有遭受任何损失。这不是说康德的分析没有说明伤害何时以及为何有意义——当伤害不法地削弱了某人的力量，因而不法地削弱了她的自由，伤害就是有意义的，但若只是因为伤害减损了福利或财富，它就没有任何意义。

我一开始就把康德关注的法权关系解释为某些方式，按照这些方式，自由个人能够与独立于所有其他人的每个人协调地展开互动。康德把每一个讨论都归结为一个问题，即一个人如何能够享有对一个特定物的法权，无论该物是一份财产还是另一个人的履行行为，或者如何能够享有使他人为了自己的利益而为特定行为的法权。如果说晚近的政治哲人们从根本上思考过所有权，他们也只是倾向于追随洛克的假设。洛克假定，理解所有权的出发点在于说明所有权的取得是如何把所有权人与那些和物相关的其他人区别开来的。康德认为这个策略是无效的。他反对把该策略视为所有权的“守护神”理论（the“guardian spirit” theory of property），他认为所有权是个人与个人的关系，而不是个人与物的关系。❶ 在说明人们如何与过去某个具体的无主物发生关系这

❶ 6：260。

个问题以前，康德的所有权理论说明了这个关系的本质。它还说明了为什么财产在没有公法制度的“自然状态”下只能被“暂时地”取得，而只有在公民状态中才被确定地获得。

从私人法权到公共法权

［23］早在康德讨论私人法权之时，他就写道：“把某种外在的东西当作自己的来拥有，这唯有在一种合法权的状态下，在一种公共立法的权威之下，亦即在公民状态下，才是可能的。”❶人类需要进入合法权状态，康德在许多地方、以表面上不同的方式描述了这种需要的特征，他诉诸每个人的保证、不确定性以及单方面裁判的问题。他展开了三个论证，每个论证都表明，如果没有公共权威，私人法权体系在道德上就是不连贯的，因为有权立法、司法和执法的公共权威的缺失使得私人法权的概念上的要求——对占有的保证、“我的和你的”之间清晰的界限和所有权的取得——无法得到满足。

前两种论证在政治哲学上历史悠久：霍布斯谈到了保证，洛克讨论了裁判问题，阿奎那讨论了需要制定实在法以确定规范性概念。然而康德并未简单借用这些传统观点，而是按照不同方式发展了每一个观点。用下面的话说，保证具有如下特征：“所以，我并没有义务不动用他人外在的‘他的’，如果不是每个他人也都向我保证，就我的东西而言他将会遵守同样的原则来行事的话。”❷ 确定性的要点也是我们熟知的：康德把“可外在获得的对象无论在量方面还是质方面的不确定性”的特征描述为“所有课题中最难解决的”，并且指出，该课题只有在公民状态下才能解决。❸ 其后他又指出，自然法权的各个部分——包括由遗赠

❶ 6：255。

❷ 6：256。

❸ 6：266。

取得的财产和通过长期占有而习惯性取得的可能性——要求通过制定实在法来确定。

［24］康德把这两个常见的论证类型归属于一个更为宏大的论证，该论证表明，所有权的取得提出了政治权威这个基本问题，因为所有权的取得是某人随性的行为改变其他人的规范性处境的范例。立法者通过了一部法律，由此声称公民们被置于一项义务之下；倘若这部法律没有通过，他们是不负有这项义务的。无主财产的取得表明私人法权是以这些公共权威关系为前提的。某人主动为一定行为，单方面地把其他人置于不得染指其财产的新的义务之下。但只有存在一个更一般的、全面的权威时，这个单方面行为才能与其他人的自由相协调。而只有在合法权状态下才可能存在这种全面权威。其他任何法律行为，包括那些解决私人争端的行为或强制执行具有约束力的裁断行为，都只能基于同样的理由才要求法律权威。

康德具体展开了上述每一个论证，但我要留待第 6 章才讨论他是如何具体展开的。康德诉诸进入公民状态的、表面迥异的根据，其关键在于，每一个论证都要求按照他所设想的权力分立来创建政府的每一个部门。有关单方面裁判的论证引入了公法的基本原则，并且为一个单一的立法权威提供了佐证，该立法权威能够根据他所谓“全面意志”（omnilateral will）的立场来制定法律。有关保证的论证证明了设立行政部门的必要，行政部门负责强制执行法律。有关确定性的论证则引入设立法官的必要，法官负责把法律应用到具体案件。执行权和司法权都从属于法律，因为全面的法律是两者行动的条件。

相互分立的三种权力，其职能是不同的，因为只有立法机关才享有立法权。立法机关享有立法权是由于那是人民的声音，因而人民实施的是自我统治。行政部门不能制定一般规则，但有权采取手段以使一般规则具有效力。法官解决的是具体纠纷，并通过执行“把每个人的东西给予这个人”。❶ 这三种分立的权力把人民置于共同的规则之下，使他们的互动受到这些规则的支配；它们还制定了适用于他们的共同程序，以便任何人都不从属于其他人的权力或判断。通过这些方式，相互分立的权力保障着独立性。

公共法权

［25］在现代读者看来，康德罗列了一大堆公共权力，乍一看去就像18世纪诸种权力的大杂烩：“超级地主”的角色包含征税的权力和取消土地所有权上的永久使用权的权力；❷ 征税以救助穷人的独特责任；分配公职的法权；惩罚和赦免的法权。这个表面上的大杂烩，其基础是康德在《法权学说》与“理论和实践”这篇论文中阐明的原则。根据该原则，最高统治者不能施加于自身的法律，也不能施加于人民。这个命题的必然结论是，人民必须自我立法，其制定的法律乃是人民持续立法的前提。❸

设计该问题的这个一般方式产生了国家必须拥有的一系列权力，并且对权力的可能使用方式构成了一系列限制。警察权以及为支持警察权的行使而征税的一般权力包括广义的权力，后者取决于如下基本要求，即每个人都是公众的一员，而不是一个私人性公民。正如我们在第8章会看到，广义的权力包括维护公共道路和保障公共空间。

国家要救助无力自我救助的人，这个要求来自人民能够分享一个联合意志，联合意志乃是人民共同自我立法的前提。在私人法权上，任何人都无权拥有不再属于自己的手段，正如康德冷静

---

❶ 6：317。

❷ 6：233。

❸ 《理论与实践》（*Theory and Practice*），8：297。另参阅6：329。

地评论道，“需要或者意愿”都是不相干的。救助穷人的责任不是整合这些努力，即努力履行救助穷人的先在义务。不存在可以强制执行的、救助穷人的私人义务。救助穷人的唯一的私人义务是仁慈的义务，仁慈的义务不规定具体行动，只要求每个人都要使（某些）其他人的需要成为她的目的。❶ 国家救助穷人的责任与此不同。物权，尤其是排他的法权，在合法权状态下是无可争议的。［26］在自然状态中，某人从其他人那里夺得某物并没有侵犯到他；而在合法权的状态下，各种形式的自力救济是被禁止的，从他人那里取得生存所需就是对被取得之人的侵犯。这个人受制于拥有更多财富的那些人的恩惠。康德认为这种依附状态与依附者的合法权正派是不协调的。公民没有合法权的权力把自己束缚在这种处境之下；其结果是，只有在排除了上述可能性的法律之下，可强制执行的私有权才是合法权的。❷ 排他性的法权能够成为普遍意志的客体，其唯一方式是确保对那些无力自我救助的人给予公共救助。

国家不能在公民中制造阶级或等级，因为正如康德所言，“天赋和意志”是不可继承的。康德并未经验性地考察谁可能最适合某种工作，只提出这样一个规范性要求，即你拥有基本的权利，据此你可以按照自己认为合适的方式来运用你的一切力量。公民世袭的阶级或等级会阻碍人们运用他们拥有的任何能力。因此，人们关心的是保护他们的自由——这唯一的关心将把他们引向合法权状态——他们不可能同意上述可能性（［中译按］：即存在世袭阶级或等级），因为他们会“失去自己的自由”。

康德使用“源始的契约理念”（“the idea of the original contract”），我们可以把它与晚近政治哲学中非常流行的契约论思想相比较。康德认为，在私人法权上，只有现实的合意才有意义。

❶ 《德性学说》（*Doctrine of Virtue*），6：390。

❷ 6：326。

在公共法权上，国家承担有步骤地保障、维持和促进合法权状态的积极义务。积极义务反过来又产生一项法权，该法权与部分官员就如何最好地履行该义务而做出判断并予以执行。如果人民没有为自身做出某些安排，官员就不能做这些安排。反之，规定公民能否为自身颁布某部法律的唯一要素是，这部法律是否与公民运用其自由的权利（该权利是与其他人作同样运用的权利相协调的）保持协调。人民自我立法的理念在两个方面限制立法。它自身包含着恰当的公共目标的具体化——这些目标包括创设、维持和促进合法权状态——只有这些目标才是国家可以合法权地追求的。[27] 如何才能最好地追求这些目标——例如，扶助穷人的最好方式是提供工作培训，还是针对那些使人衰弱的疾病提供公共健康保险——是有待政治原则做出决断的问题。另一方面，人民自我立法的理念也限制了可能的手段，这些手段能被用于追求恰当的公共目标，它们与每个人人性中的内在法权相协调。即使世袭的官僚体制比职位向有才能者开放的体制显得更有效率，康德的论证也表明愿意置身于合法权状态的公民会放弃那些好处，因为他们自我立法的权力受到如下事物的限制，这些事物是在保护他们的自由时他们的利益所要求或暗含的。因此，公共法权原则并不忙于为每一个政治问题寻求具体答案，只是表明公共机构做出的可能有别的决策是与每个人作为自己的主人相协调的。

在有关惩罚的问题上，康德仍然强调维持合法权状态。宽泛点说，他的处理方式是报应型的，他主张根据不法行为的严重程度给予适当惩罚。然而，与其说犯罪的报应主义反映了如下信念，即人们因内心的邪恶而按照比例承受痛苦乃是善的，不如说它是对法治前提的独特解释。奠基性的观念是简单的，即使其应用是复杂的：任何时候，只要某人按照与法权相悖的方式行动，其他人就有权约束这个不法行为人的行为。这种约束不是对自由的妨碍，而是对自由之妨碍的妨碍。在分析一个有关私人损害的更简单的案例中，做出赔偿的某人只被要求“一分不少地保存”被害人本来拥有的东西。❶ 正如我们在第 10 章会看到，惩罚是对这同一个观念的进一步应用。从预期和回顾这两方面来看，惩罚通过维护国家指引行为的权利来维护法律的至高无上性。从预期方面来看，通过宣称国家有权裁定不法行为不具有法律效力，惩罚提供了服从法律的动机。[28] 从回顾方面来看，在违反法律时，惩罚维护着法律的至高无上性。

康德还主张这个源始的契约理念排除了革命法权。❷ 这些名声欠佳的论证比《法权学说》的其他部分更为人熟知。我们在第 11 章会看到，这些论证表达了一个简洁有力的观点：革命者从不声称为自己说话，他们是为了“人民”的利益而行动的。然而，人民这个观念只在合法权的状态下才有其应用。合法权状态要解决的是单方面的任意和通过创设机构来行动的问题（正是在这些机构下，人民才能作为一个集体而行动）。革命者宣称能够从事的多数事情是为某些目的或其他目的而单方面地呐喊。然而，强力的使用从不能因为革命者单方面的宣称就获得授权。因此，革命者没有任何法权，也就是说，没有强制的权利。

然而，按照以上方式理解，康德反对革命的论证并不导致如下结论，即人们不能反抗众所周知的恐怖政权。相反，对于一个联合意志而言，这些最恶劣的政权大多数甚至都不能作为联合意志的备选方案，因为其奠基性的原则，如奴隶制或种族灭绝，不能产生所有人在他们的法权中都能获得保护的合法权状态。用康德的话说，它们不是理想共和政体的残缺样式，而是野蛮状态，是自然状态的残缺样式。在自然状态下，每个人都有权使用强力把其他人带入合法权状态。

---

❶ 6：271。
❷ 6：320。

国际法权和世界公民法权

《法权学说》包含如下要求，即“普遍而持久的和平”，这个要求不是法权学说的一部分，而是“法权学说的整个最终目的”。作为最终目的，它内在于法权学说，而非外在于法权学说；合法权关系的完满实现是这样一种状态，在其中，每一个要求都通过法律而非强力来维护。互动必须符合法律，这个要求让许多读者误认为康德提倡某种形式的世界政府，但他显然反对这一可能。

[29] 国家间的关系在两个基本方面不同于人与人之间的关系，任何一个方面都使康德不愿作如下扩展，即把进入国家的论证普遍化为建立一个世界政府的论证。首先，作为公共法权状态，国家只有权为了公共目标而行动，而不能为了执政者或官员的私人目标而行动。其次，国家在国界之外不享有取得的物权。根据这两个比较，和平的确保既不要求最高统治者的立法，也不要求强制执行的权力。国家只需同意接受类似于法庭的机构所作的裁判，以便和平化解彼此的分歧。

虽然当代作家经常把康德对国家的强调视为一个非常不同的历史时期的残存物，但是鉴于每个国家的领土界限，康德对国家权力和义务进行了限制，这一限制反映了他含蓄地解释了可强制执行的义务的根据。我们在第 10 章会看到，外国人仅有参观的法权，除非他们再无别处可去。

Ⅲ. 结　　论

康德的法律哲学和政治哲学肇始于一个简洁有力的自由观

念，自由就是独立于他人的任意。政治哲学绝大多数的基本问题都通过这个自由理念得到系统的解答。它说明了财富和力量的不平等如何（以及何时）与所有人的内在平等相协调。它还表明了把具体的权力给予官员是与所有人的平等自由相协调的。它表明了为什么必须把权力赋予某些人，让他们有权告知每个人（包括他们自己）通过立法要做什么，表明为什么必须把权力赋予其他人，使之有权迫使人们去做他们被告知要做的事情。这些问题的答案是特有的康德式的：因为自由要求政治权力，所以政治权力是合法的、是能够强制执行的。

第 2 章　人性中的内在法权

[30] 法权的普遍原则说的是："任何一个行动，如果它，或者按照其准则每一个人的任意的自由，都能够根据一条普遍法则与任何人的自由共存，就是正当的。"❶ 如果一个行动妨碍了一个自身就是合法权的行动或"状态"，亦即妨碍了一个能够与每个人的自由相协调的行动或"状态"，那么这个行动就是不正当的。

康德还把法权等同于"强制的权利"。他继续指出，根据"矛盾原则"，任何行为只要妨碍了他人对自由的运用，就可能反过来受到其他人的妨碍，由此可以推出法权是一种强制的权利。妨碍观念以及康德借以说明妨碍的一般力学的类比，是造成某些混乱的根源。我将在附录中考察康德对法权的普遍原则所做的直接论证，以及他所援用的力学类比。本章的任务

❶ 6：230。

是使用规范性术语来说明平等的自由观念。

我的重点在于勾勒平等的自由这个宽泛概念，该任务与如下问题有关，即康德把什么东西的特征描述为“你自己人格的人性中的内在法权”，他还把这个特征等同于作为你自己主人的法权——亦即其他任何人都不是你的主人的法权。[31] 我将说明自治这个观念的社会层面和人际层面，并说明根据普遍法则，这个自治概念与平等的自由体系之间的关系，以及康德根据强制所赋予的这个体系的特征。

康德把自由的内在法权作为衍生出的诸法权的基础，借此用团结这个终极要求来解释政治的正义。每个人享有的反对其他人的法权必须从自由的内在法权中推导出来，正如保护政治自由和宗教自由的基本宪法法权必须从它推导出来一样。同一个独立性法权还把国家行动限制在真正的公共目标以及国家为实现这些目标而可能使用的手段上。国家权力尤其不能用来使一个私人依附于他人的任意。所有这些都可以从自由的内在法权中推导出来。首先必须确立法则之下的平等的自由体系这个基本事实。

作为平等的自由体系的法权理念以及与之相关的强制法权理念，两者都包含了晚近政治哲学中已经失宠的理念，因为人们普遍认为它们遭到的反对是致命的。相互反对的自由，其运用是竞争性的，据说平等的自由理念无法平衡这种运用，除非处理好那些受到威胁的潜在利益、因而处理好利益而非自由本身。另一个反对是，康德认为有一套独特标准，这套标准规定强力的使用，据说这个观点忽略了如下事实，即规范概念要优先于因违反规范而进行制裁的制裁概念。

通过阐述这两个反对，我将介绍康德的内在法权观念，它是一个平等的自由体系。我首先要介绍的是平等的自由体系理念，然后说明它是如何允许把强制理解为对自由之妨碍的。

Ⅰ.合目的性及其限制

所有人都享有平等的自由体系理念，近年来这个理念由于遭到毁灭性的反对而举步维艰，以致许多人对它几近绝望。我将与这些反对展开对话，由此引介若干核心观念。［32］在《正义论》（*A Theory of Justice*）中，罗尔斯提出一条“最大化的平等的自由（liberty）”原则。哈特对此提出批评，罗尔斯又对该批评回应说，他承认自己对正义的处理方式缺少发展平等的自由理念所需的理论资源。❶ 对以自由为基础的原则进行构造的其他尝试也受到其他人的批评，这些批评也是我们熟知的。科恩评论说自由主义是一套拙劣的理论，他认为任何一套规则若要保护某些自由，就必须以牺牲其他自由为代价。科恩举了一个例子，这个例子与物权对非所有人使用土地的自由进行限制的方式有关。❷ 而从另一个角度，德沃金使用在单行道上走错路的例子来说明以自由为基础来解释正义所遭遇的困难。❸ 泰勒（Charles Taylor）则在另一个传统中写作，他强调宗教自由与无障碍地穿过十字路口的自由是截然不同的。❹ 对平等的自由原则所做的这些批评在许多方面不无差异，但均主张在一个人的行动会影响另一个人的世

❶ Hart，“罗尔斯论自由及其优先性”（Rawls on Liberty and Its Priority），载于 Norman Daniels 编辑，*Reading Rawls*，Basic Book，1975。

❷ Cohen，“自由、正义与资本主义”（Freedom，justice，and Capitalism），载于 *New Left Review*，1，126，1981，页9。

❸ Dworkin，《认真对待权利》（*Taking Rights Seriously*，Harvard University Press，1977），页271。

❹ Taylor，“消极自由有何不当之处？”（What's Wrong with Negative Liberty?），载于 *Philosophy and the Human Sciences*，*Philosophical Papers*，vol. 2，Cambridge University Press，1985。

界中，自由并非一条自我限制的原则，因而社会以及希望引导它们的正义理论必须决定赞同何种自由，或者如何权衡与其他价值相悖的自由。

近两个世纪以前，柯勒律治（Samuel Taylor Coleridge）首先提出反对。他和科恩一样，都主张所有权构成对自由的外在限制，该限制是人们为了某些目标而施加的；这些目标与自由本身无关，它们完全取决于利益。西季威克不点名地重述了柯勒律治的论证，梅特兰（Frederick Maitland）也明确赞同柯勒律治的观点，哈特在按照自己的理解介绍柯勒律治的论证时提到了西季威克和梅特兰。❶

[33] 平等的自由理念通常遭到的所有反对都把自由设想为某人实现其不受其他人妨碍的目标的能力。关于对自由的这个理解，伯林（Isaiah Berlin）在“自由的两个概念”（“Two Concepts of Liberty”）一文中把它描述为“消极自由”，该理解把阻止某人实现其目标的意向行动或意向规定的特征描述为对自由的妨碍。❷ 如同其他人的故意行动，资源稀缺或内在障碍至少可能阻碍目标的实现，根据这个解释，某些批评追问在限制自由时其他人行动的具体意义。其他批评想问的是，可能如何来权衡不同的自由以确定人们是否享有同等分量的自由。❸ 除了这些困难以外，更大的问题在于，消极自由的不同运用是如何相互沟通的，

---

❶ 参阅 F. W. Maitland，“赫伯特·斯宾塞先生的社会理论Ⅲ”（Mr. Herbert Spencer's Theory of Society Ⅲ），载于 *Mind*，8，1883，页 506 – 524。继而梅特兰把《社会理论Ⅲ》的一般要点归功于柯勒律治。参阅 Coleridge，“论政治知识原则之第一部分”（Section the First on the Principles of Political Knowledge）（1818），载于 Kathleen Coburn 编辑，*The Collected Works of Samuel Taylor Coleridge*，vol. 4/1，Princeton University Press，1969。梅特兰和柯勒律治都论证说，所有权要求自由在匮乏状态中有所妥协，在这个状态中，“不是每个人都能得到他想要的”。

❷ Berlin，“自由的两个概念”（Two Concepts of Liberty），载于 *Four Essays on Liberty*，Oxford University Press，1969，页 118 – 134。

❸ Onora O'Neil，《通往正义与德性》（*Towards Justice and Virtue*，Cambridge University Press，1996），页 161 – 162。

这取决于人们追求的特定目标或者康德所谓的他们的任意的“质料”。如果我们的目标相互冲突，我们的消极自由也必定相互冲突。任何目标，不论是我穿过你的花园这个私人目标，还是国家调节交通流量这个公共目标，都会与某人获得他或她想要的东西的能力相冲突。

康德对平等的自由作了不同设想。尽管我们要权衡某些利益，但平等的自由不是指人们在某些利益上获得同等的分量，而是指各自享有的独立性分量是相等的。如果这种独立性取决于不同的人恰好拥有的特定目标，那么我们就不能为之定义，更别提对它加以保障了。一个人不能独立于其他人的任意的效果，除非限制那些人的自由。相反，平等的自由体系是这样一个体系，在其中，每个人——各自地或相互合作地——自由运用自己的力量去设定自己的目标，并且不允许任何人强迫某些人按照促进或符合任何其他人的目标的方式来使用他们的力量。

如果是你自己决定使用你的手段追求某些目的而不是由其他人决定，你就是独立的。[34] 在内在法权的层次上，自由法权就是捍卫你的合目的性——你选择目的的能力，这些目的是你将使用你的手段所要追求的——免于受到其他人的任意的干涉，但无法捍卫你的合目的性免于你自己的任意的匮乏或者实现愿望的手段的匮乏。如果没有其他任何人告诉你要使用你的手段追求何种目标，你就是独立的；如果我们中任何一个都不告诉另一个要追求何种目标，我们中的每个人就都是独立的。

在能够设定和追求你的目标的过程中，这个独立性法权不是一个更一般利益的特殊情形。相反，你的作为一个人格的身份与其他人格是息息相关的；独立性法权是这种身份的独特方面，你有权设定自己的目标，其他任何人不能要求你成为实现其目标的工具。你是与其他人相对的最高统治者，这不在于你决定什么东西对你而言是最重要的，而在于没有其他任何人能告诉你应该追求何种目标；如果他们这样做了，你就成了他们的臣民。因此，康德的独立性法权观念不依赖于如下理论，这些理论与近来被表述为“利益理论”或法权的“意志理论”有关。❶ 这些解释存在其他差异，构成这些差异的基础是它们共享一个诸法权观念，作为制度工具的诸法权为了保护与其他人无关的物品而约束他们的行为。康德的解释阐明了这样一种法权，它“在普遍的法则之下”对其他人的行为构成限制，亦即这种法权是与拥有同样一些限制的每个人相协调的。每个人独立于其他人的任意的权利约束着其他人的行为，这只是由于独立性的重要性，而不是为了其他东西，例如，为了这样一种利益，即过一种成功的、有价值的，或者完全自律的生活。即使不考虑其他人的行为，那些东西也能获得详细阐明，而对其他人行为的约束至多只是保护他们的有用方式。如果从工具角度来理解法权，那么在法权对那些它们意图保护的基础性价值进行保护的能力上，诸法权至少始终是潜在地有条件的。比较而言，康德的独立性法权一直是相互限制自由的体系中的权利，因而只能受到其他人行为的侵犯，其唯一要点在于禁止那个行为。[35] 保障独立性与禁止一个人为另一个人决定追求何种目标，这两者的关系是对等关系，而不是手段与目的的关系。结果是，平等的自由体系对行为构成约束，这个约束是无条件的。无条件的约束不排除对某个人的行动进行妨碍的可能性，甚至不排除使用致命的强力进行妨碍的可能性，因为无条件的法权不是对事务的确定状态的法权，例如，行动者还活着。相反，它是独立于其他人的任意而做出行动的法权，它与其他人做出同样行动的权利是相协调的。法则之下相互限制的原则，其应用是无条件的，因为它不是达成某些其他目的的途径。

康德还用成为你“自己的主人”（*sui juris*）这个品质来描述你的主权特征。你的主权是以对你自己人格的法权为起点的，对

---

❶ Joseph Raz，“论法权的本质”（On the Nature of Rights），载于 *Mind*，93，1984，页 215 – 229；H. L. A. Hart，“是否存在自然法权?”（Are There Any Natural Rights?），载于 *Philosophical Review*，64，1955，页 175 – 191。

你自己人格的法权具有内在的特征。作为内在法权，它是与你可能进一步取得的法权比较而言的，因为内在法权不要求任何创设它的肯定行为；作为一项法权，它对其他人的行为构成约束，而不是保护你的某个非关系方面的方式。它是任何取得法权的前提，因为通过他们的行动能够取得法权的那些人，就已拥有按照对法权（亦即对其他人的行为）产生影响的方式实施行动的道德能力了。任何法权体系都预设了某些基本的道德能力，这些道德能力不取决于某人运用这些能力的在先活动，但这个预设不是说有哪些法权是有疑问的，或者可能有多少这样的法权。

康德写道："唯有一个内在法权。"

> 自由（独立于另一个人任意的强制），就它能够与另一个人根据一个普遍法则的自由并存而言，就是"这种唯一的、源始的、每个人凭借自己的人性应当具有的法权"。❶

内在法权是法权的普遍原则的个别化，它应用于这样一种情形，即在其中只有人格才得到考虑。法权的普遍原则要求每个人按照某些方式运用他或她的任意，这些方式与所有其他人运用其任意的自由是相协调的；[36] 那么自由的内在法权就是每个人运用他或她的自由的权利，它只受到所有其他人在普遍法则下为相同行为的法权的限制。某人若成功地"脱离了一切社会"，❷对他而言就不存在什么法权问题了；如果世上只有一个人，也不会有独立性或合法权的责任问题。❸

康德就内在法权提出了不同的构想，每个构想都详细阐明了

❶ 6：237。
❷ 6：236。
❸ 同上。

如下理念的一个方面，即某人不得从属于他人的任意。[1] 康德根据一个人作为他人的单纯手段来阐释这个理念。这个常见的康德式主题是根据罗马法对人和物的经典区分来说明的。人是能够为自身设定目标的存在者。物是被一个拥有该物的人用于追求他可能拥有的任何目标的手段。作为单纯的物而被对待的人，其范例是奴隶，因为奴隶完全任由主人处置。奴隶的问题就在于他从属于主人的任意：主人决定使用奴隶做什么以及奴隶要做什么。奴隶并不为自己设定目的，他只是他人设定的目的的手段。称其为“这个”问题并非言过其实：如果说奴隶的其他问题——低福利、有限选择等——都可以因为有一个仁慈的主人而得到解决，以至于奴隶制关系可能不会那么糟糕，但这一关系也并不因此就正当一些。成为你自己主人的法权既不是拥有那些为了你的物的法权，也不是拥有宽泛选择的法权。相反，它显然是比较而言的和个人间的：成为你自己的主人就是没有其他任何主人。它说的不是你与自身的关系，而是你与其他人的关系。那么，平等的自由法权只是任何人都不是他人主人的法权。成为你自己主人的理念与平等的理念也是等同的，因为没有人只由于他的出生就拥有命令其他人的法权或者服从其他人的责任。[37] 所以，平等的法权就其本身而言并不要求人们在某些方面——如财富或资源上——获得同等对待，它只要求任何人都不是他人的主人。另一个人无权为你做出决定，即使他比你更清楚什么东西将使你的生活得以改善，或者他拥有一个只有你才能满足的迫切需要。

在平等的自由体系中，成为你自己主人的法权还产生了康德所谓的合法权的正派这一“内在责任”，即“在和其他人的关系

---

[1] 康德区分了意志（*Wille*）和任意（*Willkür*）。任意就是决定追求何种目标的能力；意志就是纯粹实践理性，就是与规则的表象相符合的自我规定的能力（6：214）。对这个区分的传统讨论，参阅 Lewis White Beck，“康德论意志的两个观念”（Kant's Two Conceptions of Will），载于 *Annales de Philosophie Politique*，4，1962，页119－137。

中维护自己作为一个人的价值的那种价值，这种责任是由如下命题来表述的：‘不要让你自己成为他人的单纯手段，要对他们来说同时是目的。’”❶ 康德认为“出自我们自己人格的人性中的法权义务”能够说明这个责任。

鉴于其他人的自由，因而对每个人的行为加以限制，据此康德较早地描述了法权的普遍原则的特征。鉴于这点，康德把合法权正派的特征描述为一项“内在责任”就显得不太妥当了。但是，合法权正派的责任仍然是关系性的：它是一项责任，因为它限制了某人对自由的运用，该限制是由法权的普遍原则赋予的。正如其他人的法权限制了你的自由，以致你不能通过其方式与他人的内在法权不协调的行为来获得对任何物品的法权，因而还有，你通过与其他人达成协议而能够运用你的自由，其运用方式受到你人格中的人性的限制。你的内在法权使你免于这种情况，即你受到的其他人的束缚比你反过来施予他们的束缚更多；你的合法权正派的责任使你不受其他人按照以上方式施予的束缚。合法权正派没有劝告你远离在某种程度上有损人格或令人耻辱的司法。如果你达成与你自身人格中的人性不协调的、具有约束力的协议，你并没有侵犯自己。[38] 相反，合法权正派的责任说的是，任何这类协议都不可能有效，因而其他任何人都无权强制执行一项反对你的法权要求，该要求预设你的行为违背了合法权的正派。

合法权的正派不要求你行为自私，或者不要帮助他人实现某个特定筹划，或者不要使他人的目的成为你自己的目的。做任何

---

❶ 康德用合法权的正派这个理念来解释罗马法学家乌尔比安的箴言“*honeste vive*”［合法权的正派］（6：237）。参阅 Ulpian，《规则》（*Rules*），第 1 部，载于 Justinian，*Digest*，第 1 部，1.10。更字面的翻译是“正派地活着”。乌尔比安的这些箴言在讨论中似乎成了标准化的参照点；其观点在鲍姆加登（Baumgarten）的教科书中曾出现，康德正是根据此书来讲授道德哲学的。康德承认自己在解读乌尔比安的箴言时添加了新的内容。他在《法权学说》的其他地方使用拉丁短语 *Lex iusti*（“什么是法权”）以及“外在自由的法则”和“外在自由的公理”这些短语来标示合法权的正派这个理念。

这类事情都只是你接受了某个特定目标，因而是你运用你的自由。在后续章节中我们会看到，合法权的正派防止你放弃为自身设定目标的能力，因而防止其他人向你提出某些法权要求，这些要求假定你已经放弃了为自身设定目标的能力。在私人法权上，你的合法权正派防止你达成可强制执行的奴隶契约，即使你相信该协议有利于你。在公共法权上，它防止官员为了你的利益而拟定某些协议，这些协议与你的内在法权不相协调。康德把自然状态的特征描述为每个人从属于其他人的任意的状态，合法权的正派把离开这种自然状态的责任加诸每一个人，由此还把私人法权与公共法权联系起来。

若按照个体间的方式来理解，就人们时常认为独立于经验性规定的自由理念只是偶然取决于其他人的实存或行为而言，独立性理念是相对于这个独立于经验性规定的自由理念来说的，某些解释者常把后者当作康德《基础》的核心。❶ 独立性理念还与当代某些著名观点形成对照，根据后者，自然的障碍和社会的障碍同样严重阻碍了自由。❷ ［39］ 最后，康德对独立性的解释并不追求把人们与其他人的任意的效果隔离开来。相反，我对你的任意的独立性必须根据我享有的、你不能为我做出选择的法权来理解。即使你的任意影响到我，我仍然保持独立，例如，当你拒绝在某些计划上与我合作或者当你追求自己的目标时，你提供了某些东西，这些东西是我原本希望使用却无法获得的。独立于其他

---

❶ 如果对《基础》的这一解读是对康德立场的权威性表述——在此，我对该问题不予评论——那么《法权学说》的存在就已经让人感觉奇怪了，更遑论其内容。就令人感觉奇怪而言，参阅 Robert Pippin 的评论：“期待康德在这点上建议对政治实践事务采取某种斯多亚式的冷漠态度，这并非不合理。”参阅 Pippin，“康德《法权学说》中的划分与起源”（Dividing and Deriving in Kant's Rechtslehre），载于 Otfried Höffe 编辑，*Immanuel Kant*，*Metaphysische Anfangsgrüde der Rechtslehre*，Berlin：Akademie Verlag，1999，页 63－85。

❷ 例如，罗尔斯在《正义论》中就根据对自然的偶然事件和自然命运的独立性来讨论自由。参阅 Rawls，《正义论》（*A Theory of Justice*，Harvard University Press，1971），页 73。

人的行动的一切效果，任何这种独立性理念都违背了康德的平等的自由这个基本观念。把一个人与其他人的任意的一切效果完全隔离开来，将使每一个他者从属于这个人的任意。在独立于其他人的任意与独立于其他人的任意的效果之间进行比较，最后的这个比较构成了康德的许多常见的法律学说观念的基础：你以更优的价格提供与我的产品类似的产品，这并没有侵犯我，即使我失去了顾客；你损坏我习惯使用但不为我所有的东西，也没有侵犯我；你违反了与某人而非与我的契约，或者你推倒了你的围栏以致我的土地失去了防护，这些行为都没有侵犯我的任何法权。在上述每一个情形中，我仍然保持独立，亦即我有权按照我认为合适的方式使用我的手段。这些区别是康德论证的核心。

一旦根据人们各自的独立性来理解自由，一个人的自由就不必与他人的自由相冲突。每个人自由运用自己的能力来设定和追求自己的目标，这与其他人运用他们的能力设定他们目标的自由是相协调的。平等的自由体系要求任何人都不能采取将会剥夺他的人格的方式来运用他自己的人格，或者不能未经他的许可就利用其人格。

存在如下诸个理念，每个理念都要求获得充实：你的自由等同于你的合目的性；你对自己人格的法权与你决定如何处置你人身的法权是密切相关的；独立或共同运用诸权力可以构成一个平等的独立性体系。一旦对独立性做出适当解释，该解释也就把不法行为解释为对独立性的侵犯。对独立性的适当解释还产生另一些“权限”，康德认为这些权限包含在内在法权之中，它们包括言论法权和“免于惩罚”法权。

Ⅱ. 自由与任意

[40] 你通过设定和追求目标来运用你的自由，这是一个常

见的观念，它近似于罗尔斯强调的“设定和追求一个善的观念的道德力量”；而任意和意愿的区别，则近似于亚里士多德和康德的区别。在这个意义上作出选择的能力不依赖于独立于因果世界的能力，或者甚至不依赖于进行选择时独立于你的目标的能力。相反，它取决于这个通常看法，即如果你选择做某事，就必须着手去做，此事要求你把它纳入你用于追求的力量之中。

有时候，哲学上会出现一个截然不同的任意观念，依据这个观念，人们只是拥有确定的目标，然后选择实现它们的手段。❶这个观念完全是一种倒退。即使你的生理和教养确定了你的意愿，你只有着手做某事才能做这件事，而且你只能着手做那些你力所能及的事。在自己的力量能够实现什么的问题上你或许会犯错误，但你为自己选择目标的自由只是你决定如何使用自己拥有的力量的自由。即使霍布斯在数学上注定要失败，他也可以着手使圆形变成方形，因为他使自己拥有了必要的手段——圆规、直尺以及 17 世纪最聪明的头脑。如果没有这些力量，你还能意愿任何事物——在月球上漫步并按时回家吃晚饭——但它不是你能够选择的。你的意愿或许都会梦想成真，但你只能通过运用你的力量来做那些事情。

对于其他人，你不享有、也不能享有对合目的性本身的法权。相反，你的法权只是由你而非其他任何人来规定你将追求哪一个目标。首先，你对自己人格的法权就是对自己人身的法权。你的人身是设定和追求你的目标的诸能力的总和；你对人身的法权就是其他任何人都不能规定你将追求什么目标，而不是你成功地运用自己的能力。

[41] 你对自己人格的法权是对自己人身的法权，有关该法权的构思既不预设任何更一般的形而上学要求，也不与这些要求

---

❶ 正如经济学教科书常说的，偏好是“被给予的”。就关于人类动机的最好的经验性理论而言，这可能是对的。倘若这样的话，那么任意和意愿之间的区别在一个人偏好的外观上才适用。

相冲突（这些要求与你人格和人身之间的关系有关）。在理论形而上学的层面上，或许可以通过其他方式发现你的人格——对你的行动的描述，你的银行账户的浮动，或者你自己的有意识的思维。然而，就你提出的针对其他人的要求和其他人提出的针对你的要求而言，出发点必须是作为你的人身的人格。你是这样一个人，各种事情都会发生在你的身上，你参与各种交易；任何时候你做了某件事情或者某件事情发生在你身上，你的人身做过这件事，或者它发生在你的人身身上。如果某人侵犯了你，他显然妨碍了你人格的一个方面或更多方面；对你的人格实施的所有不法行为都是借助对你人格的诸多方面实施不法行为来实现的。你的人格不仅仅是任由你处置的一系列手段，而且，如果他人妨碍了你的人身，他因而就妨碍了你为自己设定和追求目标的能力，其妨碍的方式是对你拥有的设定目标的手段进行妨碍，即妨碍你人身的力量或能力。有些哲学家曾以为你无须发现你的人身也能够发现你的有意识的思维。任何这种可能性都与你们对待其他人或其他人对待你的方式无关，它与你们各自的合目的性是相协调的。你的思维与其他人设定和追求他们自己的目标的能力无关，除非你按照这些思维行动。你通过选择而非单纯的意愿来运用你的合目的性。

因此，妨碍他人的合目的性与妨碍那个人的目标，两者之间存在一个根本的区别。我能够通过各种方式妨碍你的目标——我可能占据一个你希望占据的空间，与你希望共度时光的人约会等。按照这些方式对你产生影响的行动并不导致你的合目的性遭到破坏，因为你仍有能力决定如何使用你已经拥有的东西，仍是那个决定将如何使用这个东西的决定者。我的一切行为改变的是你在其中做出行动的世界。

[42] 内在法权使每个人都有权按照他或她认为合适的方式使用其人身的力量，它与其他人为同样行为的能力是相协调的。借助不妨碍这个观念以及自愿合作这个相关要求，这种协调性才

有可能。每个人只有权按照某些方式运用他或她的手段，这些方式是与其他人在普遍法则之下使用他们的手段的权利相协调的。这个协调性的要求不允许任何人未经他人许可就使用他人的手段。“在普遍的法则之下”，这个条件使你不能享有对某一确定事态的法权，因而，比如说，要求其他人按照某种方式安排他们的活动，以确保该事态持续下去。你拥有的任何手段都可能产生和消灭，其他人无须按照使你免于上述可能性的方式运用他们的手段。相反，只要求他们按照某些方式使用自己的手段，这些方式自身没有破坏或损毁你已拥有的东西。

Ⅲ. 支　　配

作为独立性的自由法权提供了一种互动模式，这种模式使独立的个人运用其力量来追求自身目标的能力协调起来。与此同时，它还提出一个关于妨碍独立性的不法行为的独特概念。不法行为采取的是支配形式。独立性法权和对该法权的侵犯只能通过与其他人行动的关联性获得阐明。对你的人格实施的不法行为不是其他人恰好造成的、有害于你的结果。它不同于穆勒所说的、常见的“伤害原则”；伤害原则只关心结果，无须诉诸造成结果的行为也能描述这些结果的特征，自由法权则只关心其他人的行为。自由法权不是说某人做了某事，这件事情会给你带来不利后果；它说的是某人对你做了某事。

在政治哲学上，作为非支配的自由理念有一段著名历史。晚近一些学者指出，伯林对消极自由和积极自由的二分遗漏了一个著名的自由理念，这个自由理念有时被认为是“共和主义者的”或者新-罗马派的（neo-Roman）自由概念；正是根据这个自由观念，自由才成为独立于其他人的那个独立性。[43] 这些学者论证说，这个观念是文艺复兴时期城市共和主义者的政治思想核心，他们关心的主要是专制主义的威胁。根据这种解释，早期现代共和主义者并不因为专制主义妨碍了他们的消极自由或积极自由（使用他们那个时代尚未意识到的术语）就反对专制主义。一个仁慈的专制君主，或者甚至一个明智的专制君主，他可能会给人们、尤其是那些有潜力的人们一些机会，让他们可以做他们想做的事情或者在他们看来是正确的事情。他们反对的是由专制君主来作决断的事实，反对他拥有这一权力，更别说他可能滥用权力了。除非某人拥有权力，否则不存在滥用权力的危险，但城市共和主义者关注的焦点在于专制君主使用权力的权利，以及对其臣民肆意镇压而不考虑该如何使用权力。[1] 伯林意识到这种区别，他写道："完全可以设想，一个拥有自由精神的专制君主会向其臣民许以大量的个人自由。"[2]

作为独立性的自由进一步把这同一个独立性理念拓展到公民之间的关系上去。它坚持认为从属于强权执政者的任意是不正当的，从属于另一个私人的任意也是不正当的。结果，在损害没有随之发生的情况下，它也能够说明不法行为的本质。一个人从属于他人的任意；我使用你的手段来促进你没有为自己设定的目标。某人妨碍了她对其力量的使用或者她运用这些力量的能力，由此妨碍了她的自由，大多数常见的犯罪都是这种情形的例子。这些犯罪是专制主义或滥用公职的缩影。

妨碍你的力量可以有两种基本方式——侵夺它们或破坏它

[1] 通常参阅 Philip Pettit，《共和主义：关于自由与政府的理论》（*Republicanism: A Theory of Freedom and Government*, Oxford University Press, 1997），和 Quentin Skinner，《自由主义之前的自由》（*Liberty Before Liberalism*, Cambridge University Press, 1998）。在"自由的第三个概念"（A Third Concept of Liberty）中，斯金纳（Skinner）指出，伯林的积极自由观念不是一个自主观念（an idea of self - mastery），而是与掌控你自己（mastering yourself）有关的观念，该文载于 *Proceedings of the British Academy*, 117, 2002, 页 239。

[2] Berlin，"自由的两个概念"（Two Concepts of Liberty），页 129。

们。如果我为自己的目标而运用你的力量，或者让你为我的目标而运用它们，我就侵夺了你的力量。[44] 如果我使用强力或欺骗使你为我做某些事情，而这些事情是你本来不会做的，我就侵犯了你，即使我让你付出的代价是微不足道的。我利用了你，如此则使你的任意从属于我的任意并且剥夺了你决定做某事的能力。如果你选择做同一件事，而我从中获得相同的利益，但我对你做这件事情没有施加任何影响，那么我并没有侵犯你；无论如何，我只是利用你正在从事某事的效果。

我还可以通过其他方式利用你。假如你反对给牙齿加氟，因为你相信加氟与健康息息相关。你对此存有误解，但投身于反对加氟的运动。作为你的牙医，我在填补你的一个龋齿洞（有许多龋齿洞）的时候，利用这次机会暗地里往你的牙齿上加氟；我很高兴自己增进了你的牙齿健康，虽然我口头上反对加氟，私下里却为自己的所作所为感到愉快。在这个例子中，我没有伤害你，甚至在某种意义上我还让你受益了。但我仍然侵犯了你，因为我把你掩入你没有选择的目标。你仍有自由使用你的其他力量去追求其他目标。但你使用自己的力量来为自己设定和追求目标的自由，就包括你对自己将要追求的目标享有否决权。与你追求自己设定的目标所需的能力相比，你需要更多的能力；你还需要能够拒绝追求这些目标，除非你设定了它们。❶ 当我侵夺了你的力量，我显然侵犯了你的独立性，因为我剥夺了你的否决权。我就像一个利用职权为私人目标服务的专制君主。

我能够使你从属于我的任意的另一种方式是损害你，或者在极端的情况下，杀害你，终止你的合目的性。如果我折断你的胳膊，我就侵犯了你，因为我妨碍了你的人格。这个不法行为妨碍了你的合目的性的一个具体方面：在这个例子中，我破坏了你使

---

❶ 法官卡多佐（Benjamin N. Cardozo）有一段评论，该评论从法学角度经典地阐释了如下观念："每一个拥有健全心灵的成年人都享有决定用自己的人身去做什么的法权"，载于 *Schloendorff v. Society of New York Hospital*, 211 NY 125（1914）。

用胳膊的能力（在一段时间里），由此限制了你能够为自己设定和追求的目的。不法行为不构成如下这个事实，即你不再拥有那些力量；如果是疾病或野生动物造成了这同一个结果，你也没有受到侵犯。我使你从属于我的任意，因为我剥夺了你的力量。我支配你，因为我把你的力量视为从属于我的任意：我自己就决定你是否能够保有它们。[45] 如果我侵夺了你的力量，我就决定了你将追求什么目标，并且使你在某种方式上依赖于我；如果我破坏了它们，我可能没有为你设定任何特定目标，但我把你的手段视为好像是为我所有并由我处理的东西。

第二种不法行为使自由法权能够解释如下所有的核心事例，这些事例证明穆勒的伤害原则似乎是可信的。人身损害削弱了你的力量，无论这种损害是如何发生的，只要他人损害了你，他就侵犯了你的独立性。任何损害都潜在地削弱了你为自己设定和追求目标的能力，故意伤害更是如此：如果我着手剥夺你拥有的力量，我就是使你为了设定和追求自己的目标而按照自认为合适的方式使用自己力量的能力从属于我对自己目标的追求。我决定你将不再拥有你的力量，由此使自己成为你的主人。故意伤害是冠以另一个名称的专制主义。如果伤害表现出专制主义，则应受到禁止，否则就不予禁止。

使用和损害穷尽了对独立性的一切可能的侵犯。其他可能的损失都被排除在外。只要他人让你追求一个你没有选择的目的，其方式是未经你的授权就使用你的力量，或者限制你使用自己的力量的能力（不是在身体上约束你，就是剥夺你使用它们的能力），他就侵犯了你作为自己主人的权利。如果其他人拒绝适应你，你的自主（self－mastery）也就得不到协调，因为自主这个观念显然是相对而言的。如果某人拒绝运用自主来帮助你实现你的意愿或需要，他并不因此就成为你的主人。事实上，对其他人的自由施加的其他任何限制都要求其他人为了他人的目标而使用他们的力量。

对人格实施的许多不法行为包括使用和损害。未经她的同意而触摸她，就是为了她没有授权的目标而使用她；如果在这一过程中她还受到损害，这可能还限制了、至少暂时限制了她使用其力量的能力。但是，即使故意的触摸没有造成伤害或未被发觉，或者损害是微不足道的，这种触摸也是可以反对的。你的人格——你的人身——为你所有，并为了你自身的目标而被你使用，如果我自作主张，未经你的许可就触摸你，我就是为了一个你没有授权的目标而使用你的人身。[46] 问题不在于我妨碍了你使用你的人格或力量，而在于我为了自己的目标而使用你的力量，从而侵犯了你的独立性。首先是冒犯了你的人格，然后是随之发生的损害。如果我给你造成了微小的伤害，比如我把你滑倒时经历的短暂疼痛当作娱乐，那么这个小小的损害却是严重的，因为它加重的是未经授权的触摸。这就是为何未经授权的抚摸或亲吻乃是严重的不法行为，即使受害人处于沉睡或麻醉之中。

其他人可能会做各种事情，这些事情以各种方式干扰到你。如果你觉得其他人的着装高雅得体或庄重朴素，或者在公共场合克制地表达情感，你可能会更加高兴。然而，可能困扰你的是你主观上对某种行为做出判断，但你对自身人格的法权却没有授予你约束这种行为的权利，因为该行为没有阻止你按照自认为合适的方式使用你的人身。而且，当其他人在普遍法则之下打量你，你不可能享有反对他们的法权，因为行动中的每个人要看清他们要去的地方以避免相互碰撞，因而有时不免要互相打量。❶

---

❶ 并不能由此推出，你对自己人格的法权不包含反对攻击的法权，亦即不包含反对法律所谓“攻击之虑”（an apprehension of a battery）的法权。它也不排除如下可能，即，即使当其他人自行其是的时候，你也不可能享有反对他们打量你的法权，然而在其他人没有触摸你、但跟踪你或者甚至向你抛媚眼的情况下，你仍享有反对攻击的法权。在某些情形下，他人引诱你产生殴打的愿望，但实际上没有触摸你，在这种情况下，他可能侵犯了你。他无权将你置于防卫性地使用你的力量的处境，因为如果这样的话，他就在指示你如何使用自己的力量了。判断攻击的标准必须是客观的，因而攻击人和起诉人都不能决定某个案事实上是否属于攻击。

穆勒伤害原则的捍卫者试图指出对人们不造成伤害的不法行为会影响到第三方，借此来说明这种行为。他们认为，比方说，人们很可能受到这些形式的行为的搅扰或者对这些行为感到恐惧，❶ 或者认为大多数侵害行为都对人们造成伤害，因而最好给上行为预定一条普遍规则。❷［47］康德哲学的人格中的人性的内在法权理念提出一个更简洁的说明：某人未经你的授权就触摸你，他是为了他的目标而不是你的目标而使用你。禁止这个行为的根据不依赖于如下假设，即某个第三人很可能会伤害第四个人。

更一般而言，如果把内在法权理解为与伤害无关的法权，这就能够以内在法权来说明伤害原则的那些常见的例外。❸ 自我损害不包含任何专制主义——该行为不是某人对他人做出的。通常说来，经过合意而实施的损害也不包含专制主义。如果同意是真实的，因自愿承担风险而遭受损害的某人并未从属于他人的专制主义。如果未经同意，某个行为将是他人施于你的专制主义；如果经过同意，你就能够把这个行为转化为你对自己的自由的运用。参与合意互动的法权以及你通过这种互动而取得的法权，严格说来都不属于人性中的内在法权。相反，它们是取得的法权，其创设需要肯定的行为。我们将留到第 4 章再详细讨论它们。

独立性理念还说明了为什么其他伤害对于法权来说是无关紧要的。自愿合作使人们能够共同使用他们的力量来追求共有的目标。潜在的合作者好像始终彼此从属于其他每个人的任意：除非

---

❶ Colin Bird，“伤害与最高统治权：对李普斯坦的回应”（Harm Versus Sovereignty：A Reply to Ripstein），载于 *Philosophy & Public Affairs*，35，2007，页 182 – 185；John Gardner 和 Stephen Shute，“强奸的不正当性”（The Wrongness of Rape），载于 Jeremy Horder 主编，*Oxford Essays in Jurisprudence*：*Fourth Series*，Oxford：Oxford University Press，1999，页 193 – 218。

❷ 参阅，例如，Joel Feinberg，《无害的不法行为》（*Harmless Wrongdoing*，Oxford：Oxford University Press，1990）。

❸ 这些期待可以按照某些方式直接从内在法权推导出来，这些方式可能导致有些人怀疑伤害原则只是如下论证的表面现象，这些论证诉诸独立性而非伤害。

你同意与我合作，否则我不能按照我意愿的方式来使用我的力量。但这是我们各自享有独立性的例子。如果说合作是双方自愿的话，那么它只是相对于支配而言的。是否与我合作是由你决定的，因为你决定了将如何使用自己的力量。我能够要求你可获得的力量与我按照我偏好的方式使用我可获得的力量相适应，你也可以提出同样的要求，但任何一方的要求都不能超出对方的要求。我们每个人对自己的力量都享有最高统治权，决定与谁合作的力量是这个最高统治权的基本表现。此即为何当我使用你的力量来实现我的目标时，我就侵犯了你，即使这一使用没有给你带来任何损失：在我擅自把你的力量作为我的来使用时，我是在强迫你与我合作。

[48] 每个人都有权决定如何使用他或她的力量，这项权利排除了如下禁止，即禁止其他人的非支配行为给人们造成挫折。人们始终在某个特定情境中使用他们的力量，但通常说来，情境是其他人运用其自由的结果。你经营的是合法生意，也许由于你给其他人指出一个负面事例，或者你从我这里抢走了顾客，因而伤害到我，但保护我免受这些伤害是与你的自由不协调的，因为它要求你按照最符合我的意愿或脆弱性的方式来使用你的力量。你没有给我提供最合适的情境以追求我所向往的目标，这并没有构成对我的支配。相反，如果我请求法律迫使你为了那些目标而向我提供我需要的环境，我倒是对你构成支配了。这恰恰是要求你为了我的利益而行动，要求你促进我所设定的目标。这就是说，它赋予我权力，让我运用强力使你成为我的手段。拒绝向我提供有利于我运用自己力量的情境，这是你在运用你的自由；它没有侵犯到我，无论这一拒绝多么严重地损害到你的名誉。❶

---

❶ 如果能够要求你为了其他人而行动，如实施简单的救助，其基本原理必定有其他根源，因为不予救助并没有侵夺或破坏一个人的力量，它只是没有对她实施救助。我在“救助的三项责任”（Three Duties to Rescue）中更详细地考察了这个问题，该文载于 *Law and Philosophy*，19，2000，页 751－779。

一个人没有为他人提供一个有利情境，这会带来一定的伤害，不考虑这种伤害恰恰是自由法权所提供的保护的普遍化。准确说来，这里表述的是对自由的相互限制：如果我能够禁止你做那些并没有侵犯到我的事情，我就侵犯了你。可以禁止你支配我，但禁止的基础仍在于我不得请求国家迫使你为我提供有利的背景条件以便使用我自己的力量。❶

[49] 同样地，如果你在公平竞争中打败我，你没有剥夺我的任何力量。我只是在自己努力从事的事情上失败了。我对此可能会感到沮丧，但它没有剥夺我既有的手段，只是阻止我获得更多的手段。我的失败可能会改变将来我使用那些力量的情境：如果你赢得冠军，其他人可能不再雇我为他们的产品做广告。但我无权要求你为我营造有利的情境，或者要求其他人与我达成合作协议。

即使我在竞争中用尽手段，事后拥有的东西却比过去拥有的更少，情况也是如此：我的手段没有被剥夺，我只是使用它们试图获取过去我没有的东西。在与其他人竞争的情境中也会发生这种情况，与另一种情形相比——在其中，我可能使用了我的手段，却没能获得更多的东西——我都付出了同样多的东西。它们是我的手段并归我使用，只要任何人不强迫我按照这种那种方式使用它们，我就能自由地按照我认为合适的方式使用它们。反之，如果我滥用它们，就不能抱怨其他任何人剥夺了我的手段。公道的人们可能认为没有所谓的公平竞争，或者不同意经济竞争这个常见事例（人们时常为经济竞争而援引公平竞争观念）。没人能够一贯怀疑如下主张，即公平竞争就是没有人有权提前胜出。无论公平竞争中的失败者遭受的打击有多大，都不能把他们的损失等同于优胜者对失败者实行专制主义。

---

❶ 例如，当父母或监护人没有注意到子女力量的增长时，利益可能会受到与自由联系得更为紧密的方式的阻碍。我会在下一章考察这些问题。

经济竞争的事例进一步预设了一些还没有为内在法权理念所包含的情形：即财产的法权、契约义务以及使取得的法权得以强制执行的机构。尽管如此，这些事例表现了侵犯某人与改变某人在其中实施行为的情境之间的差异所具有的重要的结构性特征。如果你提供的东西更加物美价廉，因而抢走了我的顾客，我可能损失惨重。但你没有侵犯我，因为我仍然拥有任由我处置的手段：我的（未出售的）股票、房产和经商的能力。我无权要求我的顾客继续光顾我的生意。我仅有权向他们提供与我做买卖的动机。你拥有这同一种形式的法权，因而你也可以向他们提供动机。他们可以自由地以其认为合适的方式对我们各自提供的动机做出回应。我不能对我的顾客享有法权，因为如果享有的话，这一法权将会限制他们按其认为合适的方式（也就是通过与自己喜欢的、觉得最有吸引力的人进行交易）使用他们手段的能力。❶

[50] 只有其他人的行为能够侵犯独立性，因为独立性是一种独立于那些行为的利益。因此不能把独立性视为只是另一种脆弱性，并把它纳入伤害原则所保护的诸利益的范围。上述一切利益除了受到其他人行为的阻碍以外，还可以受到各种物的阻碍。

如果我蓄意决定要使用你，那么我使用你，其意义就特别明白了，但如果不考虑我的心灵状态，该意义也是同样清楚的。即使对于我的目标而言你只是一个偶然因素，我对你的使用仍然是可以反对的：我抓住你，把你推开，或者殴打你来发泄我的失意。在任一情况下，你都不是自愿地与我展开互动：我强迫你站在我要求的地方而不是你所在的地方，或者把你当作我的出气筒，以此强迫你一同追求我的微不足道的目标。任何一种方式都

❶ 可以设想，在某些情境下，公共法权对经济竞争进行限制的根据是可能存在的，因为正如我们将看到的，国家享有“管理经济”的法权，该法权使国家有权根据关于如何行动的最佳判断来采取行动。然而，如果存在限制竞争的根据，那么对于那个因人们没有回应其动机而遭受不利益的人来说，这些根据不能回溯到他的个体法权，因为任何人都不能享有要求其他人回应其动机或要约的法权。

使你的任意从属于我的任意，它是我用来获得我想要的东西的手段：我的行动是可以反对的，因为我使用的手段真正从属的是你的任意，而不是我的任意。如此一来，我就是对你实行专制，因而把你当作我的附庸。我这样做可以是无意的。由于我没有看清自己要去的地方，我可能损害到你，或者我没有注意就坐到椅子上，不知它早被人据为己用。在所有这些例子中，我行动的方式与普遍法则下我们各自的自由是不协调的，因为我限制了你运用自己的人格去设定和追求你的目标的能力。

Ⅳ. 其他“权限”

独立性法权使每个人都有权使用自己的手段来为自己设定或追求目标，它与其他人为相同行为的权利是相协调的。内在法权还使你有权告诉其他人你的所思所想或者你计划要做的事情，对此你无须做出解释；它还赋予你“免于惩罚”的法权，即你只对自己的行为负责的法权。[51] 这些权限对于公共法权而言都是最根本的，因为它们约束着国家可能的立法活动。前者构成了言论自由法权的基础，它只受到其他人的法权的限制；后者是以下两种法权的基础：对有损你名誉的诽谤提起诉讼的法权以及把举证责任倒置给指控你实施不法行为的人的法权。此两者都“已经”包含在内在法权之中，它们“并非真正有别于内在法权”，因为每一个都是独立性的一个方面（即独立于其他人的任意的独立性）。与其他人交流你的思想的法权只是你按照自认为合适的方式使用自己力量的法权的特殊情形。康德评论说，甚至可以把这种法权拓展到故意撒谎，因为其他人决定了是否相信他们听到的事情。我们想在有关法权的意义上把谎话称作唯一的谎言，这种谎言剥夺了他人某一个取得的法权，例如，谎称缔结了一份契约。表达自己的所思所想的法权不排除为说谎承担责任，为损害他人的名誉承担责任，或者当你知道会发生踩踏时还在拥挤的剧院里谎称“着火了”，你为此也要承担责任，因为以上每个言论都剥夺了其他人对之已经享有法权的某些物。通过欺骗来引诱你与我达成某个协议，借此来剥夺你的所有权或让你做某些事情，这不同于使用强力剥夺你的所有权或者让你做某些事情。❶ 我们可以把上述情形与另一类情形进行比较，在后者，某人建议他人做某些事情，而他人听从了这个建议。在这种情况下，第二个人的行动必须是主动做出的，因为任何人都不享有如下法权，即其他人要按照最有利于他们自己的方式使用他们自己的东西。使用你的话语的力量是使用你的力量的特殊情形；向其他人诉说某些事情改变的通常是他们做出行动的环境，而没有剥夺他们已经拥有的东西。❷

[52] 免于惩罚的法权是独立性法权的另一个例证。任何人都不能只通过宣称你实施了不法行为就把你置于某项新的义务或限制之下。如果他可以的话，并因此要你承担证明自己清白的义务，他就有权完全主动地限制你的自由。因此，你将从属于他的任意。“免于惩罚”的法权只是这样一种法权，即你从来无须证

---

❶ 第 5 章详细分析了这些情形。

❷ 实际上，康德在其著名论文“论出于人类之爱而说谎的所谓法权”就包含这个分析。有这样一个经典案例，某人到你家门口寻找一个“方才正决意实施谋杀”的朋友（8：427），康德认为你不许撒谎，因为“陈述真相是人们不能回避的，它是人类对每个人的责任”（8：426）；然而令人奇怪的是，他又评论说，凶犯“对真理不享有任何法权”。后一主张是从如下主张推理出来的，即每个人都享有与其他人进行思想交流的法权，除非这样做会直接侵犯他人的法权。任何人都不享有被告知上述真相的法权；仅当每个人对自己已经拥有的东西享有法权（但不是在欠缺某个先在协议的情况下从任何人那里获得任何东西的法权），平等的自由体系才是可能的。康德总结说，在上述情形下撒谎违反了公共法权悬设，因而尽管它没有侵犯特定的任何人，但在康德描述的“最大程度”上实施了不法行为（6：307）。关于这些问题的详细讨论，参阅 Jacob Weinrib，“康德的‘所谓说谎法权’的法律意义”（The Juridical Significance of Kant's “Supposed Right to Lie”），载于 *Kantian Review*，13，2008，页 141－170。

明自己是清白的；仅根据人性中的内在法权，你就有权宣称自己是清白的。

V. 自由与强制

我们现在要说明康德的如下主张，即可以把法权与强制的权限等同起来。他写道："法权还能够被描述为完全相互使用强制的可能性，根据普遍的诸法则，这一可能性是与每个人的自由相互协调的。"❶

由于关注强制，至少在英语世界里，康德与政治哲学的主流传统显得格格不入。在英语世界，政治哲学首要的规范性问题是，人们应当做什么，其次才是是否应当强迫他们去做那些事情。❷ 在《功利主义》（*Utilitariansism*）一书中，穆勒在讨论正义时曾有力地陈述过这个看法。他写道："除非我们认为某人应当为其行为受到这种那种的惩罚，我们才把该行为称为不正当的；如果他没有受到法律惩罚，也要受到同胞的舆论的惩罚；即使没有受到舆论惩罚，他还要受到自己良心的谴责。"在穆勒看来，我们只把制裁与人们不该从事的恰当范围内的事情联系起来。他还主张上述联系只应当建立在如下基础上：那些行为给其他人造成的伤害的严重性以及使用威胁阻止其他人所付出的代价和获取的收益。［53］所以，道德哲学关心的是谴责的恰当理由，政治哲学关心的是国家能够提出的、得到威胁支持的道德要求；如果不涉及威胁概念的话，这些要求本身都是一样的。穆勒

❶ 6：321。

❷ 罗尔斯的后期工作强调了社会的强制结构，显然，这项工作是上述倾向的一个例外。参阅《政治自由主义》（*Political Liberalism*，New York：Columbia University Press，1993）。

补充说："明智的理性，或者其他人的利益，都可能阻碍对威胁的实际预期；但清楚无疑的是，人们自身是无权抗议的。"❶ 穆勒在《论自由》（*On Liberty*）中清晰地展开了这幅图景。在该书中，他关注的是可能的结果和其他人的利益，这些结果和利益阻碍着他们为了自己的善而对人们施以威胁。

我从这个传统中选择穆勒作为代言人，根据该传统，强制具有两个主要特征。第一个特征是，强制通过制造威胁和实施威胁来塑造行为。第二个特征是，强制外在于它要处理的不法行为。❷ 让我更详细地说明这两个特征。第一个特征的基本含义是，强制被等同于为了塑造他或她的行为而故意阻碍他或她的利益。第二个特征或许更为常见。其基本含义是，为完成某事而阻碍某人的利益，以及阻碍那些利益是完成某事的一种有效方式。盗窃犯被监禁若干年，因而他或与之相似的其他人将不会被引诱去实施盗窃。

正如康德指出的，如果根据制裁来理解强制，强制在政治哲学中必定处于次要地位，并且不会成为政治哲学的基本原则。哈特尤其强调，制造威胁在某种程度上构成了法律，否则国家易于遭到惯常的反对。❸ 在哈特看来，制裁并不处于任何完善的法律观念的核心。完全可以设想一种非强制性的法律，因为规则概念——违反它将会受到制裁——在概念上先于制裁概念（由于违反了规则），因而不能被还原为制裁。［54］相反，对法律的任何完善的解释必须从规则概念或规范概念开始，而不是把法律还

---

❶ John Stuart Mill，"功利主义"（Utilitarianism），载 J. M. Robson 编辑，*Essays on Ethics*，*Religion and Society*：*Collected Works of John Stuart Mill*，vol. 10（Toronto：University of Toronto Press，1969），页 245。

❷ 至于其他例子，参阅 Joseph Raz，《自由的道德性》（*The Morality of Freedom*，Oxford：Oxford University Press，1986），页 148－149。拉兹下了一个具体定义，该定义专门强调使用威胁的强制，"因为这是与政治理论有关的强制形式"。

❸ 参阅 Hart，《法律的概念》（*The Concept of Law*，Oxford：Oxford University Press，1962），页 20－25。

原为威胁概念。

康德不是以威胁、而是以对自由的限制来设想强制。正如我们看到的，自由继而被理解为独立于他人的任意所施加的约束。康德列举了一些例子来说明可强制执行的义务，这些例子可以从罗马私法的法律范畴中推导出来。如同修习罗马私法制度的所有学生那样，他很可能意识到，在针对私人行动的集中的强力机制建立之前，罗马私法制度就已存在了。他最初列举的关于强制的典型事例是债权人要求债务人清偿债务的法权，这是一种强迫清偿的法权，而不是对不清偿的行为进行惩罚的法权。

这个强制理念的设定方式在两个主要方面不同于制裁理论：什么是强制，以及什么可以使强制成为正当的。首先，虽然威胁是强制的，但那些没有包含威胁的行动也可以是强制的。如果一个行为使一个人从属于他人的任意，这个行为就是强制的。某人可以从属于他人的任意，或是通过这类行为直接地从属于，或是通过这类行为的威胁间接地从属于。例如，绑架典型地包含着威胁，这一威胁是向受害人家庭或者生意伙伴发出的，但绑架这个不法行为约束的是——强制着——另一个人，它不同于敲诈勒索这种不法行为；也就是说，绑架这种不法行为是通过威胁，利用绑架来支配第三方的行为。有些人认为，只有家庭成员或生意伙伴受到了强制，这种观点是错误的和具有误导性的。同样错误和具有误导性的看法是认为只有当受害人直接受到威胁时，绑架才是强制的。更为似是而非的观点是，虽然是以不同的方式进行强制，但受害人和那些交纳赎金的人都受到了强制，而对强力的直接使用是强制的基本情形。

其次，康德的强制观念被用来判定任何具体的强制行为的合法性，但判定的根据不是强制的后果，而是作为背景的平等的自由体系理念。这就是说，与边沁不同，康德虽然也从规则概念开始，但他讨论的规则是根据对自由的相互限制来支配对强力的合法使用。[55] 如果强制构成了对某人自由法权的障碍，那么他可以反对这一强制，但是，如果强制采取的形式是对自由之妨碍的妨碍，那么它就是合法的。阻止你妨碍他人，这就维护了他的自由。使用强力把受害人从绑架者手中解救出来，这涉及对绑架人实施强制，因为它打击或威胁要打击绑架人，其目标在于解救受害人，而这个目标是绑架人反对的。强力的使用是合法权的，因为受害人享有在先的自由法权。绑架人妨碍了受害人的自由；运用强力使受害人获得自由，这是对妨碍的妨碍，这就维护了受害人的自由。与此同时，它还使绑架人做了他应当做的事情，亦即，让受害人逃离，但基本原理是它维护了受害人的自由法权，而不是强迫绑架人承担释放受害人的义务。在这个例证中，使用强力是有关受害人独立性法权的例证，因而它是平等的自由体系的一贯应用。

如果当且仅当强制限制了对自由的限制，强制才被证明为正当的，那么，这就不需要把强制和制裁等同起来。侵犯是强制的；防卫的强力也是强制的。后者不是另一种需要具体证成性的不法行为；它只是保护防卫人的自由。使用防卫强力的人，既没有制裁侵犯者，也没有实施意在制止侵犯的威胁。

因此，康德主张使用强力来妨碍对自由的妨碍乃是合法的。这项主张包含他的更一般的平等的自由体系理念。他不是从这样一个观念开始，即限制他人的任意始终是不正当的，然后再努力表明，从总体上看，这样做有时候会使善大于恶。例如，边沁就认为，造成痛苦始终是恶的，但如果它被其产生的更大的善所压倒，那么伤害就是合法的。相反，对自由的最初的障碍是不合法权的，因为它与平等的自由体系不相协调；排除这一障碍的行为不是神秘地构成某种法权的第二个不法行为，因为只有当强力的使用与对自由的相互限制不相协调时才是不合法权的。所以，恢复自由的强力只是恢复了源始的法权。

[56] 诸如绑架和自我防卫的例子，或许由于过于狭隘而未能完满解释作为自由保障的合法强制，因为绑架人和进行侵害的

袭击者着手对其他人构成限制。但是，这同样适用于针对突发的不法行为而实施的防卫强力：你可以保护你的人格免受其他人的妨碍，即使他们只是无意间损害到你。

从内在法权的角度来看，对自由之妨碍进行妨碍的权利始终是防卫性的。我们还可以从预期的角度来考察它的运行；其他人希望保护自己，这一期望可能引导某人考虑对侵犯进行遏制。法权原则无须成为行为的动机；无论行动者行动的理由如何，如果他的行为与其他人的独立性是协调的，那么该行为就是正当的。我们在下一章会看到，引入取得的法权提供了另一个视角来考察平等的自由体系，并提供了相应的视角来考察相互强制的可能性。

边沁和奥斯丁很容易成为哈特批判的靶子，因为他们假定法律（或道德的）规则是创制出来服务于某一目标的工具。以此为起点，如下这种看法即便不是不可避免，也是相当自然的，即他们还应该想想，每一次创制活动都有一个创制者，因而可以推出，规则必定是一个表达出来的、有条件的意图的表现，其目的是产生某个结果。康德反对他们的工具主义规则概念，反对他们随之企图把规范还原为意图。因此，他采取的是全然不同的立场，仅把强制视为对自由的限制。

Ⅵ. 结　　论

人性中的内在法权是个人必须享有的任何进一步法权的基础，因为它是每个人自主的权利，因而也是对强力的使用方式进行限制的法权。只要每个人的行为与其他人的内在法权保持一致，就不必使用强制；强制的权利只是这样一种权利，即其他人运用他们的自由，这与你的自由是相互协调的。这同一个平等的自由结构被理解为对强制的限制，它支配着法权的其他方面，包括私人法权和公共法权。在私人法权上，它建构起每个人都能取得的其他法权，并建构起对取得新型法权的能力的诸多限制。至于公共法权，在实现国家的公共目标的问题上，它还限制了国家可以获取的手段，并向国家施加了某些强制性责任。

第3章　私人法权 I：取得的法权

[57] 作为对各自行动进行限制的原则，法权的普遍原则对某些法权保持沉默，这些法权与任意的外在客体有关，也就是说，它们与物有关，而与你能够用于设定和追求自己目标的人格无关。对自己人格的法权不取决于你可能享有的其他法权，无论是所有权，对肯定行为的法权，还是对其他人在某些事情上忠诚于你的法权。[1] 即使没有任何其他物可用来设定和追求目标，只因为你享有独立性法权，其他人也有必要限制他们的行为。康德的意思不是说，私人互动的这些方面与你对自己人格的法权无关。取得的法权，其规范性基础取决于你对自己人格的法权，但不能把对任意的外在客体的法权还原为你对自己人格的

[1] 我是在信托义务法的意义上使用“忠诚”一词的，我用它来描述为了他人的利益而行动这一积极义务的特征。

法权。[1]

［58］康德把取得法权之原则的特征描述为一个“悬设”。它用来扩展法权的普遍原则，因为可能存在从属于某人任意的力量——这些力量是一些手段，借助这些手段能够设定和追求目标——占据空间的人们并不把这些力量作为他们人性中的内在法权的一部分而拥有它们，他们必须通过肯定的行为来取得它们。法权的普遍原则支配着人们合法运用他们的自由，即使他们除了使用其人身以外不能使用任何物来设定和追求目标。物，而非你的人格，能否被用于以及哪些物能被用于设定和追求目标，这至少在一定程度上偶然地随合目的的有限存在者的特征而定。只有你通常能够决定如何使用某物，才能使该物从属于你的任意。不能控制或改变物理客体的合目的的存在者，在这些物理客体上就不享有所有权，因为他们不能获得它们，使之成为自己的手段。这些存在者对其人格仍然享有法权。肯定的行为能够产生合法权的关系，一旦引入这种关系的可能性——这一可能性说的是，有一些物而非你的人身，借助这些物，你可能设定和追求你的目标——法权的普遍原则就只能按照如下方式获得协调的扩展，这种方式使法权的普遍原则成为对自由的扩展而非对自由的限制。任何这种扩展都必须围绕任意概念进行，这样康德所谓的“任意的外在客体”——这些客体能够作为财产、其他人的行为，以及特定情形下其他人的人格而为人所有——才能按照某些方式具有重要意义，这些方式使某人对这些客体的拥有与其他人的自由的合目的性协调起来。

---

[1] 在这个方面，康德的解释以一种非常有趣的方式与洛克、黑格尔截然不同的所有权理论进行比较。洛克和黑格尔都把所有权视为人格的延伸，因而把最初的取得视为所有权的规范性基础。康德的处理方式以如下内容为开端，即通过这个悬设来解释把财产据为己有的合法权性，而把取得看作次要的质料。康德与洛克的区别类似于他们对知觉的处理方式上的区别：洛克认为感觉的输入是思维的基础和结构；康德则把它们概念化，使之成为思维结构的输入材料，但思维结构在规范上和概念上要先于它们。

康德把取得法权之原则的特征描述为一个“悬设”，因为它具体阐明了，如果道德概念要应用于时空中某种新的客体，就必须预设什么。单有法权概念或有关那些客体的事实，都不足以证明取得法权的原则。但是，即使无法证明，这个悬设还是可以通过如下方式得到捍卫的，即考虑如何把法权概念扩展到某一情形，在其中存在任意的客体，“它们在客观上可以是我的或你的”。❶［59］康德关注的是，一般而言，什么是我的和你的，这就抓住了取得法权的特征：不像你自己的人身，某一取得的法权客体作为一个法权问题，原则上可以是其他人的法权的内容。该结构适用于康德所考察的三种外在任意客体的任何一种：财产、契约和身份。你本可以购买这双鞋子，但正如事实所表明的，我是它们的所有权人，因为我先已购买了它们。反之，如果你已经取得了它们，那么，你对它们就享有所有权——这种力量与我拥有的、与它们相关的、排他的力量是相同的。你与我可能订有一份契约，其中规定我每周三为你修剪草坪，但是你本可以雇佣其他人做这件事，或者反过来我本可以与其他人达成同样的协定。如果我们中的任何一个这样做了，我们彼此就不会订立契约，但我们与其他人会有类似的权利和义务。作为一个法权问题，你本可以和某人结婚，而不是和你的配偶结婚，由于你们都还没有与其他某个人结婚，你们的婚姻才同样是具有拘束力的婚姻。在每一种情形中，康德都系统解释了合法权关系的结构——你拥有何种类型的法权——并且表明了，谁享有法权这个问题如何只能通过诉诸要求被用来取得法权的肯定行为才能得到解答。回答谁享有这个法权，不同于规定该法权是什么类型的法权，亦即不同于规定该法权是如何约束其他人的任意的。康德的方案是，在说明

---

❶ 6：246。格雷戈尔把康德的“*Mein und dein*”译作“我的或者你的”，该译法强调某种方式；按照这种方式，对我之外而实存的某物的法权必须也是对只是与我偶然发生联系的某物的法权。

取得法权如何被取得之前，先要阐明取得法权的本质。❶

“可以是我的或你的”这个结构不适用于你人格的人性中的内在法权。对你自己人格的法权——你的人身不受其他人妨碍的法权，以及你成为决定用自己的人身去做某事的人的法权——作为一个法权问题，除了属于你以外，不属于任何人。[60] 我们在最后一章会看到，从这个你对自己人格的法权的理解可以推出，首先，法权是内在的，因而它不需要任何设定它的肯定行为；其次，它仅只属于你。比较而言，取得的法权必须是取得的：它们是通过一个肯定的行为设立起来的，并且在取得的客体中，没有任何东西对人们，尤其是对那些可能通过实施取得的行为来取得它们的人施加了限制。只要这个法权客体是能够被合法权的取得的事物，并且它还没有被他人取得，那么该形式的法权自身就对那些可能取得法权客体的人构成限制。❷

Ⅰ. 取得的法权与新的不相容性

取得法权的一般原则指的是某人对他以外的事物可以享有法权，其享有的方式是，其他人妨碍该法权就是实施不法行为。引入任意的外在客体产生了新的方式，按照这些方式，与某个客体有关的我的任意和你的任意不能相容。取得的法权所引入的潜在的不相容性（以及对这些不相容性所产生的行为的约束），除了

---

❶ 6：247 -248。

❷ 从此处所考虑的问题的立场出发，原文的阐述方式特意简化了康德在讨论婚姻时提出的较为复杂的事物。康德排除了贵贱通婚和同性婚姻，其他地方的评论还清楚地表明了他排除父母与其子女之间的通婚。即使我们只保留上述排除中的最后一项，在婚姻的情形中，“可以是我的或者你的”也不是完全一般的。然而，即便受到这些限制，婚姻法权也只是按照内在法权所不采用的方式才是一般的。

对内在法权构成约束以外，还具有其他影响。内在的法权要求你我不妨碍彼此的人身，因为他们当下占据的空间已经划定了界限。准确地说，由于一个取得的法权客体原则上可以属于其他某个人，你的任意的任何客体必须从属于你的任意，即使它没有被你物理占有或实际控制。只要你物理地占有这个客体——你手里握着一个苹果——我对你的物理占有的妨碍，就构成了对你人性中的内在法权的侵犯，这只是由于这样做的时候我妨碍了你的人格。❶ 取得的法权原则这一悬设把法权原则扩展到如下情况，在其中，即使我没有妨碍你的人格，也可以通过妨碍某个客体而侵犯你，因而就在我的行为和你的法权之间产生了另一种潜在的不相容性。[61] 按照同样的方式，该悬设把法权原则扩展到如下情况，在其中，我把自己未来的行为通过契约转让给你。如果没有这个悬设，我对你就不负有任何肯定的法权义务；通过在我的不履行和你的法权之间设立不相容性，上述悬设就使该义务具有了可能。

正如我们在讨论内在法权时看到的，作为一般的事实，如果其他人妨碍了你的人格，他们就侵犯了你，但如果只是改变了你为设定和追求目标而使用手段的情境，则没有对你实施任何不法行为。作为一个法权问题，把一个取得的外在客体作为你自己的来拥有，就是拥有该物，而不是拥有你的人格；他人除非侵犯你，否则不能利用或改变该物。

考虑到任意的外在客体引入了这些新的潜在类型的不相容性，认为人们根本不能拥有这些外在客体也就好像顺理成章了。就取得的法权这个悬设声称被理解为自由法则的规范应用于外在客体而言，该悬设是“不能有进一步证明”的。正如声称法权的普遍原则是不能获得进一步证明的悬设一样，使用那些术语对那个（[中译按]：取得法权的）悬设的特征所做的描述也把诸

❶ 6：250。

多问题放到附录中来讨论。不可能有进一步的证明不意味着康德对这个悬设不作任何论证，或者把它还原为一项约定。规范性论证表明取得的法权是法权的普遍原则向某一处境的唯一可能的扩展，在该处境中有一些外在的物，自由人可以使用它们来设定和追求其目的。如果人们实际上能够使用物而非他们的人身来设定和追求目标，那么他们对物的使用所需的条件就必须与法权相协调：

> 因为我的任意的一个客体，就是我在物理上有力量使用的某种东西。如果对它的使用完全不在**合法权的**力量范围之内，也就是说，不能和每个人根据一条普遍法则的自由并存（是不正当的），那么，自由就会剥夺自己在其任意的一个客体方面对任意的任何使用，因为它把**可使用的**客体置于使用的一切可能性之外了，也就是说，在实践的角度上毁灭了这些对象并使之成为 *res nullius*［无主之物］；虽然从形式上看，任意在使用物品时与每个人根据普遍法则的外在自由是相互协调的。❶

［62］除了能用于设定和追求目标的人格以外，法权的普遍原则不预设任何“可用”物的存在。如果除了每个人人身的力量外，任何东西都不能用来设定和追求目标，那么，自由的存在者将只处于内在法权的状态之中。然而，一旦引入使用可用物的可能性，法权的普遍原则必须应用于那些可用物得以使用的条件。如果人们能够使用某物而非他们自己的人身来设定和追求目标——如果存在一些物，人们拥有物理力量使用它们——他们必须有权这样去做，除非这一权利会限制其他人使用他们的东西来设定和追求其目标的自由。康德的论证表明，首先，某人本享有

❶ 6：250。

对某一外在的任意客体的权利；其享有的唯一途径是，这个人在形式上是否享有权利，因为拥有从属于你的任意的手段优先于为了任何特定的目标而使用这些手段。其次，康德认为运用取得的法权与其他人的自由是相协调的，因为这一运用从不剥夺他人已经拥有的东西。所以，任何东西，如果不是有关财产、契约和身份的完全的私人法权，它对自由的限制都是不合法的，因为其限制的基础是某物而不是自由。该论证强调把物据为己有，而不是取得它们。尤其是所有权的取得，它提出了另外一些问题，这些问题构成了对合法权状态进行论证的核心。

我们先对合目的性的形式本质、因而对自由的形式本质作一番考察。如果康德的论证依赖于一个与利益或需要有关的前提——利益指的是拥有从属于你的任意的物，需要指的是拥有外在的客体以完全实现你的合目的性——那么，该论证就不能对其他人的行为构成任何约束。其他人对你不负有任何可强制执行的法权责任，该责任要求他们考虑你是否获得利益，或者甚至考虑你的合目的性是否获得实现。❶ ［63］ 法权是从意愿和需要中抽象出来的；你为了生存而需要我的帮助，这一需要若不能产生要求我提供帮助的法权，那么，你为了实现自身而需要我保持克制，这一需要同样不能产生要求我保持克制的法权。而且，如果所有权的基础取决于对所有权人的任意有利，那么这将会遭到柯勒律治、梅特兰和西季威克传统的反对，因为扩张一个人任意的范围潜在地限制了其他人的自由。通过对任意的形式性的强调，康德避开了这一传统的反对；他不问人们应当拥有多少财产，或者应该如何分配这些财产，只关心某人拥有从属于他或她的任意的某客体，这是否与其他人的合目的性相协调。

对物的拥有与其他人的自由具有形式的协调性，该协调性表

---

❶ 这种想法似乎为黑格尔的如下主张提供了根据：他认为所有权是因为人格性才被取得的，因为一个自我必须在外在于它的客体中使自己外在化。参阅 Hegel，《法权哲学》（*Philosophy of Right*，Oxford：Oxford University Press，1967），页40（§41）。

现了任意的本质。有权为自己设定和追求你的目标，就是有权使用那些你用来设定和实现你认为合适的任何目标的手段，这只受到其他人以其手段做同样一些事情的权利的限制。只有当任意的外在客体在形式上被合并起来（它们从属于某人任意的手段，他打算把这些手段投入任何的使用之中，而不依赖于使用它们所要达成的特定目的），任意的外在客体才可以被合并进为了每个人的自由体系之中。❶ 因此，能获得并使用“可用客体”的唯一条件必须是这些可用客体是从属于某人任意的物，因而这些客体对其他人的自由构成了约束。如果人们在物理上能够使用外在客体来设定和追求他们的目标，而不管他们使用的方式，那么就不能把外在客体纳入平等的自由的形式体系；在该体系中，每个人的合目的性只受到其他人的合目的性的限制。某人拥有从属于他或她的任意的客体，这并没有侵犯其他任何人。只有当某人拥有所有权或契约法权并且这些法权剥夺了某人已经拥有的某物，才存在与其他人的自由相妥协的问题。从每个人人格的人性中的法权这一角度来看，其他人取得的法权只是他们在其中做出选择的情境的一部分。[64] 因此，对某人可能把客体据为己有而做出的任何限制，都限制了某人为了某物的合目的性而非为了自由的合目的性，因而对每个人有权成为 *sui junis*、即成为她自己的主人构成了妨碍。这就是说，它们根据某物、而不是根据自由自身的条件来限制自由。❷

为设定和追求目标而使用某物是正当的力量，这同一个合法权的力量扩展到当你没有物理占有某物时你对该物的使用。这在所有权上表现得最为突出：如果某物从属于你的任意，你能够取得它并用来设定目标，那么你必须能够把它用于你设定的任何目标；这仅意味着，当你使用拥有的其他手段时，必须能够闲置

---

❶ 或者，如康德在 6：230 所说的，“根据一条普遍的法则”。

❷ 6：231。

它。当你要煎鸡蛋卷而搅鸡蛋时，你把盘子放到一边，你的法权必须约束其他人妨碍你对盘子的使用。这不是因为煎鸡蛋卷或者甚至制定复杂的计划是对自由的基本运用，而是因为你使用某物的权利不取决于你用它要追求的特定目标。

能够取得可用客体以资利用，这一要求以同样的方式适用于契约法权：如果某人在物理上有可能转让财产或者为他人提供服务，或者两个人有可能合作做某些事情，那么，另一方的力量就是任意的可用客体。如果在合作活动中，某人不能使其人格或力量为其他人取得，那么这是对自由的专横的限制。有这样一些限制，它们针对的是同意得以可能的条件，以及某人能够同意进行的互动；但是，如果第三方有权禁止某人为对方做某事，或者禁止双方合作做某事，这将是对独立性的专横的限制。不能把为其他人做某事的权利局限于当前的履行行为，因而人们必须能够达成有约束力的双边协议。正如我与他人合作并没有对你实施不法行为（我们之间缺少某些先在的协议），因而同样地，你和第三方达成具有约束力的协议也没有对我实施不法行为，因为你并不因此就剥夺了我已拥有的任何东西。这些协议的主要作用在于改变非协议方的行为情境。[65] 因此，如果说人们彼此有可能为对方做某些事情，这必须在合乎法权上是可能的，因而某人对对方的具体的任意享有法权就必须是可能的。

类似的要点也适用于身份关系：如果某人在物理上能够为他人的利益做出安排，并且其安排与他们各自的法权是相协调的，那么这些安排必须在合乎法权上是可能的，只因为这样的行动不会侵犯其他任何人。如果其他人能够禁止这些安排，他们因而限制了与之相对的对方的自由。某人为了他人而行动的力量只在有限的境况中并以有限的方式才能产生。而这些境况是否产生取决于参与者的具体特征以及他们恰好持有的目的。如果没有人想要他人照管他的部分事务，同时他又照管着他人的部分事务，或者如果人们只抱有限的目标，即他们能够同时照管好他们所有具体的事务，或者如果他们从来不是孩子或者从来不用睡觉，那么任何人都可能不会加入身份关系。然而，这些因素对关系的合法权性不产生任何影响：自由人必须有权把他们的事务委托给其他人，即使从来没有人这样做过。

Ⅱ. 三种取得的法权

康德阐述了某物能够成为“某人所有的”三种方式，也就是说，按照这三种方式能够成为“某人所有的”某物对其他人的行为构成了约束。他认为可以按照三种方式来区分取得的法权，即法权的质料、法权的形式和取得法权的方式。❶ 在说明康德的观点时，我首先要强调的是法权的形式，而关于法权的质料只是一笔带过，至于取得法权的方式，❷ 我将留待后续章节讨论。对于那些熟悉洛克所有权理论的人而言，这似乎有点奇怪。众所周知，洛克把私有权奠基于有关私有权取得的解释上。[66] 康德采取了不同的方式。合法权的取得始终变更着其他人的法权，但为了理解那些法权是如何变更的，必须先抓住法权的本质。

主张某物是你的，这就引出了一个比较：这意味着该物是你的而不是我的，也就是说，他人妨碍你对它的占有将构成对你的侵犯。有三种方式使某物可以成为我的或你的：你可以对一个客体享有权利，对他人履行某一具体行为享有权利，或者享有康德

❶ 6：259-260。

❷ 康德指出，在单方面的、双边的或者全面的任意中（*facto*［行为］，*pacto*［契约］，*lege*［法律］），取得的基础“真正说来并不是法权划分的一个特殊环节”（6：260）。在一定程度上，困难在于单方面的任意还要求一个全面的权限，因而这一划分并不是从*facto*［事实］、*pacto*［契约］、*lege*［法律］或者所有权、契约和身份这两种罗马法的划分推导出来的。

所谓的"物权性的对人权"。这些划分的基础是一个直观的看法，即自由设定其目标的独立个体能够按照这三种基本方式展开互动。他们有时追求各自的目的，这就要求他们对人格和财产享有法权。他们有时又相互合作地追求各自的目的。他们相互合作地追求各自目的的条件是经合意而设立的，他们通过契约彼此给予法权。如果未经合意而设立，其关系就是一种身份关系。❶

所有权。为了给你自己设定一个目的，也就是把它作为你追求的目的，你必须使自己有力量实现这个目的。你有权设定和追求你的目标，这相当于你有能力做如下事情：你必须有权使用你认为能够使你实现目标的手段。有两种方式使你对这些力量享有权利：第一，正如我们看到的，你内在地拥有属于你自身人格的力量；也就是说，对这些力量的法权不依赖于任何由你或由其他人实施的行为。这些力量的发展可能是你的或其他人的过去行为的结果——例如，你可能把你的强壮归因于你的运动习惯或者你的私人教练。但你对这些力量的法权，它作为反对那些可能希望使用它们的其他任何人的法权，不取决于你如何拥有它们。第二，你可能拥有外在于你的力量，把它们作为任由你处置的手段。你能否采纳一个特定目的取决于你拥有的、任由你处置的力量和手段。

[67] 在康德看来，对外在物的所有权——某物而非你自己的人格——只是你有权拥有那个任由你处置的那个物，你可以使用该物来设定和追求你的目的。保护在物上的权利是使用客体以设定和追求目的这一能力的先决条件。❷ 保护权利包括两方面，

---

❶ 虽然有别，但与康德的这个划分有关的阐明，请参阅 Ernest Weinrib，"义务的法律分类"（The Juridical Classification of Obligations），载于 Peter Birks 编辑，*The Classification of Obligations*（Oxford：Oxford University Press，1997），页 37–56。

❷ 这并不排除共同占有。如果我们共同拥有某物，我们就享有排除其他人并共同规定使用该物的法权。但这必须是一种派生出来的情形，因为它预设了排他的所有权理念。参阅 6：251。

占有和使用。如果你有权控制这个物并排除其他人的干涉，你就合法权地占有了该物。因此，如果其他某个人破坏或非法侵占你的财产，❶ 他就侵犯了你。如果你的财产遭到破坏，你就被剥夺了本可以用来设定和追求目的的手段。如果非法侵占你的财产，那么你的财产就被用于追求你没有为自己设定的目的。而且，对财产的非法侵占或破坏限制了你的自由，即使事实上你并不想（或者此时你甚至都不具有经验性的能力）追求那些特定的目的，即使你想都没想过用这些财产来做什么。你遭到了侵犯，因为你被剥夺了成为如下这种人的能力，即由他来决定如何使用这个物。如果你自由地使用某物以追求自己可能设定的某些目的，并且为此不需要其他任何人的同意，你就享有使用该物的法权。

拥有任由你处置的物与你为自己设定目的，两者间存在关联。由于这一关联，康德把他的所有权观念发展为对它的形而上学的解释，而不是对它在具体的人类社会中所处地位的解释。尤其是，康德在解释时不诉诸匮乏或需要。虽然人类社会保护物权的具体方式在一定程度上取决于具体境况、需要和人类脆弱性，这在理性看来是清楚自明的，但是所有权的基本结构反映了拥有手段和设定目的之间的联系。

如果我们借用康德的术语来考察所有权，在不法行为与人类需要和脆弱性之间的关系问题上，我们会获得一个独特的、更深刻的（在我看来）理解。哈特曾说过，在人类社会中，法律和道德很可能有重叠之处，因为在其他事情上，二者关心的都是避免按照人类最易受害的方式来损害人类。❷［68］因此，哈特认为，如果我们像巨人岛上的螃蟹那样拥有不易受伤的甲壳，并且能够从空气中汲取营养，我们将不需要有关殴打、谋杀和所有权

---

❶ 6：248。

❷ Hart，“实证主义与法律和道德的分离”（Positivism and the Separation of Law and Morals），载于 *Harvard Law Review*，71，1958，页622－623。

等方面的法律了。但在康德看来，即使非法侵占是罕见的、损害是不可能的，法律和道德同样要禁止非法侵占和损害。因为康德把不法行为理解为对自由的妨碍，而不是对利益之妨碍的妨碍。哈特所说的巨人岛上的螃蟹或许鲜有诱惑去非法侵占对方的东西，但如果它们这么做了，它们就实施了不法行为，因为它们为了他者没有共享的目的而利用他者。更容易遭受损害的存在者，比如人类，更有可能遭到攻击并相互攻击。但康德认为，保护人格和所有权的这个结构性的理性是相同的，亦即都是保护独立性的理性。

对财产的法权的结构与我有关我的人格的法权非常类似，因为它也是我可以用来设定和追求目的的东西——事实上，没有它我就无法设定和追求目的。我在自己的人格中不享有所有权；我只是我自己的人格。我的人格缺少所有权的“我的或你的”的结构，这一事实说明了我的占有法权是受到内在限制的，因而说明了，比如，我不可以放弃我的人格。尽管存在这些差异，在人格上拥有法权就像我在外在物上拥有法权一样。如同财产上的法权，那些法权也是我拥有的法权，它们针对其他所有的人。就像财产上的法权，它们扩展到占有和使用。

所有权是一种合法权的关系。它也是对一种特殊类型的不法行为——妨碍——的限制。如果你损坏了我的财产，你不仅阻碍了我的利益，还不法地限制了我的外在自由，因为你限制了我拥有的、用来设定和追求我的目的的手段。因此，你侵犯了我按照我认为合适的方式使用我的手段的权利。如果你非法侵占了我的财产——未经我的许可就使用它——你就限制了我设定目的的能力，这些目的是我将使用它来实现的。因此，你侵犯了我占有的权利，亦即侵犯了我拥有那个从属于我的排他性任意的某物的权利。[69] 由于对人格和财产的法权保护人们免遭他们与之独立展开互动的其他人的侵犯，因而有关人格和财产的法律构成了消极的禁止：不允许我损害或非法侵占你或你的物品。比较而言，契约和身份产生了肯定的义务，因为在它们之中，独立的人们相互合作地展开互动。

契约。契约能使缔约方变更各自的法权，因而每个人都有权依靠他人具体的行为。如果你和我达成一份契约，那么我们每个人都同意为对方做某事，并且每个人都把对某个行为的期待的法权转让给对方。我们相互依赖并合意地展开行动。通过我们的协议，我要求的是你的行为而不是外在的物。❶ 人们可能以各种方式依赖其他人的行为；契约的独特之处在于它产生了一项权利：你能够要求我履行某一行为，如果我没有履行，你将获得救济，因为我没有把你对之享有法权的东西交给你。当你的期望受挫时，如果没有契约，你就算不上受到侵犯。在针对你的契约法权上，我没有占有你。我仅只按照我们协商好的方式占有你的力量以便产生某个具体结果。

作为一种合法权的关系，契约也使某种独特类型的不法行为成为可能。如果我剥夺了你的手段——我的履行行为（是我把对该手段的法权给予你的），我就侵犯了你。换句话说，你对我促进你的目的享有法权，我本应按此方式促进你的目的，但上述不法行为却让我未能促进你的目的。这就妨碍了你的外在自由，因为我已经把对手段（我将来的履行行为）的法权给予了你，又剥夺了你享有这一法权。基于这同一个理由，契约也是强制的。

因为我取得的是你的行为，所以我拥有的契约法权只是针对你的。因此，如果有一个第三人做了某事，使你免于履行契约的部分责任，我对他也不享有任何法权。我只对你享有追索权（虽然你可以向那个第三人追索）。而且，虽然第三人可以从我对契约的履行中受益，他也不会由于我的履行而享有任何法权。准确说来，因为契约是我们双方彼此给予法权的方式，它不会对其他任何人的法权产生任何影响；同理，契约双方也不能订立一份契

---

❶ 6：248。

约来限制第三人的法权。

［70］身份。这是第三个范畴，康德称之为“家庭的法权”，它是由某些关系构成的；在这些关系中，人们相互合作地展开互动，却没有完全达成合意。理解这一范畴的最好方式是考虑一下私人法权中同意所具有的更一般的作用。从外在自由的角度来看，同意是很重要的，因为它能使一个行为成为合法权的，该行为若未经同意就是不法的。但那些行为可以按照两种极其不同的方式成为不法。有时候，同意使一个互动成为合法权的，因为某人许可他人做某事，如果没有他的许可，做这件事就是对他或她的人格或所有权的妨碍。我邀请你来我家赴晚宴。如果没有我的同意，你弄脏我的餐盘或吃掉我的食物，就是对我的所有权的妨碍。一旦我邀请了你，我就使本来是不法的行为成为合法权的了。我们的达成合意的互动是双边的：我邀请，你接受。在接受了我的邀请后，你使用我的物、消耗我的食品，都是我决定如何使用它们的权利的一个事例。

但是，同意不只是要预防那些破坏或毁坏他人物品的不法行为。另一种能够侵犯法权的行为是不法使用，从外在自由的角度来看，我们可以把这种不法理解为强迫某人为了她没有分有的目的而做某事。如果你许可我在晚宴上使用你的餐盘，我使用它们来追求我的目的就不是不法的，因为一旦你同意我使用，你就把我对你的物的使用作为你的一个目的了。其中并没有对你的外在自由构成妨碍。但如果我未经你的同意就以其他方式使用你来追求我的目的，那么我就侵犯了你。设想，当你不在家时，我擅自闯入你的房屋并在你的桌子上进餐（我自己带了食物，并且用餐后还清理了桌子），我没有以任何方式伤害你，但是我帮助自己取得自己对之不享有权利的利益。我使用你的财产来追求我的目的，而这个目的是你没有分有的。因此我侵犯了你。当然，倘若你表示同意，则不构成不法行为。但讨论的这个不法行为——其一经同意即成为正当的——剥夺了你成为这样一个人的自由，即你有权设定目的，这些目的是你将追求的或者你将使用你的物品所要追求的。我利用了你或你的手段来实现你没有分有的目的。

［71］至此，或许我应该驻足点评，我们很容易被同意的观念诱惑，认为它是道德意义自我成立的源泉。例如，功利主义者似乎就是这么看的。但同意根本不是按照这种方式发生作用的。我们不担心欠缺同意，除非我们关心的行动如果欠缺同意就是不法的。所以，如果你想知道剥削关系错在哪里，那么不在于剥削关系是未经同意的，而在于它们是剥削人的。同意只是说，它有时会形成某种关系，某人在这一关系中决定了他人的手段将用来追求何种非剥削性的目的。如果行为不是不法的，那么根本不需要什么同意。受害人有权主张赔偿，无须不法行为人的同意。我们也不根据双方事先达成什么协议来规定赔偿的性质。相反，我们要问的是，什么使不法行为成为正当的。

对人们相互对待的方式施加的限制有三条。第一，某人未经他人同意不得妨碍他人的人格或所有权。第二，某人通过契约把他对某物的法权转让给他人，他必须履行该转让。第三，某人未经他人同意，不得利用他人来追求自己的目的。违反上述任何一条限制都是对他人实施强制。

这把我们引向了身份范畴。存在某些情况，某人在其中不能就某些使用表示同意。在康德讨论的事例中，子女的例子是最清楚明白的。康德指出，父母未经子女同意就主动把他带到世上来。[1] 结果是，子女发现自己处于某种关系中，在其中他们是没有做出同意的一方。而且，只要他们是子女，就没有能力同意。他们也没有能力摆脱这种关系。准确说来，因为子女是没有做出同意的一方，父母就不能利用子女来追求自己的目的。相反，他们有责任为了子女的利益而为某些行为，这个利益须根

---

[1] 6：280。

据使子女们成为合目的性的存在者来理解。父母占有子女，但无权使用他们。❶ ［72］父母承担起为了子女的利益而为某些行为的责任，其中包括“监护和塑造子女”以确保他们成为完全负有义务的人。子女的父母或者其他法律监护人可以授权为子女做某些事情，例如为其治疗，因而这些行为并非针对子女的不法行为。

通过使某些人有权为其他人作出安排，在前者对后者的控制中，身份关系扩大了前者的合目的性；由于权力未获得同意，他们的合目的性就受到了限制，因而他们只能为了他们照管的那些人的利益而运用他们的合目的性。身份关系还扩大了被安排的那些人的利益。如果我委托你在我离开时管理我的事务，我的合目的性就得到了保障，因为你为了追求我的正常目标而为我做出安排。你的合目的性得到了扩大，因为你决定了如何利用我的物品，但该决定要符合如下条件，即这些物品没有被用于你自己的利益。因此，妨碍身份关系的那些人侵犯了关系双方。如果某人没有与你商议就自作主张地承担起对你的子女实施宗教教育，他就剥夺了你按照自认为合适的方式来“监护和塑造”你的子女的权力，由此对你构成了侵犯。他还由于剥夺了孩子受到你的照管而侵犯了孩子。孩子有权处于、特别是与你一同处于身份关系之中，即使其他人可以做得更好。❷

［73］身份范畴只是如下情形的范畴，在这些情形中，人们

❶ 6：260。康德的解释与当时普通法的处理方式存在天壤之别。按照普通法，父母被授权为其未成年子女服务。参阅 *Dean v. Peel* 1804 5 East 45。

❷ 康德写道，父母“未经子女同意就专横地”（6：280）把他带到世上来。“专横地”这个短语或许暗示父母产生出义务，因为他们生下子女，或者暗示他们自愿承担这份义务，但两者都不是康德的本意。相反，仅仅因为父母控制着自己的子女，他们才承担义务。如果父母死亡或抛弃子女，孩子的收养人就控制了孩子并有义务监护和塑造这个孩子。但是，侵入者不能在孩子出生时夺走孩子，因为这种行为是针对母亲实施的不法行为，她只因为生下这个孩子就合法权地占有他。尽管如此，如果侵入者成功地夺走了孩子，他就得对孩子承担起由身份建构起来的义务，即使母亲有权要求侵入者返还这个孩子。

发现自己处于某种关系，其中一方不能对关系的存在或关系条款的修改表示同意。结果，另一方不得为了追求自己的目的而利用没有做出同意的一方。就此而言，该情形与其他没有做出同意的情形无任何分别。它仅仅是如下这种关系的特征，这种关系使一般的同意成为不可能，但这不是说，就像在一般情形中那样只是缺少同意。

还有其他许多例子适于说明这一结构。受托人与受益人之间的法律关系就是其中一例。当受益人不能表示同意或拒绝，或者这个法律关系具有内在的不平等性或脆弱性，这些都必然使同意存在问题，此时受托人必须只为了受益人的利益而行动。受托人由于放弃而退出整个关系，这比父母断绝与子女的关系要容易得多。但是，从外在自由的观点来看，结构是完全相同的：一方不能利用另一方或其财产来追求另一方没有分有的目的。[1] 如果第三方取代了委托人的地位，即使他们做得很好，他们也实施了不法行为。

另外，我要考察一个截然不同的事例，它涉及教师和学生之间的关系，这一关系与剥削有关。教授使唤她的研究生帮她搬家，或者要他们自愿在她的花园里劳动，这是否合适？我的回答是，这取决于我们是否认为这种互动是完全自愿的。在我们看来，这种互动只是某个人应另一人的请求而为后者提供帮助，只是两个人碰巧还处于另一种关系之中。但是，在另一种关系上，我们或许会为学生同意的性质感到忧虑。其原因不在于它必然有

---

[1] 信托关系的“为他人行动”的结构说明了内幕交易的不正当所在。困难不在于它伤害了公司股东。事实上，许多经济学家认为它使资本市场更有效率，因而从长远来看有利于股东的利益。相反，问题在于内幕交易者滥用自己的职位。由于职位原因，公司管理人员拥有一些信息，这些信息是可以获得的，其目的是为了公司所有权人的利益而管理公司的事务。为了私人利益而利用职位就是为了私人利益而利用属于其他人的公司。比较而言，公司以外的任何人都能按其认为合适的方式利用他合法取得的信息，虽然理所当然的是，他这样做将使自己承担起全部风险，因为正如康德所言，他是否相信所获得的信息，这是由他自己决定的。

损于学生向老师提供帮助，而在于它剥削了学生。[1]

---

[1] 康德为身份关系列举的另一个例子是婚姻。他把婚姻表述为通过对称的不对称（symmetrical asymmetry）建构起来的关系。两个个人的每一个都占有对方，因而双方都不能为了私人（即私通）目标而行动。这个法律权力颇为特别，因为它包括发生性关系的权利。这就提出一个特别的问题，因为康德要论证这样一个结论，即人的性行为必然包含把性伴侣视为一个客体。后来许多不同的思想家，比如萨特（Jean - Paul Sartre）和波伏娃（Simone de Beauvoir），都赞同这个结论。（关于该问题，请参阅 Barbara Herman，"康德关于性和婚姻的观点值得思考吗?" Could It Be Worth Thinking about Kant on Sex and Marriage? 载 Louise Antony 和 Charlotte Witt 编辑，*A mind of One's Own*，Boulder：Westview，1994，页 49 - 67。）他们的论证通常关注所谓性现象学。康德并没有考虑这些因素。相反，他主张性包含着一个人把另一个人视为一个客体。该主张反映了他关于性的更为一般的看法，即性只是人类动物性的形式。他通常把人设想为具体化了的合目的性的存在者，他们能够自由设定自己的目标。这一特征描述与他在《纯粹理性批判》中把人格概念（作为合法权状态中的人格）的特征描述为"理性的理念"、亦即描述为一个合理的概念是一致的（这个合理的概念是这样一个概念：我们被要求在道德的根基上把它应用于我们在经验中遭遇到的特定的物）。关于这个理性理念，康德列举了其他若干事例，其中之一是具有特别生命形式的生物。正如他在《判断力批判》第二部分说明的，这要根据自然目的论原则来理解（参阅《判断力批判》，*Critique of Judgement*，Indianapolis：Hackett，1987，页 377 - 384）。自然目的论不是一条经验性原则，而是一条合理的原则。通过该原则，我们能够发现若干独特形式的秩序；按照这个秩序，一个有机体的部分从属于整个有机体。因此，人类既是生物学上的有机体，是一种我们能够根据目的论理念组织起来的生物，同时也是一个合理的存在者。对于这个存在者，我们负有道德义务把他视为自由的和合目的的，其他任何人都负有法权责任把他视为一个人格而非单纯的客体。这两个理念合在一起就产生了康德所谓的与人的性行为有关的独特问题：性只是人类动物性的形式。在动物性中表现出来的合目的性不是自由的合目的性。相反，它只是"自然的激励"，自然的激励在其自然表现中有其统一性的原则（参阅：《德性学说》，*Doctrine of Virtue*，6：424）。在这个方面，它与奠基于自由之上的任意有很大不同。通过自然目的论原则，该动物被吸引到其潜在的生物学上的配偶那里。但是，由于目的论的存在者没有自由的合目的性，因而任何东西，它作为动物的目的论上的自然目的，就是一个物理客体。同意不能使这类互动合乎法权，因为欲求客体服从的是自然目的论理念而非人类的自由理念。因此，当动物交配时，这是他们的自然目的论在共同作用，而不是任何一方的合目的的活动。

可见，正如阿伦·伍德（Allen Wood）指出的，康德的核心观点并非主张性在资产阶级社会中通常具有剥削性（Wood，《康德主义的伦理学》，*Kantian Ethics*，Cambridge：Cambridge University Press，2008，页 228 - 229，页 235，页 238。）相反，根本要点在于，性是动物性的，而且满足一个动物而非自由的激励包含着把激励的客体视为单纯的质料以供消费。其他动物的激励不会产生类似问题。欲求饮食，例如把食物当作它的客体，但食物只是一个自然物而已。只有指向一个人格的动物的目的论才产生这个问题。（转下页）

［74］教师/学生的例子说明的问题不在于，有争议的互动没有被纳入他们之间的契约条款（隐含的或明确的），而在于学生被置于其中的这个依赖关系（如果它是一种关系的话）——即使是通过契约形成的——使得这类利益的给予成了一条不可接受的契约条款。

［75］正如雇佣契约通常都具有上述结构，康德所说的家庭帮工的例子也具有同样的结构。雇员被要求促进雇主的目标，而不允许为了外在目标而利用雇主的房产或物品。［76］不像通过契约履行某件工作的人，雇员要服从雇主的指示；他按照指示行动，其结果由雇主承担。此即为何雇主会受到雇员订立的契约的约束，

（接上页）康德解决该问题的方案是婚姻。一份普通的契约无法解决这个问题，因为如果性包含着把一个人格视为一个物，它就不能成为人们之间具有拘束力的协议的主题。因此，卖淫契约从来不可强制执行。因为具有拘束力的契约必须与契约方有权去做的事情有关，性不能通过契约方的单纯同意就具有正当性。相反，只能按照如下方式才能取得一个配偶，即进入某种形式的关系，在其中，每个配偶都占有对方。婚姻是两个人的更为一般的统一，因而每个配偶的目标就是成为对方的目标。因此，他们所做的每一件事情就是运用他们联合起来的共同的合目的性。甚至他们向之屈服的“动物的”激励也被包含进他们更为广泛的关系之中。针对婚姻的两种基本的不法行为——通奸和遗弃——是对占有的侵犯；占有是相互的，因为这两种方式都能够侵犯配偶双方。如果那就是所谓的婚姻，那么康德说明了性是如何在婚姻中能够成为合法权的，因为每个配偶都有权为对方做出安排。他还说明了如何能够合意地进入上述关系，因为任何一方都不同意成为单纯的客体。最后，它还表明了为何婚姻中个别的性交必须在双方之间达成合意，因为否则的话，每一个配偶将不能为对方做出安排。

这个解释包含了许多方面，人们可能觉得它是很可疑的。最重要的是，为什么自然目的论与《道德形而上学》一书中所谓的合目的性之间存在区别，这个问题尚且含糊不清，更遑论该区别如何能够现成地被应用于个案。而且，康德区分了性活动的“自然的”类型和“非自然的”类型，这些区别反映了他的作为动物目的论的性观念：性激励的功能是保存物种。然而，一个目的的功能只能与其质料而非形式有关。而且，即使我们接受康德对性的特征所做的完整描述也不能由此得出，自然目的论不能经过自由人格的处理而被合理化，因而转化成某种形式的相互的自由合目的性。一个更为康德式的选择是加诸动物目的论之上的、某种层次的合理性，正如科斯迦尔德（Christine Korsgaard）在《自我建构》（*Self－Constitution*，Oxford：Oxford University Press，2009）中指出的。理解康德论证的最好方式或许是把婚姻看作某种合理的方式，按照这种方式才能处理再生产的动物性。

这也是雇主替代雇员为雇员的不法行为负责的原因，但以上仅限于雇员根据雇佣关系而行动。虽然这些安排被纳入契约，但其条款是根据关系自身的本质来制定的，在这一关系中，某人为他人做出安排。❶

我们现在把身份范畴与所有权、契约联系起来组成一个三角结构。在所有权上，我占有并使用物。在契约上，我享有有限的法权，即我为了我的目标而使用你的力量，但我没有占有你。在第三个范畴上，我占有你，但无权为了我的目标而使用你。让我根据受到质疑的不法行为来演示这个三角结构。所有权上的不法行为就是妨碍他人设定和追求他已经为自己设定的那些目的的能力。契约上的不法行为就是未能按照如下方式使用你的手段，即你把使用自己手段的法权给予契约方。身份上的不法行为指的是使用他人来促进你的目的。这样你就剥夺了他为自己设定目的的自由。

在同意欠缺、不可能或不充分的情况下才会形成身份关系。关系条款是由参与各方自由决定的。正如康德在讨论公共法权时所说的，某人为他人所做的任何安排，只有当他人对这些安排本来会表示同意，才与他人的自由保持协调。检验是否可能做出同意，这并不是说某人只能同意那些最有利于他或她的任何东西，其要求的只是可能表示同意的能力受到了每个人的合法权正派的限制。其他人把你当成可以取得的客体，使用你来促进他们认为合适的任何目的，对此你不能表示同意。比较而言，你可以同意某人按照与你持续的合目的性相符合的方式来管理你的事务——当你无意识时为你管理医疗事务，当你还是个孩子时对你实施“监护和塑造”，或者为了你的利益而把你的退休积蓄拿去投资。

[77] 针对所有权、契约和身份的不法行为是私人对他人能够

❶ 把信托人的义务还原为契约义务，这存在概念上的障碍。关于这个障碍，请参阅 Paul Miller 的博士论文，“信托人的义务”（The Fiduciary Obligation，University of Toronto，2007）。

犯下的、针对外在自由的唯一一些可能种类的不法行为吗？我相信是的，对此我将提出一个简短而直观的论证来说明理由。外在自由是你能够为自己设定和追求目的的要素。能够妨碍它的唯一方式是妨碍设定或追求那些目的的能力。作为私人，你只能通过两种方式妨碍他人追求目的的能力——不法地剥夺她已经拥有的手段，或者没有向她提供用来追求一定目的的手段，而之前你已经把对该手段的法权给予她了。通过使用或破坏某人已经拥有的手段，你侵犯了他的物权；没有向她提供手段——你的行动——而你已经把对该手段的法权给予她了，你就侵犯了她的契约法权。如果她的手段是完好无损的，你只能通过唯一的方式来妨碍其设定目的的能力——使她追求自己没有设定的目的，而这又可以通过两种方式，即未经她的许可使用她的物品，或者为了私人目标而利用你与她的关系。❶

这三个范畴穷尽了对外在自由的可能妨碍，该论断取决于两个前提，这两个前提是从法权的普遍原则中推导出来的，但还需要澄清。第一个前提是，我们这里关注的是私人一方可能侵犯另一方的方式，而不关注公共权威为了维持平等的自由体系还能拥有什么权力。

第二个前提是伤害本身不是不法行为的范畴。尤其是，对成功实现某个特定目的的妨碍并不是对外在自由的妨碍。伤害和利益——促进或阻碍某人的利益——对于该分析而言只是偶然的。对此我用两个例子来说明。假设你我是睦邻。你在自己的土地上有一个经年失修的车库，我们的财产在这块土地上相邻。[78] 我在车库的阴暗处种植了宝仙尼菌。如果你拆除了车库，因而剥夺了我的阴暗地，你就伤害到我，但不是在我们这里所感兴趣的意义上侵犯我。虽然你实施的肯定行为使我的处境更加糟糕——我

❶ 许多表面的反例实际上说明了这个区分。例如，某些人认为，广告和宗教教导（当针对幼童时可能尤其如此）活动妨碍了自由。这些活动是有争议的，因为人们对于它们是否进入身份关系这个第三范畴还存有分歧。

的宝仙尼菌由于暴露在阳光下枯死了——但我对你不享有这样一个法权，即在特定情况下使我拥有的东西得以保存。虽然我对宝仙尼菌享有法权，该法权禁止你做这样一些事情，比如不小心让溢出的杀菌剂洒到宝仙尼菌上，但我对如下事情并不享有法权：你为宝仙尼菌提供生存所需的东西，或者使之免于某些东西的危害（除了你的行为以外，这些东西威胁着它们）。因此，你无须设置屏障使之避免光线照射，除非你对土地的使用就是光源。你过去提供了保护它们的屏障，现在无须继续提供。剥夺我已经拥有的东西，与之相对的是没有为我提供我需要的东西，两者的区别并非作为与不作为的区别。如果我在花园里种植向日葵，而你在花园里修车库，因而剥夺我需要的光线，你伤害到我，但没有侵犯我，因为你所做的只是没有按照为我提供我需要的东西的方式来使用你的土地。

正如康德所做的，这些事例假设了一种思考土地所有权的特殊方式，根据这一方式，土地所有权是对地球表面的特定区域的法权。该法权最根本的（尽管也是极端的）含义是，你决定占据或者你未能占据构成你的土地的空间部分，这些都没有引起有关其他人的法权的任何问题。结果是，如果你在自己的土地上修筑某物，以致阻碍了某物进入你的土地，其他人没有任何理由提出控告，因为既然没有在先的协议，他们对你土地上的道路就不享有任何法权。如果你不使用你的土地来阻止某些不受欢迎的强力进入你的土地，他们也不能提出控告。但如下这点更为一般：你要按照最符合其他人喜爱的、使用其所有物的方式来使用你的所有物，对于这个要求，其他人是不享有任何法权的，而且，他们也无权要求你使用自己的所有物来保全他们的所有物。[1] 你对自己财产的法权没有给其他人施加这样一种义务，即要求他人采取行

---

[1] *Mayor, etc. of Bradford v. Pickles*, ［1895］AC 587（HL），与 *Fountainbleau Hotel Corp v. Forty – Five Twenty – Five, Inc.* 114 So. 2d 357（Fla. Dist. CA 1959）。

动以确保你的所有物保持在当前状态。［79］你只享有如下法权：其他人不能按照与普遍法则不相协调的方式来使用他们的所有物，由此给你的所有物造成破坏或毁坏。你的物权必须限制其他人可能对你的所有物构成妨碍的方式，但它不能扩展为这种法权，即可以要求其他人按照最符合你的特定目标的方式来使用他们的所有物，并且保存你的所有物只是你的目标之一。❶

反之，我可以从你的阴影（或光线）中获益，我无须征得你的同意就可以得到这份利益。我自己就可以随意取得它。你不能要求回报以作为我获益的条件，除非是这样一种情况，即我同意给予回报，否则你可以通过行使你撤回该利益的法权相威胁。但是，我使用阴影或光线的自由（liberty）并不表明你含蓄地同意了。它只是我的好运而已。

从不法行为着眼也能识别那些存在争议的法权。法权是对其他人行为的限制，它能通过其预先禁止的行为而获得识别。物权是对客体进行占有和使用的法权，也就是对其他人使用该物（占有）或使该物不能（使用）的权利的限制。契约法权是对他人具体行为的法权，亦即对他人以相反方式使用其力量的权利进行限制。身份法权是“物权性的”对人权，它作为法权，无须他人同意就能对其施加影响，相应地，它还是一项义务，即不得使用这个人。身份关系是内在不对称的，❷ 因而它若要成为合法权的，就只能通过如下方式，即限制法权主体为了另一个人的目标而采取行动的自由。因此，身份关系产生了相互依赖的法权和责任：有权为他人做出安排的人，能够约束那些妨碍其做出安排的其他任何人的行为，同时，他也受到某种约束，即只能为了另一方的目

❶ 康德在 6：262 和 6：268 把物权和对空间的占据联系起来。我对土地的物权是排除其他人进入构成该法权的物理空间的法权，因而不能扩展为限制你利用自己的空间去行事。

❷ 这个内在的不对称甚至也适用于婚姻：配偶一方为对方做出安排，并且他这样做必须依照如下方式，即不会使对方从属于他的目标。

标而做出安排。❶

[80] 我已指出，这三种不法行为穷尽了对外在自由构成妨碍的所有行为。它们无须相互排斥。例如，在欺诈的情形中，某人可能以三种方式的任何一种来侵犯他人的自由。如果我欺诈性地向你出售无利可图的商品，而你没有意识到自己的错误，你在这些劣质品上投入大把钱财，试图用其赢利。我妨碍了你的自由，因为我误导了你，使你浪费了资源。正如在我们之间，似乎是我破坏了那些资源。但在这同一个事例中，我与你缔结了契约又违反了契约，你有权对我没有履行我的义务、即没有向你出售有价值的商品而提起诉讼。[81] 而且，在同一些事实上，你的同意遭到了破坏（因为你是在我引起的误解下做出行动的），在这个情况

❶ 康德根据关系范畴也说明了这点：实体、原因性和协同性。这些范畴支配着对任意的外在客体的法权的“质料”。某人本来享有如下法权：对有形物（实体）的法权，对他人履行行为（原因性）的法权，或者因被授权为他人做出安排而产生的对他人的法权（6：260）。在伍德和盖耶编译的《纯粹理性批判》（*Critique of Pure Reason*, Cambridge：Cambridge University Press，2007）中，康德引入了“判断表”作为判断的形式。他指出，定言判断联结两个概念，假言判断联结两个命题，而选言判断“包含的是两个或好几个命题彼此的关系，但不是次序上的关系，而是逻辑上的对立关系；这种对立在于一个判断的领域排除另一个判断的领域，但同时又还是协同性的关系，这种协同性在于这些判断合起来完成了真正知识的领域”（A73－74/B99）。判断表通过关系范畴——实体，原因性和协同性——对可能的经验产生影响。当把这些范畴应用于对外在客体的法权，这同一个分类产生了所有权/契约/身份的划分：对客体的法权，对履行行为的法权，对为其他人做出安排的法权。如果根据法权形式来考察的话，物权就是对独立的任意的法权，对被视为实体的客体的法权。它是这样一种法权，虽然客体会不断变化，但它始终持存。契约法权是对依赖的任意的法权，在某个特定的行为上，某人的任意从属于他人的任意，因而前者被限制于为后者产生某个结果；某人有权必定会为他人做出选择，因而必定要为他人做出选择，在这个意义上，身份法权是对相互规定的法权。在为他人进行选择时，某人因而不得为自己做出选择。因此，在身份关系中排除某人为其自身的目标而使用对对方的占有，这是选言判断之相互排除特征的关系的表现，因而也是《纯粹理性批判》的协同性关系的表现。康德还把所有权/契约/身份这个划分的特征描述为与“物权”“对人权”和“物权性的对人权”相关。他评论说，把对某物的法权与针对某物的法权应用于人格和物之间的区分，由此产生出这三个范畴。这两对区分又产生了四种区分，但正如康德指出的，不可能存在一种针对物的法权，因为物不是自由的，因而不承担义务（6：357）。

下，我利用了你，你能够合法权地提出要求说，你本来相信我会为了你的利益而行动，因而根据我的所得始终是你的所得，我应当把我的所得交还予你。当然，在特定的事实中，或许只有一种描述实际上是恰当的。但我按照某种方式妨碍你的自由，这个事实并不意味着我不能以另一种方式妨碍你的自由。

Ⅲ. 强　　制

由于这三种不法行为的每一种都妨碍了受害方为自己设定或追求目的的能力，因而针对外在自由的每一种不法行为都内在地是强制的。当然，不法行为内在地是强制的，这并不意味着对不法行为的禁止——一系列对自由的相互限制——是强制的。事实上，如果每个人都在那些限制之内行动，并且任何人都不会实施上述任何一种不法行为的话，也就不会发生任何强制了。我们应当以不同方式来解释强制。

正如我们在第 2 章看到的，康德根据对自由之妨碍的妨碍说明了强制执行这个观念。[1] 如果每个人有权使用自己的力量为自己设定和追求目标，那么对合目的性的唯一合法的限制只能由其他人的合目的性来施加。这个相互限制的体系使如下这点成为必要：每个人使用手段的权利受到其他人权利的限制，因而该限制属于这同一个平等的自由体系。在内在法权方面，对妨碍的妨碍只意味着康德所谓的“保护的正义”，[2] 亦即，它是防御性的强力，意在抵制那些试图未经你授权而伤害你的人。

一旦引入取得的法权，那些针对妨碍的最低限度的保护形式

---

[1] 6：232。

[2] 6：306。

和补救形式才有可能。你可以紧抓你的外套以防我拿走它，即使这样你会挫败我对自己目的的追求。当我把你纳入我的一个筹划，你可以拒绝协助我，因而，比如说，你可以锁上房门，阻止我在你的床上午休。［82］如果我打算以你不能同意的方式滥用某种关系，你可以把我从这一关系中清除出去，即使我想继续处于这种关系之中。在每个情形中，我想持续妨碍你的自由这个事实——我不同意受到妨碍这个事实——是无关紧要的，因为在每个情形中，我们的相互自由正受到保护。对此倘若我表示反对，这并未使我有权提出控告，因为正如我们看到的，只有在如下情况下才需要同意：即如果没有同意，有争议的行为就是不法的。然而在这些事例中，允许我持续妨碍你的自由是不法的；阻止我的不法行为则是合法权的，因而不需要同意。那么，在第一个事例中，对妨碍的妨碍观念只是这样一个观念，即人们认为，外在自由的规范引导着行为，但作为外在自由的规范，它们只能外在地引导行为。

首先，对妨碍的妨碍，其预防意义并未穷尽各种可能的强制。在我们列举的每一个事例中，妨碍阻止我实现某个特定目标，但没有妨碍我为自己设定和追求目的的能力。它至少在一定程度上是诸多特定事例中的一个人工产品。但至少，某些预防性的妨碍没有妨碍外在自由。

对妨碍的妨碍观念还有第二层含义，即有其追溯的一面。在此，受到妨碍的不是不法行动，而是它对其他人外在自由的影响。在一个理想世界中，任何人都不会妨碍他人的外在自由，因为该妨碍不会发生，或者如果它发生了，它即直接地受到了妨碍。但有时候一个不法行为即将完成，如果它完成了，为了维护受害人的外在自由则必须对其影响加以妨碍。如果某人强制性地以其行动反对他人，后者有权提出赔偿。因此，例如，如果我损坏或破坏了你的财产，你有权要求赔偿。必须使你回复到完整，以便使你表现出来的外在自由就如我没有侵犯你之前它们所是的那样。如果我没有尊重与你签订的契约，这也同样适用。你有权要求我按照我的义务要求的那样来运用我的任意——这是你的自由的表现，因为我把我的任意转让给你了。此外，如果我未经你的同意而引诱你支持我的计划，那么我必须把作为该计划之结果的所得交付予你。[83] 我必须这样做，因为我利用了你为自己设定目的的法权，该利用必须被看作你的自由的体现，因而必须交还予你。因此，例如，如果你邀请游人到你的地洞中探险，并带他们钻到我的地洞，你必须把你使用我的洞穴的所得返还给我，即使我自己不能充分利用它们以获得利益，即使如果我们达成契约，我很可能会同意让你根据更有利的条款来利用它们。❶

康德认为，如果他人侵犯了我，我就享有从不法行为人那里获得赔偿的法权，"由此毕竟只是一分不少地保存下'我的'，但却没有获得任何超出我事先拥有的东西"。❷ 在规定恰当补偿的时候，法权不过问各方就什么达成了合意，因为他们并没有达成合意，而且，把受害人束缚在他或她没有签订的契约条款上，这与受害人的自由是不协调的。相反，法权只关心受害人在受侵犯之前拥有什么。对于所有人而言，未经他或她的许可而使用其人格或财产，这与他们的自由是不协调的。因为财产是为财产所有权人的利益的，所以，使用他人的财产，对此进行补偿的唯一办法就是把使用看作好像只是为了他人的利益。阐明上述要点的另一种方式是我有权利用我的财产，因为它是我为了实现目的而选用的手段。如果你使用我的财产来追求我没有分有的目的，那么我有权参与这个追求，正如如果你是合法权地使用我的财产，亦即为了我的利益而使用我的财产，那么我有权参与这个追求一样。你按照我不同意的方式行动，由此你侵犯了

❶ *Edwards v. Lee's Administrator*96 S. W. 2d 1028（1936）.

❷ 6：271。

我，这个事实不能成为如下行为的根据，即你剥夺我利用我的财产的法权。

在上述每一个事例中，不法行为受到了强制矫正，正是在这同一个意义上，在我们列举的预防性的事例中，不法行为受到了强制性妨碍。这等于说，不法行为人无须把补偿作为他的一个目的，在这个意义上，补偿是强制性的。相反，受害人有权请求法权上属于他的东西，不论不法行为人可能想到什么。因此，例如，我可以请求你返还我的财产，即使你只是误取了它。而且，在你拿走它的情况下，我可以要求你予以返还。［84］这是因为我对平等的自由法权只是我使用我对之享有法权的手段来设定和追求我的目的的法权，而维护我的财产对于我能够设定和追求我的目的是至关重要的。

由于不法行为是赔偿的基础，因而强制执行私力救济也能制止不法行为，因为制止只是预防意义上的强制的公开表现。如果允许我为了保障我的自由而妨碍你的自由——关上我的房门或者取走你向我承诺的自行车——那么也就允许我间接对你任意的能力施加影响。而且，较少的机械手段能在这种预防方式上起作用。因此，如果我尊重我的契约或不染指你的物品，由于我担心要返还我的所得或补偿你的损失，那么你的法权就间接地对我任意的能力产生影响了。使我的行为与法权保持一致的任何间接的手段都是可以接受的，假如它们是能够适用于所有人的手段的话，并且它们妨碍的自由并不比为了妨碍最初的妨碍而必须妨碍的自由更多。这只是说，对强制执行法权这个预期可用于保障法权。

如果我们根据限制和补偿来考察内在于法律中的强制法权，那么正如我们在第2章所做的，针对穆勒对强制的解释，我们反对其中的关键要素。回顾以穆勒为代表的传统会发现，强制有两个主要特征：第一，它妨碍某人的自由（liberty），其方式是把代价强加给这个人，否则他或她本来是不会承受这个代价的；第二，它外在于它希望处置的不法行为。

我们反对上述解释的第一个方面，它认为，强制包含着使某人承受代价，否则由于缺少相关底线，他是不会承受这一代价的。以平等的自由规范为背景可以看出，阻止某人完成其不法行为，不是要使他承受他本不会承受的代价，而只是为了使他尊重其他人的法权。这同样适用于不法行为已经完成、不法行为人需要赔偿损失或返还不法所得的情况。如下见解无疑是正确的：如果我们放任损失不顾，或者让他持有其所得，那么他将得以保留其现在必须放弃的东西，因而强制执行法权将使不法行为人承受某种负担；如果不强制执行该法权的话，他是不会承受这一负担的。这是一个错误的比较。适当的底线不是拥有而是欠缺这个不法所得。不仅如此，底线还不在于损失在哪里发生，而在于损失是由不法行为人造成的。

[85] 我们还反对第二个方面，即强制执行外在于不法行为。在进行补偿的情形中，强力的使用恢复了平等的自由体系。当然，它可能还给这个不法行为人或其他不法行为人提供了动机。从平等的外在自由的要点来看，只要人们的行为与法权的要求保持一致就够了，至于为什么要保持一致则无关紧要。假如他们做到了，他们就没有妨碍其他人设定和追求其目的的能力。但强制执行的要点不在于提供这些动机，而在于它确实在物上设定了法权。理解这点的最好方式或许是考察一下如下这个事例，即不法行为是无心之过造成的。我错拿了你的外套，我以为它是我的，迷糊中竟忘了早上我并没有带外套。你有权请求返还你的外套，即使我坚持自己的过错是无心的。我觉得人们通常会设想，强制请求返还你的外套，这个法权可以根据它的动机效果来理解。允许你请求返还你的外套，不是因为该允许将引导我或其他任何人更细致地追究他早上是否穿过外套，或者甚至如通常那样更细致地追究他的品质。因为它是你的外套，所以你请求予以返还。

Ⅳ. 结　　论

除了每个人自身的人身外，人性中的内在法权不预设用来设定和追求目标的手段。一旦有可能引进那些外在手段，就必须对法权的普遍原则进行扩展，以便对外在手段的使用能够与每个人的自由保持协调。这个扩展必须是形式上的：如果对可用客体的使用是合法权的，人们必须能够获得它们，用它们来实现他们设定的任何目标；这只受到如下限制，即其他人有权按照他们认为合适的方式使用他们的外在手段，而不是根据他们正在追求的特定目的来设定限制。创设取得的法权需要肯定的行为，但法权的形式，包括法权限制其他人的自由的方式，在概念上要先于法权的取得模式。

第4章　私人法权Ⅱ：所有权

［86］人们时常以为所有权理论只是自由主义者或法学家感兴趣的话题。晚近绝大多数政治哲学是这样理解所有权的：所有权是国家加诸私人之上的一种权力，它是更广泛的分配事务的一部分，是一种通过其他手段得以执行的公法。洛克的所有权理论与此形成鲜明对比，它试图从源始（original）取得这个独特行为来为物权奠基。

康德反对这两种方案。在反对“采取物权伪装模式的公法”（the“public law in disguise”model of property rights）时，康德表明物权是如何成为私人之间合法权关系之结构的，表明即使没有国家也能够理解这个结构的形式。正如我们在前一章看到的，与所有权有关的合法权关系的可能性来自与法权有关的实践理性的悬设，该悬设表明，除了对你的人格或力量享有法权外，就某些物能够被你获得、并用作你为自己设定和追求目标的手段而言，你还必须可能对这些物享有法权。对于合目的性的存在者而言，拥有手段要先于设定目的；使某物从属于他们的任意，这项权利必定是抽象的，因为它不依赖于他们的特定任意的内容。你决断的自由只是你为了自身目标而使用你的东西的自由。[87] 正如我们看到的，由此可以推出，你把任意的客体据为己有，这与其他人的自由是相协调的，就此而言，据为己有因而是合法权的。所以，物权的结构——占有和使用这些基本法权，通过它们，某人有权约束其他人的行为——无需诉诸公共法则，它根据“自然状态”就能获得完整阐明，但物权只有在合法权状态中才能够强制执行。

康德主张可以根据自然状态来阐明所有权概念，这并不意味着物权在公民状态之外是完整的，或者甚至在自然状态下妨碍他人的所有权看上去是不正当的。相反，他认为在自然状态下“任何人都没有义务放弃对他人的占有的干预”，“那些意图滞留于自然状态的人”——他们彼此妨碍所有权——“也没有相互实施不法行为”，即使他们自愿留在自然状态以便“在最大程度上实施不法行为”。❶ 康德还使用自然状态概念来描述纯粹的私人互动体系的特征，以此来把握法权的那些方面，虽然那些方面“只有在公共的合法权状态中才有效果，……它们不仅奠基于公共的合法权状态中的宪政以及在该状态中有所选择地制定出的法令：而且它们还可以被先天地设想为处于自然状态之中，并且必须被设想为先于上述法令，为的是公民状态中的法律此后能够与它们相适应。”❷ 康德在讲义中还把“理性的理念”描述为自然状态的第二个特征，它是法权的理性概念的纯粹体系。❸ 在这个意义上，可以根据自然状态来理解所有权：所有权与自由的关

❶ 6：307。

❷ 6：309。

❸ Kant，《伦理学讲义》（*Lectures on Ethics*，Cambridge：Cambridge University Press，1997），P. Heath 译，27：589。

系，以及对所有权特有的侵犯，无需诉诸实在立法就能获得阐明。这并非意味着在合法权状态缺失的情况下能够取得所有权，或者所有权规范能够应用于个案或被强制执行，而是意味着，在某种互动形式中，物权约束着其他人的行为，这个互动形式是不依赖于实在法的。

［88］康德证明所有权是通过“自然法则”建构起来的，但只有在公共的合法权状态下才是合乎法权的，该证明与公法模式的许多常见主题形成鲜明对比。其中一个主题是，所有权是由不同的诸法权组成的“集合”，“集合”中的每个法权都指向不同的目标，不存在把它们统一起来的任何原则。❶ 所以，所有权的各种“要素”，比如排他权、收益权、使用权，据称都是相互分离的权力，法律在对这些迥然不同的利益的平衡进行评估的基础上把这些权力“赋予”所有权人。康德显然没有考虑这个集合理论，但通过表明所有权的统一结构，他对所有权的讨论包含了回应集合理论的唯一可能的论证模式。正如我们看到的，他对与法权有关的实践理性的悬设所做的论证是，如果除了能够获得你的人格外，你在物理上还能拥有用来设定和追求目标的手段，并且这与每个人的自由是相协调的，那么你对那些手段就能享有法权。拥有从属于你的任意的物，这必须根据这些物从属于你的合目的性，因而从属于你对它们的排他的使用来理解。因此，你对财产的法权与你对自己人格的法权是类似的，但由于财产与你处于不同的地方，因而当你没有占有它的时候，你对它的法权就会遭到侵犯，另外，由于它是独立的，你就能与之分离，或者抛

❶ Wesley Newcomb Hohfeld，《应用于司法推理中的基本的法律概念》（*Fundamental Legal Concepts as Applied in Judicial Reasoning*，Aldershot：Ashgate，2001），David Campbell 和 Phillip Thomas 编辑，页 75；A. M. Honoré，“所有权”（Ownership），载于 A. G. Guest 编辑，*Oxford Essays in Jurisprudence*（Oxford：Oxford University Press，1961），页 107－147。奥诺雷（Honoré）认为“完整的所有权”是一项基本权利，因而反对拆解整个所有权概念的企图。相反，他阐明了私人交易和公法是如何能够允许特定的所有权请求通过各种方式而被拆解“零售”的。

弃，或者通过契约把它转让给他人。一旦把物权理解为类似于每个人在他或她的人格上拥有的法权，集合这个比喻就瓦解了。你对自身人格的法权包含许多相同的因素，但很难说该法权只是一个集合。❶

[89] 采取伪装模式的公法有时还被人们这样提出来，即这个主张与日常的所有权概念无关，它关涉的是对适当分配资源作出决断的社会整体的权利。在康德看来，这一方案甚至不能替代他的私有权概念。国家权力根据国家的优先权来分配土地和动产，它还规定这些土地和动产的使用方式和使用期限，它是物权的一个扩大形式。格劳秀斯认为人们过去曾订有一份协定来分割共同财产，私有权就源于这份协定，康德评论说，任何这种原始共同体（community）不仅是虚构之物，而且还预设了一个需要说明之物。公有财产概念是这样一个概念，它“由契约拟制因而产生于契约，每个人在契约中放弃了私人占有。”❷ 否则这个共同体就不是一个所有权人，而只是一个侵占者，它根本没有权力分割“它的”财产。因此，共同财产和私有权理论一样，都提出一个相同的问题：为什么这个人或这个集体有权力作出决定，并且有权力限制私人为了他们的目标而对物加以使用的能力？这些问题反过来又牵涉到康德在所有权理论中提出的两个问题：在把一个物据为己有时，某人或某集体拥有什么权力？不再为人所

---

❶ 可以不把伪装理论中的公法重新表述为与权利有关的主题，而是表述为这样一项努力，即通过把权利表现为野蛮的政治权力的结果来揭示整个权利理念的真相。这一论证模式很可能可以追溯到柏拉图《理想国》（*Republic*）中提到的色拉叙马霍斯。许多人从色拉叙马霍斯的更为宽泛的论证中抽身回来，他们相信可以选择性地利用他的论证，所有权概念是人们喜爱的目标，它通常能够得到如下主张的支持，即在人类历史上，对资源的利用方式是变动不居的。这一事实性的论断与康德有关所有权之规范性结构的观点无关。康德证明，自由的诸概念具有合理的根据，这不是说自由的诸概念对于每个人而言都是显而易见的；把捉某物完整的先天结构仍然是人类的一项成就。而且，主张能够把捉规范性概念，这并非断言把捉规范性概念的必然原因的结果（assertion about the inevitable causal efficacy of grasping it）。

❷ 6：251。

有的某物如何被据为己有？❶

［90］康德反对采取伪装模式的公法，其特有的反对方式并没有使之接受洛克的立场，后者不时作为唯一的选择而为人坚持。他既反对上述模式，也拒绝洛克的所有权理论，洛克认为所有权是前政治的，即在前政治状态也能取得所有权。康德论证的核心——第 6 章会详细考察——是只有在一个公共法权状态中，才可能存在一个全面权限，而只有在这个全面权限存在的背景下，纯粹单方面的取得行为才能限制其他所有人的任意。这点是康德整个政治哲学的核心，因为它表明了洛克理论所认为的最直接的私人行为要以完整地解释公共政治权威的本质为前提。如果物权只是合法权状态之外的“临时的”东西，那么也可以推出它们是不可强制执行的。

取得一份财产的行为是某人的主动所为，它改变了其他人的规范性处境。过去能够许可的行为现在被禁止了：如果你取得一片土地，我不再能够使用它或妨碍它。无论取得的行为是把其他人置于一项义务或仅是假定的义务之下，还只是授权占用人排除其他人对这个取得物的妨碍，它都是一个单方面行为，通过这个行为，某人改变了他人的规范性处境。就此而言，解释政治权威，解释单纯可许可的行为如何能够把规范性的约束不仅加诸代理人、还加诸本人，这些都是取得所有权的前提。

本章关注的不是国家的功能，而是所有权的结构：某人的物

---

❶ 该论证有一个突出的变型，该变型主张，尤其是财富，它是由社会机构而非个体劳动创造出来的；人们假定那些机构的作用在于表明社会有权从财富中抽税。参阅，例如，Thomas Nagel 和 Liam Murhpy，《所有权的神话：税收与正义》（*The Myth of Ownership*：*Taxes and Justice*，New York：Oxford University Press，2002）。上述论证为洛克主义者的如下论断提供了一个可能答案，他们断言，物权奠基于劳动，但上述论证据以切入洛克主义者论证的条件还揭示了它的局限。它与他们的论证分享一个前提，即那些生产某物的人享有对与该物有关的其他人加以约束的法权。该前提自身是站不住脚的，无论人们觉得它在什么程度上发挥作用。

权对其他人的行为进行约束的方式。所有这些都无需诉诸全面权限就能得到理解。取得理论也是如此，无需诉诸任何政治制度，在“自然状态”中就能描述它的特征。康德的方案首先是说明对某物享有物权意味着什么。他随后解释了取得所有权意味着什么，这个解释是简单而乏味的，因为它回答的是如下这个极其简单的问题：过去没有被据为己有的某物是如何被纳入物权体系的？对这个简单问题的一个简单回答是：当某人控制某客体时，这个客体就从属于这个人的任意了。

[91] 世界的平等的自由体系，其基本要求构成了物权的本质，自由的人格在这个世界上除了能够使用他们的人身以外，还能够使用物来设定和追求他们的目标。正如我们在前几章看到的，此即为何物权约束其他人的方式与你对自身人格的法权约束其他人的方式是相似的。你的人身是你的人格，它构成对其他人的约束，因为通过人身你才能行动，人身是你设定和追求目标的能力，对你人身的任何妨碍就是对这个能力的妨碍。你的所有权约束着其他人，因为它包含了你在设定和追求目标中所使用的外在手段；如果某人妨碍你的所有权，他因而就妨碍了你的合目的性。

第 2 章区分了某人的手段和他使用这些手段的情境，通过这个区分，我们也可以得出同样的结论。被改变了的情境不会产生任何法权问题，因为该情境是人们运用其自由的不可避免的结果。所有权体系是这样一种体系，在其中，人们除了对他们人身的力量享有法权以外，还对各种手段享有法权，其他人不能改变那些手段或它们的可获得性。如果当你不在场时你不能对某物享有法权，那么除了你的人身力量以外，一切东西都是单纯的情境，它们从属于其他人的任意。

所有权与设定和追求目标的关系构成了所有权的基本原理及其结构的基础。自由要求外在手段，这些手段能够用于设定和追求目标，能在形式上为人们获得：所有权人使用这些手段的权利不取决于所有权人或其他任何人的任意的内容。基于同样的理由，甚至当所有权人没有物理占有一个客体时，也需要所有权对其他人构成约束。要不然，所有权人能否获得某客体以设定和实现目标，这将取决于其他人特定的任意，因而侵犯了上述的形式性条件。事实上，在你对那些自己没有物理占有的客体不享有法权的情况下，你也能够为自己设定煎制蘑菇蛋卷的目的，但你不能为了给自己设定这个目的而享有一个反对其他人的权利。如果没有上述法权，当你切蘑菇时，其他人将有权夺走你积攒的鸡蛋，并且你无权加以阻止。这样你设定和追求目标的权利将取决于他人特定的任意。[92] 而且，其他人需要或想要你的东西并且所要求的比你拥有的更多，他能够比你更有效地使用它，或者能够从使用中获得比你失去的东西更多的东西，这些事实都不重要。对所有权实施的最简单的不法行为是未征得所有权人的许可就使用他的东西。康德的这个解释说明了，在没有调查所有权人遭受的损失数量（如果有损失的话）或侵权人希望获得的利益数量的情况下，为什么该行为也是不法的。任何解释（关注具体使用——任意的质料）必定把这条规则视为导致浪费的规则，因为它禁止使一方受益而另一方没有受损的交易。用经济学理论的术语来说，无害的侵犯属于帕累托改进：一人受益，而任何人都没有受损。❶ 或许质料的分析——它关注的是需要或意愿——能产生一条反对某种侵犯的规则，这种侵犯与一些次生问题有关，而这些问题又与人们在保护他们的所有权时所浪费的资源有关，因而可以得出结论说，有时禁止人们做一些无害的、甚至有益的

---

❶ 人们经常根据自愿交易来表述帕累托法则，但自愿是作为证据性而非构成性的东西进入经济学解释的。仅当两个利益最大化者的每一个都希望从合意的交易中受益，他们才会参与这次交易。

事情，这条一般规则是有根据的。❶ 康德的方案是截然不同的：禁止无害侵犯的理由在于它们侵犯了所有权人决定将如何使用他或她的财产的法权。

通过把物权理解为对其他人行为的约束，康德就能够摧毁他所谓的所有权的“守护神”理论了，根据该理论，所有权是人与物之间的特别关系。他认为这个理论是一种“古老而传播广泛的观点”，它制造了一场骗局，即“把物人格化以及把物权看作直接针对物的法权。”［93］他承认这种看法是自然的，而且他在前批判时期似乎也持这种看法。❷ 但这产生了一个骗局，因为法权始终是对其他人行为的约束。你对自身人格的法权不是你对自身关系的特征。所有权亦然：你对自己所有的客体的关系不是法权的核心；而你对与该客体有关的其他人进行约束的权利才是法权的核心。如果把所有权理解为某种形式的自我关系，它就不

---

❶ 正如我在“超越伤害原则”［（Beyond the Harm Principle），载于 *Philosophy & Public Affairs*，34，2006，页 215－245）］中指出的，以伤害为基础的解释与无害地侵犯他人面临类似的问题，比如在无意识的病人身上所做的医学实验，或者对麻醉状态下的妇女实施的不着痕迹的性侵犯。以伤害为基础的解释必须根据上述行动对他人造成的间接效果来识别禁止这些行动的根据，比如当话语出口时它们可能造成的恐怖氛围，而不是像康德式的解释那样依据如下这个事实，即它们是针对直接受害人实施的不法行为。诉诸间接效果始终具有欺骗性，因为它使如下问题成为一个开放的问题：避免那些效果的最佳方式是禁止这些行为本身，还是禁止人们把它们告知其他人？

❷ 6：269。在康德《关于美感和崇高感的考察》（*Observations on the Feeling of the Beautiful and Sublime*）副本的手写注释中，他似乎也陷入了那个骗局：“这个人身是我的，因为它是我的一部分并且受到我任意的力量的推动。这整个生机勃勃的或了无生气的世界不具有自己的任意的力量，就我根据自己任意的力量主宰着它并且能够推动它而言，这个世界是我的世界。太阳不是我的太阳。对于他人来说，情况也是如此，因此，任何财产都不是 *priopríetat*［所有权］或者排他性的财产。但就我想请求某物排他地为我所有而言，我将预设，对方的意志至少不与我的意志相悖，对方的行动也不与我的行动相悖［67］。因此，我将实施某些行动，这些行动指明什才是我的，砍伐树木，把它劈成木料，等等。对方告诉我这是他的，因为通过他的任意力量的行动，它就像属于他自己。”《关于美感和崇高感的考察》（*Bemerkungen zu den Beobachtungen über das Gefühl des Schönen und Er－habenen*，AA XX，S. 66f，Patrick Frierson 译，网址为 http：//people. whitman. edu/ friersprs/ kants _ bemerkungen3. htm（2008 年 10 月录入）。

能对其他人的行为构成约束，因为任何这种约束都是与物相关的、人与人之间的关系。其他任何人都不会受到你对自身关系的约束。你对财产的法权是你对其他人的、与特定物有关的行为进行限制的法权。它是你的合目的性与其他人的合目的性相关联的表现，因而不能还原为你与你所拥有的客体的关系或者你与对其他人的行为所构成的约束的关系。❶ 因此，康德注意到“世上一个完全独处的人真正说来根本不能把一个外在的东西当作‘他的’来拥有或取得，因为在作为人格的他和作为物的所有其他外在物品之间根本没有义务的关系。”❷

“我的或你的”结构贯穿所有的取得法权，该结构开启了两个新的问题，这两个问题是所有权理论必须提出的。［94］第一，它必须说明当某人没有物理占有某物时，某物如何能够属于他？你始终占有你的身体，或者更准确地说，你的身体只是你的物理人格。对你的人身实施的任何不法行为都是对你实施不法行为。拥有手段和设定目的之间的形式关系要求你对那些与你相分离的物享有法权，当这些物与你分离时，这些法权依然有效。若不然，你使用外在手段来设定和追求目标的自由就取决于其他人决定用这些手段来做什么。

第二，必须说明如何能够取得任意的外在客体。契约理论解释了物如何能够转让，但所有权理论另外还要求原始（initial）取得理论。

第一个问题，即某人如何能够对他或她没有占有的物享有法权，表明了盗窃（或侵占（conversion））与殴打之间的区别。当

---

❶ 关于所有权理论的事例（在其中，所有权人是不可或缺的），参阅 James Penner，《法律中的所有权观念》（*The Idea of Property in Law*，Oxford：Oxford University Press，1997）。彭纳（Penner）以所有权的“我的或你的”这个结构开始，但他特别关注对其他人的限制。康德主义者反对这种处理方式，该反对与对洛克式的处理方式的反对是相反的：所有权把所有权人的任意与非所有权人联系起来，而不是把所有权人或者非所有权人与客体联系起来。

❷ 6：261。

我抓住一个苹果，你若把我的手指掰开或者把苹果从我这里拿走，你就侵犯了我，因为你妨碍了我的人格。该不法行为不足以构成针对以苹果为客体的物权的不法行为，因为它既没有对你的行为构成约束，也没有产生那个已经包含在我对自身人格的内在法权中的约束。如果我捧着一碗汤，你可以在不妨碍我人格的情况下用吸管喝汤。如果我对这碗汤享有物权，当你用吸管喝汤时你就侵犯了我的物权，该物权必定存在于与我的人格无直接关系的请求权。更一般地，由于物权是人与人之间的关系，如果我对客体的所有权是对其他人行为的约束，那么该约束必然能够与另一个约束相分离，后者已经内在于我对自身人格的法权。因为该法权与我对自身人格的法权是可分离的，甚至当我没有物理占有某客体或者甚至我与该法权客体没有接触时，该法权也能约束其他人。

物理占有与所有权的区别解决了物权本质的首要问题：物权是指通过把其他人排除在客体之外，从而对他们与客体相关的行为进行约束的权利。它在独立个人的自由之间产生了新形式的潜在的不协调。如果外在客体是你的财产，它就隶属于你的任意，因而我必须对使用它或妨碍它保持克制，即使我的使用或妨碍并不影响你的人格。

［95］由于康德从空间上设想法权，他把土地所有权视为基本的所有权。财产的法权就是控制三维空间领域的法权。此即为何你喝掉我盛在碗里的汤就是对我的物权的侵犯，即使你这样做没有侵犯我对自身人格的法权。享有对某片土地的法权就是拥有一处特定位置，它隶属于你排他的任意。土地所有权，或者俗称的“不动产”，是对其他人的、与特定位置有关的行为进行约束的法权，它包括约束他们占据该位置，以及在上面放置可移动的客体。与法权有关的实践理性悬设已树立如下看法，即土地能够从属于某人排他的任意。这个分析更一般地应用于所有权，它与各种复杂形式的所有权完全协调，这些所有权包括拥有的公司股

份、用于抵押的土地和货币。❶

我的行为妨碍了你使某客体隶属于你的任意的权利，康德对这个命题的意义进行了形而上学阐释，与该阐释相伴随的是他对物权问题的规范性处理。你对你财产的基本法权是你能够决定将如何使用该财产的法权。然而，当你没有物理控制该财产时，由于它与你是分离的，你实际上没有控制它。所以我妨碍你对财产的法权不是妨碍你实际地物理控制财产。相反，我妨碍了康德所谓的你对客体的“理知的”或者“本体的”占有，由此对你构成了侵犯。康德使用“本体的”，以及通过“私人法权的二律背反”而引入“本体的”，这并不意味着要求这样一些本体论的命题，这些命题与某个其他世界有关，当你在我们这个世界实际上不占有某一客体时，你在这个其他世界却实际占有这个客体。[96] 相反，其基本要点在于，除了把物思考为处于物理位置并被物理占有，正如我们在每个人人格的人性中的内在法权上所做的，我们还要求——道德上要求，亦即——把任意的外在客体理解为处于自由的规范性原则之下。存在一种非物理的意义，在这个意义上，你的财产属于你，该意义——就像康德的本体域——只能通过从时空特性中抽离出来理解。要求有一个悬设来澄清这一可能性，因为受质疑的自由诸法则把时空中的客体作为它们的主题：你对你的钢笔享有权利，该权利通过钢笔的经验性属性和任何给定时间里的空间中的位置而被个别化。你对钢笔的理知占

❶　这个例子是以康德所拒斥的所有权的名义展开的，我们可以根据所有权概念是“理知的所有权”来说明这个例子。康德把版权解释为非专有的法权，它是作者享有的“以自己的名义说话”的法权（6：289）。这个解释更有力地解释了常见的版权结构，它包括思想/表达这个二分，公众的作用以及“合理使用”这个重要豁免。参阅 Abraham Drassinower，“在法权基础上对公法中思想与表达二分的考察”（A Rights - Based View of the Idea/Expression Dichotomy in Public Law），载于 *Canadian Journal of Law and Jurisprudence*，16，2003，页 3 - 21；Jonathan Peterson 的博士论文，“自由主义与艺术中的公共利益”（Liberalism and the Public Interest in Art，University of Toronto，2007）。

有把它置于非经验性的规范之下。这些规范是非经验性的，因为它们根据非经验性规范的特征而对经验上被个别化了的客体进行归类。此即为何物理占有和财产是可以分离的。

由此看来，取得理论必定是次要的。对所有权的任何解释都需要对取得作出解释才能完成自身，即使对取得的解释很可能只调整一小部分日常的所有权交易。在我们所知的每一种所有权体系中，相对来说很少有无主客体有待我们取得，而且甚至那些常见的附着于土地上的客体也是如此（该土地已经是私人的或者公共的财产）。尽管应用范围有限，取得理论从体系上看仍是重要的。关于合法权的所有权规则的理论预设了这一前提，即各种物的所有权人对物享有真实的权利。即使权利通常是从其他某个人那里取得的，转让有效所有权的可能性仍要以原始取得的可能性为前提，因为任何财产除了它目前的所有权人外还可以属于其他某些人。❶

Ⅰ. 取　　得

所有权体系具有诸多令人费解的特征，其中一个就是优先权，人们似乎把这些特征与时间联系起来：谁先到达某地，谁就比后来者享有优先权。即使假设说长时间的辛勤劳动为请求保有劳动成果奠定了基础，但第一个在客体上辛勤劳动的人才有机会保留劳动果实。[97] 以取得为基础的各种理论，其困难在于时间上优先必须作为一条实在的规范性原则成为这些理论的组成部分。康德的处理是允许时间发生影响，但仅只作为这样一种方式，按照这种方式，在不需要假定时间本身具有任何直接的规范

❶ 6：259。

性意义的情况下，客体就能把时间纳入所有权体系。如果取得理论只是作为有关特定客体如何成为财产的理论而发挥影响，那么没有任何理由可以假定该理论一定能够进一步推进所有权理论。

通过关注物权结构以及物权约束其他人的行为的方式，康德理论使自身远离了那些困扰着关注－取得理论（acquisition－focused theories）的诸多困难。关注－取得理论把这种方式——按照这种方式，所有权约束着其他人的行为——表现为如下这种方式，按照这种方式，所有权人取得有争议的所有权。根据洛克的著名解释，例如，某人把他的劳动加入一个客体，这个事实构成了此人与此物之间的具体关系，其他人因而必须承认和尊重。在黑格尔截然不同的取得理论中，他比较了物权和契约权，由此来阐明单方面的取得。契约权是双边取得的，因而只约束享有权利的各方，物权是单方面取得的，因而约束的是其他所有人。由于其他人必须尊重我的意志，如果我在必要时“把我的意志放入”一个客体，当我的意志在这个客体中的时候，其他人必须予以尊重。

我的辛勤劳动或意志能够约束其他人，这个观点存在两个困难。第一个是与约束其他人的单方面行动有关的一般问题，我们将在第 6 章回到这个问题。康德没有否认能够通过单方面行为取得财产，没有否认取得者完全可以主动取得。他的论证是，某人的单方面行为能够把义务加诸他者，为此要求公共法权这个更为宏大的背景。即使只能根据私人法权来阐明物权的本质，无主客体仍然不能取得，除非存在着公共法权原则这个权威。两个人不能通过他们的协定就变更作为非协议方的第三方的法权，这个众所周知的道德法律观念具有更为一般的效力：如果没有更多条件的话，某人不能变更其他每个人的法权。[98] 洛克把对其原则的应用限制在某些情况，在这些情况中，占有不会削弱其他人为自身生存而供给的能力。所有这些限制都没能解决一个潜在的困难。某人能够单方面把其他人置于某一义务之下，这也就提出了同一个问题，即使负有义务的那些人在物质条件上没有变得更差。人们把物权理解为排他的法权，事实上，上述困难是物权的这个基本结构的表现。如果我未经你的授权就使用你的财产，我就侵犯了你，而且你对我提出的控告得不到任何回应，因为我认为根据你的福利或者你供给自身的能力，你没有受到减损。你能够做出决断。类似的要点适用于洛克所作的限制：我把你置于绝对一般的义务之下以令你在使用客体上保持克制，该权利提出一个与你的自由而非福利有关的问题。对我的权利作任何系统化的证成都必须处理这个问题，并且，把证成限制在没有任何物质损失的情形上也没有切中自由问题。

第二个困难在洛克主义的宏大理论中最为突出，其理论关注的是辛勤劳动或“辛苦劳作”，但就所有权被解释为是以取得为基础的而言，该困难是一个一般问题。[1] 康德指出，对一个客体或一片土地进行加工，这不能产生法权本身。某人可能是在属于他人的土地或客体上劳作，这不是为其他人劳动，就是耗费他自己的精力。[99] 这点似乎无关紧要，因为洛克的取得理论关注的是无主物。但下面这点更为一般：无论某物是否为人所有，某人在该物上耗费精力必须是可能的；仅当该物已经是你的，加工该物才有意义。[2] 如果你拥有并加工这个客体，那么你现在就拥有这

---

[1] 例如，穆勒在《政治经济学原理》(*Principles of Political Economy*) 中写道：“所有权的根本原则将向所有人保障他们的劳动果实和节约攒下的东西。”(第2卷，第2章，§5). 不太清楚的是，洛克自己在这方面是坚持完整的“洛克主义的”理论，还是相反，他的观点是否标志着（例如）对格劳秀斯观点的些许偏离。对于洛克和格劳秀斯而言，所有权理论是以如下假设开始的，即地球是共有的。格劳秀斯论证说，共有土地是通过集体决断而被分割了；或许能这样来解读洛克，即他放宽了上述要求，任何时候只要取得没有使其他人的处境变得更糟，取得就是允许的。据此，洛克按照与每个人成为自己主人的法权不相协调的方式从质料原则开始。把财产从共有中分割出来，其根据也是质料的，因为它们取决于其他人是否变得更糟，而不是取决于以自由为根据的任何权利。而且，洛克还给如下事实赋予了重要意义，即每个人都拥有并使用自己的劳动，毫无疑问，其他人可以从他的理论中得知这点。我要感谢西蒙斯对该问题的讨论所提供的帮助。

[2] 6：265。

个加工过的客体。如果你已经拥有它，那么对于设立对它的请求权，任何辛勤劳动就不是必要的了；如果其他人加工了已为你所有的某物，那么无需特别条件，你现在就拥有这个加工过的客体。

加工你拥有的某物与耗费你的精力，这两者的区别是所有权理论固有的，它反映了康德在意愿和选择之间所作的更一般的区别。你能够使用你的任何东西——人格和财产——以实现你认为它们适于用来达成的任何目标。你能够使用已经拥有的东西，这有多种方式，其中之一就是追求取得他物这个目标。你能使用你的肌肉捡起一支棍棒，既然你拥有这支棍棒，你就能用它来取得你够不着的水果等。每次当你成功取得某物时，你都可以决定如何利用它。除非你已经取得它，否则它不从属于你的任意；它是你选择追求的东西，但除非你成功了，否则它只是你意愿得到的东西。

你使用客体的手段－目的结构与你对客体的法权相对应；对拥有属于你的某物的法权就是你能够把它作为你的手段，亦即能够决定它将被用于何种目标。为了达成取得某个客体这个目标而使用你的其他手段，这不足以使它成为你的手段。你在你已经拥有的手段上享有物权，这个物权约束着其他人，使之勿要妨碍那些手段，但他们可以按照自认为合适的方式自由改变你使用那些手段的环境。这只是说，他们无需尊重你的意愿。所有这些说的只是，除非你取得某物，否则你取得它的意向对其他人的行为不构成任何约束。

谁在加工某财产时耗费精力，谁就对该财产享有优先权，对此康德有自己的看法，这尤其表现在狩猎取得的事例中。[100]洛克举了一个例子，说的是某人辛苦地追赶一只野兔，以令其疲倦，他论证说精力的耗费产生对野兔的物权，因而其他人不能前来夺取。在应用他自己的一般解释上，洛克是对的，[1] 因为追赶

[1] John Locke，《政府论》（下篇）（*Second Treatise of Government*，Indianapolis：Hackett，1980，20，§30）。

野兔时耗费精力就是追捕者使用他的劳力。假如他对该劳力享有法权，那么其他人占有精疲力竭的野兔就是对其法权的妨碍。康德显然否认这点，因为至少有时候你在努力取得某物时，你只是在浪费你的精力。因为在罗马时代，由于简单而系统化的原因，法律体系像康德那样来看待通过捕获的取得。❶ 某人追捕我已在追赶的狐狸或野兔并没有对我实施不法行为，因为他没有剥夺我已经拥有的物品。我仍然拥有我的马匹、猎犬和号角；我只是未能使用它们以实现我为自己设定的目标。我不再耗费我的精力；那不过是浪费。虽然被法庭称之为“粗鲁入侵者”的某人，他按照使我的计划落空的方式来运用他的自由，但他从我这夺走的辛劳并不比从我这夺走的马匹、猎犬和号角要更多。努力和辛劳随着我对它们的付出而成为过去。我对我的马匹享有法权，但我不能以同样方式对我的辛劳享有法权。我能享有的最多只是对我的劳动成果的法权，但仅当我已经有权排除其他人妨碍我在其上付出辛劳的客体，我才享有这一法权。也就是说，仅当我已经对我在其上进行加工的客体享有法权，我才享有对我的劳动成果的法权，因而我对我的劳动成果的法权不能用来产生对那个加工前的客体的法权。［101］这同样适用于如下这点，即加工某物增进了它的价值，因而某些人，如果他们占有了这个具有新价值的物，他们就侵犯了增进价值的加工人。理论上的困难在于，它试

---

❶ Justinian，《学说汇纂》（*Digest*，University of Pennsylvania Press，1985），Alan Watson 译，Book41，chap. 1，par. 5。传统普通法的讨论考察的是普芬道夫、格劳秀斯和巴贝拉克（Barbeyrac），这个讨论可以在 *Pierson v. Post*3 Cai. R. 175（1805）找到。所有这些传统的讨论都反对洛克式的观点。野生动物被纳入只能通过捕获而被取得的物的范畴，因为捕获使它们从属于某人的任意。英美财产法列举的另一个例子是地下的而不是在规定河道流动的渗滤水。你不能占有渗滤水，因为你不能控制它。你可以挖井，占有其中的泉水，从井中汲水。蜜蜂是另一个例子：参阅 *Ferguson v. Miller*）（N. Y.，1823）1Cow. 243（1823）。你能够拥有蜂箱，因而任何人从中取走蜂蜜都是对你的侵犯。然而你不能把蜜蜂据为己有，因为你不能控制它们。更准确地说，如果你捕获蜜蜂，把它们关进箱子里，你就能够把它们据为己有，但如果它们在野外，你就不能据为己有。

图讨论一个增进某个客体价值的单一行为。如果说把野兔从灌木丛中驱赶出来会增进它的价值，那么把它指出来同样也增进它的价值，因为上述每一个行为都可被还原为其他人追捕野兔所付出的努力。这个困难在于，有利于其他人轻易地取得物品，这不过是你使用已经是你的物品所产生的有益结果的一个特殊情形。如果我恰好种下某些植物，你就无需特地招引蜜蜂到你的花园里传播花粉了；如果我先发现了野兔或者把它赶出来，你就无需先去寻找它或驱赶它。然而，即使增进客体的价值得到了理解，你对你增进的价值也不享有法权，除非你对该价值附着其上的物享有法权。相反，你对价值的法权是从对物的法权中推导出来的，而不是反过来对价值的法权为对物的法权奠基。

某人对他或她自己的劳动享有所有权，按照这个观点，以辛劳为基础的理论的困难揭示了一个更为一般的理论问题。如果你对某物享有物权，你就享有排除他人未经你的许可而使用或妨碍该物的法权。由此可见，似乎无可争议的是，你对自己的劳动享有物权，因为如果其他人未经你的许可而妨碍或使用你的劳动，他们显然侵犯了你。如果他们妨碍你，亦即妨碍了你的人身，那么他们当然侵犯了你。我们要澄清的是，某人除了通过妨碍他人的人身以外，运用其他方式使用或妨碍他人的劳动对他而言意味着什么，上述那个更为一般的理论问题就在此凸显出来了。如果你阻止我修剪你的头发，这在某种意义上说的是你妨碍了我的劳动，但是，由于你有权决定我是否修剪你的头发，你没有侵犯我。如果我在你到达商店前就购买了最后一夸脱牛奶，因而让你浪费力气白跑一趟，但这种妨碍并不构成针对你的不法行为。你浪费了自己的精力；我只是运用我的自由。如果我妨碍了你的人格——当你拿牛奶时，我把你推开——我就侵犯了你。那么，我不法地妨碍你的劳动，其唯一方式是不法地妨碍你的人格。更一般而言，我对你正在做的事情进行妨碍是否侵犯了你对你劳动的所有权，这取决于我们能够独立阐明我们每个人正在做的事情的可许可性。

［102］在使用他人的劳动这个观点上也存在同样问题：如果我强迫你为我工作，那么我就因使用你的人格而侵犯了你，这样一来，据说我还因此占有了你的劳动。然而更准确地说，因为我使用你而侵犯了你——我使你的人格从属于我的任意，这与你的独立于其他任何私人之任意的内在法权是相悖的。同理，如果我拿走你的东西，我也侵犯了你。如果我拿走的物是你制作的东西，这个不法行为的特征就可以描述为夺走你的劳动。问题在于澄清这个观点，因而不仅仅是解释我取走客体的行为中所包含的那个不法行为。如果我拿走你的财产，即使它没有让你耗费精力去取得它，我也侵犯了你，并且我还夺走了你的精力，这个声称并没有为你控告我增添任何理由。

另一个困难也削弱了如下主张，即你对自己劳动的法权，或者如洛克所说的，你对劳动的所有权，赋予你对劳动成果的法权。一般来说，某物是你拥有的某物的结果，这个事实并未赋予你对该结果的法权。如果你美化你的花园，你可能为邻居增进了财产价值，或者吸引了有益的昆虫（这些昆虫遏制了你邻居花园里的蚊子）。你的邻居从增进的财产价值或有益的昆虫中受益，但他们无需为自己已经接受的利益向你支付报酬，因为他们没有剥夺你对之享有物权的任何东西。你在你对之享有法权的东西上劳作，他们所做的无非是利用这个劳动成果。你有权排除其他人受益——你可以围上高大而丑陋的篱笆，这样其他人就不能看到你花园的美景了，你可以安置一面密网来阻止昆虫飞到邻居那儿。你甚至有权提醒邻居你将围上篱笆，除非他们承担我美化花园的部分成本（他们从我美化花园中受益）。这些法权只是对“捕获”你的所有物的结果的法权。如果你没有捕获到它们，你就无权向利用它们的任何人提出请求。这也适用于你的辛劳：如果疲倦的狐狸是你辛劳的成果，你有权捕获它，但其他人亦然。

同理，如果我在你的篱笆投下的阴影下种植蘑菇，你不能请求分享我的收益。但如果你告诉我你打算拆除这道篱笆，除非我帮你修整，我可以自由决定是接受还是拒绝你的要约。你无权去做的事情是声称由于我剥夺了你拥有的物品，因而我侵犯了你。[103] 确切地说，你的劳动所有权——或者如同有时所说的，你的自我所有权（self - ownership）——也是如此。你享有排除其他人妨碍你人格的法权，但不能由此推出，当你经过许可、按照某些方式使用你的人格时，你享有排除其他人妨碍这些方式所产生的结果的法权。你的法权只保障你已经拥有的东西，因而对于加工该物所产生的结果，不能产生法权。其他人取得你对之享有法权的那些物的成果，对此你不享有任何反对的法权，因此，你对自己劳动的法权不能产生你对那些在其上进行加工的物的法权。如果你对之进行加工的物已经属于他人，那么除非你与他们达成协议，否则你不过在浪费你的劳力，或者如果你错误地在他们的物品上进行加工，而他们则自由地接受你赋予的利益，如此你也是在浪费自己的劳力。如果我希望你向我支付报酬，为此我擦洗你的窗户，那么我对支付报酬不享有任何法权。如果没有其他人拥有那些物，你可以使用你拥有的东西——无论是劳动还是猎犬、马匹和号角——来取得某物。没有人有义务限制她对其物的使用以便使你能够成功达到你使用你的东西所要追求的目标。如果你已经拥有你对之进行加工的物，那么在加工以后，你还拥有这个加工物。加工本身对你设立请求权不产生任何作用。

如果说，除非你已经拥有某物，否则对它进行加工并不能在它之上设立法权，那么这就要求一种不同的单方面行为使某物成为你的。唯一可能的答案至少是：使某物成为你的手段。我们只需要转变自身，也就是使该物从不从属于任何人的任意到从属于这个人的任意。❶［104］这就是说，取得理论是从所有权理论的结构中推导出来的：取得某物就是使之成为你的。洛克主张你必须通过使用某一客体来取得它，这在他的浪费理论中有所反映，根据该理论，如果你停止使用某客体，你也就失去它了。以上理论均与康德的合目的性这个形式理念不相协调，该理念使得手段优先于目的的设定。此即为何康德构建的是所有权理论而不是使用权理论。我们或许能够使一个与使用某物的临时法权有关的协调理论依赖于通过使用该物来取得该物。所有权理论则不能。

因此，康德的解释唯独关注物的地位的转变，即从无主到有

❶ 康德把权限的特征描述为“许可法”。蒂尔尼（Brian Tierney）勾勒了中世纪和现代早期对该术语的使用，他证明法律的许可方面说的是它授予做某事的许可，否则做某事就是不法的。康德在《永久和平论》中较早使用过这个术语，其使用似乎符合蒂尔尼的解释，因为他说许可法允许国家推迟和平状态的完满实现。参阅论文 Tierney，“康德论所有权：许可法问题”（Kant on Property：The Problem of the Permissive Law），载于 *Journal of the History of Ideas*，62，2001，页 301－302，以及“许可的自然法和所有权：从格拉提安到康德”（Permissive Natural Law and Property：Gratian to Kant），载于 *Journal of the History of Ideas*，62，2001，页 381－399。赫努希卡（Joachim Hruschka）的解读更符合康德在《法权学说》中对该术语的使用，根据他的解读，许可法使如下情况成为可能，即一个单纯的可许可的行为——它既非被许可的行为，亦非被禁止的行为——可以拥有法权上的结果。这个概念在其他情境中也发挥通常的作用。在诸如下棋的游戏中，规则产生了许可体系，根据该体系才能把特定的活动归于棋手。赫努希卡证明康德从阿欣瓦尔（Achenwall）那里继承了这个三重结构，他在讲授自然法课程时曾使用过阿欣瓦尔的教科书。赫努希卡在后来的一篇论文里还指出，许可的系统化地位贯穿于康德的取得法权理论。参阅 Hruschka，《1767 年戈特弗里德·阿欣瓦尔的义务论的六边形》，（*Das deontologische Sechseck bei Gottfried Achenwall im Jahre* 1767，Hamburg：Vanderhoeck und Ruprecht，1986），以及“康德《道德形而上学》中实践理性的许可法”（The Permissive Law of Practical Reason in Kant's Metaphysics of Morals），载于 *Law and Philosophy*，23，2004，页 45－72。还可参见 Katrin Flikschuh，《康德与现代政治哲学》（*Kant and Modern Political Philosophy*，Cambridge University Press，2000，chap. 4。《永久和平论》与《法权学说》之间的变化也许只是表面的。在较早的作品中，康德不说许可和平条约推迟实施；他说的是禁止通过战争或购买取得领土，该禁止可以被推迟直到达成和平条约。因此在战争状态中，通过购买或强力的取得是一部许可法，是一国据以取得领土的方式。一旦实现了和平，上述取得就是有效的，因为和平条约结束了其他所有的争论，并且消灭了过去所有的请求，包括建立在过去通过强力而取得的不法性基础上的那些请求。

主的转变，亦即从可以被所有人取得到从属于某人的排他的任意。这个解释是令人乏味的，因为合法权地取得无主客体的唯一事实性前提是经验性地占有这个客体。这个尚存争议的行为只是把物置于你的控制之下，以便你现在就能决定如何使用它。既不要求对它进行加工，也不要求把你的意志加入其中。不要求加工客体，因为仅当你已经占有了它才有加工一说。除非你占有了客体，否则加工只是浪费你的精力。黑格尔描述的“把你的意志加入”客体之中也是如此，这至少在如下条件下是如此，即如果把你的意志加入到一个客体被理解为不同于只是占有这个客体。意愿某物就是在某种不相关的意义上加入你的意志；只有控制了某物，你才能使它从属于你的任意——使之成为你设定和追求自己目标的手段。除此以外，别无其他。你要做的只是物理占有，并向其他人出示标记以说明你这样做是为了使它成为你的手段而不仅是为了某个具体的使用。［105］要求这些步骤的原因在于它们只是使物从属于你的任意的步骤。你无需加工这个客体，因为加工你已经占有的客体只是使它按照某种具体方式从属于你的任意。然而，除非它已经从属于你的任意，否则你据以改变它的诸种方式——例如，使其极度疲劳——不会使之从属于你的任意。事情至多是他们为了随后的使用而预先准备好它。

控制某物必须是公开的，所以康德说它要求出示标记。如果其他人不能确定你打算约束他们，你就不能施以约束。在没有取得某物或者甚至没有这种意图的情况下，你也能够在特定场合下使用某物。当你行走在岩石小路的时候，你没有把拐棍儿据为己有也可用它来保持平衡。这并不是说，你取得它，然后马上又抛弃它。相反，仅当你物理占有它时你才使用它。这样，当你没有物理占有某物时，你就没有请求使之从属于你的任意。第二个单方面行为是“出示标记”（严格来说，这是这同一个单方面行为的第二个方面）：其他人会受到标记的约束，在这个意义上，你必须公开占有这个尚存争议的客体。如果你只是使用拐棍儿来保持平衡，你无需向其他人出示标记；你物理占有这根拐棍儿，该事实意味着当你使用它时，其他人如果不侵犯你的人格就不可能妨碍它。所以，其他任何人都不能夺走拐棍儿，让你失去平衡，但这个不法行为与拐棍儿本身无关，而与你现在持有它有关。另一方面，如果你出示标记，那么从你这儿夺走拐棍儿的人，他对你实施侵犯就与拐棍儿有关了，因而当你放下拐棍儿时，他拿走了它，这就对你构成了侵犯。不能从需要作标记推导说在每一条界限上都需要一个清晰的记号；仅当你把物置于你的控制时，你才向其他人表明你打算把该物据为己有。

Ⅱ. 结　　论

康德把物权理解成与某人对其自身人格的法权相类似的法权，但和它们又有所不同。［106］通过这个对比，康德无需以取得理论来为物权奠基就能说明什么是物权；通过这个对比，他能构建出一种取得理论，该理论说明了时间上的优先性规则与单方面行动是如何与物权相适合的。以这种方式来构想物，借此康德的解释获得了独特的意义，按照这个意义，物权是人与人之间的私人法权的一部分，但与此同时，他的解释是这样来组织论证的，即仅当存在着合法权的权威的公共结构，取得才有可能。

第5章　私人法权Ⅲ：契约与同意

［107］私人法权的第二个标题是契约。契约对于任何法律体系的运行都是必不可少的，因为它们是法律手段，通过它们人们才有权为自己达成协议，因而变更各自的权利和责任。康德对契约的分析关注的是契约使独立的个人相互依赖地设定和追求他们自己的目标得以可能的方式。在法律上，有关契约的最常见的事例是两个人为未来的履行而相互承诺：我同意下周三修剪你的草坪，反之你同意向我支付报酬。康德介绍了他所说的“一切可以从契约中取得的法权的独断划分”，这一划分为双方安排其法权的各种方式作了归类。

本章重点关注的不是契约观念的具体法律表现，而是它潜在的规范性结构，在这个结构中，缔约方有权变更彼此间的法律关系。该结构不仅支配明白可见的契约，而且很重要的是，它还支配有关同意的诸多问题。我们在讨论内在法权和物权时已经看到，同意对于平等的自由体系来说是最基本的。如果我未经你的同意就触摸你的人身或使用你的财产，我就侵犯了你，但倘若你同意了，这不是说我的不法行为在某种程度上获得了谅解，而是说它根本就不是不法行为。［108］同意的这个一般结构在某种程度上是我们完全熟悉的。通过契约而取得，康德对这点的讨论表明了同意观念是每个人成为自己主人的权利的表现。如同我们看到的，自主是一个比较性的观念：成为你自己的主人，这个观念等于说其他任何人都不是你的主人这个观念。契约和同意使自由的个人能够共同运用自主。而且，在他们各自有关自主的法权中已经暗含了同意的力量：作为决定去做什么的个人，你有权把其他人从你的计划中排除出去或者纳入其中。

康德主义者把契约和同意这两个观念理解为自由的表现，这使我们关注我们所熟知的自由的特征及其界限。同意为大多数侵犯人格和财产的民事侵权行为和犯罪行为提供完满的辩护。例如在医疗活动中，告知同意是非常重要的，因为它为某些行为辩护，如果不加告知，这些行为就会成为殴打侵权（和殴打犯罪）（the tort of（and crime） battery）。有必要在所有这些情境中充分解释同意的作用，这个解释必须说明什么是同意，以及如此被理解的同意为什么能提供完满的辩护。同样重要的是，该解释需要说明同意在其中无力提供辩护的情形。如果通过强力或欺诈来取得，同意就不是辩护；一个解释必须说明为什么这些始终使得同意具有缺陷。它不是对司法审判中有关谋杀的指控进行辩护，只是有时对有关殴打的指控进行辩护。充分的解释必须说明为什么在这些情况下同意是不能获得的，以及是否有一种原则化的办法，它能够区分这些例外和那些例外——比如在体育运动这个情境中，为什么受害者的同意可以为有关殴打的指控提供辩护。

我的解释有赖于两个常见观念。第一个是意愿某物和选择某物之间的区别，该区别是所有法权概念的核心。你采取某些手段来选择某物并实现之；你可以意愿或想要某物，在此，你要么缺少手段，要么拥有手段却不加利用。你的诸意愿无需构成一个协调的系列，因为你对它们可以无所作为。选择则不同：仅当你拥有必要的手段，你才能选择某物，因而你决定如何使用你的手段限制着你能够选择什么；因此，选择做某事就要放弃对那些手段的其他相冲突的使用。[109] 我很想要某物，这一事实不足以让我选择它，即使我知道其他人是支持我的。我可能会受到体面的招待或者被商店橱窗里昂贵的玩具诱惑，但我选择对诱惑加以抵制。

康德在讨论契约时引介了第二个观念：即两人之间自愿进行交易的观念，该观念包含了他们做出选择的能力。我决定做某事，甚至做一件让你卷入其中的事，这个事实不同于我同意与你一同做这件事。你决定许可我做某事，这一事实也不等于说你同意这件事了，除非这件事在我们之间发生。无论是你欲求我为某行为 x，而我对该欲求具有真实的信念，还是这两者的结合，这些都不足以构成同意。单纯的搭配是不够的，我们必须把我们的任意联合起来。

结合这两个观念，我将证明，同意就是两个个人联合他们的意志以便在他们之间产生新的法权和责任。这样，他们为彼此创造了能够获得的新的手段。

康德具体解释了同意为之辩护的不法行为，该解释是对同意进行解释的前提。私人相互间拥有独立性，对这个独立性的基本法权构成了同意获得意义的背景。正如我们在第 2 章到第 4 章看到的，这个基本法权产生了相关责任，每个人把这些责任加给其他人，阻止他们使用或妨碍他人的人格或所有权。这些责任是关系性的：侵犯这些法权不仅是为不法行为，而且侵犯了特定的某人；不仅是做某事，而且是对那个人做某事。❶ 你的行为以

---

❶ 关于这个一般主题，参阅 Michael Thompson，“什么是侵犯某人？正义之谜”（What Is It to Wrong Someone? A Puzzle about Justice），载于 R. Jay Wallace，Philip Pettit，Samuel Scheffler，Michael Smith 编辑，*Reason and Value*，（Oxford：Oxford University Press，2004），页 333－384，以及 Stephen Darwall，《第二人格的立场：道德性、尊重与负有义务》（*The second person standpoint：morality，respect and accountability*，Cambridge，Mass.：Harvard University Press，2006）。

某种方式妨碍了我的利益，这个单纯的事实没有使该行为自身变成不法，因而不要求我的同意以使之成为合法权的。相反，每个人都彼此附加责任以阻止对他或她的人格或所有权构成妨碍。

［110］同意根本上改变了个人之间的互动，因为这些互动在参与互动的各方之间产生了新的法律关系。如果我同意你使用我的人格（或力量）或财产，我已决定将如何使用它们，因而你使用它们就是我运用我的自由。如果我同意你为某些损害我或破坏我的财产的行为，该损害或破坏是我运用任意所造成的。康德有力地解读了对独立性的私人法权，据此可推定“达成有关他人的协议”——甚至接触某人或她的财产——是不法的，除非该协议经过了同意。同理，某人强迫他人履行某个行为或交付财产（或者以赔偿代替履行）都是不法的，除非在先的契约把对履行或交付的法权赋予某人。同时，在身份关系中（某人在这种关系中为他人达成协议），该协议仅限于这样一些协议，即如果他或她处于某人的位置，他或她本来是会对该协议表示同意的。以可能同意为限制条件对于理解公共法权是非常重要的。

正如我们在第3章看到的，自由的个人能够独立设定和追求他们的目标，他只需注意避免使用或妨碍其他人拥有的手段。仅当他们不仅能够把特定的目标联系起来，而且能够把他们的合目的性联系起来，他们才能共同设定和追求他们的目标。我们各自追求我们的目标，并且如果我们都追求同一个结果，我们就还一同追求我们的目标，但我们这样做是独立于其他人对该结果的追求的。如果我们中的一方（或双方）使另一方特定的目标成为他或她自己的目标，那么我们就是共同地追求它们。如果我们这样做，我们就通过互换条款而联合起我们的任意：我们中的一方向另一方提出建议，另一方予以接受，那么每一方都按照这种方式把另一方对自身力量的使用接纳为他自己的。互动是双边的，这不要求达成如下交易，即通过这个交易，我们中的每一方都期待从我们的协议中获得某物，它只要求我们达成一项协议。因此，康德对取得法权的分类要求他区分各种情况，在这些情况中，两个人自愿形成彼此间的具体关系以及其他两种类型的私人法权。它们不像物权那样要求借助单方面行为来取得，而是通过如下这个权利建构起来的，即每个人有权设定和追求他或她自己的目标。它们也不像身份法权，因为它们是通过各方的自愿参与而产生并获得界定的。

[111] 同意的这些常见特征反映了它在法权体系而非利益体系中的地位。我拥有合法权的权力使他人对我的人格或财产的使用成为我使用它们的一个事例，即使我后来决定不想这样干了或者认为那不是最好的，即使它不符合我的利益。所有这些都可以纳入由我自己规定的、长期的或较高等级的利益的词汇表，只要纯粹按照理性来理解它就行了：对于我的法权至关重要的唯一“利益”是没有其他任何人来规定我的目标。

Ⅰ. 什么是同意：联合我们的意志

同意使人们能够共同做某些事情，这是通过忽略做这些事情的法律后果来实现的。但同意本身要求各方必须参与。

契约是同意的特殊情形，我们可以对契约概念的两种思考方式作一番对比，以此来说明同意的交易本质。契约各方按照适当方式加入他们的意志，他们达成的契约是合意的交易，它改变了各方的法律处境。人们时常认为契约是承诺的交换，许多评论者试图根据承诺的拘束力来说明契约的拘束力。人们为阐明承诺的道德性而做出不同努力，这些努力推动了契约法的多方面的修改，以使之更符合承诺的道德性。❶ 在此，我的目标不在于就人们对承诺所作的、相互竞争的解释进行裁断，因为承诺之所以能够产生具有强制执行力的、要求履行未来行为的义务，是由于人们拥有更一般的合法权的能力，这些能力使他们彼此达成改变那些关系的协议。❷

[112] 康德提供了一种完全不同的方式来说明契约的拘束力。他关心的不是承诺本身，而是人们之间自愿达成的协议。许多这类协议，尤其是引发诉讼的协议，都与对未来履行作出承诺有关。然而强制执行它们的根据不在于它们是承诺，而在于它们是协议，通过这些协议，独立的个人共同变更各自的义务。而且，虽然许多契约把义务加于一方或双方，命他们履行肯定的行为，然而有关同意的常见的诸事例只是赋予许可，上述对比不具有任何分析的重要性。正如同意所赋予的许可就是有权对他人做某事，许可与这个他人的自由是相协调的，有关未来履行的法权责任也就是有权强制实施这个履行，这个责任与责任人的自由也是相协调的。私人之间的协议是他们各自自由的表现，因而康德论证说，强制执行它们是与自由相协调的。

康德使用即时转让所有权这个简单事例来说明构成自愿协议基础的概念结构。假如我想给你一块手表。物理转让是不难理解的：我把它从手腕上褪下来交给你。物理转让不足以构成所有权的法律转让。我把手表交给你并没有消灭我对它的物权。单纯把手表交给你与转让所有权，这二者的区别是规范性的，而不是事

---

❶ 参阅 Charles Fried，《作为承诺的契约：契约义务理论》（*Contract as Promise*：*A Theory of Contractual Obligations*，Cambridge，Mass.：Harvard University Press，1981），以及 Seana Shiffrin，“契约与承诺的分离”（The Divergence of Contracts and Promises），载于 *Harvard Law Review*，120，2007，页 708－753。

❷ 康德在他有关物的事例中接受了“向他们告知或承诺某事”，这些事例与法权问题无关，除非他们侵犯了某人，因为他们“削减了为他们所有的东西”（6：238）。这一接受主张承诺本身并非契约概念的根本，即使未来的契约包含一个一旦被违背就将使他人之物受到削减的承诺。

实性的。康德还指出，我不能通过放弃它、让你随后取得它来转让它。如果转让要求放弃，那么将有一个时刻（即使是极其短暂的）手表是无主的，并且侵夺者能够在你取得它之前拿走它，他不会对我们任何一人构成侵犯。在诸如手表这类小客体的情形中，我在整个过程中可能会无中断地把手表交给你，据此把交付行为当作一个事实问题来处理，以至于如果侵夺者强行把客体从我们手上夺走，他就对我们中的一方或双方实施某种人格侵犯。上述处理方案仅限于小的客体。更根本的是，以抛弃和取得来解释，这放弃了如下观点，即我把某物交给你，你同时从我这接受了这同一个物。

［113］为了把握这个观念，即所有权从我这儿无中断地转移到你那儿，中间不存在任何权利归属不明的时段，康德引入了“联合意志”这个概念，借助这个概念，我把所有权转让给你是持续不断的，因为我们都参与了转让。康德指出，订立协议的人们经常试图以物理行为来表现这个持续性，这些物理行为也是按照同样的方式而持续不断的，比如握手或折麦秆。然而这个基本观点与握手的持续性无关，它们之间的关联不比它与物理转让小客体的持续性之间的关联要更多。相反，手表为你所有的原因在于我们共同产生了一项权利，由此手表才成为你的。我把它转让给你，而你从我这里接受它。我们共同行动，因为我的转让行为和你的接受行为，每一个都把对方的行为当作它的客体。这不是说，我给予和你接受，两者互不相关——就像据说莱布尼兹主张，在父亲这一方，父亲的身份是偶然的，而在儿子这一方，父子关系是偶然的。我交给你和你从我这里接受，两者是分析地对等的。在我把东西交给你的过程中，侵夺者夺走了我的东西，他就是个窃贼。他不能向我主张说我放弃了我对手表的所有的法权，他也不能向你主张说你不拥有这块手表，因为法权转让是通过我们的联合意志而无间断进行的。

与人们有时主张的不同，[1] 康德有关即时转让的事例并不反映如下观点，即必须根据法权转让来分析契约或同意，或者所有的法权都是以物权为模型的。相反，康德的分析提出这样一项主张，即已被接受的要约这个观念应有助于理解客体的物理转让是如何能够影响法权转让的。在有关转让的契约中，某物确实被转让了，但康德认为我们需要以联合意志这个观念来理解两个人如何能够参与变更各自的法权。

通过联合我们的意志，我们能够转让法权，即使我们自己都没有手段足以使我们有权转让它。［114］我可能意愿把我的马匹转让给你，但我不能选择这么做，除非我拥有某些手段，这些手段是我有权用来实现这个目标的。我可能把我的马匹遗弃在你的马厩里，但你并未因此取得对它的所有权。你可能觊觎我的马匹，但你不能单方面宣称它是你的。作为马匹的所有权人，我有权按照我认为合适的方式处分它，但该处分须与其他人的法权保持协调，然而使之成为你的财产不是我有权主动去做的，因为你享有拒绝它的法权。你可能把取得它作为你的目的，但在此你自己也不拥有足以取得它的合法权的手段。你享有接受它的法权，但这个法权于你无任何作用，除非你对该法权的运用与我把它转让给你的相应目标是一致的。在我们之间，我们看起来拥有我们所需的每件东西，但这不太准确，因为我们不可能完成我们的目标，除非我们与对方一同来完成。因此，即使我渴望把马匹处理掉，而你渴望取得它，我们仍需共同行动。事实上，这正是有关

[1] B. Sharon Byrd 和 Joachim Hruschka，“康德论‘为什么我必须信守自己的承诺?’”（Kant on “Why Must I Keep My Promise?”），载于 *Chicago－Kent Law Review*，81，2006，页 47－74；Byrd，“康德的契约理论”（Kant's Theory of Contract），载于 *Southern Journal of Philosophy*，36，1998，页 131－153。比尔德（Byrd）的分析是从 1783－85 年《费耶阿本德自然法权》学生笔记中推导出来的。有理由假定，在该书与《道德形而上学》（*The Metaphysics of Morals*）之间的这十年里，康德改变了他在此问题上的立场，因为以《理论与实践》（*Theory and Practice*）为开端，他对奴隶契约作了截然不同的解释。

侵夺者的要点所在：我可以把马匹遗弃在你的马厩里，但任何有权到你马厩的其他人都能够自取马匹。我自己没有手段足以把它转让给你，你自己也没有手段足以从我这里取得它。我们自己能做的至多只是抛弃和取得。抛弃和取得都是单方面行为：我们各自的自由权利是相互针对的，它们把我们限制在单方面行为之中，因为一个个人不能单方面规定对方将追求何种目标。缺少你的参与，我物理上能把手表转让给你，但你还不是它的所有权人；缺少我的参与，你物理上也能从我这里把手表拿走，但你不因此就取得使用它的任何权利。

你能够从我这里取得某物的唯一方式是我们共同使用各自的道德力量。❶ 这是联合意志之所在。我们共同拥有进行转让的必要手段：我停止拥有马匹，你则拥有它，因为我们协调我各自的、实施上述行为的手段，我们中的每个人都允许我们的力量被用于转让。[115] 转让保存了我们各自的自由；不仅我把客体交给你，你还从我这里接受它。当我把它交付给你的时候，我的行为是单方面的，我尚未变更我们各自的法权；当你接受我的交付时，我们都运用了各自的权利。

我们意志的联合不需要预设如下任何这种观念，即我们的、作为集体行动者的行为能力。事实上，正是集体——与单纯类似的代理人不同——这个可能性预设了我们已经联合起我们的意志，以至于我们不只是拥有一个趋同的目标（我们在这个希望——对方的行为将使这个目标得以稳妥的实现——中追求这个目标）。如果我设计了一份纪念品清单，我希望你会把它作为重要部分纳入你的导游计划，在这个希望中，我把它放在教堂外边儿，那么我们的行为是并行的；如果你希望我的纪念品清单会引起你的游客的兴趣，在这个希望中，你把教堂纳入你的旅行景

❶ 康德把契约的构造分解为四个时刻——两个“预备”时刻和两个“建构”时刻。前者在于确定契约条款；后者在于把意志联合起来以便甲方的力量从属于乙方的、与甲方的自由相协调的任意，参阅 6：272。

点，那么我们的行为也不过是并行的而已。为了共同行动，我们需要更多的条件：实际订立协议，使我们各自的行为和物品能为对方获得；亦即我们需要联合我们的意志。❶

不是某些在先的集体代理人（collective agent），而是联合意志这个观念要求两个独立的个人，其中每个人都享有与其他所有人相关的道德权利，每个人都运用与特定对方相关的权利。契约的和合意的法权在两个个人之间产生了一种新的道德关系，以至于一方（或双方）都有权按照某些方式行动，而在过去他们是无权按照这些方式行动的。仅当双方都参与到这个新的关系的产生，该关系才能够与那两个个人的自由保持协调。❷

［116］康德的分析与他所谓任意的“质料”无关，亦即与我可能想把我的手表或马匹转让给你的原因无关。假如我想把它交给你是出于某些动机，而你想获得它也是由于某种原因，但那些动机的性质在这一解释中是无足轻重的。这里要求的只是我自由地把手表交付给你，而你自由地接受它。

有必要根据联合意志来分析即时转让，但联合意志将能够产

---

❶ 仅当我们无需首先走到一起并且我打算发出要约而你打算接受我的要约，我们才能联合我们的意志，而破坏联合意志的代价是返还各自的行为和物品。我无需告诉你说：“为什么我们不走到一起，我发出要约修剪你的头发，而你接受我的要约？”相反，我们要做的是为了合作而能够联合我们各自的意志。感谢史蒂芬·达沃尔（Steve Darwall）对该问题的讨论。

❷ 合法权的正派这个法律假设——正如我们在第2章看到的——与你人格的人性中的内在法权有关，它产生了一个推定，即在更深的意义上，人们之间达成的自愿协议是双边的，因为每个人被推定为了自己的目标而行动，因而不会只为了他人的目标而试图限制自己的自由。当协定的达成与未来的履行有关时，这将产生普通法上的“约因”理论，根据该理论，为了具有法律拘束力，一个承诺通常必须用来交换有价值的某物。这同一个假设还支配不当得利的法律。如果你错误地为我支付了电话账单，你可以请求返还你的金钱，因为法律不会推定你有意向我赠与。康德注意到这个请求返还的例外。一个客体的即时转让可以与转让人的合目的性保持协调，它是作为一项推定发挥作用的，因为某人可以赠与，但条件是在合法权状态中进入一份具有拘束力的契约（6：298）。在同意的许多情形中，赠与的处境是与即时转让处境相似的，因为某人对他人的一个特定行为负有职责并且可以随时撤销同意。

生出新的法权，其中包括物权，这些物权无需作为先于转让就已获得完全规定的东西而存在。在转让所有权的情形中，确凿无疑的是，有一个法权亦即物权被转让了，同样确凿无疑的是，转让自身没有以任何方式改变法权的形式或质料。其他契约可能不关心使不可变更的转让保存下来的法权。例如，你能够通过契约取得我下周三为你修剪草坪这个法权。我们或许有一种方式把这点理解为把我未来的一部分自由转让给你。然而我们没有必要这样做，因为我们通过联合意志就完成了分析的和规范的工作：就你而言，我们产生了一项法权，就我而言，则产生了与该法权相应的义务，即我下周三为你修剪草坪这项义务。❶

［117］正如上述例子所反映的，仅当我拥有必要的手段才能产生责任。与此唯一相伴随的是，我们拥有各自的手段，它们使

---

❶　遗产似乎允许某人按照某种方式（我已指出该方式是不可能的）单方面改变他人的规范性处境，因为遗嘱人是在活着的时候表达意志的，而继承人则在遗嘱人死后才接受遗产。康德把这一情况的特征描述为“理想的”取得的情形，因为交易的一方已经去世。该问题之所以产生是因为遗嘱人在世时就表达了意志，但继承人却在他死后才拥有接受遗产的权利，因为遗嘱人有权于去世之前的任何时候修改自己的意志。

康德把遗嘱分解为两个而不是一个契约。第一个契约只是给继承人一个选择，他有自由接受或拒绝继承。继承人可以被认为是一项法律事实，他可以在一个特定的、非常有限的意义上接受第一个契约的条款：第三方，比如受托人，他只为继承人的利益行动，他有权出于继承人的利益而接受第一份契约并为继承人持有它，直到继承人有机会考虑是接受还拒绝这份遗产。虽然遗产本身不能被视为一份不容置疑的利益（因为继承人可能选择不成为富人，或者选择不接受留给他或她的特定份额的财产），但决定是否接受遗产的选择是不容置疑的。正如康德指出的：“每个人必然会接受上述法权（因为他由此可以始终有所得，但绝不会有所失）”（6：294）。正如有关法律上不容置疑之利益的其他事例（比如拯救你的生命），上述选择是毫无例外的，并且法律准备把目标植入其中的若干结构总结认为第三方只为你的利益而行动。当你无意识的时候，救护你生命的内科医生可以收取费用，因为法律把你求生的意图加给你，并认为当你不能表达这个意图时，内科医生却正在执行你的意图。继承人也处于类似的处境：继承人不能接受或拒绝遗产，除非她了解遗产的具体条款，但那些条款是直到遗嘱人死后才得到规定的。然而为了她的利益而行动的第三方，他可以在遗嘱人死亡和继承人了解该遗产并选择接受还是拒绝该遗产的期间，为继承人保存这份要约。如果她随后接受了这份遗产，那么该要约将作为缔约方之间的另一个联合意志而发挥作用。这份协议还与遗嘱人的自由相协调，因为它使他能够按照自认为合适的方式处分财产，这只从属于继承人对遗产的接受。康德强调这个双重交易只有在公共法律秩序中才有可能，在公共法律秩序中，国家在遗嘱人死亡和继承人接受遗产期间为遗嘱人保管遗产；遗嘱人可以利用法律体系把遗产交给继承人。（在民法传统中存在着围绕契约之第三方受益人的规则，在这些规则中也能发现同一个结构。）

我有权给予你要求我为你修剪草坪的权力。我的义务并不意味着我为你修剪草坪在绝对意义上成了我的目的。它只是说，我修剪草坪，甚至你强迫我做这些，这都与我运用我的合目的性是相协调的。

迄今为止，这些例子都与产生做某些事情的义务有关。其他同意产生了若干许可，这些许可是作出同意的各方之间的许可。如果我为你的行动承担职责——当我向你做了某些表示，或者签订一份使你在某些情况下免责的契约，或者在你带我参加滑翔伞运动之前签订一份弃权书，我就为你的行动承担起义务——我们产生了你对我的法权和我的相应的责任。如果我签订一份弃权书，你取得一项把我暴露于危险之中的法权（作为针对我的法权）；即使我受到了损害，你也没有对我实施不法行为。❶［118］一般说来，我的独立性法权阻止你做如下事情来触摸我或者把我置于危险境地，即把我用带子捆在马具上，打开汽艇上的控气阀门，解开把我和船舶系在一起的绳索。当我签下弃权书后，这些事情就与我背后的独立性法权协调起来了。在这些事情上与你互动是按照某种方式进行的，按照这种方式，我，而不是其他任何人，规定着我的目标，因为是我决定你可以使用我的人格和财产或者使它们处于险境之中，当你按照上述方式做这些事情的时候尤其如此。在产生你对我做这些事情的法权的同时，我们还给我产生了一项新的义务，尽管我的义务确实只是你的法权的反射。由于你有权使我遭遇危险（当你用带子捆绑我的时候，你有权触摸我），因而在我的自由受到约束的意义上，我承担起一项义务；我不再把你的行为视为对我的冒犯。有可能发生不正当的操纵，

---

❶ 格式契约与其他合意的交易之间的另一个区别值得注意，虽然它被搁置一旁。在某些常见的事例中，同意能够在之前获得同意的互动的中途被撤回，当此时，契约，包括某人在其中对他人的行为负有职责的契约，通常对未来构成拘束。如果我已同意你修剪我的头发，但中途我又改变了主意，那么你必须停止修剪，并且没有产生任何剩余的法律后果。如果你没有违反我的同意的条件，那么我，而不是你，要对奇怪的发形负责。尽管在常见的情形中存在这些区别，基本的结构还是相同的，因为各自的法权和义务是由明示或默示的条款设定的，缔约各方在这些条款之下联合他们的意志。

以便把所有这些都描述为转让，但这样做忽视了一个事实，即我们同意中的那些条款意在使同意的客体个体化；当我把要求我未来履行的权利交给你时，或者我对你的行为负有职责时，我并没有转让这样一种东西，即没有经过我们的同意这种东西也能得到完全的规定。❶

以交易来分析契约，这个分析表明思考同意的诸多常见方式存在哪些问题。与契约相似，同意是两个个人之间的交易，他们在交易中通过联合他们的意志来改变各自的法权。作家们常把有关同意的解释区分为“态度的”和“表达的”，根据这个区分，同意或者被表现为心理状态，或者表现为履行行为。❷［119］这两种处理方式都把某人是否同意某事展示为孤独个人的问题。❸诉诸这些处理方式反映了自主观念，根据该观念，某人对自己的

---

❶ 拥有特定权力的交易各方，其常见的霍菲尔德式的图景在此绝不能使我们误以为这些权力能被独立运用。甚至在存在可转让客体的情形中，我转让客体的权力，以及你通过转让而取得物的权力，都不能彼此独立地被运用。它们是作为一个匹配好的集合出现的。

❷ 参阅 Peter Westen，《同意的逻辑》（*The Logic of Consent*，Burlington：Ashgate，2004），页51；David Archard，《同意发生性关系》（*Sexual Consent*，Boulder：Westview，1997），页3－5；Joel Feinberg，《刑法中的道德界限》（第3卷）（*The Moral Limits of the Criminal Law*，vol. 3，Oxford：Oxford University Press，1986），页173；Nathan Brett，“性侵犯与同意”（Sexual Offenses and Consent），载于 *Canadian Journal of Law and Jurisprudence*，11，1998，页69－88；Heidi M. Hurd，“同意的道德魔力”（The Moral Magic of Consent），载于 *Legal Theory*，2，1996，页121－146；Joan L. McGregor，《这是强奸吗？论熟人强奸与认真对待同意》（*Is It Rape? On Acquaintance Rape and Taking Women's Consent Seriously*，Aldershot：Ashgate，2005），页116；Alan Wertheimer，《同意发生性关系》（*Consent to Sexual Relations*，Cambridge：Cambridge University Press，2003），第7章。

❸ 韦斯腾（Peter Westen）认为当我同意后，你就取得了霍费尔德式的“特权”，由此你能够做某些事情而无需承担任何法律后果，否则你的行为将是不法的。对此若加以分析，这个项主张似乎无可争辩，但它对法律处境中如下变化的处理显得过于简单了——这个变化说的是，你现在可以做某事，而你本来是不能做的——它没有说明自己如何能够按照这种方式处于我所拥有的改变你的法律处境的合法权的权力之中。韦斯腾的分析借鉴了对契约所作的放弃－取得解释，在这个分析中，他把同意等同于同意一方的心灵状态或者可观察的行为，并认为这一事件造成了另一方法律处境的变化。这似乎回避了一个根本问题，即某人如何能够在相关方面改变他人的法律处境。参阅 Peter Westen，《同意的逻辑》（*The Logic of Consent*，Burlington：Ashgate，2004），页91。

选择拥有最高统治权，与此同时，什么等同于任意，在如何回答这个事实问题上，他也可以提出异议。类似的区分推动了这样一场争论，该争论是在讨论分配正义的时候发生的，争论围绕的是科恩所谓的在“蛮横的运气”与“选择的运气”之间所作的“划分”，某些支持者认为选择的运气要求内在的控制，其他人则主张它要求某种形式的赞同。❶ 这些争论双方的支持者，就如“态度的/表达的”这个区分的双方支持者一样，都认为通过单方面的任意行为，某人就向对命运的奇思妙想或者其他人的行动敞开自身了。

借助以上任何方式把同意视为单方面行为，其困难与如下两者之间的区别是并行不悖的，这两者是当他人出现时放弃某物以及把它转让给此人。我可以单方面地放弃某物（倘若我是按照没有侵犯任何他人的任何法权的方式来做这些的）。我只能在他人参与时转让某物。［120］在转让的情形中，存在这样一种情况，即不受欢迎的礼物。我不能把我的有毒废料交给你，除非你接受它。我不能放弃我的客体，即使我能够按照这种方式向你发出要约，你也并非不得不接受这个要约。对于同意来说，类似的情况是我把某物交给你这个单方面行为并不意味着你接受了该物，无论你发现该物多么诱人。❷ 一旦我发出要约，你就能够通过要约中的客体或者履行被邀请的行为来接受我的要约。这些是接受的双边行为，而不是单方面的行为。

---

❶ G. A. Cohen，“论平等主义者之正义的传播”（On the Currency of Egalitarian Justice），载于 *Ethics*，99，4，1989 年 7 月，页 906－944。

❷ 对同意和放弃的混淆反映了人们未能区分两种基本类型的私人法权。我对人格和财产的法权对于“全世界”而言都是有效的；契约法权只在与其他某个人的关系中有效。针对侵犯或伤害而放弃我的法权，我似乎更为一般地放弃了法权，而不是只针对其他某个人才放弃。霍菲尔德主义者认为，In rem［对物］法权是针对不确定的绝大多数人的 in personam［对人］法权的集合，这个观点能够重新描述这个问题，但没有解决这个问题。我只能放弃对某个团体的对人法权，该法权针对它才有效，因而不能单方面地放弃。

同意的双边结构预设了双方在道德上能够去做交易中的己方之事，因而双方都能够主动行事。它仅要求双方按照被要求的、联结的方式行动。无需我们之间任何在先的协议，我就可以单方面地向你发出要约。相反，鉴于你回应的方式，无需我们之间在先的协议，你就可以接受我的要约。无需咨询所有的要约人，你就可以决定接受哪些要约。

我按照自认为合适的方式发出要约的权利，你按照自认为合适的方式接受或拒绝要约的权利，两者都是我们各自的独立性法权的表现。联合我们的意志这个要求并不否认上述基本事实，它倒是建立在如下基础之上，即表明只有我们都参与其中，我们才能那样做。有一种意思是说，一旦我向你发出要约，你的自由就扩大了——你拥有了过去不曾拥有的选择，即选择接受还是拒绝这个要约。这点同样适用于如下情形，即如果我设法在你拟定要约前就接受你的要约，其方式可能是在我知道是否有资格签字前就同意在外科手术单上签字。我签署该手术单意味着你可以通过安排这次手术来完成要约/接受的结构。按照这种狭义的方式理解，选择接受还是拒绝这个要约被描述为这样一种东西，即我可以把它交给你，而你这方无需作出任何肯定行为。［121］因为它只是一份要约。如下事实则具有相反的表现，即在许多处境中，你根据要约而行动，通过这种方式，你能够接受这份要约，以至于没有发生任何中间事件，在其中，你先接受要约，然后再根据它行动。这个规范性结构表现出的仍然是你接受我的要约，而不是要约本身。❶

---

❶　在其他的法律情境中，康德认为信赖概念所占据的概念空间必须与接受的概念空间相等。如果我在某个特定的交易中疏忽大意地向你作出描述，而你信赖我的描述以至于遭受了损失，那么我可能要对你的损失负责。虽然信赖概念似乎是事实性的——原告根据描述展开行动了吗？——原告根据描述展开行动的权利表现了如下事实，即被告的描述被当作产生法律关系的承诺或要约。通过根据描述而展开行动，原告接受了被告的描述，因而原告所信赖的范围正好是被告要为之承担责任的损失的范围。

要约只是一项与我进入法律关系的权利，它不是法律关系。你或许不想与我进入任何这类关系。因此，倘若我发出要约，要为你提供某些服务，或者让你为我做某些事情，你有权以任何理由表示拒绝。你可以决定你将进入何种合意的互动，决定自己对某些条款是否感兴趣。我不能通过向你发出加入某些互动的要约来强迫你进入这些互动，同样地，我也不能通过把某财产作为礼物赠与你来强迫你接受它使之成为你自己的所有。你或许不想要一匹马，因为你觉得喂养它的费用过于高昂。倘若这样的话，你只需说不。你或许不想被允许持有我收藏的部分瓷器，因为你担心它们会很笨重。

存在这样一些情形，人们认为许可某人做某事不要求任何接受，因为许可对他而言似乎是绝对有利的，他或她不可能有任何理由拒绝。这个观点是引人误解的，因为法权概念与利益没有任何关系。假如我们共进晚餐，我拿过账单，想为你的晚餐埋单，这是对你的点餐承担职责。意义很明显，为你的晚餐埋单是一项无可争辩的利益，因为你免费获得你打算购买的某物。装在你口袋或者银行里的金钱不像一匹马，它不需要你花成本来保管它；[122] 不像我的瓷器，你无需担心损害其艺术价值或历史价值。尽管如此，从你的私人法权的立场来看，你有权拒绝我的要约，因而拒绝了利益。你或许担心我为你的晚餐埋单具有象征意义，或者不想从比你有钱（或没钱）的人那里接受礼物。或许你只是不想与我有什么关系。或者你可能只是不选择接受该利益。我的要约使你有权根据你选择的任何理由来决定是否把你的意志和我的意志联合起来。❶

上述情形需要要约和接受，这是显而易见的，要约等同于某人请求他人许可他做某事。如果我请求你许可为你理发，或者在你的土地上搭帐篷，那么你有权接受或拒绝我的要约。把你接受

---

❶ 我要感谢席福林（Seana Shiffrin）对该问题的讨论。

或拒绝要约描述为扩大你的自由，这看起来有点奇怪。在我请求之前，你有权决定谁能接触你，在你的土地上能干什么。你仍然享有这一法权。作为我的要约的结果，你拥有的只是有权接受我的要约。这不是你享有的一项新的法权，而是你在其中进行选择的那个情境的特征，如果我在你接受要约前收回它，由此使该情境恢复原样，那么我并没有侵犯你。[1] 如果你接受了，你的同意足以形成一个联合意志，因为它与我的要约联结起来了。结果，在没有侵犯你的情况下，我就可以给你理发或搭帐篷。然而，在上述情形中，仅有一方的行动是不能变更各自法权的。要约和接受都是不可或缺的。每一方只能与对方协同行动。

虽然我们可以把交易重新包装起来以保留“同意”这个名称（同意要么是发出许可，要么是作为对要求的回应而授予许可），但上述解释只是在名义上使同意成为单方面的。[123] 在各方的规范性处境中，变更的基础是把要约和接受结合起来，而不是离开对方来考虑我方。

而且，无需你的参与，我的单方面行为事实上能使你能够做某事——我可以撤去篱笆，以便你能够在我的土地上自由溜达，我可以把钱包留在你的手指容易够着的地方，或者当你用剪刀接触我头发时我决定不予抵制。以上每一个单方面行为都是运用我对人格和财产的法权。但这些事情本身没有授予你对我做那些事情的权利。你在我的土地上自由溜达或者我把钱包给你，如果我私下决定对此感到高兴，那么这也不是授予法权。如果我撤去我的篱笆，在物理上我不再阻止任何牲口进来，但对于那些普通的流浪牲口或者你的牲口，我的行为并未改变它们的法律处境。另外，或许我知道你急切需要金钱，而你的自尊心又太强，你不会

[1] 根据《统一商法典》§2A－205（2001），某人可能发出一个“实盘”（“Firm Offer”），该要约在特定时段内是不可撤销的。在康德看来，上述要约能与各方自由保持协调的唯一方式是它是否被分析为对方必须接受的独立契约。为了要求我不能撤销要约，你必须接受我发出的这个不可撤销的选择权契约（option）。

接受赠与，也不会去盗窃。我没有把钱包或里面的东西转让给你，因为 *ex hypothesi*［根据推测］，你不会接受赠与，而且如果你知道我把它留下来是为了让你可以拿走它，你的自尊心会阻止你这么做。还有就是，这些区别是有顺序的：如果我对你的行动表示欢迎，我可能不会控告。但这不是我们的问题。我们的问题是你这样做是否侵犯了我。答案看起来仍然是“肯定”的。虽然我不会反对你做这些事情，但这并未授权你据此可以展开行动。

人们或许会认为，谈论联合意志是不正当地诉诸一些不可观察的、甚至是虚构的事件，在某种程度上，这些事件处在人们更为常见的思想和行动的背后。但联合任意这个理念，就像它意在说明的法权理念和义务理念一样，是一个理性结构，人们事实上做了什么需要借助该结构来解释：例如，你可以把挠我的耳朵当作拟定一份要约吗？把上述概念应用于具体案例中，这必定部分地依赖于情境以及参与者通常的期望，而且它还要求运用判断力。有时一个姿势就是一个邀请或者对它的接受，有时则不然。有时履行一个被邀请的行为就是接受这个邀请的最明显的方式。然而，需要某种判断力和解释并不会改变联合意志理念的重要性。［124］联合意志理念建构起一个探究，因为所要探究的问题必定是各方事实上是否已经同意了。只有经过同意，他们才能共同行动，而那些为了特定的使用而能够获得的手段才与他们各自的独立性保持协调。探究绝不是专门考察一方或另一方曾经在想什么，因为某人的想法可能与意愿和任意之间的区别毫不相干。问题必定在于各方是否共同作出选择以及他们选择了什么。

对同意的交易本质的强调为理解如下问题提供了原则化的基础，即有关合意的互动存在两个错误观念，这两个观念究竟错在哪里。第一个观念是把同意和风险承担等同起来。某人深夜穿过一道危险的街区，但他并未对施予他的任何犯罪或侵权表示同意。事后，其他人可能指责他缺乏判断力，但他承担的风险是他事实上受到损害的风险，而不是对他人的行为承担规范性的职责。某人承担风险并没有授权其他人去做那些他们之前未经授权的事情。

第二，更突出的错误观念是把同意认作刑法中的辩护，这个观念把同意解释为受害人一方的心理状态。论证的通常思路是对同意的误认免除了某人的刑事义务，无论该误认可能多么不合理。[1] 这个思路很简单：如果缺少同意是许多针对人格的犯罪的基本要素，那么倘若某人误认为受害人已作出同意，那么他就不具有与侵犯要素有关的 *mens rea*［犯罪意图］。一般来说，缺少与侵犯要素有关的 *mens rea*［犯罪意图］能使之免责；误认为受害人作出同意的人是无罪的。所有这些都没错，只要误认是有关同意的误认。如果被指控严重犯罪的某人相信受害人想要他实施有争议的行为，那么他是缺少犯罪意图的，当我们有时由此推出结论时，困难就产生了。使得这些"不合理的"误认成为不合理的，是这些不合理的误认根本就不是有关同意的误认。

［125］以交易来解释同意表明了表面上简单明了的推理具有两个缺陷。同意他人对你做某事不是说你对他的行为表示赞同，而是说通过联合你和他的任意而选择他的行为，以期使他的行为与你的合目的性相协调。你是否同意不取决于你对该行为既定的态度，而取决于你是否通过联合你与他人的意志来选择这个行为。因此，同意要求的是任意和各方之间的交易。

不能把同意等同于意愿，因为意愿不要求你规定你将追求什么目的。你能够选择某物，即使你有关它的诸意愿是相矛盾的，

---

[1] Alan Brudner，"犯罪的主观过错：一个新的解释"（Subjective Fault for Crime：A Reinterpretation），载于 *Legal Theory*，14，2008，页 1 – 38；Glanville Williams，《刑法教科书》（*Textbook of Criminal Law*，Stevens & Sons，1983），页 137 – 138，这两者都讨论了 *Director of Public Prosecutions v. Morgan*［1975］2 All ER 347。所有这些关注的都是强奸案，它们提出这样一项主张，即对同意的误解否定了构成冒犯要件的 mens rea［犯罪意图］，亦即否定了这项主张——性交不是合意的。

你是否意愿与他人展开某种互动，对此可能没有单一的答案，同样地，你是否全心全意做你决定要做的任何事情，对此也无需一个单一的、完全规定好的答案。在此，重点不在于你的内心生活始终是一团不协调的混沌，而在于你与其他人达成协议的能力不取决于你的内心没有矛盾。你可以遗憾地同意某事，也可以拒绝同意某事，即使你对这件事念念不忘。因此，某个相信受害人内心意愿他实施犯罪行为的罪犯不能获得辩护，因为这个信念是错的。即使它是对的，它也是无关紧要的。相反，如果受害人同意了，并且把犯罪行为想得很好，但他没有指明心理变化，那么这个变化也只是一个意愿，它还没有给出同意，这个变化不是一个撤回同意的神秘的私人行为。

即使被告人的信念与受害人实施的某个行动有关，也需要把这个行动解释为拟定或接受一份要约，而不是受害人内心思想的某种外在证据。假定某人被安排做一场小型外科手术，在进行手术的过程中，医生问他是否意愿做美容外科手术。病人委婉拒绝了，但医生认为病人非常想做这个手术，只是对手术后果感到不安，于是他决定无论如何也要给他做这个手术。我们再假定医生猜对了病人内心的意愿。［126］这个医生仍然实施了侵犯，即使病人不可能提出控告，或者他提出控告不是出于这同一个不安。外科医生有关病人意愿的正确信念与同意无关，因而即使它是真的，也无关紧要。如果医生误认了病人的意愿，情况也是如此。

相反，为了有效地给予同意，各方之间必须有一个交易。在某人的要约是否被他人接受的问题上，他或她可以犯错，这可能由于他不理解传统的社会提示，也可能由于他人犯了类似的错误而接受了这个要约。当没有任何东西可以算作要约或接受的时候，与某人的需要有关的信念是无关紧要的。唯一可以算作同意的是各方共同行动，但这要求某种公开的行为，借此他们的任意能够联合起来。正如我所说的，在一种意义上，公开的行为，比如说握手，只是表现了目标的统一和任意的同时性，但在另一种意义上，为了实现目标的统一和任意的同时性，则要求某个公开的行为。人们偶尔会在这些事情上犯错——互动的确切条款是什么等。在这些错误中，有些是合理的，正如在任何其他同意的条款上可以展开真诚的辩论。其他错误则是不合理的，如果它们是对各方流露出的想法的解释——不能把病人拒绝美容手术理解为一个接受行为。外科医生可能以为病人是在掩饰，因而对病人的真实需要或意愿会作出各种猜想。然而，这个猜想与同意无关（我们把同意理解为各方之间的交易）。

Ⅱ. 为什么同意如此重要：*volenti non fit injuria* ［同意不构成侵害］

为什么在侵权法和刑法中同意能够为法律辩护提供根据？从交易的角度来理解同意可以直接解释这个问题。*volenti non fit injuria*［同意不构成侵害］，这条法律箴言是自由思想的一个常识，它经常与另一个常识——穆勒的“伤害原则”——相匹配，伤害原则反对的是经受害人同意的伤害的推定意义。［127］然而，把这两者搭在一起并不容易，因为无论建议把伤害的意义理解成什么（伤害被理解为对福利或利益的某种阻碍），倘若受害人对伤害表示同意，那么它仍然是有意义的。伤害原则取决于如下观念，即伤害通常严重到足以超过对自由的运用。但如果保护你免受伤害是限制我的自由的充分理由，人们也可能想到它为何不是限制你自由的充分理由呢？*volenti*［同意］原则也不能说两个人的自由足以超过可能造成的损害。你我不能达成如下这种自愿协议，它授权我们伤害第三方，并宣称在某种程度上我们对自由的运用在一定程度上超过了我们给其他人造成的伤害。*volenti*［同意］原则要求的观念更为雄心勃勃，即你与你选择经历的伤害或风险具有一种特殊关系。它不是说你的自由在某种程度上超过了那些损害。通过改变你和损害你的人之间的关系的道德本质，它要使他们从根本上避免受到侵犯。

同意的交易观念找到了同意和它为之辩护的不法行为之间的关联。如果侵犯他人就是侵犯他们为自己设定和追求目标的法权，那么合意的互动就根本不是什么不法行为，因为它们是合目的性的协调运用。

在一次个别交易中，通过联合你的意志与他人的意志，你能够把你的人格和财产所具有的力量交给那个人，其交付方式须与你规定如何使用这些力量的专有权力保持协调。联合意志的客体可以是你的行为，或者你对他人的行为所负的职责，但不是某种结果，该结果可以脱离我们的能力而被思考为有目的的作用因。你同意我对你或你的物品实施某种行为；我同意你获得特定的物品或服务。当你告诉我可以在你前面的花园里搭帐篷，或者告诉你的医生可以剖开你的身体取出无用的阑尾时，你没有把如下这种权力交给我或交给医生，该权力与你规定将如何使用你的人格和财产的权利是不协调的。相反，通过同意，你让我搭帐篷，或者让外科医生切除阑尾，这是你规定将如何使用你的土地或人身的例子。你有权力把我的行为与你的合目的性整合起来，［128］因为规定你的人格和财产将用来追求何种目标，这属于你的权利，该权利完全是一般的，因而能够把他人的行动也包含其中。

一旦我对你的行为负有职责，我就在某种程度上丧失了对你的行为提出控告的法权；这就像假如我放弃了我的法权，然后你 *de novo*［偷偷］地取得这些法权。相反，通过履行你的行为，你并没有对我实施不法行为。我对自己的状况可能感到有些失望，但我的失望并不产生法律上的不法行为。因为我对它已负有职责，所以它只是我的问题。当我的同意不具有这种缺陷时，情况也是如此。

我对自己的行为负有职责或者当我通过契约或同意使你的行为成为我的行为从而对你的行为负有职责，这个要求是一个与法权和责任有关的规范性要求，而不是一个与我对之负有职责且受我控制的物有关的形而上学要求。在你带我参加滑翔伞运动之前，我签署了弃权书，这时我没有断言或承认我对滑翔伞运动无所不知；我对将要发生的事情负有职责，包括对那些你我都不能控制的事情负有职责。对控制之外的事情负有职责，这听起来像是一场任性的豪赌，但它实际上是能够设定和追求目标的人类生命的最常见的特征。使某物成为你的目标就是使用你的手段追求这个目标，即使你通常不能保证获得成功，也不能保证避免那些令人讨厌的负面效果。当你对他人的行动负有职责时，你就把自己的合目的性与他或她的合目的性联结起来了，而且，该联结通常没有确保成功或者避免负面影响。当你这样做时，你并没有受到所发生的事情的侵犯，因为你所做的是你一直在做的——在一个不确定的世界上行动。

Ⅲ. 当同意无足轻重时

通过对某事表示同意，你使他人的行动成为你的自由的表达。同意提供了辩护，因为你运用你的自由不可能是侵犯你的自由，因而不可能构成对你的侵犯。在某些情况下，人们一般不认为同意提供了辩护。在某些情况下，据说同意是有缺陷的：如果同意是借助欺骗或强迫获得的，［129］那么它或者不是真正的同意，或者是同意，但却是无效的同意。在其他情形下，人们认为有争议的不法行为超出了个人同意的效力范围。对于谋杀或故意伤害的指控，同意通常不构成辩护。

这些例外在法律理论中是无可争议的，但就是脱离了法律理论，它们也具有相当大的直觉力量。法律道德主义的捍卫者经常援引这些例子来使对手陷入窘境。德夫林勋爵（Lord Devlin）就使用合意的谋杀事例，主张任何内在一致的法律体系最终必须植根于公民的情感，而不是他们对个人自由所要承担的责任。❶ 克里斯托尔（Irving Kristol）援引公共辩论赛的例子来强调他视为对自由构成必要限制的东西。克里斯托尔认为，公共角斗是令人反感的，任何国家都应该予以禁止，即使可以表明它们完全是合意的。❷ 穆勒伤害原则的捍卫者，包括范伯格（Joel Feinberg），试图强调野蛮的公开表现所造成的间接伤害，以此来削弱这些例子的力量。❸

这些例外对同意的交易解释构成了明显的挑战，因为该解释似乎是形式的，因而独立于实在的关联，这个关联指的是与所同意的活动价值有关，或者与接受这些活动所依据的条款有关。与欺诈不同，这些例外表现为实在的（康德所谓“质料的”东西）而不是形式的。质料原则和形式原则之间的区别对于同意受到的限制范围来说具有重要含义。如果作为辩护的同意的可获得性取决于对各种活动价值进行公共评估，那么德夫林和克里斯托尔就是对的，国家——如果它作出选择的话——可以禁止某些活动，这些活动被认为导致人心败坏，即使它们是由作出同意的成年人实施的，或者就此而言，即使是在没有其他任何人参与的情况下由某人对他或她来实施。如果能够对这些例外展开形式的分析，那么就不能把使人败坏和对价值的公共评估纳入这些例外。

---

❶ Patrick Devlin，《道德的强制执行》（*The Enforcement of Morals*，Oxford University Press，1965），页6。

❷ Irving Kristol，“色情作品、淫秽与审查制度的情况”（Pornography，Obscenity，and the Case for Censorship），载于 *New York Times Magazine*，3月28日，1971。

❸ Feinberg，《无害的不法行为》（*Harmless Wrongdoing*，Oxford：Oxford University Press，1990），页128－129。

［130］首先来考察一下强力和欺诈。如果认为同意是心理态度或公开表现，那么在强力或欺诈的状态下，某人接受或同意某物，这就已经作出同意了。对某人使用强力或欺诈，其重点在于使他接受有疑义的条款。因此，他们是否已经接受，该问题已有一个明确的答案了。从这个角度来看，唯一的缺陷——它可以与强力或欺诈的使用有关——必定在为获得接受而使用的方式中产生。

人们也许会认为，以欺诈方式获得的同意不是真正的同意，因为为了对某事表示同意，你必须理解你所同意的东西以及你据以同意的条款。如果我明知却错误地告诉你说我的滑翔伞保养良好，而你同意对我们滑翔时遭遇到的危险负起职责，那么你同意的是在安全的滑翔机中滑翔，而不是在危险的滑翔机中滑翔，因而你实际上对我们所做的并不同意。这个处理方式的困难包含两个方面。第一，人们经常对他们不完全了解的事物表示同意，而同意又是有效的。而且，与契约进行类比是有益的。当事实上所有迹象都表明某物价格在下跌，我可能还怀着价格会上涨的期望而同意投资该物。我误认为除非附近有山岭或高层建筑，否则不会有下行气流。我已经作出同意，即使我是由于误解才同意的。与这些基于疏忽而产生的不实陈述有关的例子都具有这个结构。审计员或公共称量员证明某些量度或会计制度是可靠的，如果陈述是粗心大意作出的，那么陈述人要对交易人或投资人遭受的损失负责，即使他或她对之要负起职责的行为是由于信任审计员或公共秤量员的证明作出的，而该证明又是基于坚信重量或账目是准确的。由此我遇到了第二个困难，也是更为一般的困难：欺骗会以某种方式妨碍真诚的同意，而对该方式的强调会导致忽视欺骗者的作用。

对强力也可作类似的考察。通常说来，人们同意某些事情是由于境况使然；某人同意作有创手术是为了避免疾病或死亡。我们不能由此推出同意是无效的。［131］如果你受到境况压制，因而可能主张压制性的境况阻止从你的行为推导出你的动因或品质，那么你在刑法中就可能拥有一个借口。但是，这与你和对方之间的关系无关。事实上，在紧急避险或者胁迫的情形中，人们通常认为受压制者要对受害人承担民事责任。你为了救助自己的生命而破门入室，这不会让你蹲监狱，但你要对自己造成的破坏承担侵权责任，因为你仍然对他人的财产造成了破坏，即使你不必承担所有责任。在立约或同意的情形中存在很多风险，但协定仍然是你作出的。由于对方的地位不同，强力也有所不同。❶

与一味强调同意一方的处境不同，交易解释必须强调各方之间的关系，其目的在于表明，在强力与欺诈的情形中，同意由于缺少联合意志而无效。欺诈和强力阻止协定各方联合他们的意志，因为实施强力或欺诈的一方已单方面规定了将如何使用对方的手段。在欺诈的情形中，一方不实地陈述处境以使对方作出同意，但结果是在缺乏联合意志的情况下达成了协定，因为各方缺少共同的条款。❷ 在互相误解的情形中，协定也可能缺少共同条款，以至于我认为我同意的是某事，而你认为我们同意的是另一件事。在这种情况下，由于缺乏共同条款，协定是无效的；对于我们所有的协商而言，我们彼此实际上只是在谈论过去。欺诈则有所不同，［132］因为对处境故意作不实陈述必然导致不可能

---

❶ 可能存在一些情形，在其中，自然状况或社会状况导致交易实力过分悬殊，以至于契约被判定为显失公平。把误解和欺诈相混同是错误的，基于这同一个理由，把上述情形与强力相混同，在我看来也是毫无助益的。相反，上述情形反映了一个潜在的推定，这个推定是由合法权的正派责任产生的，该责任说的是，某人不能试图成为其他人单纯的手段。通常的法律审查——欠缺捐赠意图和交易在其中得以展开的运转中的市场——反映了这个观念。上述因素使法院有兴趣确保这个观念之实现过程得以完善，对此可参阅 Seana Shiffrin，“家长制度、显失公平学说与调整”（Paternalism, Unconscionability Doctrine, and Accommodation），载于 *Philosophy & Public Affairs*，29，2000，页 205－250。

❷ 若根据康德的结构来分析，要约和同意这两个“预备行为”尚未完成，因而还不具备某些条件，根据这些条件能够完成“各方借以联合其意志的建构行为。”

有什么联合意志；欺诈并不假设他与受骗人分有联合意志。当然，受骗人认为有一个联合意志，因而有一个协定。这就是他成为受骗人的原因了。❶

在强力的情形中，无论是直接施加强力还是以强力相威胁，由于一个不同的原因而不可能有联合意志。问题不在于某人由于受到诱惑甚至极大的诱惑而作出同意。其他某个人给予一个诱惑，该诱惑形成了一个动机，人们几乎一直是出于这种动机而作出同意的；我签署弃权书是因为我想你带我去滑翔；我同意外科手术是因为我想你切除我无用的阑尾。在强力的情形中，所给予的动机是给予该动机的人无权给予的，它通常是对方的生命或人身的健全。虽然自我保存可以是某人的目标之一——正如在医疗情境中同意所澄清的——但各方只能在他们对之拥有合法权的权力的物上联合他们的意志。在联合他们的意志时，各方运用他们享有的法权来产生新的法权和义务。此即为何你不能单方面把某物转让给他人；你转让的权利与对方接受的权利需要组合起来。如果我出于威胁而同意做某事，威胁我的人就把他没有法权给予的东西给予我了。因此，即使条款清楚明了，它们也不是对各方各自法权的运用。❷

---

❶ 原则上，上述分析也能适用于如下情况，即第三方 C 实施了欺诈，而 B 已意识到 C 的欺诈，结果 A 同意与 B 展开互动。虽然 B 没有实施欺诈，但仍然欠缺共同条款。如果 B 没有意识到欺诈，法庭可以为 A 提供救济，即撤销先前的契约，但法庭不能因为 B 和 A 已经联合起他们的意志就以 B 受到侵犯或殴打而向 A 提供救济。

❷ 若根据康德的结构来分析，两个“预备行为”不会产生任何概念的困难，因为条款是共同的，但在两个“建构行为”上却存在困难。原则上，这个分析能够扩展到如下情形，在其中，作为第三方 C 威胁的结果，A 同意与 B 展开互动。如果 B 意识到威胁，那么 C 没有正在实施威胁就成了契约的隐含条款，因而 B 通过参与互动而侵犯到 A。如果 B 没有意识到威胁，那么 B 参与互动就没有侵犯到 A。在上述情况下，法庭可以为 A 提供救济，即撤销先前的契约，但法庭不能因为 B 和 A 已经联合起他们的意志就以 B 受到侵犯或殴打而向 A 提供救济。

Ⅳ. 质料的例外：奴隶制与谋杀

[133] 同意不构成对谋杀指控的抗辩。在英国法律中，至少在赖特案中，❶ 同意不构成对故意伤害指控的抗辩。在这个案件中，当乞丐向被告行乞时，他请求被告弄残他以使自己更加凄惨可怜。法庭接受了被告对事实的描述，但认为“根据公共政策”，受害人的同意在该案中不构成抗辩。在近期更多的案件中，法庭认为在致命的合意互殴中，受害人的同意不构成抗辩。根据德国刑法，在非常有限的情况下，同意可能会把谋杀指控减轻为过失杀人指控，但它不会使杀人成为合法权的。❷ 这些例外是司空见惯的，大多数人发现它们是理所当然的和显而易见的。排除奴隶契约这个对契约法的限制也是如此。虽然有些哲学家在有关“自我所有权”的论题上感到欣喜，并试图为这些论题辩护，但这些辩护却是半心半意，它们通常受到某些中止诉讼程序的申请的限制，这些申请与无法应用的必要情况有关，与相互竞争的价值有关，而环境和价值又都是外在于同意和契约问题并且比它们更为重要的东西。

这些质料的例外看起来与交易的解释处于紧张之中，因为它们似乎阻止某人对他或她想要负起职责的事情负起职责。因此，它们可能表现为这种家长制观念——保护人们免受其贫弱判断力之害——的延续，或者表现为自杀是不法的这种观念的延续。然而我主张的是，它们不仅与交易的解释保持协调，而且实际上还

---

❶ Co. Litt. f. 127 a - b (1603)。

❷ 虽然有关该理论的最著名的事例是如下这个有关吃人者的恐怖案例，该吃人者在因特网上公布了受害人，并把整个过程录制下来，但这个理论更经常地出现在某些情形中，在其中，谋杀是基于怜悯才作出的。

以之为前提。我将在构成交易解释基础的私人互动这个更加宽泛的观念上具体阐述这些事例，以此来证明我的主张。你不能对你自杀或自我奴役作出同意，因为它不处于你联合你的意志与他人意志的规范性力量之内。

每个人都有权追求他或她可能拥有的任何目标，只要他们追求的方式与其他人追求目标的类似自由保持协调即可。在这个意义上，私人是自由的，彼此是平等的。私人自由、彼此平等是一个更为一般的理念，以它为背景，对于同意的交易解释来说，同意是至关重要的。[134] 在平等的自由政体中，人们是独立的，他们能够做自己喜欢的事情。结果，当与其他人发生互动时，他们能够做自己喜欢的事情。同意对于该图景来说是至为根本的，因为它使人们能够修改边界，由于人们特有的目标，这些边界使得他们平等的自由与其他人平等的自由可能保持协调。此即为何同意可以构成抗辩。它使某人可以许可他人做某事，而如果没有同意是禁止做这件事的。这样，它让每个人都规定他或她与其他人进行互动的边界。而且，它让每个人在与特定人协商或协调时规定边界，每次只规定一条边界。因此，我不需要邀请每个人来我家，我可以决定对你来我家表示同意；相反（服从反歧视法），我可以邀请公众来我的商业事务所，但作为例外的是，我不让你进来。

并不是两个人可能意愿订立的每个协议都与相互自由的背景是相协调的，因为该背景是由每个人人性中的内在法权建构起来的，正如我们看到的，每个人人性中的内在法权就是独立于他人任意的独立性法权。康德强调的是人格和物之间的区别，这反映了人性中的内在法权具有的规范上的优先性。因此，在《法权学说》导言对法权的划分中，康德指出，我们难以想象“人与只有责任却没有法权的存在者的法权关系。”❶ 他指出该范畴是空

---

❶ 6：241。

洞的，因为这些范畴是一些“没有人格性的人（农奴、奴隶）。”在取得法权的划分上，他指出只有三个可能的范畴：物权、对人权和（物权性的）对人权，因为第四个范畴——对物权——必然是空洞的。[1] 康德没有把人格和物之间的区分作为理论要求提出来，而是主张这个区别乃是法权的道德本质所固有的含义。法权始终支配着自由个人之间的互动。［135］在自由个人所能享有的诸法权中，存在这样一种法权，它通过契约把他们的法权变更为针对其他人的法权。正如我们在第3章看到的，契约隶属于取得的法权，因为如果说为他人做某事是可能的，而人们又不能对他人的履行行为享有权利，那么为他人做某事将构成对自由的专横限制。因此，契约的权力构成了内在法权的拓展。但同时，契约的权力还受到合法权正派这项责任的约束，因而契约不能把人格变成物。

如果同意被表述为这样一种方式，按照这种方式，某人通过任意的单方面行为为某事负责，那么决定成为他人的奴隶可能看起来就和其他决定没什么区别了。假如既没有强力、也没有欺诈，那么它不过是一件某人决定要做的事情。

康德反对奴隶契约，这取决于他对契约有着更为广义的理解，而该理解又取决于普遍法则下的自由法权这个更广义的观念。两个人联合他们意志的可能性预设了每个人都有能力对其行动负起职责。因此，你联合你的意志和他人的意志所依据的条件不能作出如下预设，即预设两个意志中的某一个不具有法律上的关联性。其他人可以取得你的财产或特定的行为，但不能取得你的人格，因为你的人格是你为自己设定目标的权利，它构成了你能够对行为负起职责的背景条件，无论该行为是你的行为还是其他人的行为。换句话说，两个人只能按照某种方式共同行动，这种方式是与他们的自由相协调的，假如他们在联合其目标的同时

[1] 6：357。

还保存了各自的合目的性的话。

从这个视角来看，奴隶契约的问题在于，奴隶制是法律人格性的虚无化：奴隶成了客体，完全服从主人的任意。就此而言，奴隶不能承担义务，因为她没有合法权的权力来束缚自己。只有主人拥有这种权力。然而，一旦据称她已经转让了她的受拘束的能力，她就不再能够受到法律的拘束了，因而根本不负有任何契约责任，对主人也不负有任何契约责任。契约在契约各方之间产生了新的法权和责任；奴隶契约据称对奴隶构成了束缚，同时也消灭了她的法律人格性，因而她不可能在其自身法权中受到拘束。因此，不服从的奴隶并没有侵犯她的主人，［136］因而，虽然主人或许能够强制她，但主人没有权利通过强制执行法权来强制她。奴隶没有从主人那儿夺走任何东西，因为转让一切的契约等于什么都不能转让。

合法权的正派是一项责任，我们也能够使用这个词汇来表述这同一个论点。正如我们在第2章看到的，就像所有与法权有关的责任一样，合法权的正派这个“内在的责任”限制着某些方式，按照这些方式，某人对他或她的自由的运用能够与法权的普遍原则保持协调。你的任何合法权行为都不能把你束缚在这样一种状态，在这种状态中，你从属于他人的任意。因此，对运用自由的限制必须是对自由的保存。

一方面，上述对奴隶契约的内在不一致的论证类似于康德在伦理学中常说的“观念中的自相矛盾”，但另一方面，这两者又是截然不同的。当康德在《基础》中主张虚假承诺不能成为一条普遍法则时，他强调的是该法则要求所有的承诺既被遵守又不被遵守。❶ 然而，奴隶契约的困难不在于这种契约获得普遍化的可能性，而在于它们所预设的关系的形式。就你有权为自己设定

❶　Kant，《道德形而上学基础》（*Groundwork of the Metaphysics of Morals*），4：422。

目标而言，你只能变更你的、与他人有关的法权和义务；奴隶契约既预设又反对这项权利。正如康德所言，一旦你终止了这种契约，你就不再受其拘束了。❶ 康德强调的不是你将不能履行这种契约义务；人们承担他们不能履行的契约义务，他们也仍然受到这些义务的拘束。相反，问题在于奴隶不能负担任何法律义务，因而不能负担被认为是契约条款的服从义务。正如奴隶确实可以别的方式思考，主人也可以如此。但各方意愿产生上述关系，该事实并未表明他们就能产生这一关系，因为他们的契约包含一些不协调的条款，因而不能成为同意的对象。

你的自由法权是不可转让的，［137］这个理念是从每个人人性中的内在法权和契约的规范性结构之间的关系推导出来的。奴隶契约是内在不一致的，因为奴隶既是人格又是物，他负有执行主人命令的义务，但不是享有法权的存在者。某物既是人格又是物，这种不协调不是逻辑的，而是规范的。每个人对自己人格的法权是不可转让的，康德并未试图把这个不可转让性奠基于如下这个理论要求，即所有权概念不能是反身的（reflexive）；他指出，转让你的人格与每个人独立于其他所有人的任意这项内在权利——该权利是任何人拥有转让法权这种权力的前提——是不相协调的。❷

这个分析不取决于对屈从之恶的任何实质性的关心。康德在《德性学说》（*Doctrine of Virtue*）中有力地表述了上述关心，但是，正如他在《费耶阿本德自然法权》（*Naturrecht Feyerabend*）

---

❶ 在《理论与实践》中，康德以如下方式指出这点，他说，某人“不能通过任何合法权的行为（无论是他自己的行为还是他人的行为）停止对自身的合法权的占有”（8：293）。

❷ 科恩（G. A. Cohen）指责康德试图“从一个概念来寻找规范性的论证”，参阅《自我所有权、自由与平等》（*Self - Ownership*，*Freedom and Equality*，Cambridge：Cambridge University Press，1995），页212。康德对人格和物之间的区分所作的论证本身是规范性的。在某种意义上，奴隶契约的问题反映了奴隶制本身的问题，这处于康德主义者如下解释的核心，他们解释了每个人享有的独立于其他人任意的权利。

讲义中所言，作为一个法权问题，只要与法权有关，你就能够以自己的人格去做你想做的事情。❶ 处于屈从地位的个人一直执行他人的命令，他可能把不成熟加给自身，尽管如此，他始终有权成熟起来。❷ 签署了奴隶契约的个人处于根本不同的处境，他放弃了设定和追求自身目标的权利以及履行其义务的权利，其中包括契约所规定的权利。奴隶契约不再幻想对合目的性的法权，而屈从的性质是对该法权的运用，即使该性质是一种恶劣的和令人讨厌的性质。人们有权设定和追求他们自身的目标，这个理念包括以不可能有结果的方式来设定和追求它们的权利。

根据“公共政策”，据说奴隶契约有时是无效的，但如果理解恰当的话，这一构想只不过强调了康德的论点。有关的政策概念在此不是结果论的。[138] 相反，它关注的是契约政体（a regime of contract）这个更为宽泛的前提，根据该前提，你只能通过契约来转让民事法律体系所说的你的“遗产”。❸ 正如我们在第三章看到的，取得的法权始终具有一个“我的和你的”的结构，因而虽然某个特定的个人享有该法权，但它本能够内在地属

---

❶ Kant，《费耶阿本德自然法权》（*Naturrecht Feyerabend*），Lars Vinx 译（待出，2003），27：1334。

❷ Thomas Hill Jr.，“屈从与自尊”（Servility and Self - Respect），载于 *Monist*，57，1973，页 87 - 104。

❸ 依据公共政策而据称无效的其他契约也不是某人的遗产。向官员行贿的契约不可强制执行，因为该官员不能使其职位从属于他的私人任意，因而是否履行公职责任并不从属于他的任意。结果，在那些公职责任的行为方面，官员的任意不能与他人的任意联合起来。基于同样理由，在选举中给候选人投票的契约也不可强制执行：公民投票的法权不是被用于私人目标的私人权力。有些法庭认为，改宗或践行某种宗教的契约也不能强制执行。投票的法权、某个政府机关的权力、宗教自由根本上不同于你对自己的行为和占有的法权。投票的法权是某人在自己作为公民的能力中享有的东西；官员的事例只是投票法权的一种较为狭义的情形。规定你将践行何种宗教的法权是一个具有相同结构的其他事例：法律许可你立下宗教誓言并身体力行，但不允许其他人强迫你这样做，或者把你束缚在这样做的契约上。其他突出的例外包括违反信托义务的契约，其中又包括公司经理（行贿事例的私人变型）和父母（不适当地为子女接受儿童赞助或者为回报获得的报酬而回避作为监护人的义务）。在这些事例中，某人占有但不使用财产或他人，因而不能接受了报偿却不履行随之产生的责任。

于他人。所有权是该结构最明显的事例：它是我的马，但如果你取得了它，你将取得与之相关的、同一系列的法权。行动具有相同的“我的和你的”的结构：如果我为你理发，我可能也为其他人理发，或者你已让其他人为你理发。有关的法权结构是相同的。比较而言，你在自身人格中的法权不能属于其他任何人。正如我们在第 2 章看到的，它是内在的，因为它不要求产生它的肯定行为；仅只由于你的人性，你在自身人格中的法权是你享有的东西。它不能内在地要求一个产生它的肯定行为，因为足以产生诸法权的肯定行为预设了人们能够先于肯定行为而实施诸法权。那么，你的人格是你交给其他任何人的任何权利的前提，因为它是你把与你的人格有关的法权交给其他人的能力，这些法权包括对你的行为和你的财产的法权。[139] 你能做的绝大多数事情是把对你的人格或特定行为作特定使用的法权交给他人。那么，正常不过的是，任何企图转让它的行为都必定失败，因为假如你的人格性要在联合中保存下来的话，那么你只能把你的意志和他人的意志联合起来。❶

康德简短地讨论了奴隶契约，该讨论是在奴隶契约的最纯粹的形式中来描述它们的。有关奴隶制和农奴制的许多历史事例都许可奴隶拥有某些法律权力。例如，罗马法下的奴隶能够继承，能够进入对其主人构成拘束的契约。康德没有因为这些差异而作一些与这些事例无关的分析。康德评论说，虽然你可以把对某个特定履行行为的法权交给他人，因而可以把使用你的某种权力的法权交给他人，但你不能转让这些权力。限制转让你的权力类似

---

❶ 有时候，“自我所有权”的捍卫者总结说，奴隶契约是具有拘束力的，因为某人有权以其人格做他想做的任何事情。上述解释要求说明康德的两个问题——法权根本上如何能被转让（自我所有权的理论家们提供了这个说明），以及当某人能被转让并且还对受让人承担责任时，什么东西被转让了。虽然我不能表明这些问题不能获得解决，但康德的论证表明，某人可能认为上述转让是有利可图的，但这个单纯的事实并不表明它能够产生某人把他人据为己有的法权。

于限制转让你的人格。假如我想给你某一法权，该法权不是我为你提供这个那个服务，而是你永久地控制我手臂的使用。这个协定的困难在于，它会限制我运用其他任何法权的权利。因此，没有你的许可，我就不能签订契约，或者把（我的手臂）从一处移至另一处。接下来，这意味着你指导我的手臂，我做任何事情都不许与你的指导相违背，因而即使我保留了各种其他的法律权力，我整个人格也仅仅是一个客体，因为你有权规定我是否运用这些法律权力。更一般地，虽然某种形式的奴隶制给奴隶保留了某些法权，但它把如下法权赋予主人，即通过规定奴隶能以其人身做什么来规定奴隶能否运用那些法权。［140］因为奴隶无权决定是否运用他的法权，所以受到限制的奴隶契约包含一条内在矛盾的条款。摆弄这种想象出的契约条款是不能解决问题的，因为潜在的问题是，就你是一个自由存在者即自身的主人而言，其他人只能提出一个针对你的法权请求，亦即只能限制你的自由。

这把我们带到了合意的谋杀。奴隶制不同于死亡，但有人把它的特征描述为某种形式的社会死亡。❶ 从平等的自由体系这个立场来看，相反的观点更具有关联性。死亡只是一个生物学上的事实；比较而言，谋杀则是某种形式的生物学上的奴隶制，因为谋杀犯决定着受害人是否继续活下去。同意不构成对谋杀的辩护，其理由与你不能把自己的状态收缩为奴隶状态的理由是一样的。在两种情形中，人们可能按照与其各自的自由相协调的方式来共同行动，这一可能性预设了他们能够通过联合来保持他们的独立性。❷ 这使得联合意志成为对他们的自由的运用。因此，互

---

❶ 参阅 John Rawls，《作为公平的正义：正义新论》（*Justice as Fairness*：*A Restatemen*，Cambridge，Mass.：Harvard University Press，2001），页 24。罗尔斯引用了 Orlando Patterson，《奴隶制与社会死亡》（*Slavery and Social Death*，Cambridge，Mass.：Harvard University Press，1982）。

❷ 康德把身份关系视为这样一种关系，在其中，某人占有但不使用他人，康德的这个观点反映了同一个要求，即通过联合来保持独立性。

动的条款与协定的条款必须与他们对单独性（separateness）的保存保持协调。

因此，同意作为谋杀的抗辩，它所面临的困难表现了谋杀（作为生物学上的奴隶制）和死亡（作为单纯生物学上的事实）之间的差异。合意的谋杀要求的是，某人取走他人的生命构成了协定的一个条款，因而后者要放弃以法权抵制前者使用强力的任何请求。正如我们看到的，你只能通过把做某事的法权交给某人，由此同意他实施这个行动，这等同于承担起许可他人做某事的义务。受害人不能承担这样一种义务，即许可自己被看作一个客体；如果他是一个客体，他不能负有任何义务。因此，受害人既是人格也是物，这在规范上是不可能的。

受害人必定会把上述法权交给侵害人，对这个法权的关注承担起一个任务——比较以下两个情形：第一个情形是某人同意被杀，第二个情形是某人同意参与某项活动，该活动具有死亡危险，［141］甚至重大危险，比如滑雪或跳伞。在这类情形中，联合意志这个条件不以侵犯他们各自的单独性为前提。甚至在这样一些运动中，其危险不仅是损害或死亡，而且是因对手的活动而导致损害或死亡，那么各方同意的不是某人对他人做某事，而是同意两个个人按照某种方式互动，他们可以预见到这种方式将会损害其中的一方或双方，而且一方或双方可能由于这种方式而死去。合意下的拳击比赛或许比这里描述的更加野蛮。我只想指出，按照某种唯一的方式，人们可以把拳击比赛视为会导致损害的合意活动的一种情形，这种方式是可以把拳击比赛表现为力量的竞争，其中每一个选手都使自己能够成为目标，同时试图打败对方，但当一方倒下时，另一方无权再发起攻击。

以死亡为目标的、合意下的争斗——克里斯托尔所说的格斗赛——有所不同。不能把它表现为具有重大危险的、合意下的竞赛。在这个事例中，每个格斗者都把生死大权交给对方，当失败者投降时，胜利者也尚未产生。因此，它是这样一份协议，在其中，受害人成了单纯的物，因而各方不能对它表示同意。[1]

这似乎是对格斗赛的错误描述，在格斗赛中，对抗的权利似乎是协定的条款。但如果某人不能同意被他人所杀，那么两人中的每一个都不能同意被对方所杀。与此相反，格斗者不享有捍卫自身的法权；想象出的契约条款要求的是每个人都同意成为物，两个物争斗致死，其方式有如人们有时候为娱乐观众而让动物争斗致死。

我对拳击赛和格斗赛进行比较，并不想声明自己支持拳击，或者在一个不太引人注目的场景中，点评对致人死亡的、合意下的争斗进行界定的最佳方式。［142］在这个层面上——我试图在这个层面上发展和捍卫康德的理论——康德的理论是抽象的，它没有对诸多个案进行界定，只提及与界定个案有关的诸多因素。这个重要的比较是在以下两者间展开的：对具有死亡危险、甚至重大危险的事情表示同意，以及对死亡表示同意。后者保证同意方不能受到拘束；协定的条款提供了这项保证，因而即使受害人幸存下来，协定也不具有拘束力。

当你的人格缺少行为和占有所具有的“我的和你的”的结构时，我们对这种人格进行比较，这个比较还为思考其他案例提供了一个框架，在这些案例中，据说同意有时候并不是辩护，比如毁损，包括赖特案，以及请求搞残自己以便获得更多施舍的乞丐。在某人永久地改变他人人身结构的许多案例中，很少人会主张同意不是辩护。除了显而易见的医疗案件外，美容手术，包括耳朵穿孔和刺青，如果没有达成合意，都是不法的，但如果达成合意了则是不可反对的。贯穿于如下这个推理链条的合意下的毁损看起来是不同的：你的人身只是你的人格（此即为何对人身实施犯罪就是“对人格的冒犯”）；人身的“构件”不是部分，而

[1] 仅当我们想象该协议包含一个在先的契约，因而每一位格斗者的同意都是不可更改的，上述问题才变得尖锐起来。

是构成一个本质的统一体，❶ 以至于剥夺某人部分的人身就是剥夺她部分的一般合目的性。这条推理链条不乏魅力之处，尽管它可能亦有一些不合情理。魅力与不合情理反映了不同的考虑，人们可能拿这些考虑来规定致残——比如刺青——是否只是按照某人极其特别的口味对她进行修饰的方式，或者相反，致残——如谋杀那样——是否消除了合目的性。在抽象的层面上，作为联合意志的同意这个理念将发挥作用，它没有给上述问题提供具体的解决方案，尽管它展示了它们在争论什么。

反对奴隶契约的论证不同于在道德上禁止屈从❷，按照这同一种方式，阻止把同意作为谋杀抗辩不同于在道德上禁止自杀。[143] 康德在《基础》中提出一项著名主张，即理性存在者不

---

❶ 6：278。

❷ 因为它不取决于自杀的不法性，所以在这样一些情形中——在其中，绝症病人没有能力自杀——禁止同意作为谋杀的辩护并不能自动排除帮助自杀的合法律性。某人通过他人而实施行动，在这个意义上，上述情形似乎是合意谋杀的直接事例，因而被帮助者应对夺走其生命的那个人的行动负责。就此而言，他们似乎遇到了某种不一致性，它使合意谋杀陷入了困境。在民法体系和普通法体系中，试图区分帮助自杀与合意谋杀将面临巨大的困难，这个困难是由一条常见的法律规则产生的，即为保存他人生命而展开行动的某人通常（尽管可被推翻）必定是为了他人的利益，因而不会损害他人。内科医生救护无意识的病人，他有权因其服务获得报酬；某些人为了救助他人（但不是财产）而受到损害，他们能够从最初造成危险的那些人那里获得侵权赔偿。在这些情形中，法律把每个人视为拥有维持其持续的合目的性的目标，这个目标甚至可以适用于如下情形，在其中，内科医生救活了一个试图自杀的人。上述任何学说都不会妨碍凯欧克因型（Kevorkian - type）的帮助自杀，在凯欧克因型（Kevorkian - type）的帮助自杀中，某人为他人提供了能夺走其生命的机制（[中译按] 李普斯坦教授所说的“凯欧克因”，应当指的是美国著名病理学家、提倡安乐死的先驱者杰克·凯欧克因，其生平事迹可参阅：http：//baike. baidu. com/view/4006036. htm）。主动的情形似乎要求不同的分析，因为希望结束自己生命的人有能力自己结束却不结束，相反，他想他人代为结束。在上述情形中，同意似乎不能成为辩护理由。或许可以提供一个论证，该论证与康德式的法权概念相协调，根据该论证，存在一个在先的指示，它授权代理人为了病人的利益而行动，但病人应该处于无意识状态，否则代理人就不能为了病人而行动，这个在先的指示可能包括两个方面：不再延续生命和采取积极措施。如果能够表明在病人将来不可能实施合目的性行动的情况下，这是一个为了病人的目标而行动的例证，那么或许可以把这个例证视为作为法律监护人的某人为了被监护人而展开行动的例证。但这只限于上述情形。

能采用自爱准则，根据该准则，某人“在生命期限的延长只会带来更多痛苦而不是更多满足的时候，我就把自爱准则当作我缩短生命的原则。”[1] 康德论证说，不能把该准则设想为一条普遍的法则，因为它违反了自身的前提。无论它获得成功还是有所局限，反对自杀的伦理论证都不影响法权，因为它关心的只是所追求的目的与追求该目的所使用的手段之间的关系。正如康德在《法权学说》导论中清楚指出的，行动者的目的与他或她使用的手段之间的关系不影响法权；只有与其他人的互动形式才对法权产生影响。因此，自杀的不法性并不构成论证。[2]

Ⅴ. 结　论

[144] 同意之所以举足轻重，是因为它是自由的个人共同运用其自由的条件。继而，自由独立于运用它的具体方式而发生作用：每个人都有权设定和追求自己的目标，这只服从于如下条件，即他或她如此行动的方式是与其他人为相同行为的权利保持协调的。这个有关自由的朴素解释不允许根据任意之重要性的公共指数来对不同的任意作出评价。相反，它要求的只是自由的个人才在道德上能够共同变更各自的法权和义务。

---

[1] 《基础》(*Groundwork*)，4：422。

[2] 公司能够对消灭自己的法律人格性（通过收购或停业）表示同意，因为在以下两种意义上，公司的人格性是衍生出来的。第一，公司是一个取得法权的结构，个人通过该结构展开行动。第二，公司不具有完整的人格性，因为它无权使用自己的手段来设定自己意愿的任何目标。公司的经理和高管们要对为达成公司所有权人的目标而实施的行为负责，或者在慈善公司的情形中，对创立者负责。他们不能设定或追求自己认为合适的任何目标，并且当解散公司有利于公司的有限目标时，他们可以这样做。

第 6 章　自然状态的三个缺陷

[145] 国家声称自己拥有任何私人都不能拥有的权力。它们不仅能够征税、监禁不法行为人；能够有约束力地解决私人争端，还能基于公共健康而限制行动者，以及规范社会生活的其他方面。有限政府的捍卫者坚持认为，国家做这些事情的权力必须受到基本的限制。什么因素能够适当限制这些权力的运用呢？然而在这个问题之前，权力自身的证成性是一个更为根本的问题：国家机构的职员是一些容易犯错的普通人，那么如何能够授权这种国家机构对人民做某些事情，或者向他们要求某些东西，而任何人却无权自己来做这些事情或提出某些要求呢？正如康德指出的，所有的实在法都是偶然的，是由制定它们的人选择的（*willk ürlich*）。某人改变其他人的规范性处境，同时又与其他每个人独立于他人之任意的权利保持协调，这如何可能？此为政治权威的根本问题。

在本章中，我要展开康德有关政治权威的论证，因为他正是在解释由私人法权向公共法权的过渡中提出政治权威的。社会契约传统提出了自然状态以及需要脱离自然状态这样一些词汇，康德正是采用这些词汇来论证的。尽管使用的是相同的词汇，［146］康德并没有像霍布斯或洛克那样强调自然状态的经验性缺陷，比如自爱和有限的知识。康德的论证是先天的，因为所有论证都内在于取得的诸法权的各种概念中。康德把自然状态描述为纯粹的私人法权体系，它只包含支配私人互动的道德原则。❶ 如果在欠缺公法的情况下并且在作为私人法权体系的纯粹形式中来理解的话，那么从法权的视角来看，在以下三个不同方面，自然状态在道德上是内在不一致的。第一，与法权有关的实践理性悬设表明了取得的法权在道德上是自由的必然扩展。但康德论证说，在自然状态中取得对任何东西的法权是不可能的。第二，法权必然是可强制执行的——法权是强制的权利——但在自然状态中取得的法权是不能被强制执行的。第三，作为平等的自由体系的某些方面，私人法权应用于个案只能根据某些标准来规定，这些标准不是争议一方对判断的单方面运用，但在自然状态中却不能设立上述客观标准。自然状态存在的每一个缺陷都是一个与法权体系的内在要求有关的理论困难。这些缺陷与霍布斯或洛克描述的不同，它们没有反映人类的有限性；“不管人类可能多么温顺与守法”,❷ 这些缺陷都一如既往地存在着。

能够弥补以上每个缺陷的是一个拥有私人性公民所不具有的道德力量的机构。比较而言，这三种弥补方式如同共和政体的三个部门那样乃是相互关联的。立法部门负责立法，行政部门负责贯彻和强制执行法律，司法部门负责把法律应用到有争议的个案。❸ 这些功能是有差别的，因为只有立法部门拥有立法的权

---

❶ Kant，《伦理学讲义》（*Lectures on Ethics*，Cambridge：Cambridge University Press，1997），P. Heath 译，27：589。

❷ 6：312。

❸ 6：313。

力。它是作为人民的声音来行动的，因而是人民的自我统治；康德评论说，人民是通过最高统治者“表现出来的”，这意味着他们只能通过机构来发表言论和一致行动。行政部门不制定一般规则，但采用使它们生效的手段。司法部门解决个别的争议。[147] 每一个部门既与其他两个部门相互并列，同时又隶属于它们，而且“通过两者的联合，每个臣民都被赋予他自己的法权。”❶ 至此，康德指出，进入合法权状态的义务能够从与暴力（violence）相对的法权概念来“分析地阐明”，他说明了需要每一个部门的理由。

正如他在讨论自然法权的讲义中总结的：

> *justitia distributiva*［分配正义］通过 *lex publica*［公法］来规定法权，把法权应用到每一个案件，并强制要求服从。宣布放弃根据你自己的判断来谋求法权的意图，并把法权交给立法者来规定，交由法官去裁判，以及放弃你能以之强迫其他人的权力。❷

这三个缺陷虽有不同，但结构相似：任何人都没有责任服从其他人的行为、请求或判断，除非存在合适的机构。每个机构拥有的不同权力必然要求这些机构在种类上不同于任何一种私人社团。私人社团只能拥有其个体成员转让给它的权力。授权某人改变其他所有人的规范性处境，以所有人的名义强制执行私人法权，以及终审私人争议，这些权力都不是任何私人可以拥有的。每一个论证的要点都表明，即使私人不拥有这些权力，这些权力也是道德上要求的。

本章关注的是作为纯粹私的秩序体系的自然状态的缺陷以及

---

❶ 6：316。

❷ Kant，《费耶阿本德自然法权》（*Naturrecht Feyerabend*），Lars Vinx 译（待出，2003），27：1390。

处理这三个缺陷的任何一种方案必须采用的形式。下一章将转向康德的论证，即国家能够按照与每个人的自由相协调的方式处理好这三个缺陷。❶

Ⅰ. 单方面任意：所有权与政治权威的问题

［148］最一般的论证关注的是单方面任意的问题。实在法要求由一个人或由若干人组成的团体来制定、应用和强制执行它。在每一个情形中，这个人都在选择，而他进行选择的权力必须与受它拘束的那些人的自由保持协调。康德说明了上述权限是如何在讨论所有权取得的过程中成为可能的，但他对该问题的回答也可应用于所有的政治权威，这些权威包括为追求公共目标而立法的权力、强制执行法律的权力，以及把它们应用于个案的权力。

---

❶ 我们可以从评论者的关注点找到上述三个缺陷之每一个的形式。在提及这些缺陷的某一个时，路德维希（Bernd Ludwig）考察了来自单方面行动的论证，“公共法权何在？康德法权论中理论理性和实践理性的地位”（Whence Public Right? The Role of Theoretical and Practical Reason in Kant's Doctrine of Right），载于 Mark Timmons 编辑，*Kant's Metaphysics of Morals*：*Interpretive Essays*，Oxford University Press，2002），以及 Katrin Flikschuh，“理性、法权与革命：康德和洛克”（Reason，Right，and Revolution：Kant and Locke），载于 *Philosophy and Public Affairs*，36，4，2008，页 375 – 404。以保证为核心的，参阅 Robert Pippin 的分析，“我的和你的？康德式的国家”（Mine and Thine? The Kantian State），载于 Paul Guyer 编辑，*The Cambridge Companion to Kant and Modern Philosophy*，Cambridge University Press，2006，页 416 – 446，以及 Otfried Höffe：“‘甚至是魔鬼的民族也需要国家’：自然正义的困境”（“Even a Nation of Devils Needs the State”：The Dilemma of Natural Justice），载于 Howard Williams 编辑，*Essays on Kant's Political Philosophy*，University of Chicago Press，1992）。关注不确定性论证的人有：Leslie Mulholland，《康德的法权体系》（*Kant's System of Rights*，Columbia University Press，1990），页 284；Howard Williams，《康德的政治哲学》（*Kant's Political Philosophy*，New York：St. Martin's，1983，页 169；Paul Guyer，“康德法权原则演绎”（Kant's Deductions of the Principles of Right），载于 Timmons，*Kant's Metaphysics of Morals*，页 23 – 24。

康德把对所有权的利用作为分析的核心，这为反对洛克主义的观点——在自然状态中物权就已是确凿无疑的了——提供了直接而有力的论证。人们可能会认为康德的这个论证与对私人所有权的其他解释鲜有契合之处。其他许多对私人所有权的解释都把所有权视为一种管理有用资源的传统方式，或者视为社会选择的反映。虽然康德没有直接处理上述观点，但他的论证与它们直接相关。所有权的原始取得产生了一个问题，即传统实践依靠什么权威来束缚那些没有生活在这个传统之中的人？社会传统或公共政策选择也产生了相同的问题。从自由的视角来看，按照某种传统方式从事对每个人长期有利的事情，这个要求——然而其真理可能被确立起来——不足以表明任何特定个人受它的拘束。正如我们在讨论康德的契约理论时看到的，其他人无权强迫你加入对你有利的协议。[149] 更一般地，所有权规则越是人定的，就越有必要解释它们的权威何在。如果所有权规则只是传统活动的规则，那么它们除了束缚自愿的参与者之外，不能束缚任何人。把上述协议的特征描述为“由社会作出的”选择会产生社会选择的权利问题：它可能作出的选择，其空间有多大，它如何对那些既没有选择也不同意受其拘束的人构成束缚呢？这只是说，由社会来决定如何利用资源，这个决定存在一个有关权利的问题，该问题预先要求对如下问题作出解释，即集体如何取得规定物的使用方式的权利。但这个问题——某人的决定如何对其他人构成束缚——只是原始取得问题的扩大形式。

我们在第 4 章对所有权展开了讨论，该讨论确立了康德对若干要求的论证。第一，康德的解释表明，把物作为某人的财产必须是可能的，因为否则利用这些客体——它们能够充当设定和追求目标的手段——就会遭到禁止或者依赖于其他人的特定目标。正如我们看到的，该论证把所有权的可能性奠基于人类的合目的性之上。因此，它反对如下要求，即其他所有人都同意取得。这个要求使得对可用物的利用取决于其他人的任意这个质料，因而使每个人从属于其他每个私人的任意。

第二，康德反对这个论题，即物权是对某人自身人格法权的扩展。我们可以在洛克和黑格尔对所有权的不同解释中找到这个论题的变式。洛克列举了吃苹果的事例，该事例显然包含了合并；把你的意志置入某物，据此黑格尔展开了更为抽象的分析，该分析抓住了同一个直观的看法。相对于其他解释，对所有权的这些解释完全掩盖了取得的重要性，掩盖的方式是把尊重他人所有权的义务展示为尊重人格的义务的一个例证。正如我们看到的，洛克/黑格尔的策略不能说明为什么自我关联的这些行为会改变其他人的法权。洛克合并了一条“限制性条款”，该条款要求通过占用而给其他人留下“足够的和好的”东西。然而，没有任何节约性条款能够处理这个根本问题。[150] 即使它把单方面取得限制于某些情况，在这些情况中，单方面取得不会使其他人给自身供给的能力变弱，但它仍然没能处理这样一个问题，即一个人如何能够把他人置于一项责任之下。让其他人把义务强加给你可能会更糟，如果这些义务是沉重的，但是当其他人改变了你的规范性处境，你的自由法权就存在争议了，即使你拥有其他选择因而处境不会太过艰难。

第三，康德解释了单方面的取得：客体从无主到有主的过渡取决于单方面的占用行为。所有权的取得只是地位的变化，即客体从不属于任何人的任意到从属于特定某个人的任意，也就是从属于它的所有权人。取得客体要求肯定的行为，该行为只是控制客体并打上你意图持续控制它的标记。

取得要求控制和标记，以及使你的行为与“一般的意志”保持一致。虽然取得一个客体的某人无需征得其他人的意见即可主动为之，但如此行动的权力要求一个双边意志以使这个单方面行为对其他人构成束缚。❶ 因此，康德把主动取得视为政治权威

❶ 6：262。

的具体情形。

如果你取得一个无主客体，你无需向能够想到的、受到影响的每个人征求意见；这个要求违背了与法权有关的实践理性悬设。相反，你有权完全主动行事。这显然提出了一个问题：为什么我受到你的单方面行为的拘束？你的内在法权禁止我妨碍你的行为，但我不可以妨碍你的事实不意味着你的行为可以向我的法权提出更多的要求。

你的取得行为产生了重大影响：当你没有使用你的客体时，你有权排除其他人染指它。你还有权按照你认为合适的方式处分它，这只须符合如下要求，即你在这样做时没有侵犯其他人的法权。你可以把狐狸交给你喜欢的任何人，尽管在未经土地所有权人许可的情况下，你不可以把腐败的动物尸体扔到他的土地上。[151] 你的排他的法权是通过你的单方面行为设立的，但是你的单方面行为这个单纯事实提出了一个问题，即这个行动如何能够对我构成束缚呢？正如康德指出的，单方面意志不是其他任何人的法则。❶

所有权的取得不同于其他方式，按照这些方式，据说某人可能改变了他人的规范性处境。如果我不法地损害或妨碍了你或你的所有权，那么现在许可你向我提出赔偿请求。人们可以（虽然不需要）认为上述变化改变了你的规范性处境，改变的方式是产生新的许可，即许可对我提起诉讼。然而，你对人格和财产的法权却没有改变，最重要的是，你没有承担任何新的义务。你起诉我的法权只是你对自己的人格和财产的法权。而且，如果我从一处移至另一处，当我在那儿时，我占据着一个空间，而这个空间是你的占据不能获得的。这个变化没有让你承担新的义务，它只是把自己应用于不同的情况。在这些事例中，某人的行为没有改变其他任何人的义务，它只改变了先前的义务所应用的方式。所

❶ 6：263。

有权的取得则有所不同：在取得一片土地时，我使你不能取得它，即便此时我没有占据它。

通过考察其他相似的事例可以说明这个问题，这些事例是由西蒙斯（John Simmons）提供的：

> 我可能创造一个法律意志，单方面地把尊重其条款的义务强加给其他所有人（这些条款是他们过去欠缺的），这样做的目的是为了限制其他人按照与我的意愿相悖的方式来处置我的不动产的自由。我可能占据一个公共网球场来练习发球，或者占据公园的垒球场来开展我们的比赛，我单方面地把禁止妨碍的责任强加给其他所有人，这样做是为了不受妨碍地享受我们的运动。或者我可能到专利局登记我的发明，单方面地把某些限制的义务强加给其他所有人，其目的在于限制其他人也利用他们的竞争性发明的自由。我可能购买一张稀世罕见的邮票，它是很多人一直攒钱要买的，或者我可能组织孩子们玩一次乡间小径的自然徒步，而这条小径是其他许多人独处的乐园。[152] 这些联系所包含的法权和义务是如何与源始占用人获得无主物的法权相区别的（源始占用人单方面地把不妨碍的义务强加给其他所有人，目的在于把他们的自由（liberty）限制在对物品的自由使用和享用上）？我认为这没什么区别。❶

占用财产不是改变其他人处境的唯一的单方面行为，在这点上西蒙斯是对的，他所列举的事例清楚地表明存在许多方式，按照这些方式，某人从事这些事情在道德上是可以接受的。但这些事例也强调了康德的如下观点，即需要全面的权限才能改变其他

---

❶ A. John Simmons，“财产源始取得的证成性”（Original – Acquisition Justifications of Property），载于 *Justification and Legitimacy*，Cambridge University Press，页 220。

人的处境和权利。大多数例子在自然状态中甚至都不会发生。因此：形成一个意志预设了在意志的客体上在先地、公共地设立物权。康德还强调，为了通过意志来影响转让，必须有一个公共占有人，他有权在遗嘱人死亡和继承人接受遗产之间排除其他人的干预。这就是说，一个“法律意志”预设了公共机构有权使遗嘱人的任意具有拘束力。“公共网球场”和“公园”预设了具有标准化准入规则的财产的公共形式。我们虽然可以在网球场上开展比赛，但不许在上面建造房屋，而且通常有一些规则来限制比赛人数。财产的这些公共形式是第 8 章的主题，但在此有必要指出，使用公共空间的权利并不是如下这种自然法权，该自然法权在合法权的公共权威缺失的情况下也能被运用乃至被想象，因为没有这种权威就不可能有这种空间（如果没有公共权威也能存在法权，那么它们就是这样一些例子，即由团体而非个体取得无主客体，因而这些例子只是一个团体而非一个个体首次占有的例子）。无论我们如何准确地理解专利权，正如“专利局”这一词所隐含的，专利权只有通过公法机制才会有效。［153］你不能到其他私人——他能够把禁止其他人制造相似之物的法权赋予你——那里登记你的发明，因为他和你一样都无权变更其他人的权利。

西蒙斯所举的事例没有产生任何新的义务；它们都说明了每个个人运用自己自由的权利，其运用方式是改变其他人随后运用其自由的情境。为孩子们组织一次自然徒步可能会让期待者失望或者令其他人的意愿落空，但它没有把他们置于任何新的规范性要求之下。购买其他人早已希望购买的物，这缩小了他们可能购买的物的范围，但没有给他们施加任何新的义务。其他人已经有义务不妨碍你想取得的邮票；他们并不承担任何新的义务，这些义务是你取得邮票的后果。只有他们的希望被打破了。他们在他们和你之间所处的地位，与他们在他们和过去的所有权人之间所处的地位，这两个地位是相同的：他们仍然只能试着向你发出要约，说服你把物转让给他们，即使你没有主动请求他们发出要约。

所有权的源始取得有所不同，因为它不仅改变世界，还把其他人置于新的义务之下。正如我们在第 4 章看到的，物权的基本结构是，如果某客体为某人所有，它就不是其他人在运用其自由时可以改变的情境。如果人们使用、破坏或损毁的物不是你的财产，那么他们并没有侵犯你的法权，但是，如果他们以任何方式妨碍你的财产，他们就侵犯了你的法权。源始取得作为财产的客体是把它从某物变成另一种物，前者是其他人可随意使用或改变的，或者是其自身活动的可预见的附带结果，后者是其他人有义务不去使用、破坏或损毁的；因此，它把他们置于新的义务之下。

康德具体解释了占用给其他人的规范性处境带来的变化——它使他们有责任受到强制——但对所有权要求全面权限的方式的论证却不要求这个解释。该论证仍然需要的东西是，合法权的取得是否使我承担起一项义务，它是否把强制我不得染指你的财产的权力交给你，或者是否赋予你把我的自由限制在其他一些方式上的权力。有关承诺的哲学陈述提出了如下问题，即你如何通过你主动实施的行为来改变你自身的规范性处境。康德关注的是，所有权理论提出一个更为深刻的问题，即某人的行为如何能够使他人承担起新的义务。［154］其他人没有参与的、完全是你主动为之的行为如何对其他人产生拘束力？

康德的答案是强调公共权威。正如我们在第 4 章看到的，取得的单方面不是说享有所有权与自由是不协调的，也不是说所有权的取得缩小了其他人的选择范围。相反，它是这样一个简单事实，即某人改变了另一个人的规范性地位。康德在说明一般取得之初就提出了这个观点，他把这个观点划分为一个包含着三个阶段的序列：

> 这种**占**领就是在空间和时间中对任意的客体的占有；因而我把自己置于其中的占有是 *possessio phaenomenon*［**现象的占有**］；2）标明（*declaratio*）［**宣布**］对这个客体的占有和我的任意阻止任何别人占有该客体的行为。3）归己（*appropriatio*）［**适己**］，作为一个外在普遍地立法的意志的行为（在理念中），通过这个行为，每个人有义务与我的任意保持一致。❶

这个序列的第三个部分对于公共法权的论证是至关重要的：它说的是，在我没有物理占有一个客体的情况下，仅当我根据（理念上的）公共授予的占用权力来运用我的任意，我的任意才可能对其他人构成束缚。正如我们在第 3 章看到的，“许可法”授予我取得物的权利，它使单纯的可许可的单方面行为拥有对其他人而言的合法权的结果。然而，假如我的单方面行为是每个人授权的，那么它本来就有这个地位，因而它还是对公共授予的权力的运用。如果公共权威有权以每个人的名义把权力授予我，那么我也能够以每个人的名义来具体地运用权力。

公共的作用不是把所有权变成公共政策的某种工具或副产品。所有权的基本结构是由个体的合目的性决定的；作为私人法权的内容，由于私人法权的悬设，你可以把外在客体据为己有。［155］要求公共权威授权你取得物，因为取得物改变了其他人的规范性处境。但是，授权取得不是一个随意的目标，公共权威会对可欲求的结果进行评估，或者平衡将要产生的利益和义务，在此基础上才可能决定目标。不能授权公共权威禁止所有的取得，因为这样会限制人的合目的性本身。原则上，它能够以各种方式限制原始取得——比如，为了子孙后代而把某些区域划为自然保护区——它能够给作过适当记录的取得附加若干条件。然

❶ 6：258。

而，它在特定情形中做这些事情的权力，其运用只能与每个人把任意的外在客体据为己有的权利相协调，因而它不能排除所有的取得。

康德求诸普遍意志以给私人占用授权，这有别于格劳秀斯和普芬道夫的观点，他们试图根据一份历史的或虚构的协定——该协定是由共有土地的人们达成的，它许可人们分割土地——给占用授权。上述解释包含着某种土地的原始共同体，因而已经预设了某个所有权概念。然而，一旦预设了上述同意，考虑到所有权概念，那么一个假设的分割协定就不足以束缚各方了。只有一份实际的协定才能束缚。困难在于，上述那种共同所有权，仅当它是由诸个人组成的团体的私人所有权的一种形式时，它才能在普芬道夫/格劳秀斯的论证中发挥作用。正如康德所指出的，这一原始共同体“必须是建构起来的共同体，而且必须产生自契约，通过契约所有人都放弃了私人占有，而且每个人都通过把自己的占有和每一个他人的占有联合起来而使私人占有转变为共同 *Gesammtbesitz*［占有］；对此历史必定会给我们一种证明。可是，把这样一种程序视为源始的占有，以及说每个人的特殊占有能够并且应当以此为基础，则是一种自相矛盾。”[1] 先于占用的、唯一形式的共同占有土地必定是对土地表面的“分割的”占有，这是内在法权所要求的，亦即除了已经被他人占据的地方以外，每个人都有权在自己被“自然或机遇”所安置的任何地方生活。［156］人们单纯地分割占有土地表面，若分别考虑他们的话，他们既没有授权任何东西，也没有束缚任何人。

在此，问题不仅在于那个内在不连贯的、想象出来的历史。更根本的是，遥远时代的一份事实性的协定，仅当该协定各方有权力束缚子孙后代时，它才能对后代构成束缚——这只是说，格劳秀斯/普芬道夫的模型重新提出了该模型所要处理的

---

[1] 6：251。

权限问题。❶ 先辈们使后人承担起尊重私人取得的义务，这项能力只是对原始取得所产生的如下问题的回答：他们的行为如何能够对没有参与协议的后人构成束缚？一份建立在已被认识到的利益基础之上的、假设的协定，并不能更好地回答这个问题，因为任何人都不能强迫他人做他自己愿意做的事情，除非他或她已经同意了。

康德诉诸联合意志这个理念，这个策略通过政治制度使协定的客体成为法律规则，因而制定规则的个体行为自身就是更为一般的法则的例证。这个论证不是说达成了一份协定，或者说人们加入上述协定是聪明的或明智的，因而该协定是在理想情况下达成的。它只是说，照顾到每个人利益的、某种形式的公共权威应强调私人占用。私有权需要公共法权，因为它们是一个单一的、共同问题的例证，该问题具有一个不可化约的公共要素。康德的论证不是试图把公共的化约为私人的，而是表明只有在公共情境中私人的才是合法权的。

要求强调私人占用的公共权限，这表明私有权的取得是法律体系常见特征的一个事例，哈特把这类法律体系描述为“权力授予”规则。哈特列举的事例包含了契约和意志，契约和意志赋予某人改变他或她自身的法律处境的权力。哈特评论说，它们使人们有权作为一个小型立法机关来行动。❷ ［157］康德列举的有关所有权的事例特别澄清了那些规则的立法层面：仅当每个人，包括你在内，把占用的权力赋予我，那么我的占用才能改变你的法律处境。因此，我的占用行为是对某个全面权力的单方面运用，而不是一个单方面行为。这是三个阶段序列之第三个阶段的要

---

❶ 父亲不能对儿子受到政治权威的束缚表示同意，洛克对此有过讨论，该讨论可以适用于格劳秀斯/普芬道夫对取得的解释。参阅 Locke，《政府论》（下篇）（*Second Treatise of Government*），§118。

❷ Hart，《法律的概念》（*The Concept of Law*，Oxford University Press，1994），页26－42。

点。然而，如果任何可能的取得行为预设了第三个阶段——我单方面地行动以便对每个人构成束缚——那么仅当一般意志授权我的行为，我的行为才真正对他们构成束缚。

那么，对单方面意志问题的解决需要一个全面意志，通过这个意志，每个人都给占用授权。对占用的全面许可使得私人占用合乎法权，因而授权私人通过单方面行为来束缚其他人。该行为是单方面的，但为它授权却是全面的。

康德没有否认在缺少一个全面权限的情况下，人们可能会认识到彼此对所有权的要求或者彼此达成了若干契约。他把以上特征描述为“合乎法权的社会（例如婚姻社会、父权制社会、一般而言的家庭社会，以及其他许多社会）；但没有法律。”❶ 这些社会的成员可能事实上接受支配其互动的若干规则以及纠纷解决程序，但是否接受取决于他们的任意的内容，亦即取决于他们恰好抱有的特定目的。上述结合纯粹是自愿的协定，任何成员如果改变了他或她的特定目的都可能单方面地退出这类协定。成员们自己可能不会这样来看待问题，他们可能会认为自己在道德上应当认识到彼此的要求，认为自己做这些是明智的，或者认为如果自己违反的话会害怕受到惩罚。这些可能性无一足以把真正的权威赋予这些规则或程序，因为不存在强迫成员接受它们的一般权利。这种社会就像康德设想的国际秩序：每个国家都享有退出联盟的法权，如果它认为卷入其他成员的争端会让自己陷入危险的话。[158] 在讨论强制执行时，我们将返回去比较一下自愿结合与具有束缚性的结合。

康德的解释解决了这个问题，他把该问题等同于格劳秀斯的观点，根据格劳秀斯，私人持有是以分割土地的某些历史协定为基础的。康德强调的是一般授权规则的全面权限，该规则授权人们通过占有物来拥有这些物，借此康德无需预设一个先在的、共

---

❶ 6：306。

同形式的所有权，并且无需表明私有权是与之相协调的。私有权需要与之相协调的唯一东西是自由，而通过能够束缚每个人的全面意志就可以做到这点。

康德论证了我们需要权力授予规则的全面权限，这个论证强调的是所有权取得这个简单事例。然而，他针对某些情形进一步列举了若干事例，在这些情形中，要求有一条具体规则以便使私人法权是系统地可取得的，但该规则本身必须由能够胜任的公共权威来选择。这就是说，授予占用权力的规则还要求"一条政治原则，该原则的设置和组织将包含从人类的经验认识中总结出来的命令，这些命令只确立起行政法权的机制以及恰当管理该机制的方式。"❶ 在占用的情形中，我们需要这些中间原则并按照这同一种具体方式把权力授予每个人。因此，什么东西等同于控制一个客体需要进一步澄清；要求进行控制，这是可以先天地建立起来的。在某些常见的事例中，比如你手上持有一个苹果，这里显然需要控制这个行为。然而，正如我们在第 4 章看到的，当涉及占用土地时，占用是对土地表面区域的控制，此时，我们可能无法简单地描述在物理控制土地时所要求的那个东西的特征，我们能够拥有的只是各种可能的、然而潜在地相冲突的解释。因此，法律体系必须选择某物，该物等同于通过控制来实施的占有。按照这同一种方式，它必须选择给予标记的某物。所有这些立法权力产生出更为具体的规则，以便使支配取得的权力授予规则清晰得足以引导行为。

[159] 表明那个强调私人占用的全面意志的必要性不同于说明它的可能性。就像处理它们的政府的三个部门，康德论证中所说的这三个部门是相互隶属的，只有把这若干处理方式放在一起，这些方式才有可能。对一个一般意志是如何可能的所作的说

---

❶ Kant，"论出自人类之爱而说谎的所谓法权"（On a Supposed Right to Lie from Philanthropy），8：429。

明，以及康德对迫使其他人进入合法权状态的权限所作的解释，这两者都取决于政治权力的另外两个方面，即执行权和司法权，所以我们在讨论它之前必须考察这两个方面。

Ⅱ. 强制执行：为什么平等的法权要求保证

法权的强制执行与每个人的自由是相协调的，第二个问题即与法权的强制执行有关。就如对所有权的论证一样，这个问题产生于单方面的任意和普遍法则之下的自由之间的张力。所有权论证强调的是把其他人置于新的义务之下的权力，在这里，对保证的论证强调的是强制执行既存法权的权利，它不“要求一个设立法权的具体行为”。❶ 每个法权都是一项强制的权利，是普遍法则之下的法权体系的一部分。康德的论证表明，法权的这些方面只能通过公共保证来协调。

为了突出这个问题，我们暂且搁置其他两个问题，想象一下人们在某种程度上享有已被取得的所有权，并想象一下在何物属于何人的问题上不存在任何争议。在这种处境中，若缺乏公共强制执行，人们就缺少这个保证，即保证其他人不会妨碍他们的所有权，结果是，他们也没有义务不去妨碍其他人的所有权。基本的看法是，如果欠缺上述体系，任何人都没有法权使用强力（或者号召其他人使用强力）去剥夺其他人的所有权，因而任何人都不承担不妨碍其他人之所有权的、可强制执行的义务。

[160] 康德在私人法权第 8 节介绍了保证这个理念，他主张“我并没有义务不动用他人外在的‘他的’，如果不是每个他人也都向我保证，就我的东西而言他将会遵守同样的原则来行事的

❶ 6：256。

话。”相反，对任意的外在客体的法权只有在公民状态下才能相互协调，因为“只有一个把义务赋予每个人的、因而是集体一般的（共同的）和掌握权力的意志，才能够向每个人提供这种保证。”[1]

在讨论这个论证的细节之前，有必要对如下这点作一番评论：对其他人的行为施加的有条件的责任表明了《法权学说》没有把如下责任强加给你，即不管你发现自己处于何种实际情况，你都有责任去做你在理想情况中愿意做的事情。[2] 无论在解释康德的《基础》上存在什么困难，任何这类原则都不适用于法权责任，因为法权责任始终关切的是某人能够针对他人实施强制。你不能承担这样一项法权义务，即调整自己以适应其他人的具体目标。所有的法权义务都必须纳入“符合普遍法则的”法权体系之中。你能够对他人负有的唯一的法权义务必定是相互限制的体系的一部分；如果存在这种体系，那么他们就不能强迫你去做你有义务去做的事情。

还有必要评论的是，责任是法权的责任。康德不否认满足其他人的请求可以有德性基础，但不能把这个基础作为法权内容来强制执行。相反，对保证的论证表明了取得的法权在自然状态中是不可强制执行的，因而强制执行它们的任何企图都是其他人能够以法权相抵制的单方面强力。

从对保证的论证推导出一个更为宽泛的结构，该结构在《法权学说》导论中得以展开。除了区分内在的法权和取得的法权，以及区分公共法权和私人法权以外，康德还作出所谓法权义务的“划分”，他是根据罗马法学家乌尔比安的“认知”来划分的，

---

[1] 6：256。

[2] 威廉（Bernard Williams）把这个观点归功于康德，参阅他的论文“道德运气”（Moral Luck），载于*Moral Luck*，Cambridge University Press，1981，页20－39。伯林也得出同样的结论，Isaiah Berlin，“自由的两个概念”（Two Concepts of Liberty），载于*Four Essays on Liberty*，Oxford University Press，1969，138n。

这些认知记录在优士丁尼（Justinian）的《法学阶梯》（*Institutes*）。[161] 乌尔比安认为正义存在于正派地活着（*honeste vive*［正派地活着］），而不要侵犯任何人（*neminem laede*［不要伤害任何人］），并且把属于每个人的东西交给每个人（*suum cique tribue*［维护每个人自己的东西］）。康德承认他的解释偏离了乌尔比安的狭隘的说明，他把乌尔比安的不定式放到绝对命令的形式之中：

1. 做一个正派的人。合法权的正派在于：在和他人的关系中维护自己作为一个人的价值的那种价值，这种责任是由如下命题来表述的："不要让你自己成为他人的单纯手段，要对他们来说同时是目的。"

2. 不要侵犯任何人，即使为了避免侵犯别人以至于你必须停止与其他人的交往以及从所有的社会中隐退。

3.（如果你禁不住要和其他人交往），那么和他们一同进入一个社会，在其中，每个人都能保有他的东西。

据说这同一个划分把法权责任组建为内在的责任、外在的责任以及"有关通过包含而从前者的原则推导出后者的责任"。❶

通过第三个认知来协调第一、第二个认知，这个协调模式是从有关保证的问题及其解决方案中推导出来的。康德解释说，第三个认知指出"把属于每个人的东西交给每个人"是荒谬的，"因为某人不可能把任何人已经拥有的东西再交给这个人。"根据这个认知的本意，康德认为可以把它意译为"进入一种状态，在其中针对每一个他人，属于每个人的东西都能获得保障。"❷该论证模式表明合法权的正派以及禁止侵犯其他人是如何只有在

❶ 6：236。可以许多不同的方式来说明这个过渡的细节。最简明有力的仍然是艾宾豪斯（Julius Ebbinghaus）的说明。关于一个简洁的构想，可参阅"人性法则与国家权力的界限"（The Law of Humanity and the Limits of State Power），载 *Philosophical Quarterly*，3，1953，页 14－22。

❷ 6：237。

合法权的状态中才是可能的。

正如康德构想的，对保证的论证只适用于取得的法权。你使用强力排除其他人妨碍你自身人格的法权与你不妨碍他人人格的义务是相互协调的，因为你的自我防卫的法权纯粹是保护性的。这同一个法权还把对你物理占有了的任何东西进行防卫的法权交给你，因为其他人只能通过接触或推开你来剥夺你占有的东西，由此来妨碍你的人格。［162］两个人可能拥有进行自我防卫的、潜在的相冲突的法权，但是内在法权并没有把妨碍他人人格的法权交给任何人，除非是为了保护他或她自身的人格。任意的外在客体，包括所有权的、契约的和身份的义务，是有所不同的，因为仅当其他人获得的授权——他们有权迫使你不得妨碍他们的占有——与你的独立性相协调时，他们才被授予这个权利。

有关保证的问题之所以产生，是因为我们的权利——它们与我们没有物理占有的物有关——彼此处于张力之中。第二个认知要求的是你不得拿走我的东西。在我没有保证不拿走你的东西的情况下，如果你不拿走我的东西，那么你就是许可我把你的东西、因而把你设定和追求目标的能力视为从属于我的目标。准确地说，这个问题对我而言也是存在的：我的合法权正派要求的是，仅当你向我保证不使用我占有的东西，我才不使用你占有的东西。因此，在没有保证的情况下，如果我们中任何一个都不拿走对方的东西，那么我们是在对方特定的任意而不是与普遍法则相一致的基础上来限制我们的任意。

保证的缺失如何会经常导致实际冲突，这完全取决于我们特定的目的——我们任意的“质料”。如果我训练了护卫犬并拥有武器，而你没有，那么我轻而易举就能夺得你的占有物，我相信你既不能捍卫它们，也不能夺走我的占有物。如此，我把你视为单纯的手段，因为你的权利被用于追求我的目的。在这种处境下，你明智的行动可能只有投降并让我视你为单纯的手段。在你没有徒劳却有危险地企图掠夺我的物品的情况下，我掠夺了你的物品，这就够糟了。但是，你的行动方式的明智并没有使掠夺我的物品在道德上成为理由当然的。你投降与否只与我的力量有关。

此外，更诱人的动机可能也会引导某人不使用其他人请求的物。富有同情心的人可能会允许其他人实施不法行为，他会出于普遍的博爱而原谅他们的行为。康德无需否认这种人在经验上是可能的；只要任何人都不负有同情的义务或者不负有假定其他人富有同情心的义务，那么就会产生有关保证的问题。［163］类似的观点适用于有德性的人，这种人对每一个侵犯者或不法行为人都富有同样的同情心。然而即使是这种有德性的人也没有任何法权义务或德性义务要求他按照其他人同样富有德性这个假设去行动。她仅有法权义务要求她不许其他人把她视为单纯的手段。❶ 我们都没有法权义务假定对方是有德性的。

康德评论说，我们无需等待“有关对方之相反意向的更为痛苦的经验；因为什么东西应当束缚他去等待直到他在变得明智之前遭受了损失呢?”❷，该评论认为事实上这个经验将是更痛苦的。但是，对保证的论证不依赖于任何这类前提。在妨碍他或她的占有之前，使用以牙还牙的策略，等待对方暴露出敌对意向，这或许是明智的。你被授权做什么不取决于其他人特定的任意。法权义务始终作为相互限制体系的部分被附加于其他人；自由存在者只能把与其他人共同接受限制体系的法权义务附加给他人；由此可以推出，只能在这个限制体系中迫使自由存在者尊重其他人的法权。其他人不限制他们的行为，他们就不可以强迫你限制你的行为。

---

❶ 康德在《德性学说》中讨论了屈从，该讨论把普遍未能坚持你的法权视为严重的堕落。虽然你拥有对其他人的行为表示同意的合法权的权力，但是一旦他们向你要求某物，那么你把其他每个人的目标作为你自己的目标就与合法权的正派和德性不协调了。

❷ 6：307。

康德引用拉丁格言 *Quilibet praesumitur malus*，*donec securitatem dederit oppositi*[1]（“每个人都被假定为邪恶的，除非他为对手提供了安全”），这并非由于人们认为人类乃是“彻底邪恶的”，比如他在《宗教》（*religion*）里所捍卫的那些看法，[2] 而是由于这个选择是一条单纯的质料原则，它建立在你与之展开互动的那些人的特殊动机之上。［164］他们能够强迫你去做的所有事情只是与他们一同进入合法权的状态，而该权限在“无论人类可能多么善良和热爱法权”的情况下也是存在的[3]

我们可以从另一个方向来说明这点，我们不再关注妨碍，而是关注对所有权进行防卫的法权。如果你没有向我保证不妨碍我的所有权，我就有权把你要我返还物品的请求视为对我单方面地使用强力，而我对此是可以法权相抵制的。这于你也是同样适用的：我试图阻止你剥夺我的东西，你可以法权相抵制。正如康德评论的，在这种处境下，我们之间虽然长期争斗，却“没有互为

---

[1] 同上。格雷戈尔把该格言误译为“取代他人法权的一方，其自身就拥有同样的法权。”更好的译文可参阅 B. Sharon Byrd 和 Joachim Hruschka，“从自然状态到国际法律状态”（From the States of Nature to the Juridical State of States），载于 *Law and Philosophy*，27，6，2008 年 11 月，页 605。

[2] Kant，《单纯理性限度内的宗教》（*Religion within the Bounds of Mere Reason*），6：32，编入 Immanuel Kant，《宗教与理性神学》（*Religion and Rational Theology*，Cambridge University Press，1996），Allen Wood 和 George Di Giovanni 译。在“从自然状态到国际法律状态”一文中，比尔德和赫努希卡试图把康德的论证与《宗教》中所说的人类的“彻底邪恶”联系起来，并指出他在《费耶阿本德自然法权》赞同托马修斯（Thomasius）把相关的拉丁格言用作道德哲学的原则（27：1340）。关于此处推进的这个解释，不要求上述任何一条假设。康德没有在《费耶阿本德自然法权》表明自己在这个问题上的看法。在该著作中，他一反在《法权学说》中的核心主张，即需要进入合法权状态是法权概念专门提出的一项先天要求。在《费耶阿本德自然法权》中，他提出了相反的主张：“任何人 *a natura*［本质上］都不能被迫与其他人进入公民状态。如果我能够使人性成为正义的，即成为这样一种人性，它不能具有伤害他人的意图，如果我可以设想所有人类都同样洞察到法权并具有同样的善良意志，那么 *status civilis*［公民状态］就没有必要了。但是，由于情况相反，因此每个人都有权要求其他人走出 *status naturalis*［自然状态］。”

[3] 6：307。

不法行为”，即使我们“想滞留并滞留于一个不合法权的状态，在此状态中，任何人都不能保证他的东西能够免于暴力，由此我们在最高程度上实施了不法行为。”❶

因此，康德对保证的分析不同于互惠契约的首次履行这个更常见的霍布斯问题。霍布斯主义者的论证关注的是策略问题：任何人都不想成为一个容易上当受骗的傻瓜；如果欠缺保证，任何人都不会履行契约，因而契约实际上将是不可能的。康德主义者的论证关注的是道德问题：任何人都不能合法权地被迫单方面地服务于他人的目标。如果欠缺保证，契约的首次履行就是一个更为一般的道德问题的一个例证：根据他人请求一个外在客体而实施的任何行为都是服务于他人目标的例证。［165］服务于他人的目标，这是可许可的，但每个人有权决定与谁合作，因而不存在任何义务去服务他人的目标。

在欠缺法权义务的情况下，任何人都不负有与任意的外在客体相关的义务，而且没有授权任何人强制执行他们（认为自己）拥有的任何取得的法权。结果，自然状态中对外在客体的所有法权都只是暂时的，因为对外在客体的法权都是强制的权利，而在自然状态中任何人都未被授权实施强制。因此，暂时的物权是这样一种法权，即当你占有一个外在客体时，你使用强力以排除其他人染指该客体的法权；虽然物理占有给予了暂时的权利，但在对法权在其中成为永久法权的状态的期望中❷，你使用强力的权利受到如下情形的限制，在该情形中，妨碍你的占有就是妨碍你的人格。为保护客体免受他人妨碍而对强力作任何它用都是对人格的侵犯，对此可以用法权来抵制。

私人的强制执行的法权是洛克式政治哲学的基石；法权必须在普遍法则之下构成一个协调的系列，这是康德的前提，这个前

❶ 6：307。
❷ 6：257。

提先行于整个论证。如果我被授权强制你，而你可以法权相抵制，那么我们都没有这种强制的权利，这种权利与普遍法则下我们各自的独立性是相互协调的，因而恰当地说，我们都没有法权。

如果问题在于把合法权的正派与不妨碍其他人的责任协调起来，那么解决方案是“进入每个人的东西都能得到保障的状态”，其方式是借助一个“意志，该意志把义务赋予每个人，因而只是一个集体的、一般的（共同的）和掌握权力的意志，它能够为每个人提供那种保证。”❶

只有一个“共同的和掌握权力的意志”能够“提供那种保证”，因为只有它能为每个人提供与其他人的占有有关的系统化的动机。这个动机包含两个方面。第一，它向私人法权持有人保证法权将是完整无缺的，即使他人侵犯了它。第二，它使法权侵犯者预见到侵犯法权是无利可图的。如果可以保证法权持有人能够获得救济，那么其他人通常不会持有侵犯法权的动机，因为侵犯者将指望不到任何东西，而且还可能因侵犯而失去某些东西。

[166] 首先，正如我们在第3章看到的，在私人法权受到侵犯的情形中，救济不是什么新鲜事物，它只是在经受了不可更改的不法行为之后幸存下来的法权自身。如果我未经你的授权而拿走你的钢笔，那么你没有停止享有对你的钢笔的法权。你有权从我这里要回它，其根据在于如下事实，即你的法权被侵犯后仍然保存下来。同理，如果我损坏了你的钢笔，你有权要求更换，或者要求相当的更换费用，其根据仍在于如下事实，即你对钢笔的法权被侵犯后仍然保存下来。因此，一方面，在不法行为面前，法权是易受损害的；另一方面，它们经不法行为后仍然保存下来。你失去了对你的财产的物理占有，这个事实不意味着对它失去了合法权的占有。这也适用于契约法权：如果我违反了与你的

---

❶ 6：256。

契约，你仍然有权要求我履行。在非正式的场合中，这个规范性结构是习以为常的：如果我与你应该在正午见面，由于某些原因我迟到了，我仍有必要在 12 点 15 分与你见面，其理由仅在于我本应在正午与你见面。我的义务，以及你相应的法权，被侵犯后仍然保存下来。康德总结性地评论说，要求损害赔偿的法权不过是"返还我已经拥有的东西"。[1] 因此，获得公共保证的、可强制执行的赔偿法权能够确保即使我侵犯了你的法权，它也仍然是有效的，因为法权的客体将再次从属于你的任意。同理，如果我未经你的授权而使用你的财产，你可以迫使我把收益交给你，因而这就像是我为了你的利益而使用你的财产。在任何一种情况下，在未经你授权的情况下，无论是我破坏还是使用你的财产，你使某物从属于你的任意的法权始终是有效的，因为我的不法行为对其他人的法权是无效的。在上述公共保证的背景下，你有理由不妨碍我的所有权。在不许我们自己从属于对方任意的情况下，我们每个人都能够尊重属于对方的东西。

［167］其次，由于公共执行权威在私人不法行为的情形中提供了救济，因而它还通过剥夺不法行为的意义为不法行为的克制提供了外在动机。外在动机是次要的，但它支持的是由救济自身提供的保证。救济的要点不在于压制其他人实施类似的不法行为；它只是通过使事实占有与合法权占有相对应，以此使受害方的法权有效。然而，在有效法权的背景下，对法权的任何侵犯都具有潜在的不利益。如果你未经授权就使用属于他人的东西，你将一无所得；如果你没有正确注意到对其他人的人格和所有权的保护，你最终将承担责任。这些动机在法权下都是可容许的，因为法权无需成为行动的准则。它们是从奠基性的法权中派生出来

---

[1] 在针对私人不法行为的民事诉讼中，受害人（或者在无法律能力的情形下，他或她的监护人）必须主动提供诉讼的理由。国家将不会介入其中以确保实现某个结果。这个要求只反映了私人法权的更为一般的特征：每个人始终有权决定是否坚持自己的法权。

的，因为它们所做的一切都是为了使法权有效。它们的效果有时是不确定的，因为人们可能由于粗心或疏忽大意而实施私人不法行为，甚至尽管不法行为人极力避免，私人不法行为也可能发生。由于我下潜得很深，以致迷失了方向，我沿着你的地下煤层行走，因而侵入你的土地和煤矿。我可能订立这样一份契约：在变化了的情况中，我不再能够尊重这份契约。在这些情形中，你获得救济的权利确保你的法权在时空中是有效的。对于我的行为而言，其他动机也没什么不同，因为仅当我能够认识到动机应用于个别情形，该动机才对我起引导作用。但是，强制执行中的救济把你需要的保证交给你：你拥有你的东西，因为如果他人侵犯了你，你将能够取回它。私力救济保障私人法权，其方式是确保私人法权在时空中是有效的。甚至在规范被违反以后，规范也同样有效，强制执行只是它们时空中的有效性。在欠缺保证的情况下，法权就不是保障，因为它们是否有效完全取决于其他人的特定目标。

当以上两个动机经国家授权时，它们就按照使自己与合法权的正派相协调的方式合并起来了。如果你明智地考虑另一个私人的威胁并据此行动，那么你就明智地放弃了对你的合法权正派进行捍卫。[168] 比较而言，如果你考虑的是公共权威的威胁并据此行动，那么你的行动就与你的合法权正派协调起来了，因为这个动机自身获得了公共授权。你的自我约束并没有使你成为其他私人的任何目标的手段。

从需要保证取得法权具有有效性的角度来看，康德总结道，强力可用来结束自然状态。仅当每个人获得必要的保证时，对你的所有权进行防卫的法权才是法权体系的一部分：

> **结论命题**：如果把一个外在客体当作自己的来拥有在法权上必须是可能的，那么，就必须也允许主体强迫关于这样一个客体发生“我的”和“你的”之争执的每个其他人与

他一同进入一种公民宪法。❶

强迫你必定与之展开互动的某人与你一同进入合法权状态，这与这个人的自由是相协调的，因为这保障了他或她的法权。谁加以抵制，谁就侵犯了你。比较而言，选择滞留于合法权状态之外的那些人彼此之间长期争斗，却“没有互为不法行为”。在合法权状态以外妨碍彼此的物品，这并不会产生质料上的不法行为，因为任何人都无权排除其他人的妨碍，因而不存在对人们实施不法行为。相反，这种不法行为是形式上的，是“最高程度的不法行为”，❷ 因为滞留于这种状态与任何人享有对任意的外在客体的法权是不协调的。因此，能够强迫每个人进入法权在其中得以保障的状态。

Ⅲ. 不 确 定 性

自然状态中的第三个问题表现为人们可能对法权不予同意。这个问题把前两个论证合并起来了，但它包含了一个独立于它们的一般前提：一般规则不足以澄清它们适用于其上的个案。[169] 如果在某个个案上适用某个规则或概念都要求一条规则，那么第二条规则还要求一条支配其适用的规则，如此等，*adinfinitum*［以致无穷］。如果可以把规则适用于个案，那么必须在无需诉诸其他规则的情况下就可能适用它们。❸

康德对有关法权的那些争议的论证不同于当代的论证，当代

---

❶ 6：256。

❷ 同上。

❸ Kant,《纯粹理性批判》(*Critique of Pure Reason*)，A133/B172，A137/B176ff。

论证关注的是某种政治社会，该社会乃是如下问题的解决方案，即人们在有关好的生活甚至有关正义本身的要求上存在分歧。这些论证把洛克的法律“决定”功能的观念一般化了：由官方来确定那些可能产生争议的问题。❶ 就像洛克所做的，这些解释把分歧视为经验性的事实。洛克认为人们对于那些具有完满的确定答案的道德内容是无法达成一致的，当代的法律决定功能的拥护者有时也拾其牙慧，好像那些有关社会生活基本条件的问题也没有任何答案，但某种程度上又要求答案，因而机构必须插手这些问题。❷

康德的论证完全不同。分歧的根源是规范性的，而不是经验性的或认识上的。有关法权的争议反映了法权概念的两个方面：首先，它是限制其他人行为的权利；其次，它是普遍法则之下的自由体系的一部分。对其他人的行为进行限制的权利必须是普遍法则的例证而不是单方面的判断。如果你和我对于我们的契约条款或我们各自所有权的界限，或者我们的分歧的解决方式无法达成一致，那么我们就不能享有法权（这种法权属于系统化的、对自由所构成的相互限制）。上述争议或许会导致实际的冲突，或许不会；如果我们聪明冷静的话，我们可能会发现，当我们提出利益时，我们就准备着失去它们了。

更有可能的是，有关分歧的经验性案例可能导致较大的冲突，但它们没有提出任何法权问题。某人对如下要求“不予同意”：禁止谋杀，或者每个人受到法律拘束，或者每个人不得妨碍其他人的占有，如此他就向合法权状态发出了某种威胁，但这个威胁是事实上的，而不是概念上的。［170］任何论证都不大

---

❶ John Locke，《政府论》（下篇）（*Second Treatise of Government*），66，§124。

❷ Jeremy Waldron，《法律与分歧》（*Law and Disagreement*，Oxford University Press，1999）。沃尔德伦（Waldron）把同一种论证归功于康德，对此请参阅“康德的法律实证主义”（Kant's Legal Positivism），载于 *Harvard Law Riview*，109，1996，页 1535－1566。

可能动摇这种人，但所要求的只是强力而不是论证，为该强力授权的是被强制执行的法权这个事实。上述分歧需要受到合法权状态的约束，但无需对它们作出调整。每个人都有权根据平等的自由与其他人展开互动。任何人都无权由于他恰好不同意某些条款就为自己免除它们，因为在与其他人的自由相协调的时候，任何人都不能享有这种法权，即他只受到他恰好同意的法律的拘束。

就像对单方面行动和保证的论证一样，康德对不确定性的论证也是形式的而非经验性的。康德表明，法权必然从属于争议，而不是它们始终处于争议之中。把概念应用于个案始终是潜在的不确定的，因而要求判断，其结果是至少在原则上，对个案的分类始终是不确定的。对于法权来说，概念的一般特征产生了一个特别问题，由于法权概念支配着对自由的相互限制，因而必须以同一种方式应用于所有情况。正如我们在讨论私人法权时看到的，在某些情形中，争议结果是完全由法权概念来确定的。任何他人都不能享有这种法权，即他使用你的财产去满足他或她钟情的目标；任何人不是缔约方就不能强迫履行契约。在上述情形中，据说起诉方“未能陈述行动的原因”，所以对争议进行裁判也就无从开始。至于如何把法权概念应用于具体案件，对此尚未提出任何疑问。人们还只是提出一个有关法权诸概念自身的、未能获得支持的辩护。然而，在其他情形中，即使应用法权的诸概念获得了同意，在它们如何应用于个案的问题上也可以存在争议。在后一种情形中，法权的诸概念始终没有给出一个唯一的答案，但由于它们区分了对任意进行相互限制的体系的若干方面，那么在每一个情形中，把它们应用于个案就必须给出一个唯一的答案。虽然它们内在的结构要求一个唯一的答案，但无论是规范性概念、相关的事实还是把这两者相加都无法确保一致性。而且，不同的人会发现同样一些事物是显而易见的，因而实际上会在更多的情形中作出同意。［171］从法权的立场来看，任何这种一致性都是单纯的巧合，因而诸法权本质上从属于争议。

把规则应用于个案，其存在的一般困难向自然状态中的法权提出一个问题，即在自然状态中，每个人能做的只是"对它来说看起来是好的和正当的事情。"平等的私人自由以互动的客观标准为前提。我不仅需要尽可能避免损害你；还需要合理地关心普通人。两人之间的契约条款的意义不是以任何一方的想法为基础的；也不是由各方想法之间的偶合产生出来的。相反，它是由一个有理性的人赋予的。❶ 要求客观标准的原因在于，主观标准使某人有权单方面规定他人法权的界限。如果我能够尽可能地规避义务，你要求我保持克制的法权将取决于我的能力和判断，因而与平等的自由体系不相协调。如果我的契约义务按照我设想的程度来履行，那么你的法权将以类似的方式取决于我的判断。在这些情境中，客观标准的重点在于，它不是认识性的——不是说我们各自的法权都得到了完满的规定，而是我们没有任何办法发现它们。它也不是策略性的：机会主义行为的风险是次要的。相反，行为的客观标准是平等的自由体系所要求的，在这个体系中，任何人的权利都不依赖于其他人的任意。

在这些情形中，平等的自由要求一个客观标准，但这个客观标准不能由我们中任何一位的想法左右。通过不断地具体化，我们能够设法减小分歧的可能性，但如果世界按照我们无法预知的方式变化，或者如果我们每个人按照其他人无法预知的方式进行判断，那么真诚的分歧就仍有存在的空间。而且，在所有权的情形中，康德评论说："无论在量的方面还是质的方面，可外在取得的对象的不确定性，都使该问题（唯一的、源始的外在取得的

---

❶ 在普通法的私法体系中，这一客观性最为明显，但它也激活了其他私法体系。在法国契约法中，契约条款是根据各方的主观意图确定的，但在意图存在分歧的地方，根据法律原则就可以强制执行契约。如果契约一方理解有误，然而各种规范性的法律要求却得到了满足，那么也可以强制执行契约。感谢瓦尔克（Catherine Valcke）对该问题的讨论。

问题）成为所有问题中最难解决的。”❶［172］即使在我通过我的行为取得某物以及我被授权提请国家机关强制执行法权的问题上，你我达成了一致，但在我取得多少的问题上，仍然可能存在分歧，因为被授权占用和有权强制执行都没有确定我的占用在时空上的界限。公共授权允许我通过单方面的行动来取得物品，但它不许我单方面地决定取得的界限。

法权诸概念的应用中所存在的不确定性产生了类似于保证和单方面行动的问题。如果我真诚地相信我们之间的所有权的界限在某一处，而你同样真诚地相信它在另一处，那么我们都不负有向对方屈服的法权义务。屈服可能是明智的，它或者是出于强力，或者是出于争论的主题微不足道以至于不值得争论。然而在上述情况中屈服就等于说没能坚持我们的法权，因为争议的解决取决于我们特定目的的内容。更一般而言，在如何给个案分类的问题上，我们无需屈服于对方的单方面判断。单方面判断不能成为他人的法则。

不确定性所产生的这两个问题，其解决办法是法官：法官享有把法律应用于个案的全面权限。最高法院的裁判是终极的，不是因为它不可能犯错，而是由于它享有为每个人裁判的公共授权。

人们授予法院根据法律进行裁判的权力。这不是说私人法权的所有问题必须根据完备的民法典来解决，而只是意味着作为整体的法律体系授权官员们根据私人法权的概念来裁决私人争端。私人法权可以包括（虽然它不需要）以先例为基础的普通法，或者（虽然它不需要）通过反思个案来发展其概念的民法典。

这三个论证是彼此不同而又协同一致的。［173］对保证的论证应用于任意的外在客体，无论如何取得这些客体，也无论这些客体的大体轮廓是否确定。即使每个人都知道谁拥有什么，对保证的论证还是认为任何人都不能请求强制执行对她拥有的东西

---

❶ 6：266。

的法权，因为任何这类强制执行都将是单纯的单方面行为，因而不属于法权体系。有关单方面任意的论证应用于任意的被取得的客体，无论这些客体是否确定，也无论尊重它们的义务是否令人信服或者是否可以强制执行。即使法权是可以强制执行和取得的，也会产生对确定性的论证。

这三个论证产生了三个独立又协同一致的政府部门：立法部门必须给变更、执行或界定法权的一切行为授权；行政部门必须根据法律来强制执行法权，司法部门必须依法裁决争端和授权救济。

康德以机构来弥补这三个缺陷，他把这三个部门放到一起：立法机关、行政机关和司法机关。它们共同构成了最高统治者。❶ 就它们共同行动而言，它们是协同一致的，但每一个又隶属于其他两个，因为除非与其他两个合作，否则任何一个都无法在解决自身问题的同时，还能够与法权的实现保持协调。

这三个论证中的每一个都独立于其他两个，该独立性维护的是康德的如下主张，即这三个协同一致的政府部门的每一个都是独立的。立法机关和司法机关不足以使临时法权令人信服，因为在其他人不能保证接受立法机关的权威或者法院裁决的情况下，你的接受将是允许其他人视你为单纯的手段。如果立法机关没有给行政机关和法院所应用和强制执行的法律进行全面授权，行政机关和法院只是官员们运用单方面的任意。如果没有法院，那么立法机关和行政机关将使法权一直从属于争议。倘若放到一起来看，那么这三个论证将建立起三个部门，这三个部门能够共同产生一个法律体系以结束有关法权的争议。每一个法律问题都有一个在法律上获得授权的答案。［174］因此，作出裁判和强制执行裁判是与平等的自由体系相协调的。强制执行和应用都不是单方面任意的例证；立法和司法都与屈从于他人的意志无关。

---

❶ 6：316。

康德把这三个部门与实践三段论的若干阶段进行比较。[1] 大前提是立法成果，因为它规定了禁止什么行为，要求什么行为，而什么“单纯可许可的”行为拥有法权上的结果。因此，其他部门的活动取决于法律；行政机关只能强制执行法律，司法机关只能应用法律。小前提是行政机关，因为它给立法赋予效力的可获得的手段。康德认为司法裁判是结论，因为他把司法裁判描述为为在个案中授权使用强力赋予确定性。在实践的三段论中，行动者根据一般原则采取特定手段；司法裁判恰当地使一般性拥有了个别性。

虽然这些论证是彼此独立展开的，但有关立法意志的论证优先于其他两个论证。作出判决和强制执行法权必须依法进行，亦即必须符合全面的任意。法官或强制执行人能够被授予与法权相协调的权力，授予的唯一方式是借助于立法意志的行为。

如果疏于发现适当的分立，行政机关和司法机关就无法解决它们应当解决的问题。因此，康德处理权力分立的方式不同于如下这个常见的论证形式，该论证形式表明要求某种国家，以此为起点，继而把国家的权力分离解释为一条内在限制的原则，以此来防止篡权和腐败。把不同的权力分置于由独立的官员组成的独立部门，这就减小了滥用权力的可能性。这个论证模式在美国宪法的构造中尤为突出，它常常可以追溯到孟德斯鸠的《论法的精神》（*The Spirit of the Laws*）。[2] ［175］当佩迪特（Philip Pettit）捍卫权力分立时，他为这个观点提供了有力的当代说明，其捍卫的理由是，

---

[1] 如同亚里士多德，康德也把实践三段论理解为采取若干手段，把某个行动作为三段论的结果，而不是理解为诸命题之间的一系列推理，这些推理恰好把行动作为三段论的主题。关于亚里士多德实践三段论的观点，参阅《尼各马可伦理学》（*Nicomachean Ethics*），1147 a27，以及 John Cooper 的讨论，《亚里士多德的理性与人类之善》（*Reason and Human Good in Aristotle*，Indianapolis：Hackett，1986），46ff。

[2] 第 11 篇，第 6 章（［中译按］作者这里所说的“第 11 篇第 6 章”，似对应于中文版《论法的精神》（下卷），第 6 章。参阅孟德斯鸠，《论法的精神》（下卷），张雁深译，北京：商务印书馆，2004 年）。

权力分立削弱了滥用权力的风险，削弱的方式是赋予一般规则，以及使政府事务复杂化，以此使专横的权力更难组织起来。❶ 在孟德斯鸠和佩迪特看来，权力分立的终极原理是权力的分散。

康德有关权力分立的论证是非工具式的。在转向讨论配置或控制各类政府职员的方式之前，必须表明国家所做的每一件根本的事情都是与自由相协调的。国家所做的任何事情必须经由法律适当地授权：立法，采取各种方式使法律有效，以及被动地给个案分类。未能把立法功能与执行功能分离开来会导致某种形式的专制，通过这种专制，某些人将凌驾于其他人之上。未能把司法部门与行政部门和立法部门分离开来会产生同样的问题（另一种形式）：仅当把个案置于一般规则之下时，争议才能按照与各方法权相协调的方式予以解决；如果规则可以随着特定情形而改变，那么有的只是强力而不是法律。在《永久和平论》（*Toward Perpetual Peace*）中，康德反对雅典民主，其理由在于，没有区分立法机关与行政机关的政府形式根本不是政府的形式（*unform*［非形式］）。不能把这种政府形式看成人们在其下进行自我立法的体系。❷ 没有立法部门，就没有国家行为与主动作为的行政机关成员的行为之间的区别。在《法权学说》中，相似的论证提出一个更为恰切的主张，即未能区分立法机关与行政机关将把主动作为的权力赋予行政机关，因而这是不符合法则的。❸ ［176］康德提到这三个相分立的权力的“实践三段论”，这强调了如下

❶ Pettit，《共和主义：有关自由与政府的理论》（*Republicanism：A Theory of Freedom and Government*，Oxford University Press，1997），174ff。

❷ Kant，《永久和平论》（*Toward a Perpetual Peace*），8：352。

❸ 正如路德维希表明的，构思上的差异反映了康德把本体和现象之间的区别应用于公共法权，他在《法权学说》中提出本体与现象的差异，但在《永久和平论》中则没有。参阅 Bernd Ludwig，“国家法权述评（II），§§ 51－52；一总注解 A；附录；决议”（“Kommentar zum Staatsrecht（II），§§ 51－52；Allgemeine Anmerkung A；Anhang；Beschluss”），载于 Otfried Höffe 编辑，《法权学说的形而上学基础》（*Metaphysische Anfangsgründe der Rechtslehre*，Akademie Verlag，1999），页 173－194。

论点：如果行政机关的权力是由法律预先规定的话，那么行政机关的职务活动只是作为整体的人民的行动，而不是行政机关的主动作为。正如我们在讨论保证时看到的，服从一个不受约束的行政机关可能是明智的，但该机关对强力的运用与其他单方面任意的行为没有任何差别。一切权威必须来自法律，因为只有这个选择才是单方面的任意。

Ⅳ. 自然状态中的内在法权

以下三个问题是不同的。即使规则确定下来了，它们也可以被不同地应用于个案。即使在权利上不存在争议了，人们在合法权状态之外也无需放弃其他人的占有。即使存在一个强制执行的机构并且在个案上不存在争议，在欠缺一般立法的情况下，某人占用的行为对其他人也不构成束缚。

康德根据任意的外在客体，即根据取得的法权来展开这三个问题。据说，这些法权在合法权状态之外都是“暂时的”。据说，按照同样的方式，人性中的内在法权也是暂时的。人们可能认为，与所有权或契约有关的确定性问题按照某种方式出现，而与每个人对其人身的法权有关的确定性问题却不会以同一种方式出现。[1] 对于某些类型的财产（虽然不是所有的）来说，情况的确如此。马匹和土地具有明确的界限，但还是产生了单方面的任意和保证问题。人身一直以来也没有免除决疑问题；在《道德形而上学》之第二部分《法权学说》中，康德提出了一系列有关人身的决疑问题，其中包括某人应当恰当地对待他或她的头发。

[1] Guyer，“康德的法权原则演绎”（Kant's Deductions of the Principles of Right），页62。

在展开互动的个人方面，类似的决疑问题也可能出现。当你站在悬崖边上，如果我大声喊叫以致惊吓到你，但我没有接触你，那么我是否侵犯到你？这看起来是与我们各自的法权有关的问题，我的叫喊声有多少分贝传给了你，这种事实性的考察解决不了上述问题。[177] 我没有把你吓倒；我惊吓到你。因此，至少在某些情形中，对不确定性的论证潜在地发生了。

你对自身人格的法权不是暂时的，因为这个法权与取得的法权之间存在着两个差异，我们在第 3 章已经看到这两个差异了：你对自身人格的法权不要求一个肯定的行为来设立它，你的人格也从未能在物理上与你相分离。因此，不可能发生单方面占用的问题和保证的问题。你自身人格中的法权是内在的，因而任何肯定的行为都不能改变其他人的法权。你自身人格中的法权是可以强制执行的，如果说其他人侵犯了你，而你执行这个法权不过是为了抵制他们；由于你的人格是你的人身，因而坚持你对自身人格的法权至少是使其他人不去妨碍它。任何人未经你的授权就接触你，❶ 这就对你的自由构成了妨碍；反抗侵犯者就是对他的妨碍进行妨碍。康德把“预先制止”不法攻击者的法权特征描述为“*ius inculpatae tutelae*”[“正当防卫的法权”]，一种免责的防卫法权，他还指出，在这些情形中，不存在“表示节制”的法权责任。❷

当某人在自然状态中面临明显的侵犯时，他有权先还击、再质问。❸ 在公民状态中，自我防卫的法权要狭隘得多。当自我防

---

❶ 父母和其他（经授权的）看护人无需明示许可即可触摸子女，因为他们照料子女的义务产生了如下法权，即似乎为了“监护和塑造”子女而要求他们去做某些事情。因此，他们可以抱婴儿，不让稍大点儿的孩子跑到马路上去。

❷ 6：235。在 6：306 中，康德把“保护的正义（*iustitia tutatrix*）”等同于 *lex iusti*［正当的法则］，该法则继而在 6：236 中被等同于我们人格人性中的法权之合法权正派这个根据，即等同于内在法权。

❸ 康德使这点与如下法权关联起来，即在自然状态中，国家针对明显的侵犯甚至预料到的侵犯而进行自我防卫的国际法权（6：346）。

卫是针对公民侵犯行为的防卫时，那个声称自我防卫的人必须在法庭上证明防卫是成立的；如果法庭根据该证明不能成立而否定自我防卫，那么假定其进行自我防卫的那个人就只是一个侵犯者。双方都相信自己的行为是防卫性的，在该处境中，法庭可以判定其中一方是不正当的。［178］当面对你把什么当作侵犯者这个问题时，法庭的裁决并不始终为你的行动提供预见性的指导，但在恢复的层面上，它把防卫性的法权纳入一个协调的系列。

在自然状态中，若干人的自我防卫的法权不必然构成一个协调的系列，因为每个人都有权做那些“对它而言是好的和正当的事情。”不同的人可以按照不协调的方式行动，即使每个人是在自我防卫的法权这个理念下真诚行动的。自然状态中的任何两个人都有权自己防卫，在自我防卫的过程中，他们只拥有自己的视角并从这个视角来评估侵犯行为。如果你在自然状态中根据自我防卫的法权来行动，那么你就是主动作为，其根据是对你而言什么才是好的和正当的。人们有时会在自我防卫的面具下实施侵犯行为，或者对于其他人造成的危险持有真挚而无根据的信念。但是，两个人中的每一个都能真诚地行动，每个人都能纯粹防卫性地向对方使用强力。

实际的法律体系否认最初的侵犯者所做的自我防卫的辩护，并认为两人中至多有一人的行动是防卫性的。另一人充其量只拥有为其过错进行辩护的借口。这个结构并非实在法的一个偶然，而是自我防卫的规范性结构的反映：你的自我防卫的法权只对侵犯人有效。但是，正如自然状态中谁是侵犯者这个问题只能由对于自我防卫人而言什么看上去才是好的和正当的来回答，那些更高等级的约束——它们要求仅有一个真正被证成的防卫者——也只能由各方自己来应用。因此，这就是如下处境的结构性特征，即每一方都可能真诚地相信对方是唯一的侵犯者。他们每个人都提出不相协调的法权请求。然而，倘若不考虑对他们每个人而言什么看上去才是好的和正当的，那么一旦他们提出上述请求，根本不会有任何答案。

与防卫强力有关的争议不可能有任何答案，这个观念似乎有点奇怪，因为谁是最初的侵犯者，这似乎是一个纯粹的事实问题。但是，防卫强力是否正当不同于谁最先实施行动。你针对侵犯者而实施自我防卫的法权取决于你相信某人不法地对你发起了攻击，但在自然状态下，只有你有资格判断自己是否遭到了攻击，因为你无需遵从其他任何人。[179] 使用防卫强力这个权利是首个理想观念——合法权的正派——的反映。某事事实上是否构成侵犯，你若遵从他人对此事的判断也是允许自己被视为单纯的手段。如果争议中的对方显然是侵犯者，那么与未能自我防卫相伴随的困难就显而易见了。你还负有避免侵犯其他人的义务（第二个理想观念）。问题在于，这两个义务都不构成一个协调的系列。对方的单方面判断必定：一方面，通过第二个理想观念——他认为他在进行自我防卫，而你一定不能侵犯他——而对你有所意味（be both something to you），但另一方面，通过第一个理想观念——你不能遵从他的判断——则对你无所意味（nothing to you）。谁是侵犯者？只有实在法能够保证给出一个确定的答案，因为只有在实在法之下，才存在一个就上述内容所作的“无可指责的”判断。

但是，自我防卫的法权的不完美并不会导致法权只是暂时的，因为它给予强制的授权是令人信服的。某些人侵入你的人身占据的空间，你对他们进行抵制的法权不要求一个全面权限。它之所以不完美是因为它不是普遍法则之下的权限，因为任何这种权限必定属于必然相互协调的系列。在这些情形中，自我防卫的法权上的不协调性是有条件的，它取决于一个事实问题，即对于不同的人而言，相同的或不同的事物是否看起来是“好的和正当的”。然而，这个问题是理论上的：合法权的状态这个理念是相对于“野蛮的暴力”而言的，因为在前者那里，争端是依法解决的，而在后者那里，争端是通过强力解决的。如何频繁地使用强力，这完全是偶然的，但这正是要点所在。好脾气的和爱好法权的人们之间可能鲜有争端，但即便如此，它也还是完全偶然的。在欠缺立法者的情况下，无论你多么“热爱法权”，你都不可能绝对守法。

如果对任意的外在客体的法权是不可强制执行的，那么作为特殊情况，契约法权也是不可强制执行的。对于自然状态中的内在法权而言，这有两层重要含义。第一，正如我们在第 5 章看到的，同意是一项契约（因而是取得的）法权，因而它在自然状态中是不能令人信服的。结果，合意的互动这个理念是尚未完成的。第二，任何契约法权——与强制执行或保护有关——自身都是不可强制执行的。［180］如果我遭到第三方攻击，很难知道当攻击正在进行时，对我而言什么东西能够或有权迫使你帮助我。也就是说，当与任意的外在客体有关的保证缺失时，我不能获得如下任何保证，即保证你会坚持互保协定（或不侵犯协定）的目的。你会履行保护我的契约，对此我能拥有的唯一保证是，如果你不履行的话，我有权获得救济，但是，任何可以强制执行的救济在合法权状态之外都是不可能的。

欠缺对任意的外在客体可进行强制执行的法权还意味着如果某人侵犯了你的人格，你不能获得任何救济法权。就私人法权而言，如果某人侵犯你，你有权通过损害他来弥补你的损失。然而，损害的可能性要求某种令人信服的权利，该权利是对能够作为损害而被转让的任何东西的权利。缺少这种令人信服的权利，你的法权就得不到回溯性的执行。你的法权不能通过对损害的预测而预先获得强制执行。因此，你的自我防卫的法权是真实的，但如果你未能妨碍对你的自由的妨碍，那么在妨碍发生之后，妨碍就不能再受到妨碍了。

自然状态中的内在法权所存在的这些困难——不确定性，欠缺令人信服的防卫协定或不侵犯协定，以及在侵犯完成了的情况下不可能获得救济——并未在不能强制执行的意义上使内在的法权成为暂时性的。然而，它们正处于成为我们令人信服地称为“令人信服之物”的过程中，亦即，它们正在构成法权的协调体系的内在部分。一切法权的根本特征是，它们属于普遍法则之下的平等的自由体系。在自然状态中，内在法权的不确定性以及在内在法权受到侵犯时救济的不可能性意味着内在法权没有构成一个协调的系列，也就是说，内在法权根本没有处于普遍法则之下。虽然在进行互动的国家中也有类似的说法，该说法仅引导康德得出如下结论，即国家必须把它们之间的争端带到法庭面前，但在公民状态中，国家必须有更多的力量把内在法权置于普遍法则之下。取得的法权只有在普遍法则之下才是令人信服的，法则的普遍性要求内在法权也处于普遍法则之下。［181］如果给每一个个体保留权力去做与他或她自身人格有关的“看上去是好的和正当的”事情，那么每个人都将有权以其法权来抵制国家强制执行取得法权的全面要求。相反，国家必须要求对那些支配每个人人格的客观标准进行界定的权力，还要求根据事先制定好的法律来解决与侵犯人格有关的争议的权力。因此，虽然从人性的内在法权到公民状态的产生欠缺任何直接的论证——如果取得的法权是不可能的，那么任何公民状态都是不可强制的，因为任何人都不能强迫他人进入公民状态——但系统化地强制执行取得法权产生了制定与内在法权有关的法律的国家权限。

V. 结　　论

康德把自然状态的特征描述为欠缺公共法权的私人法权体系。私人法权设置在自然状态中应用于交易，但它具有三个缺陷，这三个缺陷导致应用只是暂时的。每个缺陷都反映了单方面行动的困难。欠缺取得的公共授权就不能取得任意的客体；由公法授权的强制执行需借助于公共机构，没有这种机构就不能强制执行私人法权；欠缺公共授权的裁决者，私人法权在应用于个案时就是不确定的。甚至在上述状态中，人性中的内在法权也得不到保障，因为在人格已遭到侵犯的情形中，任何救济都是不可能的，还因为针对正在实施的攻击，你防卫自身人格的保护性法权在其应用中也是不确定的。这些问题只能通过某种形式的结合才能得到解决，这种结合能够为了每个人的利益而立法，并能够依法把权力授予强制执行和裁判。

第 7 章　公共法权 I：自我立法

［182］康德描述了自然状态下的三个缺陷的特征，这就解释了如下这个问题，即在欠缺一个“被联合起来的和立法的意志”的情况下，为什么令人信服的私人法权是不可能的，甚至为什么连你自身人格中的人性的内在法权都得不到保障。论证还表明，完满的合法权状态必须包含立法部门、行政部门和司法部门的权力分立，因为必须依照在先的法律来解决争议和强制执行法权。康德把需要合法权状态的特征描述为“公共法权的悬设”。就像《法权学说》中的其他悬设一样，它既是一个规范性论证的结论，同时也是在康德如下术语的技术意义上的一个悬设，这个术语就是应用，即在设立了政府和官员的情况下，把规范性概念应用于经验

的客体。❶

［183］与缺陷有关的论证提出了一项消极主张：在由机构产生的公共立场缺失的情况下，私人互动在道德上是内在不一致的。本章发展了康德为相应的积极主张所作的论证：公共立场，因而合法权的状态，通过机构才是可能的。自然状态中的每个缺陷都要求一个弥补它的全面权限；政治权威的一般问题、强制执行和个案分类的问题，鉴于它们是一个全面意志的例证，这些问题的解决方案只与平等的自由体系保持协调。康德需要说明机构能够全面运行的方式。本章第一部分将提供康德对该问题的解答，并表明公共法权的悬设是能够令人满意的。

康德把理想的合法权状态称为“源始契约的理念”，根据这个理想的合法权状态，他描述了合法权状态的特征，本章第二部分即进一步考察这个特征。康德认为，国家不能制定人民没有加诸自身的法律。自我立法的理念发挥了什么作用，以及人们在潜在的法律之间进行决断的根据是什么？这个部分还提出了后面几章要处理的一般问题，这几章中的每一章考察的都是这样一个对象，康德把该对象的特征描述为“与法权有关的效用”（法权是从公民联合的本质中推导出来的）。每一章反映的是全面立法的机构前提。

在《道德形而上学》前言中，康德承认“在本书结尾处，有几章我处理得不够细致，不及与前面几章相比人们所可能期待的：这部分是由于我觉得它们可以轻而易举地从前面几章推论出来，部分的也由于后面（有关公共法权的）几章当前有如此之多的讨论，并且仍然如此重要，但它们可以很好地证成把决定性

---

❶ 一个悬设“并没有扩展这个概念”，它根本就不适用于这个概念（Kant，《纯粹理性批判》（*Critique of Pure Reason*，Cambridge University Press，1998），Paul Guyer 和 Allen Wood 译，A219/B266）。相反，它把模态的诸概念应用于这个已得到规定的概念。我在附录中更详细地讨论了这点。

的判断推迟一些时间的理由”，❶ 我在论公共法权的几章中发展了康德的观点，在这个过程中，我利用了之前在私人法权中所作的分析，从这些分析或许可以“很容易地推论出”这些论证。我还解释了晚近对同一些问题——哲学上的和司法上的——所作的讨论，两个世纪之后，这些问题仍“有如此之多的讨论，并且仍然如此重要”。

Ⅰ. 一 般 意 志

A. 政治权力的三个私法模型

［184］在社会契约传统上，人民自我立法的理念采用了三个一般的形式，其中每一个都反映了一种标准方式，私人各方正是按照这些方式来取得彼此负有之义务的。第一个方式——它给社会契约传统赋予一个名称——是契约理念，人们把契约理解为自愿承担义务，通常说来，人们是在考虑获得某些东西时才承担这个义务的。霍布斯和洛克强调该理念的各个方面。第二个方式是公平合作的理念：从共同参与风险中受益的那些人必须分担参与风险所产生的成本。第三个方式是权限理念，通过这个理念，某人对他人已实施的行为负有职责。霍布斯就是这样来描述了国家与其公民之关系的。

在自然状态中，私人各方相互拥有法权和义务，康德对此已作过解释，其解释指出，这些模式中的每一个都未能合理地解释政治权威。任何一种模式必定以需要予以说明的如下事情为前提，即从暂时的法权过渡到令人信服的法权。你不能转让比你拥

❶ 6：209。

有的更好的权利。在合法权的状态之外，一切权利都只是暂时的，因而有关同意或转让的任何行为，无论是隐晦的还是显明的，也都是暂时的。如果私人交易没有产生可强制执行的法权，那么创立国家的契约也将是不可强制执行的。

如果我们关注事实契约这个理念，其困难之处就特别清楚了。正如我们在第5章看到的，康德分析了私人各方的法权关系，同意是其分析的核心，但在该解释中，它的作用使其不适于理解政治合法性。同意使私人各方的互动合乎法权，其方式是令互动成为各方合目的性的运用。同意在私人关系中的作用使其不适于充当公共秩序的基础。如果我们在欠缺法律的情况下没有令人信服的正当的私人请求，那么日常的同意缺少其应用的条件。

[185] 这同样适用于如下观点，即公民授权国家作为他们的代理人而行动；仅当你有权做某些事情的时候，你才能授权代理人为了你的利益而行动。如果人们在自然状态中缺少立法、司法和执法的权威，那么他们也不能授权国家为了他们的利益而做这些事情。这并非意味着不能授权国家去做这些事情；只是说，任何时间确定的授权行为都不能充当权利的基础。

类似的困难还困扰着如下工作，即不把政治义务奠基于实际的转让，而是奠基于理想化的转让，奠基方式是诉诸一般的道德义务，该义务是指承担起他们从中受益的合作风险。据此，社会合作的利益和国家机构意味着能够让每个人公平地承担起施与他们的负担。按照这种方式来构想问题，其优势似乎是显而易见的，因为它们既不要求一个达成协定的特别时机，也不要求对协定条款展开私人谈判。

哈特早年写过一篇迄今仍具影响的文章——“存在任何自然法权吗?”该文特别有力地表述了上述处理方式。康德主张自由的自然法权是存在的，哈特这篇论文的主要论证就是从这个观点推导出来的，但他后来与这些论证拉开了距离。该论文谈到了永久遗产，这成为哈特后来所谓的“公平游戏原则”的导论，根据这条原则：

> 当许多人根据规则开展共同的事业因而限制了他们的自由（liberty）时，那些被要求遵从这些限制的人也有权要求那些从其遵从中获益的人遵从它们。规则可以使官员有权强迫服从并制定更多的规则，这将产生有关法律法权和法律责任的结构，但在上述情况下，服从规则的道德义务，其缘由在于社会的合作成员，社会的合作成员也拥有相应的要求服从的道德法权。在这种社会情境下（政治社会是其最复杂的例子），服从规则的义务不同于任何其他的、要求服从的道德原因，根据良善的结果（例如免遭损害）可能会有这些原因；负有义务是因为社会合作成员本身，而不是因为社会合作成员是人类，把损害加给他们是不正当的。❶

[186] 哈特把可强制执行的社会合作原则视为 *sui generis* [自成一格的]，并且认为它们不同于禁止施加损害的任何原则，在这点上他是对的。他主张承担义务的是作为成员的“社会合作成员”，而不是因为他们中被单独考虑的一个人或更多人，在这点上他也是对的。但他的构想在两个关键点上是有误的：他对它的范围的特征所作的描述（“当许多人开展共同的事业”）和他把政治社会视为更一般义务的特别例证（“最复杂的事例”）。哈特的构想是，可以强迫人们遵守政治社会原则，政治社会原则是一条更一般的道德原则的例证，根据这条道德原则，人们始终可以被迫加入他们从中获益的共同事业中去。自由法权构成了其论

❶ Hart，“存在任何自然法权吗？”（Are There Any Natural Rights?），载于 *Philosophical Review*，64，2，1955，页 175 - 191。这个一般观念可能构成洛克“默示同意”学说的基础，根据该学说，在一国中生活并接受其利益就等同于同意。按照类似的方式，可以把洛克的财产理论解读为产生排除的法权，该法权源自防止其他人从我的劳动中受益的法权。

文其余部分的主要内容，哈特并没有说明这条原则是如何能够与自由法权相协调的。

根据上述那条宽泛的原则，你必须为你获得的利益付费，或者为利益的生产作出贡献，这条原则的困难不在于它从未得到应用。在某些情形下，其道德性看起来在直观上是正确的，甚至是显而易见的。在某个合作项目中，某人拒绝承受施与自己的公平负担，其他人对他会感到愤怒，他们受到这样一种感觉的刺激，即当其他人都不愿作出贡献时他们却应当有所贡献，这是不公平的。野餐后某人始终拒绝打扫，这就像操场上的孩子们拒绝轮流玩抽水机或秋千，这会引起他人的愤怒。其他每个人表示自我克制，这个人却予以拒绝。

类似的原则看起来在政治生活中也发挥着作用：正如人们对利用政府服务却侵吞税款的人感到恼怒一样，某人为自身便利而在人行道上停车或经常阻碍人行道，也会招致他人的愤怒。[187] 所以，相同的原则在日常情形和法律情形中也发挥作用，这是再自然不过的想法了。

尽管该原则看起来颇有道理——就像哈特所表述的那样——它还是完全不适于用来证明依法合作。[1] 诺齐克（Nozick）列举

[1] 在“法律义务与公平游戏责任”（Legal Obligation and the Duty of Fair Play，载于Rawls，*Collected Papers*，Harvard University Press，1999，页117）一文，罗尔斯赞成公平游戏原则并说他“意图排除如下可能性，即服从法律的义务奠基于法律自身的具体原则。”在《正义论》（*A Theory of Justice*）中，他把公平游戏原则的运用限制在对受到规则规制的活动的参与上。他列举了不同的事例——婚姻、承诺、谋求政治职位、做游戏——这些事例说明为了“自愿接受某种制度的好处”，某人必须根据该制度的规则参与到制度中去，而不是仅从其他人的参与中获利。这些事例说明罗尔斯并没有假定该原则拥有像哈特所说的那样宽泛的范围。事实上，官员的例子——那些选择参与政治因而服从公平游戏原则的官员们——显然不同于普通公民的例子，普通公民承担着罗尔斯所谓的支持正义制度的“自然责任”。参阅《正义论》（*A Theory of Justice*，Harvard University Press，1971），页342－343。支持正义制度的责任在如下意义上是自然的，即该责任不要求自愿参与或者自愿获得利益。我要感谢曼特尔（Jon Mandle）对该论题的讨论。

了若干相反的日常事例，这些事例讨论了这个构想的特征：仅由于你的邻居们把街道布置得更加美观，这并未使他们有权迫使你加入他们的计划。当你途经他们的房屋时，你也无需闭上眼睛拒绝这一好处。[1] 就像诺齐克列举的其他事例那样，对于公平游戏原则的捍卫者来说，这个事例似乎不着要点。西蒙斯努力通过把该原则的应用限制于计划中的"参与者"或"圈内人"来修正这条原则，他认为，"某人接受了计划所给予的利益，他无疑就是该计划的参与者了。"[2] 西蒙斯通过如下事例来刻画修正后的原则，某人拒绝和邻居一同挖井，却于每晚上从井中汲水。这个人是在搭便车，这并非因为人们对其感到愤怒，而是因为他获得了利益，却没有对利益之产出有所贡献。这条修正原则貌似有理，并有助于理解某些日常事例的意义——操场上某个孩子利用轮流制度，等轮到他时，他拒绝从秋千上下来等——但是，正如西蒙斯指出的，这丝毫没有证明诸如国家这种合作的法定形式。[188] 它说的不过是，如果你通过选择某一合作协议所带来的利益而自愿加入这份协议，那么人们可以要求你为利益的产生"做出自己的贡献"，或者为利益付费。然而，倘若你不能拒绝利益，那么人们不能迫使你去促成利益的产生。[3]

西蒙斯修正了这条原则，使其作为私人法权原则而被赋予了某些看似正确的东西，但该原则作为公共法权原则却注定要失败。如他所设想的，它是不正当致富这条日常法律原则的社会形

---

[1] Nozick，《无政府状态、国家与乌托邦》（*Anarchy*，*State and Utopia*，Basic Books，1974），页 93 – 94。

[2] Simmons，"公平游戏原则"（The Principle of Fair Play），载于 *Philosophy and Public Affairs*，8，1979，页 323 – 324。

[3] 尽管咋看上去似有道理，但西蒙斯的事例还是力图回避某些难题。这口想象出来的水井在哪里？如果它与私有权有关，那么搭便车者也是侵犯者，除非它就在搭便车者的土地上，在这种情形下，挖井人就是侵犯人了，而搭便车者就可以请求把他们的劳动据为己有；如果它与公有权有关，那么谁授权个别地使用它呢？事实上，在欠缺依法合作之独立原则的情况下，公有权如何设立起来呢？

式，根据该原则，从他人那里自由获益的某人可被迫为其获得的利益付费。就此而言，这对于社会合作来说并非特例。任何两个私人之间的相关义务是有效的——如果你挖了一口井而我从井中汲水，那么我被要求向你支付使用水井的费用。某个团体生产出物品，这个事实并非分析的重点。然而，作为私人法权原则，自由接受原则甚至比西蒙斯所认为的要更为狭隘。特别是，它不应用于如下情况，在其中，某人是在获得捐赠的希望中给予利益的；倘若给予利益的那些人不是在与我交易的希望中给予我利益的，那么我只需为我自由获得的利益付费。如果当你用橡皮扫帚擦拭我的挡风玻璃时我没有鸣喇叭来表示我拒绝接受你的服务，那么你是在获得回报的希望中给予我利益的；我乐意有一块干净的挡风玻璃，这个事实无关紧要。我无需加入你事先安排好的协议。正如法官波洛克（Baron Pollock）在 19 世纪提出的一个著名问题，"某人擦拭他人的鞋子；对方除了穿上它们之外还能做什么呢?"❶ 我们在讨论所有权时看到，即使洛克式的前提——人们拥有他们的劳动——被接受了，你的努力也没有为你的劳动成果赋予任何法权，除非你成功地夺取了它们。基于所有相同的原因，我想得到那些成果，这并未使你在如下情形中可以向我提出任何请求，在其中，你是带着回报的希望才把那些成果给予我的。

[189] 作为私人交易的原则，西蒙斯的被接受利益的原则不能像哈特所想的那样发挥作用，因为它确实存在哈特试图避免的困难，即它要求自愿。哈特指出传统契约理论家的错误"在于把产生相互限制处境的这个法权等同于承诺范式；当然，存在一些重要的相似性，并且这些相似性恰好是一切具体法权共同拥有的，亦即它们都产生于人类之间的具体关系，而非行动的特征或

❶ *Taylor v. Laird*（1856），156E. R. 1203。

效果。”❶ 不正当致富原则不同于履行承诺原则，但它们在要求各方之间进行交易上具有相似性。这个相似性使任何一方不必说明依法合作：两者都是自愿互动的原则。

面对诺齐克的批判和西蒙斯的限制，我不打算详考文献资料以捍卫公平游戏原则。然而我也无需如此，因为整个争论都是在这个错误的基础上发生的，哈特也是在这个基础上开始争论的，他试图在政治社会这个“最复杂的事例”之外和之内寻找一条可以普遍应用的一般原则。哈特让自己在政府的社会契约理论中寻找真理，但不同的是，他主张把从私人关系中提取出来的模型应用于为国家授权，由此他不过重新提出了政府的社会契约理论存在的核心困难。在政治社会之外，不存在任何原则可授权参与有利可图的合作活动；在政治社会中，仅当参与政治社会能被证明在其他基础上得到了授权，那么要求人们公平承受负担的原则方可应用。

作为政治证成性基础的利益/负担原则，其问题不只是人们不能自由获得由国家提供的产品和服务，因为他们没有真正的机会予以拒绝。正如西蒙斯指出的，这只说明了实际的国家没有满足它的要求。❷ ［190］更重要的问题在于，它是一次错误的测试：仅当我们已经处于人们在其中能被迫为物付费或者对其有所贡献的合法权状态，其他人才能迫使你为自己已经自由获得的利益付费或者对其有所贡献，因而任何这样的义务都需要获得说明。在私人交易中，你只能命我为那些你有权排除我染指的东西付费。如果生产利益的合作者们无权排除我获得那些利益，他们就不能要求我承担对之有所贡献的义务。康德论证的整个要点在于说明暂时的法权是如何只能在合法权的状态中才令人信服。排他的法权是这个问题的核心。

---

❶ Hart，“存在任何自然法权吗？”（Are There Any Natural Rights?），页186。

❷ Simmons，“公平游戏原则”（The Principle of Fair Play），页336。

由于另一个原因，转让和自由获得这两种模式也归于失败。两者力图把一般意志这个理念融入个人和国家之间的一系列双边关系之中。但是，国家如何能够拥有强制权力的问题确实只是根本上国家如何能够存在的问题，以及任何事情如何能算作是国家实施的行为或者国家承担的义务。因此，我们在说明契约时不能把国家预设为参与契约的一方。

更一般地，合法权状态的产生不能要求任何类型的私人交易，因为合法权状态只是程序在其中能够获得效力的情境，因而结果的合法性取决于它是如何产生的。因此，这个理念——存在一份进入合法权状态的契约——存在两个明显的问题——第一，在欠缺合法权状态的情况下，上述任何契约都只是“暂时的”，第二，祖先订立的契约不能对后人构成束缚——这两个问题又是一个更大问题的表现。如果程序不能获得授权，那么人们对某事表示同意这个事实实际上就不具有拘束力。

B. 个人与政府机关

如果人们不能通过一系列私人协议来联合他们的意志，那么在何种意义上能说国家行动是全面的而不只是作决定的个别官员的单方面行为？政治权威的私法模型的失败也提出了进一步的问题。两个模型都是为了澄清每个公民和国家之间的双边关系。它们力求通过表明公民把某个法权转让给某个国家或者从某个国家那里获得某些利益，由此来说明为什么某个特定国家对某个特定公民拥有权威。这些解释的失败并未使该问题消失；国家完成某些具有重大道德意义的事情，这个事实并未表明国家对谁拥有权威。

［191］康德为这些困难提供的解决方案不是去寻找其他某条私人秩序原则，因为任何私人秩序原则都不能完成这一任务。相反，他借助的是如下理念的含义，即“最好的宪政是权力不属

于人，而是属于法律。”❶ 他的基本策略是表明，合法权状态能够把权威赋予法律而不是赋予人，因而进行立法、执法和司法的特定的人的行动是运用公共权力而非私人权力，因而是全面意志的例证。制度能够做到这些是因为它们包含了由它们产生的政府机关和执行它们的官员之间的区别。

在最后一章我们考察了康德的两项主张，从中我们发现了部分的解决方案，第一项主张说的是公共权威提供的动机不同于另一个私人提供的动机，第二项主张说的是法庭的裁判不同于你的邻居的决定。这些论证并不依赖于如下要求，即官员们做任何事情的能力要大于他们依据自己的最佳判断作出行动的能力，或者他们能够抓住有关普遍物的观点的要点。❷ 相反，上述论证关注的是某种方式，按照这种方式，一个被公共建构起来的角色使得动机的提供或者判断的运用与每个人的法权保持协调。法律规则向每个人保证其他人都具有尊重每个人的取得法权的动机，通过这项保证，法律规则解决了保证问题；依法建构的法庭解决了不确定性问题，其方式是从某个尚未被任何一方的观点所规定的立场、而不只是从某个私人参与方的视角来解释客观标准。[192] 这样，法庭的行为就与各方的自由保持协调了，任何一方都不能任性行事。

保证问题和确定性问题的解决方案包含了官员在法律要求的范围内展开行动的理念。官员被许可只能为了依法要求的目标而行动。因此，官员角色这个概念引出了政府机关的要求和官员的私人目标之间的区别。这个区别表明了由法律而非人民来统治意

---

❶ 6：355。

❷ 它们不依赖于德沃金提出的著名主张，根据该主张，实在法与道德性被结合起来，在每一个法律问题上，它们都能给出一个最佳答案，法官的任务就是通过解释来发现这个答案（《法律帝国》（（*Law's Empire*, Harvard University Prees, 1986），页239）。德沃金的赫尔克勒斯使用道德性，从而使实在法在个案中的应用具有确定性和道德恰当性。比较而言，康德式的法官把实在法应用于个案，其目的是把道德性的相关部分应用于它们。

味着什么，即使实际的统治乃是人民的统治。

关注行政机关和司法机关似乎只是返回到同一个问题：这一主张——当官员们在法律要求的范围内行动时，只有较少的官员是为了国家而行动——仅当授权的立法机关自己就是一个全面意志时才是有用的。但是，法治和人治的区别再次反映了政府机关与组成政府机关的个人之间的区别。全面的立法意志所要求的一切东西就是要区分开按照正确方式应用于立法意志的公共目标和私人目标。正如我现在要说明的，唯一有关的公共目标是产生和维持合法权状态这个公共目标。

把个人/政府机关的区别应用于立法机关，其线索已经蕴含在有关同意的私法模型的失败中了。正如私人法权原则，实际协定调整着互动的个人。但在实际协定不可能的情况下，或者因为某人没有能力表示同意，例如孩子或不省人事的病人，或者因为在特定事情上难以向某人咨询，例如把事务委托给他人的信托人，受托人可以在与法权相协调的条件下“为信托人订立协议”，因为受托人从属于身份关系的形式约束。首先，订立协议的某人必须作出行动以确保协议所为之达成的那个人的实现中的目标，其次，订立协议的某人不得为了自己的私人目标而利用订立协议的权力。甚至用来确保他人的实现中的目标的权力也只能按照那个人能够同意的条件来运用；我们在第 5 章看到，作为一个法权问题，某些协议是人们不能同意的，即使他觉得这些协议是有利可图的。［193］你不能把自己出卖为奴隶，即使你可以利用这些来帮助那些比起你的自由更为你在乎的其他人；你不能同意参加公共格斗赛，即使你相信自己会胜出，或者即使你的继承人有希望得到数目可观的酬金对你来说比生命本身显得更为重要。你只能为自己订立这样的协议，它们不允许其他人把你视为单纯的手段。如果你不为自己订立这种协议，其他任何人都不能为了你的利益而为你订立这些协议。如果某人不能把自己卖为奴隶以期获利，其父母也没有合法权的权力把子女卖为奴隶，即使

情况是子女会过得更好或者相对于作为自由人而言，他们更可能活下来。❶

官员角色的结构类似于个人在私人身份关系中的结构：法律上授权官员为其他人作出安排，因而他不得为了私人目标而利用自己的职位。因此，官员既不能收受贿赂，也不能把政府契约分给他们的朋友或家属。当这些限制的细节要求获得法律阐明时，它们的宽泛结构就一目了然了：政府机关是以公共目标为目的的，它们赋予职员的任何任意的权力也是公共的，而不是私人的。官员在授权范围内还是授权范围外行动，其区别不取决于官员的态度：法律体系能够有效运作，即使许多官员只关心工作和薪水，对法律或正义熟视无睹。对官员责任与私人腐化之间进行比较，该比较可以应用于负有义务的官员，也可以同样的方式应用于异化了的官员。人们可能共同生活于合法权的状态，这个可能性取决于外在的行为，其中包括政府三个部门的外在行为，而不取决于任何个人对该行为的态度。❷

［194］为他人作出安排，这个宽泛结构表现在康德式国家的每一个部门。立法机关、行政机关和司法机关，每一个都改变了私人的规范性处境，并且通过运用它们的权力，立法机关和司法机关使个人在强制面前显得脆弱无力。我们在后面几章会看到，最高统治者（立法机关）还拥有征税权，并有权把税款花在公共空间的塑造上，花在健康和国防上，它还可以就如何有效

---

❶ 极度贫困的穷人所处的绝望处境有时会导致他们卖儿鬻女，许多评论者希望阻止这类契约，其根据是在这件事情上父母和子女都没有真正的选择。参见，例如，Debra Satz，《为什么某些物不应该被出卖：论市场的界限》（*Why Some Things Should Not Be for Sale*：*On the Limits of Markets*，Oxford University Press，2008）。上述契约为何没有拘束力，康德对此有不同的解释：任何人本就不拥有对他人的合法权的权力，虽然他肯定会同意防止上述处境是公共法权下的国家的根本责任。

❷ 关于作为法哲学之核心命题的异化了的官员，参见 Scott Shapiro，《合法律性》（*Legality*）（即将出版）。康德评论说，甚至一个“邪恶的民族”也能够解决法权问题，该评论取决于同一个观念（Kant，《永久和平论》（*Toward a Perpetual Peace*），8：366）。

地做这些事情作出判断。我们还会看到，这样来运用权力并非服从私人的同意，该事实提出了一个理想，上述任何协议都必须根据这个理想来判断。

因此，国家在地位上的某个重要方面类似于父母与子女的关系。❶ 国家为其公民作出安排的权利需要与他们的自由保持协调，即使这种协调不能获得同意的保障。不像授权父母“监护和塑造”子女，这个授权覆盖了任何事情，只要这些事情能够使子女成长为成人社会的完整一员，父母就可以同意或拒绝各种私人互动，而给国家的授权要小得多。父母教导子女成为其自身的主人；国家产生合法权的状态，每个人在其中可以充当自己的主人。公民在合法权状态之外缺少令人信服的法权，这些法权需被用来形成有拘束力的安排。因此，官员自己可以为公民行动，但只能采取与他们的自由相协调的方式，亦即官员可以创立能够立法的机构。由此可以推出，国家的权利只能扩展到保障公民的法权，决不能扩展到推进他们的私人目标。

当官员们在角色范围内展开行动时，他们是为国家而行动；康德还提出一个更为陌生的主张，即他们是为人民行动。这似乎通过预设令人信服的私人法权作为公民状态的基础而又回到了私法模型。［195］然而康德的主张不是说公民主动把自己的事务托付给国家，甚至也不是官员们为了被单独考虑的公民而行动。相反，官员们是为了被设想为集体的公民而行动的。康德引入了作为“一群人”的“人民”这个术语；❷ 把人们放到一起，他们就形成了某种东西，他在《纯粹理性批判》中把这个东西的特

❶ 该结构向国家提出这些要求，即要求国家在处理不同公民的相互竞争的请求时要做到公平，关于这些要求的分析，参阅 Evan Fox - Decent，“国家法律权威的信托本质”（The Fiduciary Nature of State Legal Authority），载于 *Queen's Law Journal*，31，2005，页 259 - 310。

❷ 6：311。

征描述为“全体性”，亦即被看作单一性的多数性。❶ 一群人是人民，这只是因为机构是为他们而运行的；机构是他们联合起来的原则，机构的运行就是人民的行为。因此，康德的这个主张不是说每个人事实上都对国家表示同意或者把权力转让给国家，甚至也不是说人民在某种程度上联合他们自身并把权力转让给国家，而是说国家通过它的机构而产生了人民，因为只有通过机构，“一群人”才能使自身成为人民。所以，如果一群官员在地球表面的某个既得区域内立法、司法和执法，那么他们因而就把当地的居民联合为人民。通过成为人民的代理人，国家使人民成为国家行为能够施于其上的道德主体。国家统治的权利不依赖于“国家是否开始于一个作为事实的臣服的实际契约（*pactum subiectionis civilis*［公民服从的契约］），或者是否权力先行而法律只是随后出现，或者是否它们也应当遵从这个顺序。”❷ 具有重大影响的是官员们产生了一个合法权的状态；如果他们这样做了，那么它就是一个为了生活于其中的人民的合法权状态。因此，康德同意霍布斯所说的人民是由为它而运行的机构产生的。❸ 代表机构的存在——亦即这样一种机构，官员们在其中是为了被视为集体的公民的利益而行动的——使得人民有可能共同生活在法律之下因而成为一个集体。❹ 其作为一个集体的地位先于它通过那些机构统治自身的能力。

［196］在合法权状态中所运用的权力提供了全面意志，全面意志是用来弥补自然状态的三个缺陷的。公共行为是全面的，

---

❶ 《纯粹理性批判》（*Critique of Pure Reason*），A80/B106。

❷ 6：318。

❸ Hobbes，《利维坦》（*Leviathan*，Hackett，1994），页110（chap. XVIII）。

❹ 代表为自己所代表的那些人而行动。虽然选举是选拔代表的理想方式，但在所有问题上都直接投票或者选举那些不是代表（representatives）的纯粹代表（delegates），就是某种形式的专制主义了。所以康德总结说，君主原则上可以代表一般意志，正如他说至少腓特烈大帝要求如此，但是雅典民主制必然是一种专制主义，因为它不是代议制的。参阅《永久和平论》（*Toward a Perpetual Peace*），8：352。

因为它们不是任何个人的单方面任意，相反它是为了被视为集体的公民的利益而被运用的。它们还在如下意义上是全面的：单方面意志始终具有某个特定的目的，任意的某些内容。全面意志则有所不同，因为它提供的所有东西都是某种形式的任意，其方式是通过提供某些程序，按照这些程序，法律得以被制定、应用和强制执行。让我们回到康德最初列举的事例，当国家授权取得私有权时，它没有把拥有财产或积累财富作为它的目标。其目标是要使个人拥有他们自己的物，彼此之间不得染指，这与私人法权的悬设是一致的。当国家为了维持合法权状态而行动时，按照我们在第 8、9 章讨论的方式，它不能把公民的幸福或大量的国家产品作为它的目的；它只能为了保存人民能够借以统治自身的形式条件而行动。当国家惩罚罪犯时（此为第 10 章主题），不能为了预防伤害或者让不法行为人罪有应得而实施惩罚。它只是维持自身法律的至高无上性。

康德的解释避免了私法模型的困难，因为它没有假定产生令人信服的法权要求运用令人信服的法权。合法权状态的产生是 *lege*［法律］，是法律所认定的，而不是某个特定的肯定行为的结果，❶ 康德承认合法权状态是由“获取最高权力”的行为开启的。❷ 一旦国家建立起自身，任何人都不能根据他或她不同意来反对它的产生或它的要求，因为任何这类不同意都是对全面意志的否定，因而不过是一个单方面的拒绝行为，单方面的意志对于其他人而言从来不是法律。［197］所以，你负有一项义务，若根据公共法权悬设来描述其特征的话，它要求“当你无法避免与其他所有人共处的时候，你应当离开自然状态而与他们一同进入合法权的状态。”❸ 你进入的合法权状态对你拥有权威。

可见，康德对权威问题的解决方案表明，官员的行动，仅就

---

❶ 康德在 6：260 中把取得 *lege*［法律］等同于全面的取得。

❷ 6：372。

❸ 6：307。

其本身而言，就不是某人单方面为他人作选择的例证。他的解决方案不依赖于如下主张，这些主张与每种情形中产生正确结果的某权威的能力有关，或者不依赖于某权威所选择的程序的较大可靠性，这种可靠性是与某些外在标准相左的。[1] 你在特定的民事审判中是否占上风实际上依赖于谁是律师、谁是法官或者谁是陪审员。税收体制是否最有利于你、甚至最有利于每个人，这部分依赖于各种官员（不是所有官员都是聪明、公平或明智的）所作的具体决策。只要每个人在自己职务能力之内行动，其结果都是经法律授权的，因而从自由的立场看，结果不是专横的。康德的解释还说明了权威“内容的独立性”，其近来引起了许多作者的注意：［198］产生不同结果的不同法律或者不同官员的决定本来也能获得法律授权，这个事实不会导致作出一个丧失权威的实际决定，因为通过共同机构来设定对自由的相互限制，法治借此建构起它的权威。那些机构把权力赋予官员，使他们通过为每个人决定而作出有权威性的决策。而且，立法的许多细节依赖于各种因素，这些因素从法权立场来看是偶然的。然而，考虑到

---

[1] 拉兹在其颇有影响的政治权威理论中证明，如果通常说来，个体通过追随权威而服从那些单独适用于他们的理由，这比通过直接考虑那些理由再服从它们要有效得多，那么权威就是合法的。参见 Raz，“权威与证成性”（Authority and Justification），载于 *Philosophy and Public Affairs*，14：1，1985 年冬季，页 3－29。只要按照正确的方式来理解“理由的应用”这个观念，康德的解释就能与拉兹的分析协调起来。在康德看来，唯一相关的理由是法权责任，国家权威只扩展到这些责任之上，而这些责任只能在合法权状态中被内在一致地推导出来。合法权状态中的所有行为，包括国家决定如何实现各种公共目标的权利，都可以被描述为使人们能够“更好地”服从他们的法权责任。权威在某种程度上构成了对奠基性的法权责任的应用，这是康德解释的关键之处。拉兹的观点丝毫没有排除这点，虽然他利用对政治权威和技术专家所作的类比，这样做可能意味着即便离开权威的运用，相关理由也一定是确定的，而权威的作用纯粹是认识上的。通过在一定程度上构造协调性问题的解决方案，权威在解决这些问题上的作用得到了承认，该作用表明拉兹的解释更具调适性。拉兹的政治哲学与康德的相反，因为它奠基于另外两项主张：法权奠基于利益之上，而这些利益在关系之外也能获得阐明；法律是实现目标的工具，在不涉及法律的情况下，这些目标也能获得完满的阐明。参见《自由的道德性》（*The Morality of Freedom*，Clarendon，1986）。

立法机关在其权力范围内行动，那么结果就不是单纯单方面的了。

康德的解释还说明了，为什么法律权威尤其与实在法有关。在法律体系中，既有规范是否等同于法律规范，这取决于与官员的立法行为有关的事实；❶ 对于做“那些看起来是好的和正当的事情”的每个人而言，实在法是一种选择。这只是说，只有实在法能够弥补自然状态的三个缺陷。

Ⅱ. 源始契约理念

康德对公共机构权威的解释说明了公共法权悬设如何能够由实际的人来实现，这些人在人力上填充已经创设出来的政府机关。人们只是通过服从法律而“离开自然状态进而”与其他人“进入一种合法权的状态”。❷ 公共法权悬设列出了合法权状态得以存在的最低条件；它能够“在与暴力相对立的外在关系中从法权概念的角度获得阐明，”❸ 因为它只包含如下要求，即由若干机构来立法、司法和强制执行法律。在合法权的状态中，公民知道自己在彼此的关系中居于何种地位：每个人在自己的法权中获得保证，因为客体能被取得和据为己有，并且争议的解决能够与所有人的自由保持协调。

当康德主张必须根据他所谓的“源始契约理念”来理解和评价每个国家时，他还进一步解释了合法权的状态。［199］契

❶ 关于法律实在性之最低限度的界定，以及对该界定与其他许多相关主张之间所作的比较，参见 John Gardner，“法律实证主义：$5^{1/2}$ 的神话”（Legal Positivism: $5^{1/2}$ Myths），载于 American Journal Jurisprudence，46，2001，页 199 – 227。

❷ 6：307。

❸ 6：307。

约论证的要点不在于把国家描述为私人意志之间的自愿协定的结果，而在于它表明了一个规范性结构，通过这个结构，公共权力的运用就与个体自由协调起来了。虽然康德在讨论取得的单方面本质时❶就引进了规范性结构这个术语，但他在“公共法权”中才予以完整阐释：

> 人民借以自己把自己构建成一个国家的那种行为，但真正说来只不过是国家的理念，只有按照这种理念才能设想国家的合法性，这就是源始的契约，根据这个契约，人民中的所有人（*omnes et singuli*［所有人和每个人］）都放弃自己的外在自由，以便作为一个共同体，亦即被视为国家的人民的诸成员（*universi*［通通都有的］）而立刻重新接受这种自由，而且人们不能说：国家、国家中的人为了一个目的而牺牲了其一部分与生俱来的外在自由，而是说他完全放弃野蛮的、没有法律的自由，以便在一种对法律的依赖中，亦即在一个合法权的状态中一点不少地重新获得自己一般而言的自由，因为这种依赖性产生于他的自我立法的意志。❷

就思考合法权的状态而言，理想的情形是，在这种情形中，被视为一个集体的人民联合起来统治被分别考虑的自身。任何实际的国家都不可能完全符合这个理念，因为这个理念是抽象的和规范性的，因而不等同于任何经验性的个案。相反，它“给每个进入共同体的实际联合体充当规范（因而它是内在宪法的规范）。”❸

康德援引了作为模型的合法权状态的理想情形，通过这个理想情形，其他次要的情形就能得到理解，康德由此加入一个历史

---

❶ 6：266。
❷ 6：315。
❸ 6：314。

悠久的传统，即把合法律性的基本情形理解为一种理想情形，而所有次要的情形都是它的不完满的情形。❶［200］在《纯粹理性批判》中，他不仅在思考法律体系时赞同这个一般策略，而且在思考有德性者、甚至生物这些概念时也表示赞同。❷ 在每个例证中，部分被视为受到整体的规定：有德性的行为是有德性的生活的部分，政府的每个部门在与由它们共同构成的整体的关系中有其功能，生物的各个部分在与整体的关系中是其所是。在生物的情形中，康德关注理想情形，其重点不在于把意图强加给自然，❸ 而在于使某些方式得到理解，按照这些方式，生物是用无生命的内容创造出来的，但服从不同形式的一般性。在物理学中，坚持不懈的观察导致了对（某些）一般化的修正，人们假定这些观察是用来检测一般化的；在生物的情形中，与期望的某些不符导致了如下结论，即尚有争议的植物或动物是有缺陷的。发现存在着受伤的马匹或者只有三条腿的畸形马匹，这既没有驳倒也没有削弱如下主张的一般性，即马有四条腿；绝大多数蜉蝣在化蛹之前都会死去，这个事实也没有驳倒和削弱有关蜉蝣的正常生命周期的主张。相反，这些事例都表明许多生物是其物种的有缺陷的例证。

同理，康德追随自然法传统，他把合法权状态中的法则的理

---

❶ 参阅，例如，Thomas Aquinas，《神学大全》（*Summa Theologiae*，Ia IIae90），载于 Aquinas，*Political Writings*，R. W. Dyson 编译，Cambridge University Press，2002，76ff）；John Finnis，《阿奎那》（*Aquinas*，Oxford University Press，1998），页 219。

❷ 《纯粹理性批判》（*Critique of Pure Reason*），A318/B374。

❸ 康德在《纯粹理性批判》中反对所谓的设计论证，参见 A627/B655。目的论暗含设计，这个观念是同一些持还原论观点的经验主义者和功利主义者所作的假设的例证，它们导致边沁和奥斯丁试图把规则还原为威胁所支持的命令。从佩利（Paley）所列举的钟表匠事例，经由边沁和奥斯丁力图把规则还原为命令，再到穆勒把有价值的东西等同于人们想要使之有价值的东西，经验主义者认为正确性的标准是需要说明的，而心理状态则是这些标准的无需说明的说明者。休谟打算援引规则概念，这使他与经验主义者的其他传统尖锐地对立起来。康德主义者认为合理的标准是基本的，甚至认为心理状态只有与这些标准联系起来才能获得阐明。

想情形视为根本的（分析上的），而所有的实际情形都是这个理想情形的有缺陷的例证。由于规范性概念的更为一般的特征，他把关注理想情况这个一般策略用于更高层次的抽象。思考某物存在的方式，始终是把该物与其种类的理想进行比较。在植物或动物的情形中，理想具有一个先天的部分——这个先天部分是被适当组织起来并具有独特生命形式的某种生物的理念——和一个来自经验的部分——特定生命形式的蜉蝣或马匹。［201］若没有先天的部分，就不能认为特定的动物是活着的，❶ 但每一个别的植物或动物是根据它自身（尤其是被发现的）物种的理想的实现来理解的。观察或许揭示出某种植物或动物的生命形式被误解了，因而需要修正。

规范性概念则有所不同，因为它们的理想情形完全是先天的。如果一个规范性要求未能应用于实际发生的事物，这说明了该事物在这个世界上是有缺陷的。它没有揭示规范性要求中的任何缺陷。经验教导我们任何实际的人类都没有努力满足德性的所有要求，这个事实使我们有理由对人类感到失望，而不是有理由来修正德性概念。在强调理想的情形时，康德并没有建议人们由于未能符合规范性要求而挑剔彼此的毛病。这同一种纯粹性——它使规范的理想情形具有调节性——还使该理性情形变得不可赢获。

相对于实际行为，法权原则与其他规范性概念具有同样的优先性：人们经常侵犯其他人的法权，这个事实并非修正法权概念的理由，因为法权概念支配着人们被授权对待彼此的方式，而非描述他们实际或通常对待彼此的方式。实际发生什么可以与明智地做什么联系起来，但不能与规范性要求联系起来。此即为何洛克声称在自然状态中人类的爱好和有限性所产生的困难最

---

❶ 至于具体捍卫该主张的，参见 Michael Thompson，《生命与行动：实践思维的基本结构》（*Life and Action*：*Elementary Structures of Practical Thought*，Harvard University Press，2008），第一部分。

多能够表明离开自然状态是有利的，而不能表明在道德上有必要这样做。在澄清自然状态的三个缺陷时，康德关注的是自然状态的纯粹情形，其意在表明纯粹的私人法权体系在规范上是内在不一致的，因为它未能符合完美性这条它自己的内在标准。

源始契约理念把考虑纯粹情形这个策略扩展到负责为人民作出安排的公共机构上，其方式是说明某个结构，通过该结构，作出安排和强制执行安排的权力能够与自由保持协调，因而是完全合法的。[202] 我们在先前的章节中看到，机构能够产生一个全面意志，因为它们包含了如下区别，即对政府机关的授权和构成政府机关的特定个人的目标之间的区别。某官员在授权之内实施行动通常有空间去运用判断，由此来决定在特定处境中它要求什么，或者如何最好地执行它的目标。这样，这个官员将运用判断并考虑可能与那些目标有关的经验性的和人类学的因素。任何这种判断、自由裁量或者对事实的考虑都必须在授权的期限内被运用；官员无权利用公职来追求私人目标，亦无权按照与其授权无关的方式令世界变得更好。这意味着官员是公仆：他们是为了公共利益而行动的。我们还看到，为其他人作出安排的权利只限于作出如下安排，即那些其他人被授权（作为一个法权问题）为自身所作的安排。作出其他人本可以为自身所作的安排，这个结构不仅包含了国家制定的特定法律，还包含了“宪法的”法律，该法律产生了机构的结构，通过该结构，某些人为其他人作出安排。公共法权悬设授权官员们为公民作出安排；源始契约理念把公民自身描述为更高秩序安排的创造者，这个安排给官员们授权，因而所有的政治权力都是人民自己来运用的。

理想情况是一个标准，因为它为组织使用权力以保证每个人法律之下的自由提供了唯一得以协调起来的方式。机构及其官员负有依法行动的法权责任，因为他们负有按照每个人的自由法权开展行动的法权责任。康德的论证不是说，因为官员们在立法，所以他们应当实现理想的立法，或者在立法时他们已经让自己肩负起实现法律的某个远大理想的使命。这种处理方式与康德的想法是背道而驰的。有这样一种观点，即按照源始契约理念进行统治的责任是如下这条更为一般的原则的特别情形，该原则要求，如果你正在从事某事，你就必须依据它的内在标准来从事——正如有人可能会想到，论证失败的原因在于证明人未能按照内在于论证的适当标准来证明，因而在一定程度上使论证陷入某种形式的矛盾之中——［203］这个观点批评的是这样一种人，他未能按照某种理想去生活，这种理想在合理的协调性上具有某种非关系性的、利己主义的不足，而非要求他对其他人实施不法行为。一个制定与源始契约理念不协调之法律的国家是有缺陷的，因为它产生的状态是不合法权的，而不是因为它违反了内在协调这条规范。

从源始契约理念的立场来看，法律可能在两个不同方面存在缺陷。第一，特定的法律可能与每个人对独立性的内在法权不相协调。为了使法律成为完全合乎法权的，国家必须废除这些法律。第二，被给予的法律所依据的形式可能存在缺陷；一个拥有良好法律的体系，在其中立法却不是自我立法，这种体系就是在这第二个方面存在缺陷。在完全的共和政体中，人民通过他们选出的代表来为自己立法，他们选出的这些代表是为了他们的利益而行动的，立法机关把权力赋予官员和法院，使他们可以补充那些法律并把它们应用于个案。解决三大问题的每一个问题的政府部门必须是分立的。如果立法机关能够把法律应用于个案（例如，褫夺公民权法案），那么某些人不过是对其他人运用权力，而不是运用于这样一些公民，即他们集体地统治他们独立的自我。

法律体系中可能存在的每一个缺陷都主张国家负有完善自身的责任。第一个问题产生了完善自身法律的责任，第二个责任是国家要完善它的立法形式，要让法律更符合源始契约理念，使责任的履行成为恰当的公共目标，为了这个目标，国家可以收税并管理其他活动。

上述每一个责任都是国家的内在责任。就像合法权的正派责任，其他任何人、任何机构都不享有相关法权来强制执行它们。❶ 正如所有的法权责任，国家只能通过运用与法权的普遍原则相协调的手段来完善法律。政治的变迁不能来自上面，它必须来自人民。[204] 立法的更为完善的自我制定的形式，其发展必须在理想上是自我制定的。在《理论与实践》中，康德把言论自由的特征描述为人民法权的“独一无二的守护神”。❷ 政治言论是唯一的媒介，运用该媒介，机构的不断改进和完善才完全符合法权。对“税收、招聘等”❸ 方面存在的不正义进行控诉的

---

❶ 路德维希论证说，由于国家方面的责任不产生相关的法权，因此国家服从德性责任而非法权责任（Bernd Ludwig，“康德契约论的确立——关于一种社会正义理论的结论”（Kants Verabschiedung der Vertragstheorie—Konsequenzen für eine Theorie der sozialen Gerchtigkeit），载于 *Jahrbuch für Recht und Ethik*，1，1993，页 239 – 243）。路德维希对法权和德性的二分忽视了内在法权责任的可能性（最重要的是，合法权正派的责任）。我们在第 2 章看到，根据法权的普遍原则，内在的法权责任限制了任意的范围。国家的每一个内在责任都把国家通过官员来实施行为的能力限制在与其公民的法权保持协调的那些行为之内。国家唯一的目的是考察它的基本授权所预设的限制；例如，它有关公共道路或救助穷人的积极条款只是把它的其他活动限制在与法权相协调的条件之内。它面临的唯一问题是如何给合法权状态赋予效力。它回答这个问题的责任是合法权地给合法权状态赋予效力。这些功能的实施不仅是根据道德价值来评价；目的也不是自由决定的，并且它们在与作为德性责任之特征的其他目的的关系中缺少“活动空间”（*latitudo*）。参见 6：233，以及《德性学说》（*Doctrine of Virtue*），6：390；Barbara Herman，《道德的读写》（*Moral Literacy*，Harvard University Prees，2007），页 203 – 229；Hannes Unberath，“康德式国家中的自由”（*Freedom in the Kantian State*），载于 *Jahrbuch für Recht und Ethik*，16，2008，页 321 – 367。公职人员必须解决的问题是如何维持和完善合法权的状态。许可法许可他们统治，即使他们在实现源始契约理念上所获得的成功是不完满的（《永久和平论》（*Toward a Perpetual Peace*，8：347）。禁止把合法权状态的法定目的与其他目标混合起来，因为国家除了成为一个合法权状态以外别无其他目标。

❷ Kant，“论通常的说法：这在理论上可能是正确的，但在实践上是毫无用处的”（On the Common Saying：That May Be Correct in Theory but Is of No Use in Practice），载于 Gregor，*Practical Philosophy*，8：304。

❸ 6：319。

法权使公民能够完善特定的法律；以自己的名义说话这个更一般的法权使公民能够改良立法机构。❶

Ⅲ. 公共权力及其界限

［205］康德在效果这个范畴之下来组织对国家权力的讨论，“诸效果与出自公民联合本质的法权有关。”❷ 他提到了六种效

❶ 把官员言论的特征描述为私人言论，这使官员言论服从另一个限制：官员绝对无权在公职权力上撒谎。（康德在讨论国际法权时提过类似论点，他反对“阴险的手段，这些手段会摧毁为将来建立一种持久和平所必需的信任”［《法权学说》（*Doctrine of Right*），6：347］。在国际法权的情形中，困难在于达成和平的协定必须包含受该协定拘束的意图；允许欺骗的规则剥夺了各方通过协定拘束自身的力量。）康德认为，说谎者使得“所有依赖于契约的法权化为乌有并丧失它们的强力”（“论出自人类之爱而说谎的所谓法权”（“On a Supposed Right to Lie from Philanthropy”），8：426）。他的观点始终是先验的而不是经验性的；信任的崩溃不是说谎所带来的恶劣效果；它是说谎的根本前提。虽然欺骗不是针对受骗人的不法行为，但它“一般地实施不法行为”，亦即康德所说的“形式的”而非“质料的”不法行为，或者他所说的“最大程度的”不法行为（8：429）。就像所有形式的不法行为，它也与康德所谓“人类自身的法权”相悖，亦即与处于合法权状态的法权相悖，合法权状态是这样一种状态，在其中，人们通过法律而非强力来解决争端（《法权学说》（*Doctrine of Right*），6：240；6：308）。合法权状态和说真话的联系是从如下这个更一般的要求中推导出来的，即国家只能为公民作出某些安排，这些安排是公民本可以为自己作出的。人们能够为自己作出的安排受到说真话要求的限制；正如我们在第5章看到的，你不能把自己的意志与这样一些人的意志联合起来，后者误解了意志据以联合起来的条件。欺诈人与被欺诈人并不分有一个联合意志。说真话是可能协定的无条件的前提。这就是说，欺诈使奠基于契约之上的法权“化为乌有”：它在协定之任何一方的可能力量之外说谎。如果应用于公共法权，那么国家作出安排的权力就受到协定之可能性的限制。协定若无可能，任何安排也就无可能，因而在有限的情形中，国家根本不能制定与协定的可能性不相协调的法律。因此，官员的任何欺骗必然包含为公民作出某些安排，而这些安排是公民本不能为自身作出的。参见 Jacob Weinrib，“康德‘所谓的说谎法权’的法律意义”（The Juridical Significance of Kant's “Supposed Right to Lie”），载于 *Kantian Review*，13，2008，页148－158。

❷ 6：318。

果：禁止革命，国家作为“土地最高所有人”的地位，救助穷人的责任，国家根据价值独一无二地创立政府机关的法权，国家实施惩罚的法权，以及根据非种族的理由来控制移民的法权。❶对每个结果的介绍就是对权力的说明——国家必须被授权运用这些权力——与此同时，它又是法律至高无上性的例证——法律高于要求与之竞争的任何事物。国家作为“最高所有人”的地位以及作为其结果的警察权力是下一章的主题，救助穷人和保证机会平等是紧接着一章的主题，惩罚则又是之后一章的主题。由于这些权力，我转向讨论革命问题。[206] 然而，本章的其余部分与人民自我立法的一般理念有关。对此，康德使用一些假设的术语加以介绍，他还指出，国家不能制定那些人民不能加于自身的法律。

正如我们看到的，这是一条一般的原则，即当某人为他人作出安排时，前者无权为对方作出对方不能同意的安排。康德式的最高统治者为人民、即为被视为集体的“一群人”作出安排。因此，对主权之立法权的检验必须是被视为集体的公民们的一个可能协定。

正如O’尼尔（Onora O’Neill）证明的，康德关注的是人们“能够”选择什么，这不同于晚近契约论者的理论所关注的，即为了最好地保障自己预期的利益，人们在具体情况中“愿意”选择什么。❷ 人们能够只选择最有利于他们的东西，虽然这个主张可以消除能够选择什么与愿意选择什么的区别，但康德对可能

---

❶ Bernd Ludwig，“伊曼努尔·康德《法权学说》中的‘国家法权’”（‘The Right of a State’ in Immanuel Kant’s Doctrine of Right），载于 *Journal of the History of Philosophy*，28，1990，页403－415，他证明公共法权部分的编号和排序表明印刷者工作有误，而这些错误由于康德过于专注而没有得到纠正。改动包括把§50改为公共法权“总附释”的F部分。

❷ O’Neill，“康德与社会契约传统”（Kant and the Social Contract Tradition），载于 François Duchesneau，Guy Lafrance 和 Claude Piché 编辑，*Kant Actuell*：*Hommage à Pierre Laberge*，Montréal：Bal－larmin，2000，页185－200。

任意的强调关注的是个体接受国家权威的理由，亦即关注确保系统化地享有自由法权的理由。为了使运用你的自由的系统化前提得到保证，你能够对限制你具体运用你的自由表示同意，但对利益的预期不能授权你按照与你作为自己主人的一般法权不相协调的方式来“抛弃你的自由”。任何这类行为都不能作为保障你的选择能力的例证。而且，从合法权正派的责任这个词汇表中也能得出相同的论点：你没有权力作出如下这种具有拘束力的安排，这类安排预设了其他人为了追求他们的私人目标而把你视为单纯的手段。

Ⅳ. 人民束缚自身的权力

[207] 康德在“什么是启蒙运动?”这篇论文中介绍了进行自我立法的人民这个理念。该论文的论证初看起来似有一种宗教性质，它似乎对获得宗教事务的法权表示关切：“一个时代绝不能束缚自己并企图把下一个时代置于一种绝无可能扩大自己的（尤其是在一些十分迫切的事务上）认识、为这些认识清除错误以及一般地继续进步和启蒙的状态之中。”这个构想似乎关心自由信仰学说中的某些根本利益。康德强化了这种表象，当他接着说，“这会是一种违反人性的犯罪，人性源始的天职恰好在于这种进步；因此后世就完全有权拒绝如下这种决定，这些决定没有获得授权，并且其作出是亵渎的。”❶

康德最后的限制条件表明有一条不同的原则在运作：“凡是一个民族可以总结成为法律的任何东西，其试金石都在于这样一

❶ Kant，“答复这个问题：什么是启蒙运动?”（An Answer to the Question：What Is Enlightenment?）8：39。另参见 Jonathan Peterson，“启蒙运动与自由”（Enlightment and Freedom），载于 *Journal of the History of Philosophy*，46，no. 2，2008，页223 – 244。

个问题：一个民族是否可以把这样一条法律加于自身?”❶ 在特定的事例中，强加一条具有束缚力的宗教信条，其困难不在于每个人预料到来自该信条的某种不利，也不在于总体来看，人们会体验到某些重大不利。上述有利或不利不能被先天地评价。相反，具有束缚力和可强制执行的宗教学说将与每个人的法权和被视为集体的人民的法权相冲突。每个人被授权自己决定自己的目标将是什么。可以把该权利限制在使每个人的合目的性与其他人的合目的性保持协调，但不能在质料的基础上、亦即在许多人乃至所有人恰好共有的某个特定目标（例如社会稳定或宗教救赎）的基础上来限制它。无论质料的目标为多少人共有，在质料是人们所需的意义上，它们是单纯地属于私人的。每个人都有权使自己意愿的东西成为其他人讨论的东西；对该权利的任何限制都不能获得同意。对于被视为集体的人民来说还有一个问题，因为他们不能事先就决定排除使其状态更合乎法权的可能性；［208］人性的“天职”即“在于这种进步”，该进步是在一个民族自我立法的能力中实现的。某一代人不能“企图”使下一代在与支配他们的法律的关系中变得消极被动。

康德在讨论权利的过程中两次使用协定这个理念，这两次使用更一般地出现在公共法权之中。一个国家被要求出于公共目标而行动，但禁止为了私人目标而行动，并且个体的法权约束着国家在追求公共目标时所能使用的手段。用协定这个词来说，国家是否有权运用某些权力，检验办法在于人民是否必须把权力交给它自己，公共权威是否拥有上述权力是人民通过法律来束缚他们自己的必要条件。康德对具体权力的每一个详细论证采用的都是这种方式。

个体的法权通过可能协定的理念也约束着国家权力，它们把

❶ Kant，“答复这个问题：什么是启蒙运动?”（An Answer to the Question：What Is Enlightenment?）8：39。另参见 Jonathan Peterson，“启蒙运动与自由”（Enlightment and Freedom），载于 *Journal of the History of Philosophy*，46，no. 2，2008，页223－244。

国家在追求公共目标时所能使用的手段限制在与每个人人性中的内在法权相协调的手段之上。法权的系统化实现能够进一步设立限制，因而国家也不能使用那些与公民自我统治的可能性不相协调的手段。用可能协定这个词来说，公民没有权力把自己束缚于那些与其自身的合法权正派不相协调的安排上，亦即束缚于他们在其中被视为单纯手段的安排上，并且公民没有权力把自己束缚于如下状态，在这些状态中，他们在与支配他们的法律的关系上不过是消极被动的。公民不享有反对国家的法权，他在国家中处于这样一种处境，如果不考虑国家产生的方式，那么公民只享有一种法权，即国家不能通过官员的行为对他做某些事情。这条限制类似于侵犯某人和改变此人在其中展开行动的情境之间的私人法权上的区别。它强调的不是行动或不行动的效果，就其本身而言，它强调的是被使用的手段。

因此，协定是否可能的问题与任何利益无关。尤其是，履行一份潜在的协定是容易还是困难，这与它是否可能没有关系。罗尔斯提出了“承诺的重负”理念，康德没有提出。罗尔斯论证说，如果某人觉得自己不能履行某项义务，他就不能承担这份义务。［209］他还说，人们在“无知之幕”的后面选择制度，他们并不知道自己会处于何种社会地位，他们不会同意在法律上设立奴隶制度，因为他们将预见到，如果他们成了奴隶，他们不会愿意服从主人。❶ 康德关心的是强制的权限，所以某人是否预见到缺少服从实在法的内在动机是无关紧要的。如果某事是不法的，就可以禁止它，无论相反的偏好有多大。正如康德在讨论所谓紧急避险法权时看到的，在足够恐怖的情况下，不能通过外在立法来阻止不法行为，这个事实并未使行为变得合乎法权或者使它超出法律规范的范围，即使它使惩罚变得毫无意义。❷ 与服从

---

❶ Rawls，《正义论》（*A Theory of Justice*），176ff。

❷ 6：236。

有关的、被预见到的容易或困难取决于任意的质料。反对制度化的奴隶制的论证不是说理性人不会背负起如下这种负担，即他们预料到在见面时存在一些困难，因为法权问题根本不是与负担有关的问题。相反，一部合法权的宪法不能建立奴隶制，因为它不能在那些无权安排自身的私人之间作出安排。如果某人不能把自身束缚在奴隶制的状态中，那么官员也不能对其构成束缚。任何被期待的质料上的利益都不能推翻这点。

可能的协定受到每个人人性中的内在法权的限制而不是利益的限制。许多个别的法权建立在"权限"的基础上，而"权限""已经包含在"对自由的内在法权中了；政治法权源自源始契约理念。表达自由从人性中的内在法权推导出来，人性中的内在法权授权某人"对其他人做任何其本身无损于他们的东西的事情，只要他们不想接受这件事情——这些事情只是向他人传达自己的思想，向他人讲述或许诺某些东西，无论他所说的是真还是非真；因为他们是否愿意相信他，这完全取决于他们自己。"❶［210］对表达你的想法的法权反映了如下这个更为一般的观点，即任何人都不享有这样一种法权，它要求其他人按照最有利于自己喜好的目标行动。除了剥夺你对之已享有法权的某物以外，我可以按照我认为合适的方式来使用我的语词。法权的其他方面规定了某人能被他人的语词冒犯的方式。康德证明说，你对良好声誉的法权甚至超出你的死亡，该法权就是一个例证。其他方面包括欺骗的不法性，甚至还包括以他人的名义讲话（其方式是未经作者许可就出版受版权保护的书籍）。

当某人被指实施不法行为时，内在法权还支配着无罪推定和证据负担。每个人对"作为免责的人"的法权可以诉诸"当与取得的法权有关的争议发生时，当问题出现时，举证责任就会落在某人头上，他要么证明一个有争议的事实，要么当该事

---

❶ 6：238。

实被澄清后，证明一个有争议的法权，拒绝承担该义务的人可以在方法上援用他对自由的内在法权（该法权如今在它的各种关系中得到了详细阐明），就像他为法权援引各种根据一样。”[1]

最重要的是，内在法权包括“人类自我做主的品质（*sui juris*），”[2] 亦即这样一种法权，它不会为了其他人的目标而被利用。内在法权的这个方面意味着人们不能合法权地为自己制定某种法律，这种法律导致某个官员成为他们的主人，因而内在法权的这个方面阻止把公共权力用于追求单纯的私人目标。它还保证结社自由。你设定和追求自身目标的权利包括选择你将与之订立协议的那些人，该权利只从属于他们拒绝与你进入协议的权利。

独立于其他人之任意的独立性法权约束着公共官员，因为人民不能把自己交给一个主人，亦即交给不受限制地自由裁量的某人，或者甚至交给那个被授权为了追求自己的私人目标而为他们作出安排的某人。[3]

［211］对表达自由的法权、免责的法权和在内在法权中自我做主的法权，其中每一个法权的直接根据都确保了自我立法的

---

[1] 6：236。

[2] 同上。

[3] 在 *Roncarelli v. Duplessis*，［1959］S. C. R. 121，魁北克省长杜普莱西（Maurice Duplessis）吊销了某旅馆的烈酒许可证，该旅馆的主人曾为岳和华（Johovah）的证人缴纳保释金，而杜普莱西曾因为岳和华改变宗教信仰而逮捕过他。杜普莱西证明，相关立法把“随意”吊销许可证的法权授予省烈酒管委会，因而授权他可以根据任何理由，包括政治理由来吊销许可证。为加拿大最高法院写作的大法官兰德（Rand）认为，就法律而言，立法机关不能把上述权力授予他，因为“在这种公共管制中，不存在上述那种绝对的、不受约束的‘随性’，亦即人们不能以管理人的任何想法作为理由来采取行动；不论法令的本性或目标是什么，任何立法法案在缺少明示语言的情况下都不能考虑无限制的专横权力，这种权力可以为了任何目标而被运用，然而却是任性多变或者不恰当的”（141）。人民可以给自己颁布法律，兰德没有使用法律一词，但论证的大体结构正是：立法机关本就不能被授予这一权力。

民族没有合法权的能力转让或拒绝接受其中任何一个法权。作为一个私人，你不能把自己卖为奴隶；所以，自由人也不能通过使自己生来就遭受责难而“抛弃他们的自由”，或者通过其他人的法权以外的任何东西来限制交流思想的法权。他们也不能使自己天生就从属于有关质料利益的计算，这些质料利益在结果最终达到平衡的基础上是可以获得以便加以利用或处理的。这些作为内在法权的法权，其地位并不意味着他们不要求通过实在法来澄清和法典化。它只意味着上述澄清和法典化必须关注那些法权，而不能从属于平衡其他潜在地相互竞争的利益。

内在法权还有一种含义，即一个民族不能为自己制定这样一些法律，这些法律是如此富有弹性以至于它们有效地把不受限制的权力授予官员。一个规则，如果它产生了大量的总统特权或国王特权，这些特权被用于总统或国王所选择的任何目标，那么它就与自我统治不相协调了；某条款授权大多数人实施只规范具体个体之行为的褫夺公民权法案，那么该条款也面临同样的问题。一条规则，它指示官员根据他们没有资格澄清的事实来作决定，那么它也面临同样的问题。[1]［212］这个分析亦抓住了如下规则的困难，这些规则把裁量权授予陪审团，使他们可以根据法律之外的因素来分配惩罚。那么关心自治法权的人们不能使自己受到如下法律的统治，这些法律使惩罚取决于法律之外的因素，即使在理论上，通过考虑这些因素，他们可能期待一

[1] 这个问题是在 *Little Sisters Book and Art Emporium v. Canada* (*Minister of Justice*)，［2000］2 S. C. R. 1120 案中提出的，在该案中，大法官亚科布奇（Iacobucci）认为，规范淫秽行为的法律与它宣扬的保护妇女免遭剥削的目标缺少合理联系，因为它授权习惯较差的官员们，使他们有权禁止输入他们觉得令人讨厌的东西。

个受益的合理预期。[1]

对国家可能使用的手段的其他限制是由立法的公共结构施加的，也是由相关要求施加的，这些要求指的是公民不能把自己束缚在消极状态中。具有束缚性的宗教信条所存在的缺陷就是一个例子。对公共政治表达的限制则是另一个例子。自由存在者不能把自己置于某种地位，在其中他们被禁止表达自己对公法的合法权性或明智性的关心。[2] 反过来，公共官员不可以欺骗公民。[3] 对运用国家权力进行限制是合法权正派的间接要求。由于性格或具体情况而变得消极，这与合法权的正派是相协调的；你不负有运用你的法权的法权责任，但合法权的正派不许可你把自己置于可强制执行的消极状态。［213］法律禁止你表达与公共问题有关的看法，或者把欺骗你的法权授予官员，这种法律为你设定了可强制执行的消极状态。[4] 康德谴责一个国家，在其中“臣

---

[1] 在 *McCleskey v. Kemp* 案中，美国联邦最高法院维持对乔治亚（Georgia）的死刑判决，尽管它接受了如下证据，即对谋杀白人的黑人实施处决的可能性是对谋杀黑人的白人实施处决的可能性的四倍。法官斯图尔特（Stewart）不认为这些因素具有关联性，他关注的是如下事实，即“刑事正义体系中的随性非常有利于刑事被告。陪审团不仅可以拒绝作出死刑判决，还可以拒绝或决定对较轻的违法行为作出裁判。然而，不利于被告的决定可能被初审法官推翻或者在上诉中被推翻，这些对宽大的随性运用是最终的和不可置评的……死刑体系若不允许随性地运用宽大，它总体上将与我们的刑事正义观念相悖。”（*McCleskey v. Kemp*，481 U. S. 279［1987］）。

在死刑案件中，把这个推理模式应用于种族歧视案是糟糕透顶的，但对于当前的目标来说，这一应用比推理模式本身更少引人注意。法官斯图尔特描述了随性之作用的特征，这个特征描述包括从这个主张——某些不法行为人从随性中受益——到这个结论——随性是与法治相协调的，最终直到不法行为人根据官员或陪审员所希望的任何理由攫取所有好处。在 *McCleskey* 案中，请求人为自己遭到某种形式的不公平歧视而提出控告。对于这类控告，没有任何人能说其他人实际上从这种形式的歧视中受益了。事实上，称其为歧视的整个要点在于，这个差异在法律上是专横的。

[2] 《理论与实践》（*Theory and Practice*），8：298。

[3] “论出自人类之爱而说谎的所谓法权”（On a Supposed Right to Lie from Philanthropy），8：428。

[4] 康德在对“消极公民权”的著名讨论中承认，投票资格是与合法权状态相协调的，但要求每个人能够从一个消极公民转变为积极公民，因为不能作出上述安排来拘束个体（6：314－315）。参见 Jacob Weinrib，“康德论公民权与普遍的独立性”（Kant on Citizenship and Universal Independence），载于 *Australian Journal of Legal Philosophy*，33，2008，页 1－25。

民……被约束着只能消极行事”，这种国家是“可能想象得到的最大的专制主义（这种宪法取消了臣民的一切自由，于是臣民也就根本没有任何法权）。”❶

因此，人民是对自己构成束缚的法律的创造者，该理念是一个形式理念而不是质料理念。质料原则认为人民对于他们的内在法权怀有特别强烈的甚至不可磨灭的兴趣，因而不会同意很可能危及该兴趣的事物。康德的形式原则通过与强制有关的权限这个居中理念强调了内在法权与立法之间的关系。只有强力的使用与人性的内在法权相协调时，使用强力才是合法权的；实在立法是合法的，仅当它是自由人可以施加给自身的法律，而对施加的可能性的检验则是他们束缚自己的合法权的能力，亦即与他们的合法权正派保持协调的合法权的能力。

Ⅴ. 协　　定

针对契约主义者的论证，一个常见的指责是，证成工作的一切方面都基于某些前提，各方正是从这些前提出发来自我立法的。康德使用了可能立法这个理念，在面对上述指责时，该做法在某个方面显得脆弱无力，因为人们的立法权力受到他们内在法权的支配。正如我们看到的，在介绍协定理念时，康德的重点在于说明政治权威如何能够与服从政治权威的那些人的法权保持协调。他的回答是，可以授权某人改变其他人的规范性处境，只要该权力自身拥有全面权限。[214] 政治权威，无论它来自立法、执法还是司法，只要可以被理解为全面权限的例证，就都是合法的。因此，讨论人民能否为自己制定一部特定的法律，这不是产

---

❶ 《理论与实践》（*Theory and Practice*），8：290－291。

生特定法律的运算法则或者启发式教育，而是对特定法律能否拥有全面权限的检验。如果依法制定出的法令能够获得同意，那么就要求公民把它视为已经被接受的。如果它未能获得同意，那么它就欠缺法律所具有的强力。然而，我们在第 12 章会看到，当立法在这个方面存在缺陷时，公民也就在他们的救济上受到了限制。

通过把人民设想为束缚他们的法律的创造者，康德为国家权力的根据和限制提供了原则性的解释。因为只有一个内在法权，即自由法权，所以对政府施加的其他更为具体的限制必须被理解为内在法权的某些方面，因而它们作为内在法权的某些方面是彼此协调的。如果表达自由与平等的公民权这个基本权利相冲突——正如有时在仇恨言论中所证明的——那么必须证成对前者的任何限制乃是人性中的、奠基性的且更为根本的内在法权的表现，人性中的内在法权产生了前两个权利。“已经包含在”人性的内在法权中的特定权限不是一份迥然不同的清单中所罗列的相互竞争的权限，任何协调它们的企图都必须假定它们能够互相适应。裁判和证成性的任务要求通过实在法来澄清内在法权的冲突，还要求在个案中遇到内在法权的冲突时要运用判断。上述澄清能够产生核心的法权例证和边缘的法权例证之间的区别，亦即产生“高价值”话语和“低价值”话语之间的区别，但是一个法权的核心只是它在已被陈述出来的法权体系中的系统化的地位。不像在规定速度限制或税率时对利益的适当平衡——第 8 章的主题——协调内在法权的不同方面不是在一物与他物之间进行权衡，而是调整每一物以使内在法权的各个方面成为一个内在一致的理论整体。[1] ［215］判断和理论发展的地位是不可消除的，这揭示出公共法权中的法律推理与私人法权之间的密切关系：正

---

[1] Thomas M. Scanlon, Jr.,“调整法权与权衡价值”（Adjusting Rights and Balancing Values），载于 *Fordham Law Review*，72，2004，页 1477 – 1486。

如法律理论必须是这样一种理论，它使法权的一般范畴能够承载特定的争议，因而法律理论必须为基本法权赋予效力，而这个基本法权又为如下这些法权提供了根据，它们包括无罪推定、表达自由、个人安全，以及服从法律而不是专横任意。就像所有理性的法权概念一样，人性中的内在法权和源始契约理念都要求现实的机构以产生一个应用于个案的普遍法律体系。

强调每个人束缚自己的能力与强调每个人对利益的期待，这两者的区别在讨论假设协定的两种不同的方式上形成了一个比较。在最近的两篇论文中，博格（Thomas Pogge）论证说，罗尔斯所发展和捍卫的社会契约理论最终分解为某种形式的结果论，因为在很大程度上，该理论把为自己选择法律的公民视为那些法律的接受者而不是创造者。正如博格指出的，“如果把契约论和结果论理解为评估社会机构的指引，那么这种理论在很大程度上不是竞争者，而是同一观念的两种表现：两者都试图独立评估非此即彼的机构方案，其标准是每个方案是如何影响它的个体参与者的。”❶

博格特别批评了罗尔斯并获得了成功，我不打算评价他的成功，我想说的是，他的观点无疑适用于晚近对假设协定理念的多次运用。正如博格所说，困难的产生在于关心预期利益最大化的各方只能通过平衡彼此竞争的利益来达成协定。重点与其说是处于罗尔斯的“源始地位”的各方工具式地展开推理，不如说他们选择原则的根据是寻找利益和成本之间最令人满意的平衡。问题在于，他们所提的问题不比他们试图回答该问题的方式要少。

［216］在对罗尔斯的批判中，博格把注意力转移到如下这

---

❶ Thomas Pogge，“契约论者－结果论者评价社会机构的方式所存在的三个问题”（Three Problems with Contractarian－Consequentialist Ways of Assessing Social Institutions），载于 *Social Philosophy & Policy*，12，1995，页241－266，246。另参见 Pogge，“人人都享有平等的自由吗？”（Equal Liberty for All），载于 *Midwest Studies in Philosophy*，28，2004，页266－281。

点，即罗尔斯对某些情形——在这些情形中，与枪支有关的犯罪是如此严重以致产生重大威胁——中占用枪支须负严格刑事责任表示赞同。❶ 契约型论证关心的是希望产生一些相互竞争的法律，这些法律只根据它们的结果来设计。在不存在不法行为的情况下，捍卫责任的根据在于“至少如果施与的惩罚不太严厉的话，那么作为代表的公民可能会接受它的这种丧失较少自由的情形”❷ 在博格看来，利用契约论证来评价这种处境，这就把契约论证化约为成本/收益分析这个结果论的特征了。

一切都取决于如何理解与国家相对的个体法权。在博格所讨论的那个段落的脚注中，罗尔斯追随哈特，他根据一般利益来识别个体法权，这个一般利益是人们在能够把效力赋予他们的选择时所拥有的。因此，罗尔斯主张，刑事程序中有关过错的规范性要求正是按照这种方式来理解的。某人拥有避免惩罚的能力和机会，这个要求使刑法成为各种选择的体系，因为公民在控制他们的生活因而在能够避免惩罚上拥有利益。此后，罗尔斯以明晰的条件性术语描述了自由（liberty）优先性的特征：“有关自由优先性的最后一点是，并不是在所有条件下都要求优先性的。然而，就我们这里的目标而言，我认为自由优先性是在我所谓“合理地获得赞同的条件”下被要求的，也就是说，在社会境况中被要求，如果存在政治意志，那么这些境况就允许有效的惩罚和这些自由的完满运用。”❸ 正如罗尔斯评论的，在发达民主制的规

---

❶ 罗尔斯自己是这样来处理该情形的，即把它用作“非理想”理论的一个事例，并且尤其关注社会冲突的危险，甚至还可能关注社会秩序的崩溃。因此，在这个情形的诸多个案中，该情形可能更接近于内战期间林肯暂停 *habeas corpus* ［人身保护令］，博格正是把该情形比作这些个案。如果这样的话，罗尔斯或许想区分以下两个问题，即能够做什么来维持法律秩序与能够做什么来回应在法律秩序中实施的不法行为，由此避免博格试图从该事例中抽离出的一般化。然而，即便罗尔斯能这样做，也不能推出许多曾试图采用类似推理模式的人们也能够这样做。

❷ Rawls，《正义论》（*A Theory of Justice*），页 242。

❸ Rawls，《政治自由主义》（*Political Liberalism*，Columbia University Press，1993），页 297。

范性状态中会遇到这些条件。在康德看来，如何较为容易地或频繁地遭遇上述条件，这不是什么核心问题。［217］一旦刑法的过错要求被理解为只能在获得赞同的条件中才可以应用，那么它们的应用就取决于这些获得赞同的条件以及随后的获得赞同性如何只能根据要求增进相关利益的可能性来评价。每个人在拥有有效选择时都拥有利益，这个利益是他或她离开国家也拥有的利益，因为它是每个人拥有的利益，无论哪些因素增进它或削减它。关心保护上述利益的人们就像保护自己不受国家行为侵犯那样来保护自己不受其他人侵犯。如果这些事实证明了这个正确方面，那么在没有过错的情况下对惩罚通常的禁止就完全成了其他社会成本的替代品。任何程序将导致不法判决，但决定免去犯罪的必要条件并非简单地接受不法判决，而是包容它们。唯一的问题在于，哪些安排最可能保护这个利益。获得超过了潜在的损失，尤其是如果人们认为损失很可能在个人的控制之内。

可能对某人免责的法权与其他人的利益进行平衡，这个可能性是把法权视为对物进行保护的结果，在脱离法权，亦即脱离更为一般的工具论（这个工具论认为，在不涉及法律概念或法律制度的情况下，道德上至关重要的东西也能获得详细阐明）的情况下，这些物对于人们来说也是至关重要的。当代的法权“利益”论与“意志”论之间的争论是法律观念工具论的典型，因为它们在法权应当保护什么的问题上无法达成一致，但它们均赞同的是，它们应该保护某物，在与法权概念无涉的情况下，该物的价值也能获得阐明。意志论强调的是某人对其生活进行塑造的生命的重要性；利益论强调任何利益都重要得足以证成给其他人附加义务。

正如我们看到的，康德拥有完全不同的法权观念。法权不是一件工具，后者通过限制其他人的行为来增进甚至保护某人的利益或有效选择。它也不是对特定事情做出决断的权力。它是普遍法则之下独立于其他人任意的独立性权利。每个人的自由权利不过是对其他人的行为构成约束的权利。［218］任何人都不从属于他人的任意，这条原则允许每个人成为自己的主人，亦即允许每个人没有任何其他的主人。

就立法层面而言，每个人的法权对国家的行为方式构成基本的约束。应用法权是无条件的，因为法权不是用于保障能够独立于法权而被描述的那个结果的工具。如果把法权设想为工具，那么至少在原则上，即使答案通常是肯定的，如下提问也始终是有意义的，“这是这样一种处境吗，在其中，按照这种方式约束其他人的行为增进了它应当增进的利益?”提出这类问题的可能性使得法权的应用或保护它们的规则的应用成为有条件的，因为它取决于争议中的规则是否实际上产生了所欲求的结果。这类有条件的分析与政治权力的运用有关，它是潜在地可以作出的，因而如下提问也是有意义的，即立法机关起草法律条款时忽略了某些非常境况，在这些非常境况中，是否应当强制执行交通规则。如果高速公路安全法的任何条款都没有考虑私人公民对紧急情况的反应，那么法庭可能在那些境况中免除对某人的惩罚，其根据在于案件超出了规则的目标或应用的范围。这个处境不同于在人性的内在法权中有其根基的法权：表达自由和无罪推定，以及不从属于他人之私人目标这个更为一般的法权。那些法权的系统化的实现从根本上为国家的立法、执法或司法奠定了唯一的基础；与它们相对的对强力的任何使用都使某人从属于他人的私人目标。

康德式的宪法法权观念是人性中的内在法权的表现，而不是保护重要利益的工具，这一概念把那些法权设想为无条件的，因为它们的根据并非奠基于与通常具有的条件有关的主张。因此，没有余地询问这些条件是否未能应用，因为对于其他人而言，许多东西还处于危险之中。国家不能为自己制定一部人民不能为自身颁布的法律；人民只能为自己制定那些处于他们合法权的权力之中的法权。那么，基本人权是宪法上的，因为它们是把自身组建为一个全面意志的国家的条件。

［219］罗尔斯列举了一个有关严格刑事责任的事例，虽然其中提及的个案可能是虚构的，但准确说来，安全和与国家相对的个体法权之间的这种平衡是作为对恐怖主义的回应而提出来的。康德主义者关注的是人性中的内在法权，这从世界上主要几个宪法法院近期的一些裁判中可以看出来，这些裁判涉及打击恐怖主义时对非常手段的使用。康德没有考虑对立法进行司法审查的可能性，而我利用这些事例，既没有预设也没有支持推进对司法审查的康德式论证。❶ 我只是在这样一种意义上使用这些例子，即它们说明了如何理解对一个民族的自我立法权力所构成的限制（在不考虑此处谁能作出上述规定的情况下）。

对社会契约理念的结果论解释会找到某些共同的东西，即把保护每个公民免遭恐怖袭击的利益与避免刑讯的利益平衡起来。人们经常主张，通常应当禁止刑讯，但当有许多生命处于危险之时，使用刑讯是恰当的，因为国家有职责阻止恐怖事件的发生，而该职责可以打破对可能使用的、可接受手段的任何限制。如果政府的选择被理解为在刑讯某人和允许成千上万人死去之间所作的抉择，那么必须选择前者的主张是很难遭到反对的。由于存在危险，某些人认为使用刑讯是不可避免的，他们还鼓励对刑讯进行法律控制和监督。❷

从康德式的视角来看，这个推理形式存在的困难肇始于它试图回答的那个问题。刑讯能否得到法律授权，这个问题要么关系到国家的立法权威（而与如下内容无关，即在特殊情境中不受法律约束的行动者所实施的合理的或可能的或者甚至在道德上是最

❶ 康德认为，一国中的这三个权力“共同构成了”执政者，它对其臣民享有权力（6：315）。我们在第6章看到，这三个权力中的每一个都是需要的，就像需要把它们分离开一样。这可以从法庭不能立法推导出来。但不能推论说必须把审查立法的权力赋予法庭以确保立法符合法律，但也不排除这种可能性。

❷ Alan M. Dershowitz，《大喊失火：无序时代的公民自由》（*Shouting Fire：Civil Liberties in a Turbulent Age*，Little，Brown，2002），页470－477。

善的行动过程)，要么甚至关系到刑讯事实发生之后法庭针对那个通过使用刑讯而拯救若干生命的人所作的恰当回应。[220] 以色列最高法院院长、总统巴拉克（Aharon Barak）对面临恐怖主义时使用刑讯进行了反思，他评论说，“我们意识到，我们的判决并没有使面对现实变得更容易一些。民主制的命运是，不是一切手段都是许可的，她的敌人所使用的一切手段也并非都是公开的。有时候，民主制是用一只绑在身后的手在战斗。”❶ 上述对强力的使用能否获得法律授权，在关注这个问题时，唯一的问题在于被施以强力的人民能否把该权力授予官员。人们缺少使自己服从某种权力的权威，该权力被授权为了公共目标而利用某人，只因为其他许多人处于危险之中。如果他们不能合法权地使自己服从上述法律，他们也就不能合法权地使任何危险的、被他们监禁的非公民（noncitizens）服从上述法律。而且，人们可能会想到，刑讯只是针对被单独识别为恐怖分子的某人使用的，因而任何人若不揭露具有巨大杀伤力的炸弹的位置，他就已经是一名不法行为人了，他丧失了他本可享有的任何法权。上述主张未能约束契约论者/结果论者有关刑讯合法化的论证，因为对某人身体的一部分实施的任何不法行为都附属于该论证的核心分析。刑讯意在从嫌疑人那里获取信息，它侵犯了嫌疑人的免责法权。犹如对绝对责任犯罪施加的惩罚，面对强制时某人的脆弱性将只取决于运用强制所预期的结果，而不取决于这个人已经做了什么。而且，具有巨大杀伤力的炸弹这个鲜活的事例使利用刑讯显得颇为紧迫，但同时它也极大地减少了调查上述结果的机会。在法律上对刑讯的任何许可必定会应用于卷入其中的某个嫌疑人，即使事实证明，受到刑讯的这个人没有为任何不法之事。而且，如果刑讯的证成性依赖于刑讯预期的结果，那么它将扩展到如下

---

❶ HCJ5100/94《以色列反刑讯公共委员会诉以色列国》(*The Public Committee against Torture in Israel v. The State of Israel*)，53（4）PD817，页845。

情形，在其中，那个具有足够强大意志的恐怖分子能够抵制住对自己的刑讯，却无法抵制住对其家人的刑讯。即使可以找到某些方式把这个论证只应用于那些实施了不法行为的人，上述观点也同样适用。❶［221］如果安全和个体法权之间的权衡是数量上的，那么牺牲哪个人的法权也就无关紧要了。对保护自己表示关心的公民事实上是否同意上述事情，这必定取决于各种结果是如何可能的（或者他们是如何相信它们是可能的），因而人们可能会想到，仅当达到足够的数量，刑讯才是合法的。

德国宪法法院解决了一个相关问题，即宪法能否授权内政部长下令击落被劫持的飞机，如果存在着把飞机用作导弹来袭击人口聚居区的危险。❷ 法庭认为，这种法律与机上乘客对人格尊严的法权是相冲突的，法律体系是与人性中的内在法权息息相关的。❸ 不能利用乘客去救助建筑物内的人。法庭显然考虑到如下这种可能性，即他们同意在上述情况下被杀害，尤其是如果飞机被用作导弹，他们肯定会死去。他们反对这种形式的推理，即使假定这个推理的所有前提都为真。这些前提实际上可能或不可能

---

❶ 官方强力的使用绝不能以如下这个观念为依据，即不法行为人丧失了对强力进行反抗的法权。不法行为人丧失了他们的法权，这个观念就像法权具有"临界值"这个相关观念一样，最终表现为如下观念，即无论生活在幸福还是选择中，法权都是保护利益的工具。把上述观念与社会契约模型联系起来的任何企图都将导致如下结果，即一旦足额的其他利益处于危险之中，就允许它们压过法权。

❷ 德国联邦宪法法院（BverfG），1 BvR 357/05 vom 15. 2. 2006。

❸ 严格说来，在德国基本法中，对尊严的法权是一项不可枚举的法权，但它是一条组织原则，所有被枚举出的法权——从生命、人身安全，到言论自由、活动自由、结社自由和劳动自由，以及在法律面前平等地接受公平审判的法权——都在其下被组织起来。它表现在 Art. I. 1：人格尊严是不可侵犯的。尊重和保护人格尊严是一切国家机关的责任。Art. I. 3 说明了以下被枚举出的法权："以下基本法权约束着立法机关、行政机关和司法机关，使之成为直接可应用的法律。"另外，被枚举出的法权服从均衡分析，通过该分析，它们彼此限制，由此把效力赋予了法权的协调体系。人格尊严法权是国家立法权的根据，因而不受任何限制，即便把在它之下被枚举出的法权考虑进来，情况也是如此，因为——用康德式的明确的术语来描述它——公民不能为自己制定一部使他们成为单纯客体的法律。

得到满足，而内政部长也可能有或没有资格确保这些前提为真。[222] 然而，法庭反对这个推理的理由不取决于争论这个实际前提，而取决于如下要求，即国家无权作出上述决定。法庭同样坚决反对这样一种观点，即如果乘客们被问及，他们是会同意的；在他们看来，同意是合情合理的，但这个事实不意味着他们已经同意了。他们对人格尊严的法权意味着他们不能被纳入劫持者的计划，同理，他们也不能被纳入内政部长的计划。法庭承认，如果法律秩序自身存在危险，那么事情或许有所不同。在保卫战中，为了公共目标而征用公民，最常见的事例是兵役。虽然公民的大量死亡是现代战争司空见惯的恐怖，但上述死亡的单纯可能性不同于战争给合法权状态带来的危险。结果，即使战争能够证成征用，包括征用那些具有造成死亡之重大危险的物，公民也不能同意把如下这种权力授予国家，即国家有权按照上述方式使用公民来避免发生犯罪。

德国宪法法院的推理反映了康德主义者的根本观点，即国家维持合法权的状态和保护公民的义务是无条件的，这不仅因为它对规则有某种喜好，而且因为强力的使用只是单方面的，除非它能得到全面意志的授权。人民只能为自身制定与其人性的内在法权相协调的法律。结果是，数量是无关紧要的。如果国家不能命令某人站在对一个无辜者构成威胁的子弹弹道上，它也不能命令他站在对许多人构成威胁的子弹弹道上。如果国家不能命令某人这样做，那么当某人无论如何都可能死去的情况下，国家也不能使自身不受上述禁止。人民自我立法不是为了他们的利益，而是为了他们的独立性，他们不能用独立性来交换任何东西。

在康德主义者看来，对任何法律的基本检验是，考虑到所有人的合法权正派这个内在责任，或者换句话说，考虑到他们对自己的生命负有职责，他们能否同意这部法律。你不能同意把义务悬置起来的法律，即使你期待在质料上有所收获，因为国家从来不是用于追求私人目标的工具。

Ⅵ. 内在的目标，无条件的执行

［223］在某种意义上，康德对于公共权力基本范围的理解是严格的，但在另一种意义上却是宽泛的。国家可以运用的唯一权力是这样一些权力，它们受到国家创设、维持和完善合法权状态这项责任的各个方面的制约，国家只能按照与每个公民人性中的内在法权相协调的方式运用权力。但是，这个范围内的权力——它们实际上能在上述责任下被运用——看上去是宽泛而开放的。一切权力都来自创设合法权状态的责任，这个约束——类似于这样一种情形，即父母"监护和塑造"子女的权力源自把子女培养成一个负责任的人的责任——是真正的约束，但它不排除现代国家中大多数常见的活动。甚至大量的变革都能被理解为受到该责任的制约：基本的土地改革——废除各种形式的奴隶制或农奴制——是创设合法权状态。甚至那些看起来很少有直接关联的事情似乎也很容易适用康德的这个解释。我们在第9章会看到，防止私人的依赖性确保了各种公共活动，而且在康德的解释中，没有什么东西能够排除包含过多内容的执行。当康德把国家"管理国家经济和金融"的法权也囊括进来时，他为更多的国家活动创造了空间，❶ 而当他在《理论与实践》中主张当最高权力"在立法时，这些法律首先主要着眼于幸福（公民富裕、人口增长等），那么这并不是建立公民宪政的目的，而只是保障合法权状态的手段，尤其是为了反对一个民族的外部敌人"，❷ 情况更是如此。唯一应防范的事情是围绕私人目标来组建国家。唯一的

❶ 6：325。

❷ Kant，《理论与实践》（*Theory and Practice*），8：298。

检验是用源始契约理念来检验，该检验说的是为上述活动的证成性提供公共理由是可能的，也就是说，把这些理由与维持合法权状态联系起来是可能的。

［224］康德主义者灵活地解释上述问题，这揭示了该解释与自由主义者、以及与功利主义者/平等主义者之间的根本区别。在康德看来，这两个极端表面上难以化解的分歧具有二律背反的传统结构：分歧反映了一个前提，这个前提是双方都预设了的。存在争议的这个前提说的是，政治制度和法律制度的目标在于接近一个道德结果，这个结果独立于这些制度，它已获得完全的规定，即使不完全为人所知。自由主义者与功利主义者/平等主义者就所有权的道德性展开了争论，这些争论也同样暗含着二律背反。洛克式的自由主义者设想，在与政治制度无涉的情况下，物权在道德上也是完满的并获得了完全的规定，他们把国家看作化解分歧的办法，这些分歧至少在原则上是有完满答案的。功利主义者或平等主义者反对如下观念，即任何人本来对财产享有一个道德上基本的法权，特定的个人支配着特定的客体，而设计支配着这些个人的规则只能是为了产生道德上可欲求的结果，在与类似于规则的任何东西无涉的情况下，这些结果也能得到描述。我们在讨论私人法权时看到，康德对私人法权的看法是截然不同的。无需法律制度也能说明私人法权的结构，但不能在合法权的状态之外把私人法权应用于个案。离开了法律制度就不能无可争议地取得所有权，就不能强制执行物权，与它们有关的争议也不能获得与各方平等的自由相协调的解决方案。而且，非契约方的某人无权就契约方面的问题提起诉讼，或者某人被剥夺使用他或她对之不享有份额或占有法权的某物，他不能针对破坏该物的人提出任何请求，以上虽然被认为是私人法权的一般原则，但在大多数情况下，仅有概念是不能对个案作出判决的。洛克式的自由主义者和功利主义者/平等主义者把法律规则看成这样一些东西，它们试图在与法律制度无涉的情况下对那些完全得到规定的事物

进行协调。康德主义者则把法律规则视为创造规定性的事物，这个事物在道德上是有拘束力的，但它自身有些部分没有得到规定。

在公共法权的情形中，公共权力的使用也存在类似的二律背反。虽然自由主义者认为只能按照公民主动授予的最小方式来使用公共权力，［225］功利主义者或平等主义者认为可以使用公共权力来产生良好的结果（也许服从于某些约束），但他们共享某个前提，根据这个前提，公共权威的道德角色是产生具体的结果，这些结果无需公共权威也能得到阐明。在洛克式的自由主义者看来，结果是要保护对人格和财产的私人法权，这些私人法权被认为无需负责强制执行它们的机构也能得到完全的规定。而在功利主义者或平等主义者看来，无论根据福利、财富还是某种模式的分配，他们对道德上相关结果的特征的描述都是截然不同的，而且也更为宽泛。然而，解释的结构恰恰相同：仅当制度产生了无需制度就能得到阐明的结果，这些制度才被证成。

康德主义者的处理方式反对这个共同前提，它把公共法权理解为为了把效力赋予合法权状态的结构特征而要求若干制度。公共目标被包含在合法权状态的理念之中，但因此这个要求——适当建构起来的公共权威规定着执行它们的方式——也被纳入合法权状态的理念。如此，公共官员别无选择，只能就各种相互竞争的方案的重要性作出判断，他们只服从如下约束，即他们只能制定人民能够施予自身的法律。

Ⅶ. 对公共法权和国际法权的注释

公共法权论证说明了为什么需要合法权的状态，以及为什么甚至一个有缺陷的合法权状态也必须被理解为受到源始契约理念的制约。在《法权学说》的结束语中，康德宣布了实践理性的“不可抗拒的否决：不应当有任何战争”，这或者在人与人之间，或者在国家之间。❶ 对法权和暴力之间的比较被表现为等同于对和平和战争之间的比较。从这里人们或许可以推出，康德应该把人际情形和国际情形看作类似的，并赞同某种形式的世界政府，或者至少赞同由诸国组成一个国家。在这部分中，我想简要指出康德对人际冲突与国际冲突的解决加以区别的根据。[226] 我的目的不是完整地发展康德对国际法权的解释，只是表明国际法权问题如何必须根据合法权状态的不同的公共本质来构建。

康德对国际关系的开放性讨论类似于他对自然状态中个体之间的关系的讨论。国家处于非合法权的状态之中，这是一种战争状态，在该状态中，每个人只能做对它而言看上去是好的和正当的事情。停留在上述状态是“最高程度的不法行为”，因而国家必须脱离自然状态并根据源始契约理论来组建自身。这个论证结构与明显的潜在相似性导致许多读者以为康德应当支持某种跨国的超级国家，他甚至授权使用强力来创立这样的国家。❷ 很显然，康德反对这些解决方案，这从他在《法权学说》中的简短评论和《永久和平论》（*Perpetual Peace*）中的长篇评论即可看出。然而，他反对它们的理由还不够清楚。他在《法权学说》中说，世界国家会扩展得“非常庞大，它覆盖了广阔的疆域，”因而管理它“是不可能的。”❸ 在《永久和平论》中，他似乎承

---

❶ 6：354。

❷ 参见，例如，Otfried Höffe，《康德的世界公民主义的法律与和平理论》（*Kant's Cosmopolitan Theory of Law and Peace*，Cambridge University Press，2006），Alexandra Newton 译，页 193；Byrd 和 Hruschka，“从自然状态到国际法律状态”（From the State of Nature to the Juridical State of States）。克莱因盖尔德（Pauline Kleingeld）论证说，自愿的国际联盟是拥有强制权力的世界国家发展中的一个暂时阶段，参见“走向永久和平：康德对国际联盟的捍卫以及他的世界邦联理想”（Approaching Perpetual Peace：Kant's Defense of a League of States and His Ideal of a World Federation），载于 *European Journal of Philosophy*，12，2004，页 304－325。

❸ 6：350。

认在得出结论说世界政府是一个“没有灵魂的专制主义”之前，❶ 世界政府是为理性所要求的。

康德在由诸国构成的世界国家这个问题上犹豫不决，许多评论者把他的犹豫看作只是建立在经验性的反思之上。❷ 这些因素的偶然性自然会导致如下看法，即在当今世界风云变幻的情况下，可以用康德主义者的论证来证明民族－国家是无关紧要的，尤其证明国界是无关紧要的。［227］然而，康德对超级国家的反对不是经验性的。相反，它揭示了合法权状态的公共本质。人际的自然状态与国际的自然状态都是违背法权的，停留在任何一种状态都在最高程度上是不法的。解决办法是截然不同的。康德反对世界国家，支持“太平洋邦联”或者“常设国际代表大会”（其成员是可以宣布退出这些组织的），他还提出一个著名主张，即共和国彼此之间不会发生战争，以上都反映了他对作为公共法权状态的国家的独特理解。

康德对国际冲突的讨论完整地提出了参与保卫战的法权。就像合法权状态之外的个体，作为一个法权问题，每个国家仅有权对被认作是侵略者的国家使用防卫强力。如果该权利属于原则上能够为每个人共享的权力体系，那么就如在防卫强力的其他情形中，该权利必须符合一个客观标准；防卫强力的具体使用是否合理，这个问题不能由争议各方的任何一方单方面地确定。任何一方都无权请求参与对他国的侵略行为。每个国家只有自卫的法权，在规定是否运用该法权时，每个国家只能做对它而言看上去是好的和正当的事情。由于对不同国家而言不同的事物可能看上去是好的和正当的，两个国家的每一个或许都有权根据另一国威

---

❶ 《永久和平论》（*Toward a Perpetual Peace*），8：367。

❷ 参见，例如，Jürgen Habermas，“康德的永久和平理念，200年后看其益处”（Kant's Idea of Perpetual Peace, with the Benefit of 200 Years' Hindsight），载于 James Bohnman 和 Matthias Lutz－Bachmann 编辑，*Perpetual Peace：Essays on Kant's cosmopolitan Ideal*，MIT Press，1997。

胁到它的假设来行动。❶ 这个问题不在于国家将参与侵略和请求自卫，而在于即使它们是善意地行动，它们各自的自卫法权也可能是不协调的。

因此，在讨论国际冲突时，康德只关注他在讨论人际间的自然状态时所识别的三个缺陷中的一个缺陷。他提出了一个类比，这个类比既不是与保证论证有关的类比，也不是与来自单方面任意的论证有关的类比。他不主张一国可以占领他国的领土，除非它得到保证说另一国不会占领它的领土。他也不主张由于依赖一个单方面行为，一国取得自己的领土在某种程度上是成问题的。这些论证模式的缺失使康德失去了证明一个执行的或立法的国际主体的资源。［228］在《永久和平论》中，他认为加入太平洋邦联的国家既不服从公法，也不服从施予它们的强制：❷ 战争在国家之间爆发，但这里不能提出这种问题，对于这些问题来说，公法和强制是它们的解决方案。相反，这里只存在确定性的问题，因而只要求有关法庭的类比。

缺少来自强制和保证的论证，相应地，缺少公法和强制执行，这反映出国家和私人之间的区别。第一个区别是，正如康德对国家的理解，国家没有任意的外在客体。国家没有取得它的领土；其领土只是国家空间上的表现。此即为何康德认同 18 世纪其他作者所主张的国家的领土像它的身体甚于像它的财产。国家必定始终占有它的领土，正如某人始终占有自己的人身一样。未经国家授权就进入其领土的任何人即进入国家自身；如果这个人逗留它国超过允许他逗留的时间，那么他实施的不法行为就类似于殴打行为，而不是盗窃行为。虽然需要一个行为来创立国家，但不需要国家任何的取得行为，因而国家并非取得它的领土。用法律术语来说，它不过是拥有领土。结果，不需要对单方面取得

---

❶ 6：346。

❷ 《永久和平论》（*Toward a Perpetual Peace*），8：356。

的全面权限。“我的或你的”结构都不适用于它，所以不产生任何保证论证。针对其他国家的每个国家的法权纯粹是防卫性的：在它的领土上，它将继续作为合法权的状态。这同一个论点形成了康德在《永久和平论》中的主张，即任何国家都不能正当地取得他国。❶

第二个区别是，国家是一个公共的合法权状态。国家的公共本质把它能够为之行动的目标限制在那些合理的公共目标上，亦即维持其作为合法权状态的性质。因为它无权设定和追求自己的私有目标，只能设定和追求公共目标，所以它绝不能拥有发动战争的理由，［229］除非是进行自我防卫或者捍卫盟友（盟友的防卫对其自我防卫是至关重要的），或者针对普遍地威胁到国际和平状态的某国联合起来。❷

合法权状态的公共本质在共和政体中得到了最完整的反映。在《永久和平论》中康德提出了一个著名的观点，即共和国彼此不会发生战争，这个观点被解读为一个经验性的猜想，它说的是，需要为战争付款的人民如何可能会投票支持战争，以及这些国家有能力参与更具生产性形式的互动之中。❸ 它在公共法权概念中还拥有先天的根据，它是如下事实的简单反映，即共和政府不为其私有目标而行动，因而对它们将要追求的目的和追求目的

---

❶ 《永久和平论》（*Toward a Perpetual Peace*），8：344。

❷ 国家独特的道德地位产生了实现永久和平的三条“明确”条款：它要求共和政府，在其中，人民作为一个集体而非暴民展开行动；自由国家的邦联，它“超出了”服从强制法律的要求；世界公民法权，它被限制于友好的法权（与殖民主义相反），因为它支配着个体与外国之间的关系，而非个体与外国个别公民之间的关系。参见《永久和平论》（*Toward a Perpetual Peace*），8：349－357。这三条条款还可参见《法权学说》，6：311。

❸ 《永久和平论》（*Toward a Perpetual Peace*），8：350。该解读的突出例证是 Michael Doyle，“康德、自由遗产与外交事务”（Kant，Liberal Legacies and Foreign Affairs）第Ⅰ、Ⅱ部分，载于 *Philosophy & Public Affairs*，12，1983，页205－235，323－353。

时将要使用的手段拥有外在的限制。❶

如果在国际自然状态中，冲突的唯一根源是由自卫法权的不确定性产生的，那么解决方案是部分地类比于公民状态，而不是公民状态本身。相反，这个理想是“常设的国际代表大会”，它实现了“国际公共法权”这个理念，通过该理念，诸国设立了一道程序“即以民事的方式，仿佛是通过一场诉讼，而不是以野蛮的方式（按照野蛮人的方式），亦即通过战争，来裁决它们的纷争。”❷ 因为每个国家既没有私人目标也没有任意的外在客体，所以国际合法权状态的类比拥有一个法庭，但没有立法机关和行政机关。[230] 该法庭能够和平解决国界争端，但其解决只是“好像在法庭面前”，因为国家通过把法庭的裁决接受为具有拘束力的，才能和平地解决它们的争端。

康德写道：“然而，这种结合必定不包含最高统治者的权威（像在一种公民宪政中那样），而只包含合作（邦联），一种在任何时候都可以宣布解除，从而必须时时更新的结盟。”❸ 每个国家都享有防卫自己和防卫其他国家的法权，但任何国家都不享有如下这种可强制执行的法权，即其他国家为了捍卫前者而使自身处于危险之中。避免卷入战争的法权自身是合法权状态的公共本质的反映；一国只能与其他国家进入某种安排以保护其作为完整的合法权状态的地位，但上述任何安排不能包含放弃如下权利，即有权去做对它而言看上去是好的和正当的事情。

永久和平是不可得的，因为建立它的唯一的合法权的集会是自愿的并且是可以解散的。它的自愿本质不意味着它不能长久地

---

❶ 6：345。还可参阅《能力的冲突》（*The Conflict of the Faculties*），7：86，载于 Immanuel Kant，*Religion and Rational Theology*，Cambridge University Press，1996，Allen Wood 和 George Di Giovanni 译，在该书中，康德指出那些不想要正义的人也不想要和平。还可参见 George Cavallar，《康德与国际法权的理论和实践》（*Kant and the Theory and Practice of International Right*，University of Wales Press，1999），第 4 章。

❷ 6：351。

❸ 6：345。

甚至永远地维持下去。然而它不能永久，因为它没有任其利用的资源来保证它自身的存在。人际间的合法权状态随着时间的流逝是可以解体的，它甚至可以选择解散自身，[1] 但只要它存在着，它就必须把自身视为永久地存在下去，因为作为一个法权问题，它有权使自身永久地存在下去，不论是通过强制执行自己的法律还是保障联合意志的各种条件。人际间的合法权状态的任何成员都无权解散它。常设的国际代表大会没有资源使自身永远存续下去，任何成员都有权从中退出。

Ⅷ. 结　　论

［231］通过把一条官方规则与满足该规则的个人之间的区别纳入其中，官员们可以解决自然状态的三个问题。国家机关要求官员只能为了纯粹的公共目标而立法、执法和司法。如果他们在授权范围内行动，他们就是为了作为集体的人民而行动。这样，他们也就建构起作为集体的人民，因而提供了能够解决这三个问题的全面立场。那些授权还把任何私人都不能拥有的道德权力交给官员。权力以及对运用权力的宪法限制在如下这个一般要求中有其根据，即官员不能为公民作出某些安排，这些安排是公民都不能为自己作出的。相反，他们运用他们的授权，这必须与每个人人性中的内在法权和每个人作为联合意志成员的地位保持协调。

私人之间的合法权状态被要求用于协调诸多独立个体的合目的性，它必须与每个人作为自己主人的法权保持协调。国际合法权状态负有一项使命，该使命受到诸多限制，却不乏重要性：协调诸多国家的公共本质，与每个国家成为公共法权状态的权利是保持协调的。

[1] 6：333。

第 8 章　公共法权Ⅱ：通往自由之路

［232］自然状态的三个缺陷要求公共法权状态，这三个缺陷只在私人法权的层面上产生。人们可能认为，它们因而会产生一个国家，这个国家只有权强制执行私人法权，不能做现代国家负责的大部分事情。虽然有些人可能会对这些施与国家权力的道德限制表示赞扬，但康德却另辟蹊径。他证明，合法权的状态赋予国家一系列更多的权力，这些权力是任何私人都不能拥有的。弥补每个缺陷就已经包含了不同的公共权力：根据法律解决争端的权力必须完全是公共的，如果运用这个权力的话。同样，强制实施与争端有关的、具有拘束力的解决办法，这个强制执行的权力也必须是公共的，根据全面意志进行立法的、更为一般的能力也必须是公共的。

除了这些权力，康德还主张国家有义务和权利去创设各种不同的公共空间，有责任救助那些无力自救的公民、保障形式上的机会平等，享有惩罚的法权，以及为了支持所有这些活动而对公民征税的权力。

[233] 我在本章关注的是一系列纯粹的公共权力，这些权力在传统上被划入国家警察权的范围。我通过一个与公共权威的权力有关的事例（这个事例是常见的、事实上还是一个范例），也就是公共道路的修建和管理来考察上述权力。交通规则通常是作为一种清楚无疑的情形提出来的，在这种情形中，自由根本不成问题，唯一存在的问题与便利有关。我的目的是使用这同一个事例，但追求的是相反的效果。我将表明，它们是作为"土地最高所有人"的国家地位的例证，而土地最高所有人则建立在个体自由的系统化要求的基础之上，这些要求又有赖于不同的公共空间。

交通法在政治哲学中几乎不受重视。自由法律秩序的其他方面——基本的宪法条款、刑法与惩罚、税收与所有权——是研究和争论的常见主题。交通规则之所以被忽略是因为人们在如何理解它们的问题上显然达成了合意：它们与便利和和谐有关。在交通规则的问题上达成一致，这有赖于如下假设，即政治制度的主要任务是根据利益的重要性来考虑相互竞争的利益以及使它们彼此达成"平衡"。如何公平地平衡利益，如何把根本利益整合进平衡之中，以及由谁来平衡，这些问题都存在许多争论。在这个背景下，交通规则看起来是如此简单以至于几乎不值得关注。任何根本利益都不存在争议，余下的只有便利以及在短期不变和长期堵车之间进行权衡。这个观点也支持自由主义者的提议，他们提议把公路私有化，理由在于他们认为市场能更好地保持适当的平衡。在讨论守法义务时，这个观点使一个著名事例变得鲜活起来：如果交通规则建立在平衡长期便利与短期便利的基础之上，那么等待红灯也就没有意义了，如果说个案中的平衡是如此不同于用来证明一般规则具有正当性的平衡。

作为立法的一个常见的、极其温和的事例，交通法有时是对如下要求的说明，即政治生活的主要任务是平衡彼此的利益。考察以下两个典型事例。

在捍卫共产主义政治的过程中（共产主义政治关注的是实实在在的物品的重要性），泰勒引入了交通灯的事例。他写道：[234]

> 因此，我们可能会说，如果地方政府在我家附近的十字路口安装了一盏新的交通灯，那么我的自由就受到了限制；因而过去我可以在避免与其他车辆碰撞的情况下随心所欲地穿越，现在我不得不等待绿灯。在哲学论证上，我们可能会把这种情况称作对自由的限制，但在严肃的政治争论中则不然。因为这种情况太琐碎了，而这里的活动和目标也都没有真正的意义。这不只是说我们在进行权衡，我们在考虑以牺牲较少的自由（liberty）来换取较少的交通事故或者换取孩子们面临较少的危险；我们根本上是为这里所说的自由的减少感到犹豫；我们感到我们正在权衡的是便利与安全。❶

泰勒接着比较了交通法和对宗教自由的限制。相对于对宗教公共活动的限制，交通法对每一天每个人的活动作了更多的限制。然而，政府对宗教活动的限制是可以从自由立场加以反对的，交通限制则不能。在此，泰勒总结说，仅当处于危险中的利益是至关重要的，自由才显得至关重要。

德沃金在介绍他的自由主义诸法权的地位观念时，使用了交通规则的例子来证明不可能存在自由法权。他列举了在单行道上开错方向的事例。其观点的最初构想发表在《纽约图书评论》（*New York Review of Books*）上，它使如下比较变得明朗起来：

---

❶ Taylor，“消极自由存在什么问题?”（What's Wrong with Negative Liberty?），载于 *Philosophy and the Human Sciences Philosophical Papers*，vol. II，Cambridge University Press，1985，页 218。

> 因此，虽然纽约市政府需要证成禁止驾驶员开进莱辛顿大道，但如果循规蹈矩的官员们相信（只根据少量证据）许多人的获得将超过少数人的不便，那么这就是一个充分的证成性了。然而，当个体公民据称享有反对政府的法权时（就像言论自由法权那样），这必然意味着这类证成性是不充分的。否则当个体公民的法权在运作时，这个主张就不会证明说个体受到特别保护以对抗法律，而且这正好是该主张的要点。❶

[235] 同一个事例还出现在几年后出版的《认真对待法权》（*Taking Rights Seriously*）上，德沃金以一种比泰勒更为强硬的结论来详细阐述这个要点：

> 如果我们对基本自由享有法权，这不是因为这些自由是这样一些东西，在其中，自由这种商品在某种程度上格外处于危险之中，而是因为对基本自由的攻击损害了我们或者贬低了我们，其攻击方式超出了攻击对于自由的冲击，这样，我们对之享有法权的东西就根本不是自由，而是价值、利益或者为这个特定约束所损害的名望。❷

正如金里卡（Will Kymlika）对他们的论证结果所总结的，

---

❶ Dworkin，“认真对待法权”（Taking Rights Seriously），载于 *New York Review of Books*，12 月 17 日，1970，www. nybooks. com/articles/10713（2009 年 2 月 18 日访问）。

❷ Dworkin，《认真对待法权》（*Taking Rights Seriously*，Harvard University Press，1977），页 271。德沃金在《原则问题》中也为这个论证提供了一种形式，参见《原则问题》（*A Matter of Principle*，Harvard University Press，1986），页 189。德沃金的主张可能并不完全与他上面任何一本书中其他地方的主张相协调。正如哈特指出的，“然而据说赫尔克勒斯（德沃金的法官模型）不仅相信宪法保障自由的抽象法权，而且认为隐私权是宪法的结果。”参阅 Hart，“在功效与法权之间”（Between Utility and Rights），载于 *Columbia Law Review*，79，1979，页 836。

“交通规则与政治压制都对自由行为构成了限制。试图基于中性自由这个单一尺度来权衡这两种自由——这项工作建立在对自由行为的个体化和测量的基础之上——是令人难以置信的。”❶

这些事例使两种视角相互展开竞争，一个是政治生活日常方面的、以自由为基础的视角，另一个是看起来更为现实的、以便利和妥协为基础的视角。人们反对前一个，认为它是没有希望的，因为它忽视了对自由的琐碎妨碍和重要妨碍之间的区别。因而一个一目了然的事例被用来提出一个概念上的论点：在规范性理论中，自由概念最多只能处于次要地位，因为它要求对重要利益有一个在先的阐明。❷

[236] 泰勒和德沃金在很多地方存在分歧，但都从同一个事例中抓取了相同的信息。在反对消极自由（泰勒）或自由法权（德沃金）这些理念时，他们在没有经过充分论证的情况下暗示说，强迫人们做某些事情，这本身并没有提出任何与正义有关的问题，它只能以对相互竞争的利益进行计算为根据。因此，至少当说到便利的问题时，两人都反对康德式的观念，即个体是 *sui juris* [自己的主人]，他们赞同的观念是政府是每个人的主人。他们每个人都认为有些东西是被排除在利益权衡之外的，比如遵守宗教教义或政治压制，强迫人们做或不做这些事情乃是不正当的。他们每个人也解释过什么东西才使利益变得重要起来。泰勒强调的是善，德沃金强调的是国家的系统化要求，这些要求包括

❶ Kymlika，《当代政治哲学》（*Contemporary Political Philosophy*, Oxford University Press, 1991），页 141。

❷ 比较哈特的说法：“对有利和不利的权衡必须始终被用来确定对任何具体自由的一般分配是否符合某人的利益，因为其他人对自由的运用可能会减损他自己运用自由所带来的好处。” H. L. A. Hart，“罗尔斯论自由及其优先性”（Rawls on Liberty and Its Priority），载于 *University of Chicago Law Review*，40，1973，页 550－551。

平等的关心和尊重它的公民。❶ 在两人看来，国家一定不能给某些特别重要的利益施加负担；他们没有分析强力本身。

交通的事例很适合激发起以利益为基础的政治生活观念，因为它们似乎与利益和负担应当如何分配的各种立场相协调，与哪些利益重要得无需日常权衡的各种立场相协调，还与哪些制度最适于回答上述问题的各种观点相协调。遗留下的唯一问题是规则或规则体系是否最为便利或有利。❷［237］然而，相对于其他事例而言，交通规则的事例具有策略上和修辞上的优势，因为它无需假定社会生活的受规则支配的方方面面只是与便利有关的事实。

虽然泰勒和德沃金都不使用警察权这个词汇，但道路的供给和管理都是由国家享有的、过去被称为“警察权”的例证。❸ 几个世纪以来，人们普遍认为警察权是法律秩序的基本特征之一。

---

❶ 同等的关心和尊重是贯穿德沃金《认真对待法权》（*Taking Rights Seriously*）论证的共同主题，他要论证的是把人们与可反对的“外在”偏好分离开来，这些偏好是其他人可能拥有的、与他们的价值有关的偏好，他还要证明他在《至高无上的德性》（*Sovereign Virtue*）中所持的观点，这个观点强调的是自由在维护资源平等体系时的地位。

❷ 哈特把该论证归功于西季威克，他在脚注中指出，这个论证在理论上是可以与“行人的活动自由和司机的法权之间的冲突”互换的。（Hart，“罗尔斯论自由及其优先性”（Rawls on Liberty and Its Priority），538n 和 546n）。

❸ 然而，德沃金讨论了 *Lochner* 案，该案与限制警察权有关，他写道：“数量庞大的法律削减了我的自由，它们是在功利主义基础上被证成的。”《认真对待法权》（*Taking Rights Seriously*），页 269。德沃金在后续作品中引用了资源平等观念作为功利主义的一项选择，但这个观念是以类似方式发挥作用的：离开宪法的制约，国家行动只能以如下方式被证成，即它意在使那些在资源平等的协调体系中获得的结果最大化。参见 Dworkin，《至高无上的德性》（*Sovereign Virtue*，Harvard University Press，2000），页 157，在此书中，他承认自己缺少对法律展开经济学分析，他写道“在何种程度上，资源平等保障它的如下目标，即实现由真实的机会成本来衡量的、真正的平等分配。”他在该文尾注中指出，这个工具分析似乎足以证成“交通管理，交通管理就像单行道体系，其目的在于维持便利或效率而不只是安全性（safety）或安全（security）”（483n24）。

它似乎源自家长对其成员拥有的权力。❶ 如同卢梭❷和康德，布莱克斯通也讨论这个概念。

准确说来，哪些属于警察权、哪些不属于警察权，这是有争议的，但警察权的重要性却是毋庸置疑的。现代政治哲学的重要任务之一就是协调警察权的重要的、不可或缺的本性与有限政府的观念。就像传统的 *paterfamilias*［家长］专制权一样，警察权似乎潜在地要扩张到一切事情之上。

我在本章的目的是利用交通法这个事例来质疑对利益和负担进行平衡的观念，并捍卫如下观念，即只有产生一个平等的自由体系才能证成国家权力。我不会维护一个难以置信的主张，即限速或交通灯的计时和位置能够从自由的某个指数和恰当事实中推导出来。正如我将说明的，选择平衡就必定求助上述主张，这个期望本身就预示着平衡图景存在问题。［238］我也不会赞同沃尔泽（Michael Walzer）的观点，他主张"汽车也是个体自由的象征。"❸ 相反，我要证明的是，国家制定交通规则的权利是以它为平等的自由提供条件这项义务为基础的。

根据我要捍卫的观点，运用警察权的根本原因是要产生一个平等的私人自由的政体。为此，国家必须建立和维持一些系统化的前提，它们既是运用私人自由的前提，也是国家提供它们所需之能力的条件的前提。它可以迫使公民为创设和维持一个合法权状态而贡献自己的力量。这些条件的供给是与依法合作有关的独特情形，依法合作服从的是独特的规范性约束。在道路的供给上，国家有权积极地或消极地要求公民为供给作出贡献，还有权

---

❶ Markus D. Dubber，《警察权：父权制与美国政府的根基》（*The Police Power*：*Patriarchy and the Foundations of American Government*，Columbia University Press，2004），页 3－80。

❷ 同上，47－62。

❸ Walzer，《正义的诸领域：捍卫多元主义与平等》（*Spheres of Justice*：*A Defense of Pluralism and Equality*，Basic Books，1984），页 115。

基于各种考虑来管理他们。我将证明，所有这些都不要求某些假设，这些假设与如下事情有关：国家拥有更一般的权力使生活便利或强迫人民按照公平条件为合作性的安排作出贡献。它也不依赖于如下观念，即，即便离开国家，人民还有基本的义务参与有益的活动或者甚至参与他们能从中获利的活动。相反，我将证明国家的权力反映了它是公共权威这个事实：它有权使个体公民负有责任，这反映了它有义务为了作为集体的公民的利益而行动。当把平衡图景与这个共同假定——国家束缚其公民的权利的总和必定超出个体公民的义务——联系起来（联系的方式是让他们去从事在国家缺失时他们本会完全产生并负有义务去从事的事情），❶ 平衡图景所遭遇的困难就是多重的。

[239] 康德自己没有讨论单行道和交通灯，但他解释了法定形式的社会合作所具有的不可化约的公共本质，这个公共本质是从作为土地的“最高所有人”的国家地位中推导出来的。❷ 康德看到，作为最高所有人的国家负责对土地进行“分割”，而不是从先前的私人持有那里把国家领土“聚集起来”。

我要论证的是，与利益和负担的分配有关的问题只在自由前提的公共供给中产生，而不是论证国家的、只受到重要利益限制的主要任务。如果政府必须提供某物，那么它必须公平地提供该物，这通常意味着平等。政府没有一般的权力强迫人民加入某些形式的合作，其方式或者是为了其他人的利益而使某人承受负担，或者是因为人们得到了利益而使这同一些人承受负担。这两

---

❶ 毫不奇怪，泰勒和德沃金都捍卫政治义务这个集合观念。德沃金强调他所谓应用于每个人的“联合的义务”，这类似于其他较小联合中的义务（《法律帝国》（（*Law's Empire*，Harvard University Press，1986），页 199）。泰勒强调的是需要每个公民与国家具有实在的联系，目的在于激励在政治生活中作出“牺牲”，他把服兵役和纳税也纳入这些牺牲之中。（“不一致的目标：自由的共产主义者的争论”（Cross – Purposes：the Liberal Communitarian Debate），载于 Nancy Rosenblum 编辑，*Liberalism and the Moral Life*，Harvard University Press，1991，页 159 – 182。

❷ 6：323。

个观念——功利主义的观念，即当其他人有利可图时，可以迫使某人作出贡献，以及“公平游戏原则”，根据该原则，可以迫使人们为其从中获利的活动作出贡献——都与人民自由决定他们自身的目标将是什么的观念是不协调的。既不是为了其他人的利益也不是你自己获利这个事实足以迫使你追求一个你没有分享的目的。然而，公共供给不要求上述任何原则。

我将说明为什么道路的公共供给以及与之相伴的管理他们的交通规则是私人自由之公共前提的一个基本情形。因此，作为对公平和便利的考量，泰勒和德沃金假定交通规则是重要的，这没错，假定利益和负担与决定交通规则应该是什么息息相关，这在一定程度上也是正确的。然而，他们假定在上述情形中利益和负担的关系不利于对政治生活所作的以自由为基础的解释，这就不对了。

并非国家权力的每一次合法使用都是用这些术语来理解的警察权的例证。对警察权的某些传统运用——道路和公共市场的供给——要求用来使私人互动完全合乎法权。［240］其他传统的警察权要求用来防止威胁到合法权状态的事物——自然防卫、公众死亡（被狭义地理解为预防流行病）和预防火灾——由此来维持合法权状态。其他常见形式的立法是合法的，在此指向的是实现源始契约理念以使公共立法更为合乎法权。

Ⅰ. 平等的自由

平等的自由理念遭到一些常见的反驳，这些反驳攻击的是这样一种观念，根据这个观念，每个人可以做自己乐意做的事。这个自由理念——可以用霍布斯的描述来概括，他描述说“每个人对每件事物、甚至对他人的人身都享有法权，"❶ ——不能被一般化，因为它把自由视为某种特别的利益。如果你和我都享有与我的人身有关的自由（liberty），而我们的目标又是不同的，那么我们不能同时享有我们的自由。我们谁将享有它取决于各种实际情况。霍布斯的观点是极端的，但这同一个观点的较为温和的形式仍然有力地控制着哲学的想象。人们常说，我所享有的对任何事物的任何权利限制了你的与之相关的自由。

霍布斯主义者解释了自由，该解释成了泰勒和德沃金利用交通事例直接批判的靶子。当冲突发生时，基础性的自由概念是无力解决的；任何解决方案必定以自由之外的某物为基础。❷ 由此可以总结出，不能把上述自由观念一般化。

回到康德对"一个内在法权"的特征所做的描述。

> 自由（对另一个人的强制任意的独立性），就它能够与另一个人根据一个普遍法则的自由并存而言，就是一种唯一的、源始的、每个人凭借自己的人性应当具有的法权。❸

[241] 正如我们看到的，只有一个内在法权，这项主张产生了侵犯某人与改变某人在其中实施行动的情境之间的根本区别，还产生了私人法权的宽泛结构，以及产生了如下要求，即要求公法只能是人们可以加于自身的法律。

---

❶ 《利维坦》（*Leviathan*），80（ch. XIV）。

❷ 黑尔（Robert Hale）的《通过法律而实现的自由》（（*Freedom through Law*，Columbia University Press，1952），页 4）以如下事例开始，"当红灯亮起时，继续开车的自由受到了限制，但限制是为了增进开车的一般自由，否则开车的自由将受到交通拥堵的限制。"正如富勒在评论黑尔的书中指出的，使用"自由"这个术语在分析中是无关紧要的。黑尔使用自由词汇来讨论利益和负担。参见"对法律自由和经济自由的某些反思——评罗伯特 L. 黑尔的《通过法律而实现的自由》"（Some Reflections on Legal and Economic Freedoms—A Review of Robert L. Hale's 'Freedom through Law'），载于 *Columbia Law Review*，54，1954，页 70－82。

❸ 6：237。

现在我想证明的是，对独立性的同一个法权既产生又限制了国家平衡各种利益的能力：政府可能只考虑“以安全换便利”，或者考虑“让许多人的获得超过少数人的便利”，其采取的方式与每个人人性中的、不受他人任意约束的独立性法权保持协调。尤其是，不能使用国家权力使某人从属于他人的任意，即使“这里的活动和目标并非真的重要。”

正如我们在第2～5章看到的，每个人可以取得并使用某些手段，对这些手段的限制体系要求阐明相关手段。作为你对自由的内在法权，你拥有自己人身的力量，它从属于你的任意：你自己就有权规定你将使用自己的人身去做什么。你还能享有取得的法权：物而非你的人身，它们属于你，但在不同的情况下，它们本可以属于其他某个人。你的人格和取得的法权充分利用了从属于你的任意的手段。尤其是，在欠缺你与特定个人达成的肯定安排的情况下，你无权让其他人按照有利于你按照自己的偏好使用你的手段这种方式来使用他们的手段。每个人都有权使用他或她拥有的东西，这与其他人做同样事情的权利是相协调的。你可以决定你将利用你的东西去做什么。我可以决定我将利用我的东西去做什么。

我们还看到，这一系列对某人可能使用的手段的限制彼此限制着每个人的自由，以便我们每个人有权按照自己认为合适的方式来使用我们拥有的东西，而且我们都无权规定其他任何人将如何使用他或她的东西。在未经你许可的情况下，我不能使用你的东西，因为这将会把你拽入你没有选择的目标，从而限制了你的自由。[242] 我也不能按照将会剥夺你已经拥有的东西的方式来使用我的东西。同时，我们每个人完全有自由按照某种方式使用我们拥有的东西，这种方式将会改变对方在其中使用他的东西的世界。你可以砍伐自己的树木，剥夺我珍视的树荫，但你不能砍伐我土地上的树木。我也不能在你的土地上植树。我们每个人都有绝对的法权排除对方妨碍我们的土地，我们都不能被迫按照与对方选择的特定使用相适应的方式来使用我们的土地。我们的确保持着我们各自的独立性，因为我们都不从属于对方的任意，既不直接地从属于，也不通过一方有权规定将如何使用对方的土地而从属于。我们各自使用我们的土地，对此唯一的限制是，我们不能使对方的土地变得不可利用。

康德主义者对自由法权的解释强调的是每个私人相对于他人所享有的自由：任何私人都不能被迫服务于他人的私人目标。任何私人都不能被迫服务于其他若干（或许多）私人的私人目标。如果你无需适应某人的意愿，那么就是一打、一百、一千甚至一百万人，也没有变更你的法权。

强调人们已经拥有的东西以及与此同时其他人意愿的无关联性，这或许看起来使得康德主义者在面对交通事例时对自由的解释如同霍布斯主义者对自由的解释那样，同样显得不堪一击。假如你到某个你有权驻足的地方散步（或开车、或划船）——例如，不是到其他某个人的私人财产。如果我按照自己的意愿迫使你把船划到特定的湖边，到该地某个特定的地方散步等，我就妨碍了你的自由。根据康德的解释，如果我的要求总体上能够节约你的时间，妨碍也是可以反对的。所以，在交通规则的情形中，也可能是：我不能要求你修改你的路线，即使长远来看你将获得好处。你可以决定你将优先做什么事情并如何推进它们；不能迫使你听从我的意见，即使它是正确的。不能迫使你适应其他人的便利，因为不能强迫你为他们提供适合其特定目标的情境。[243] 其他人不能通过为你提供你没有要求的利益或要求你帮助产生这个利益来回避这些要求。因此，康德主义者的解释不是对交通规则的诸多常见解释中的任何一种解释：你长期的便利、其他人的便利或者你获得的相关利益，这些都没有授权其他私人可以迫使你与他们合作。

康德主义者的私人法权原则未能证成交通规则，该失败并非此条途径的终结。依法合作要求独特的公共法权原则。康德主义者之分析的关键在于，国家——为了作为集体的公民的利益——拥有合法的权力，如果离开国家，个体公民和任何由公民组成的团体都不拥有这些权力。正如我们在前一章看到的，国家能够拥有这些权力的唯一方式是，这些权力能否被认为是为了公民的利益而运用，继而这个要求是否根据公民为自身立法的可能性来理解。

康德式的处理方式表明，可强制执行的社会合作原则是如何自成一格的，它们又如何有别于其他原则，这些原则支配着私人彼此的义务：根据公共规则所阐明的，可以迫使每个人作出自己的贡献。支配依法合作的原则仅能在如下情况中应用，即依法合作是平等的自由体系所要求的。这个体系要求并使得每个人能够为自己的生活负起职责，包括决定根据她拥有的手段去追求何种目的（这与其他人做同样事情的权利是相协调的）。个体私人自由的系统化保护只有在公法之下才是可能的，而公法必须保证它的各种条件。现在我将表明，其中一项条件就是道路系统。

Ⅱ. 认真对待公路

现在假定我们拥有一个平等的私人自由体系，除此无它。每个人对自己的人格和财产享有法权，任何人都没有义务使用自己的财产来适应其他人特定的意愿或需要。在上述体系中，我们可以假定，所有外在的资源——能够从属于某人独有任意的一切东西——都是私有的，或者为个体私有，或者为个人组成的团体私有。土地是财产的一个常见而重要的事例。❶

❶ 康德把它视为一个基本情形，因为控制财产就是控制具体的位置，使用处于该位置的任何特定客体的任何法权因而从属于对该位置的控制。以下分析不依赖于其论证的特征。

［244］让我们来考察一下在其中所有土地都为私人持有的体系。土地可以从属于某人的任意，在这个私人自由的体系中，其他任何私人都没有理由指控他人取得了某片无主土地。就分析的目标而言，谁持有这些土地或者这些土地有多大，这都是无关紧要的。大小可以相等或不等；它们可以为私人个体或工人合作社持有，或者为独资的国有股份有限公司持有，❶ 或者为这些主体的某种联合体持有。这个结构性问题具有同一种形式，而不论土地大小与拥有它们的自然人或拟制人的本质。为了排除与利益和负担有关的任何外在的考虑，你可以假定土地在大小和质量上是相同的，因而同样适合于他们各自的所有权人可能拥有的任何目标。

问题之所以产生是因为每个所有权人都有权规定在自己的土地可以发生什么，其他任何人，自然的或拟制的，都不能说什么，除非得到所有权人的赞同。假如你我是两个所有权人：我们每个人都可以决定在自己的土地上会发生什么，但不能决定在对方的土地上会发生什么。如果来自对方财产的流水、罕见的昆虫、臭味或者过度的噪音以妨碍我们使用土地之能力的方式侵入我们的土地，我们每个人就可以提出控告。然而，对于完全发生在对方土地上的事情，我们不能提出控告。如果你修建了一座高塔，它妨碍了我的采光，我没有任何理由提出控告，因为我没有任何法权要求你在占据你的土地时得为我留下一条通道好用来获得穿过你的土地的阳光。如果你使用杀虫剂，它们溢到我的土地上，我可以提出控告，但如果该土地另一边上的蜜蜂不再到我这儿来，我则不能控告。我不能请求开辟一条穿过你的土地的

❶ 奥诺雷的优秀论文“所有权”（Ownership）开篇即描绘了一份所有权冲突的常规目录。正如他富有嘲讽性却被忽略的脚注指出的，所有这些冲突都可以在苏联的法律中找到，在苏联的法律中，财产是为独立的国有公司所有的。参阅 A. M. Honoré，“所有权”（Ownership），载于 A. G. Guest，编辑，*Oxford Essays in Jurisprudence*，Oxford University Press，1961，页 107－147。

通道。

[245] 你决定在自己的土地上发生什么的一般法权包括规定谁进入你的土地。从该处境中我们各自法权的视角来看，我进入你的土地只是发生在你的土地上的事情的一个特定例子，亦即这件事情属于你可以决定而我不能决定的事情之一。正如在任何两个私人之间，排他的法权只是私人财产的法权。你只有经过我的许可方可进入我的土地；而我也只有经过你的许可才能进入你的土地。

进一步地，土地所有权具有不可移动的特征。这不是说推土机不能改变特定地块的地貌，而是说土地所有权的主要内容不是其偶然的地貌特征，而是它的位置。任何两片土地在数字上都是不同的，即使它们在质量和数量上无法分别，即使它们在大小、排水、年降水、土壤类型和植被上等都是相同的。

土地的独一无二性具有重要的系统化含义：从一个位置到另一个位置，你需要跨越两个位置之间的所有土地。除非两片私人所有的土地是毗邻的，否则从一个位置到另一个位置，你必须穿过其他某片土地，而这片土地是归他人所有的，作为私人法权，他有权阻止你进入他的土地。

对于被其他土地所有权人包围的任何土地所有权人而言，问题以一种极端的形式呈现出来：离开你的土地，或者离开后又回到你的土地，你需经邻居许可才能穿过他们的土地。下面这个情况还要糟糕，因为即使你的近邻让你通过，情况可能是，要到达你要去的地方，你还要穿过下一个邻居的土地，一个接一个，如此等。拥有法律上所说的、穿过近邻土地的“必需的地役权”也无所助益，除非你到达邻居地块的尽头后可以继续走下去。如果你离开自己的土地，现在由于你不能穿过近邻的土地而又不能回到自己的土地，情况更是如此。

所以，土地独一无二性的含义是令人奇怪的，作为私人法权，你的邻居有权把你困在你的土地上，或者，一旦你离开自己的土地，他可以让你无法回到自己的土地。问题不在于你的邻居阻止你做那些你想做的事情，或者缩小你选择的范围。[246]私人财产的法权始终阻止其他人使用他们对之不享有法权的物，因为它们允许所有权人设定其他人能够使用该财产的条件。我的自由不会因为你不让我驾驶你的汽车或者用你的牛耕地就受到侵犯，无论我可能多么渴望或需要做那些事情。我的选择是广泛的，对此我享有法权，但我并不对你享有这些法权。

相反，被土地包围的问题产生了，因为你的邻居控制着把你和你的目的地分离开的地球表面的区域，这一控制阻止你与其他人进入自愿的互动。设想你和我想一起做事——花一个下午的时间讨论哲学，交换马匹或者其他任何事情。在纯粹私有权的体系中，我们每个人都被我们的近邻包围，因而被一连串邻居包围，无论这一链条有多长，它都把我们彼此分开了。我们进入任何形式私人交易的能力都从属于某些人的任意，这些人恰好占据着把我们分离开的空间。他们的物权把阻止我们合意互动的权力赋予他们。对我们的自由的限制不是由如下事实来补偿，即我们每个人在与其他某个人或某些人的联系中可能拥有类似的权力。

在此，困难不在于你和我不能按照我们可能意愿的方式互动。这是一个不可能有一般答案的问题；我们住得太远，这个事实或许是个阻碍，但对于我们独立于其他人之任意的法权来说，它没有提出任何特别的问题。我们有权按照我们认为合适的方式使用我们的手段，但无权拥有我们可能要求用来得到我们意愿之物的任何手段。

我们的问题有所不同。它不仅是当我们想在一起时我们不能在一起；其他某个人决定着我们是否获得允许。当父母告诉子女可以与谁交往时，子女至少可以从如下事实获得安慰，即他们会长大并脱离父母的监护（如果它不能给予安慰，那么父母的权威仍然是合法权的，因为它被运用到子女的身上）。如果是陌生人有权告诉我们能否互动，事情就完全不同了。上述任何安慰都是不可能的。我们从属于他的任意——他有权限制我们可能参与的互动，只因为他恰好住在那儿。

问题之所以产生是因为土地是不可移动的，因而是独一无二的。你不愿让某人为了他们偏好的目标而使用你的动产，这个事实只是每个人规定将如何使用自己财产的一个事例。［247］正如我们看到的，私人法权的基本结构授权每个人规定她将如何使用她的东西，因而限制了其他任何私人向她提出如下要求，即要求她按照某种特定方式使用她的东西，或者要求为了他人的使用而使她的东西是可以获得的。

土地是特定的，因为作为一个具体的理性存在者，你必须做你在某地做的任何事情。任何两个人想在一起做事就需要走到同一个地方。❶ 为了从一点走到其他任何一点，你必须穿过每一个中介点。如果其他人控制着那些点中的任何一个，那么你需要获得中介点的每一个所有权人的许可方能与你的朋友会合。

土地的私有权不仅排除了你可能恰好拥有的某个特定目标，而且排除了整个形式种类的目标（这些目标与和其他人的自愿互动有关）。该问题是形式上的，因为它不依赖于任何两个人可能意愿展开互动的特定目标，而依赖于如下这个事实，即他们从属于他们必须由之获得互动许可的第三人（或者第四人、第五人）。

某种意义是无法由其自身的一般性揭示出来的，在这种意义上，上述问题不是对某个特别目标的反映。每个人都从属于这种意义，因为每个人都需征得近邻的许可方可与其他任何人展开互动。土地的独一无二性使所有土地为私人持有的体系成为每个人从属于邻居的任意的体系。这不是说，某个特定的个人不能去实现他意愿的计划，如果如事实所证明的，其他某个特定的个人拒

❶ 电子交流也无所助益，因为上述要点也适用于你的信号。对占据你的土地的法权包括在土地上建设的法权，其中包括修建高塔使信号（或直升机）不能通过。参见 *Hunter v. Canary Wharf Ltd.*，［1997］2 All ER 426（HL）。

绝配合这个计划。相反，每个人在体系上都从属于其他人的任意。并非近邻的任何两个人之间的自愿合作要求征得占据他们之间的空间的那些人的许可。这也阻止了该状态成为完全合法权的，因为它与每个人按照其他人认为合适的方式与其他人交往的法权相冲突，正如我们在第 2 章看到的，这个法权只是“人作为自己的主人（*sui juris*［自主］）的品质”的一个方面。[1]［248］我们看到，作为你自己的主人的法权是比较性的：其他任何人都不是你的主人。有权决定你能够与谁交往的邻居将是你的主人。

被土地包围这个问题是结构性的，它不取决于某种实际的考虑，休谟和罗尔斯把这种考虑描述为“与正义有关的情况”。它不取决于质料的不足，因为即使你的土地大到足以满足你的需求，或者你的想象受到局限以至于你没有认识到它不够大因而没有离开它的倾向，规范性的困难也会发生。它也不取决于其他人有限的仁慈，或者取决于担忧，即担忧你的邻居是一个卑鄙的人或者好管闲事者。也许你的邻居乐意让你通过，这或者因为他期待将来能从你那里获得好处，或者出于他们友好心灵的善良。就像你的土地可能是宽阔的，或者你可能很胆小，以至于你从没想过离开你的土地，这种可能性没有切中处于争议中的自由问题。问题在于你的邻居被授权这样做，因而由你的邻居来决定你是否与你意愿与之交易的其他人进行自愿的交易。上述独立性不能通过如下事实来弥补，即你可以对你的其他邻居做同样的事情。

问题也不取决于任何这样的假定，即人们可能会找到一个互惠的解决方案，或者取决于对某些资源感到忧虑，当人们在商议是否许可其他人穿过他们的土地时，这些资源将处于荒废之中。即使如下假设有一些经验上的根据，即假设有事业心的人们会在

---

[1] 6：238。

承诺的位置购买土地和修建公路，并假设他们会对进入土地和公路只附加经济条件，问题也是如此。问题的根源在于某种权利，即有权规定某人是否能够与他人达成自愿的协议，而不在于运用该权利的条件，或者放弃该权利所要追求的价值。

该问题的答案是显而易见的：公路——它被理解为道路的公共法权体系——保证从每一片私人持有的土地到其他每个人持有的土地之间有一条通道。借助某地的公路系统，每个人可以与他们意愿与之交易的人自愿进行交易，而不用服从其他任何人的任意。[249] 道路的法权得是公共的，而不是许许多多的私人地役权，这正是因为为了协调土地所有权——对位置的所有权——和自由，必须保证每个人能够进入。这个作为整体的系统必须使从任何一片土地走到其他任何土地具有可能。道路的公共法权能够穿过私人财产，但它必须在如下意义上是公共的，即它作为一个法权问题向所有人开放，而不是只能够被某个特定的个人或由个人组成的团体取得。

如果把公路理解为道路的公共法权，它们是私人土地所有权的系统化特征所要求的，那么我们就得以新的眼光来看待交通规则的这些常见事例了。在泰勒和德沃金的事例中，公路被描写为好像是自然的自由空间，每个人都有权在公路上尽情地来回奔跑。因而国家被描写为外在的代理人，它为了整体的便利而介入其中并对自然的自由施加限制。泰勒和德沃金不认为对自由的这一限制是可以反驳的，但他们对这个限制的描述提出了一个问题，即我们正被要求想象一种什么样的安排？所有的公路是像公海那样无人居住并且可为所有人获得并穿越的区域吗？或者他们在某种程度上是源始共有的剩余财产，是一片尚未被占用的土地？这两种模式都不太值得推荐。首先，“公海”这个解读模式要求公路是不可定居的；如果这个假设被否定了，那么转向“共有”这个解读模式，该模式把道路设想为无主的，在这种情形下，任何人只要想的话就可以出来主张公路是自己的财产。这个

“共有”的解读模式或许可以被修正为把道路设想为在私人占用中剩余下来的财产，它服从某种洛克式的限制性条款以保证道路所提供的某种入口。如果这样的话，那么其剩余财产的地位要求使用规则和进入规则，这些规则是由泰勒的“地方政府”或德沃金的“政府”提供的。虽然这些规则的细节需由公共权威来确定，但这些规则是存在的，这就建构起了公路系统。这两个模式都没有提供任何方式来思考作为自由空间的、受到政府干涉和限制的公路。

事情并非如此，即好像公路已经存在了，然后才施加规则。道路以及管理它的公共规则是一同出现的。两者都是某体系的构成部分，该体系保证从这一个私人财产进入另一个私人财产。［250］你被告知不能在莱辛顿大道上走错方向或者必须停下来等红灯，这些都没有从你那儿拿走你已经拥有的东西；综合起来看，公路和管理公路的规则把从一处到另一处的权利赋予了你和其他每个人，因而你可以和你意愿与之互动的人进行互动，其条件是你和你与之展开互动的那些人所选择的任何条件。由此可以推出，公路可以为所有人获得，但任何私人既没有排除其他人的法权，也没有为了他或她喜欢的任何目标而使用公路的法权。事实上，我们将看到，许多对交通规则和其他警察条例的违反是把一部分公共空间私有化，其要求的是为了他或她特定的目标而排除其他公共成员。进入道路的公共条件只是公共确保的结构性特征，其确保的是对于其他人而言，不存在进入的私人条件，除非那些人自己设立了这些条件。

作为公共供给体系的部分，公路规则既不是私法规则，也不是刑法规则。它们不是私法规则，因为你可以违反它们却没有特别地侵犯其他任何人。你可能会说服给你开超速罚单的警察，使他相信你实际上没有给任何人带来危险，更遑论伤害了。无论如何，由于你违反了公共供给规则而被开罚单。而且，法律要求你在荒僻的公路上❶停下来等待交通灯，从伤害的观点来看，这种法律显得毫无意义：它没有减少撞车的可能性，它主张的是它有助于养成良好的开车习惯，这听起来带有一些被迫的意味。法律是可以强制执行的，因为它是道路公共供给的条件之一。你能被迫作出自己的贡献。你贡献的那部分是什么，这取决于公共权威作出什么决定。驾驶机动车辆要求强制许可证和购买保险，这些也是公共公路所特有的。❷

交通法也不是刑法规则。它们通常不要求任何 *mens rea*［犯罪意图］，违反它们可以是非故意地或者由于疏忽。［251］免责的法权排除了交通违反者的绝对义务，但当违反了交通规则，公路使用者无需意识到自己违反了法律。而且，强制执行交通规则的基础不同于强制执行刑法的基础。刑法学者有时候以交通规则来举例说明他们所谓的“法定犯”，或者 *crimes mala prohibita*［法律禁止的犯罪］，它与“真正的犯罪”即 *mala inse*［自然犯］是相对的。❸ 当运用上述这个划分时，它是很好的，但它主张有争议的法律管理着正在进行的、可以离开管理而存在的活动，就此而言，这个划分是潜在地具有误导性的。公路，作为在上面设

---

❶ M. B. E. Smith，“存在服从法律的无可争议的义务吗？”（Is There a Prima Facie Obligation to Obey the Law?），载于 *Yale Law Journal*，82，1973，页 950。William Edmundson，《无政府主义的三大谬见》（*Three Anarchical Fallacies*，Cambridge University Press，1999）。

❷ 交通规则的本质还使交通事故成为一系列潜在地具有误导性的事例，这些事例可用来更一般地思考侵权法。

❸ 像现代刑法理论的其他许多方面，对警察权和“真正犯罪”加以区分的方法似乎也起源于费尔巴哈（Paul Johann Anselm Feuerbach）1813 年巴伐利亚刑法典。哲学家们经常把费尔巴哈与他的儿子路德维希（Ludwig）混淆起来，幸而由于赫佐格（Werner Herzog）1974 年的电影，老费尔巴哈才作为名为豪泽（Kaspar Hauser）的狼孩的监护人而被人铭记。然而，他的一生都在充当推动刑法理论发展的领军人物。不像几乎与之同时代的边沁的法典编纂计划，费尔巴哈奠定了现代德国刑法的理论基础，之后还致力于在全世界促进法典化。费尔巴哈认为，违反警察法令只会受到“不服从处罚”而不是惩罚。参见 Dubber，《警察权》（*The Police Power*），页 76－77。杜贝尔（Dubber）还指出，费尔巴哈质疑警察权可以体系化。

置了各种标志的跑道的物理延伸，当车辆和司机可以在上面奔跑时，它可以脱离作为高速路的法律地位而存在。这同一个物理客体本是某人的车道，它从属于所有权人的独一无二的任意。然而，它的作为高速路的地位是由如下规则构成的，这些规则把它和为每个人提供入口的公路的一般体系结合起来。[1] 现代法律体系把土地所有权的基本情形拓展到天上与地下，直到地球中心，在这些地方我们都是邻居。[2] 所以，至少在原则上，所需要的道路法权可以是空中航线或者地下隧道。

[252] 公路的事例揭示了某种公共任务的形式结构，这个任务是使私人法权的运用系统化地协调起来。虽然这同一个形式结构在公共权力的每一次合法使用中不会产生，但它支配着传统公共权力去维持和管理公共市场。公共市场是这样一个地方，私人在那里碰面，为彼此提供动机，并决定是否接受其他人提供的动机。正如土地的私有权潜在地限制着每个人与其他人进行自愿交易的能力，市场空间的私有权也是如此。就像私人法权的保障者，国家宣布把土地改造为公共市场并管理在其中进行的活动，由此来确保私人自由的系统化状态。国家被要求开展这些工作，这个要求是抽象的，公共公路的供给也被要求作同样的阐明。

---

[1] 我怀疑（虽然在此我没有发展和论证这个观点）公路的公共本质至少还与某些形式上较少矛盾的“家长式”立法有关，比如有关安全带或头盔的法律。正如有关限制自由的常见事例，家长式制度的常见事例——许多自由主义者竭力避免的——发生在公共公路的领域之内。参见 Peter de Marneffe，“避免家长式制度”（AvoidingPaternalism），载于 *Philosophy & Public Affairs*，34，2006，页 68 – 94。

[2] 严格说来，康德把物权限制在人们可以控制的东西之上，因而所有权人没有取得比任何人能够到达的空间更高的（或更低的）空间。但任何能使其他人从更高或更低的地方穿过你的土地的技术，也能使你飞跃或从隧道穿过，因而你的法权扩展到他们能够到达的地方。

Ⅲ. 公共供给

对公路的结构论证没有说明应该如何建设和维持公路以及如何为其付费。它只表明合法权的土地私有权是具有公共前提的。该结构没有让任何特定的土地所有权人使其土地可为任何特定的邻居获得，或者可为任何试图从一地到另一地的私人获得。私有权体系（已获得法定的私人许可）产生了同一个困难：你有权按照自认为合适的方式使用你的土地，这个权利将取决于某些人的任意，这些人更想把它用作从一地到另一地的通道。除非你恰好处于一个特别不幸的位置，否则这可能与你实际使用你的土地没有太大差别。然而，困难是结构上的：其他人的私人任意授权他们规定你能够如何使用你的土地。我与第三方进行合意的交易，这无需你的许可。你想在你的土地上修建一栋建筑或一个花园，在此之前，你也无需征得可能希望穿过你的土地的每个人的许可。

公路供给的常见方式主张在供给方式的基本原理上，结构上的论证是清楚无疑的。例如，宅地法通常要求农场主清扫顺沿其土地的公路；魁北克农村的领主制不要求修建公路，［253］但要求对土地进行细分，使之与圣·劳伦斯河保持垂直。现代土地使用法要求以修建和出售为目的而细分土地的开发人，其修建的公路要能够把建筑工地连接起来并把该公路转让给自治市。在大多数管辖区内，财产所有权人要为地方公路的保养向市里纳税，但对于其他公路则由更高级别的政府征收更一般的税负来维持。汽油税是流行的做法，它表达了这样一种观念，即使用公路的人应该按照他们使用公路的大致比例来支付保养费。政府享有所有权的公路无需成为可以通达的。如果公路受阻或被冲毁，根据公共需求学说，那些不能使用他们的人有权擅入邻近的私人土地。❶ 从一地到另一地受到公法而非私法的规范，因此，个体所有权人的排他的法权受到私人土地所有权的系统化要求的限制。在反歧视法产生之前的很长一段时间，旅店老板被要求为公共公路的所有使用者提供服务，并免于适用安息日法（*Sabbatarian laws*）。

这些事例之间的区别，其趣味性要比它们的相似性小得多。❷ 所有的区别都取决于同一对观念：［254］任何私人持有的土地都不能被包围，解决这个困难的办法是道路的公共法权的公共供给。让每个人清理和维持其土地前面的公路与通过税收来支付修路成本，这两者存在明显的区别。迄今为止，我的解释还未能在这两者间作出决断。这不是说不存在大量不同的、有待我们展开的论证。某些论证与效率有关：在组织成本的方式中，哪一

❶ 主要的普通法案例是 *Taylor v. Whitehead*（1781）2 Dougl. 745 99 E. R. 475（KB）。

❷ 在某些国家的农村，比如挪威，allemannsretten 把如下法权给予每一个人：穿越其他人尚未耕耘的土地或冻土，为个人使用而采集“浆果、蘑菇或花朵”，但不能走近建筑物或穿越已开垦的土地（［中译按］“allemannsretten”指的是挪威的一种古老的习惯法。如本注释所述，李普斯坦教授已给出该词的基本含义。更具体的解释，可以参看：http：//en. wikipedia. org/wiki/Freedom_ to_ roam）。正如前缀 allemanns 表明的，存在道路的公共法权。这些古老的制度解决了部分问题。它们允许人们从一地走到另一地，但对旅行者能把什么东西从一地带到另一地作了限制。采集浆果、蘑菇和花朵的法权类似于其他体系中从公共土地和高速路旁采集植物的法权。然而，它们的现代形式有时演变为所有权的不同观念的事例，这些形式的差异非常之大。在挪威，allemannsretten 显然被纳入“1957 年 6 月 28 日有关户外娱乐的第 16 号条例”。该条例宣称其目标是“保护户外娱乐的自然根据，保障进入乡村的公共法权和穿过乡村的通道的公共法权以及在乡村消磨时光的法权等，由此使户外娱乐——作为健康的、环境优美并且增进幸福的休闲活动——的机会得到维持和促进。”上述法律的现代形式有效地把距离建筑 100 多米远的、未经开垦的土地或冻土变成公共公园，使之遵守公共公园通常受到的同类限制。参见“1957 年 6 月 28 日有关户外娱乐的第 16 号条例”（Act of 28 June 1957 No. 16 Relating to Outdoor Recreation），载于 www. regjeringen. no/en/doc/Laws/Acts/Outdoor – Recreation – Act. html？id = 172932（2008 年 12 月 6 日访问）。

种将耗费最少的资源？有一些细节化的事实问题，其答案部分取决于私人土地所有权人通常是否雇用专业公司来为他们工作。边角上的土地和两条公路之间的边界标志物，其成本的增加会对经济发展产生消极影响吗？其他的论证与协调性有关：如果公路建设与维持从属于特定土地所有权人变动中的财产，那么还将维持协调的标准吗？还有其他论证与公平有关：人们应当按照他们使用的公路数量的比例来支付费用，还是按照近似值支付，或者同等支付？所有这些考虑都潜在地与对上述那个问题的决断有关。对效率的考虑反映了公共目标的必然的公共本质。公共官员被授权向私人征税以保障用于公共目标的资源，但他们无权要求更多的私人资源，使之超出他们经过诚实判断所得出的为了那些目标所必需的数量。向私人征收更多的税收，这是为了其他目标，而不是为了公共目标。任何东西，不是公共的，就是私人的，因此任何这类征税都与法权相悖，因为它追求的是私人目标。协调和公平具有重大意义，因为公路供给属于法定社会合作的情形。与任何一个的关联性都不取决于国家拥有无限的授权以便对利益和负担进行有效的或公平的分配。这两者国家都没有。它只有义务根据与其公民的自由相协调的方式来供给公路。因此，当泰勒说设置交通灯的决策是“以安全换便利”，他在某种程度上是正确的，而当德沃金说，在证成性的问题上，与单向道有关的决策比限制言论自由负有较少的证明负担，他也是正确的。他们的错误在于，假定这些决策的根据以及国家决策的权利都与自由无关。国家只有权这样来考虑便利，即国家有义务把便利作为保障平等的自由的条件。

［255］许多因素潜在地与决定如何为公路付费有关，从某个视角来看，承认这点似乎就放弃了规范性理论的义务，人们可能认为，规范性理论是规范而不是服从政治过程和政治制度。当然，康德极力支持如下观点，即“必定不是法权去符合政治，而

是政治必须始终符合法权。”❶ 唯一的问题在于，如何解释这份努力？在康德看来，它只意味着法权的要求是不受欢迎的或者不便利的，这个事实决不对法权要求什么构成制约。不能由此推导出法权（甚至理想地）为社会生活的每一个细节提供了模板，或者为每一个想象得到的争端先天地提供独一无二的解决方案。边沁的功利主义为我们留下了不成功却有益的遗产，在该遗产中有这样一个观点，边沁的功利主义试图解释国家权力的合法使用，但其解释并没有回答这个问题，或者至少没有阐明哪些事实足以回答这个问题，即使在这些事实上还存在着不确定性，这个解释在规定上是不完整的或者令人绝望地含糊不清的。在边沁看来，机构是接近某个道德结果的工具，而原则上，即使没有机构也能完整地阐明这个结果。那么，机构的角色就是，如果留给个体自己的组织去做，相对于这些组织，机构能够更有效地搜集信息或者协调行为。从这个视角来看，政府服务的供给，其最优设计完全取决于事实问题，因而在欠缺机构的情况下，这个设计也会有一个确定的答案。然而在康德看来，如果考虑到某些物是必须公共供给的，那么机构的重点是为了公众、亦即为了被视为集体的公民的利益而展开行动——解决争论的集会、法律的公开编纂、公开的强制执行，以及那些机构的公共性的条件，其中包括公共公路。从这个视角来看，规范上唯一有兴趣的要求是必须把机构创设出来，那些机构的官员们必须有权判断如何实现这些法定的公共目标。官员们在授权范围内行动，如果他们的决策也反映了如下这些判断，［256］即这些判断针对的问题是，人们将发现什么东西更加使人愉快或便利，或者什么东西将使公民们发现特定的规则是合理的或公平的。康德主义者的处理方式并没有把这点视为不幸的局限性（该限制是实际的人类必须加于这些工

❶ Kant，“论出自人类之爱而说谎的所谓法权”（On a Supposed Right to Lie from Philanthropy），8：429。

作的)，因为它没有假定他们的任务是与无所不知的存在者相匹配的，这种存在者采取宇宙的观点，站在宇宙的所有个体的立场上行动。它也不给他们提供精细的应用标准。必须有一些必要的制度，这些制度是可以先天建立起来的：政治必须符合法权，这是一方面。但不能由此推出，他们在每一个来临的、想象得到的情形中应当做什么，这个问题有一个制度产生之前就已给出的答案。康德主义者的处理方式是提供一个框架，这个框架告诉官员们如何考虑公共供给的问题，而不是考虑公共供给问题是什么。它还为公民进行民主审议和推动民主进程提供了一个框架，这个框架的任务是，帮助公民为自己制定与他们的立法权力相协调的法律。

Ⅳ. 尽自己的一分力量：依法合作的结构

侵犯公共空间就是你没有尽到自己的一分力量，其方式或者是没有作出贡献，即没有积极维持公共空间，或者是消极地为了私人目标而占据公共空间。

公共供给是法定的，这个事实说明了公共供给的基本条件。我们看到，合作何时是法定的，对于这个问题，康德主义者的回答强调的是维持平等的私人自由状态这个前提，在该状态中，任何人都不从属于他人的任意。公路是一个核心事例，每个人可以被迫为公路作出贡献。另一个问题是：根据什么条件可以迫使一个自由人为那些社会工程作出贡献（这些工程是他或她可以被迫为之作出贡献的)？康德主义者对第二个问题的回答要求的是相互性：维持一个我们所有人都在其中的私人自由状态。

康德对第一个问题的回答尚未告诉我们贡献的相关原则是什么。然而，康德的政治哲学还有其他途径提出贡献原则。我们在

第 2 章看到，康德识别出合法权正派这项根本的“内在”责任，该原则说的是：“不要使你自己成为其他人的单纯的手段，而要同时是他们的目的。”这项义务是从我们每个人在自己人格中都享有的、人性中的内在法权推导出来的，[257] 它保证你不能负有更多特别的义务，这些义务预设你必须只为了他人的目标而行动。在法定社会合作的背景下，如果你尽自己的一分力量而其他人没有，他们就是视你为单纯的手段，因为你为其目标的实现作出了贡献。你打算尽自己的一分力量；而不是尽他们的力量，他们利用了你的努力。

任何相似的原则都不能应用于私人合作：你是否以及根据什么条件把利益转让给他人，这完全取决于你自己。如果事情与你期望的有所不同，而且你承受了不适当的负担，那么你不能向你的契约方提出任何请求。保护你自己取决于你自己。你的职责与随后的行动原因的缺失，反映了每一个自我规定着的存在者的法权，即他可以按照自认为合适的条件与其他人自愿达成具有拘束力的协议。康德评论道，要求我们根据某些外在的公平概念限制我们的契约协议，这是把我们当作孩子，因为我们是自由的人格，我们每个人都有权设定和追求自己的目标。[1] 自愿的作用在人们商议条款的情形中是显而易见的，但在如下情形中也不失其重要性，即在其中，买方只是接受了卖方的要约，以及在其中，某人在没有询问价格的情况下就接受了他或她知道其价值的东西。如果你在旅馆里没有询问价格就索要特别的东西，你就得为其付账。正如康德指出的，在自愿的私人交易中，平等是“听不见的无声的上帝。”

在依法合作的情形中不能应用私人安排的优先性。为达成相互协定而进行谈判，这根本上只能发生在各方之任何一方有权拒

---

[1] Kant，《费耶阿本德自然法权》（*Naturrecht Feyerabend*，未出版，2003），Lars Vinx 译，27：1360。

绝合作的背景之下。你受到你所同意的条款的约束，因为你并非不得不同意。如果你别无选择——如果某人向你发出你不能拒绝的要约——你不能受该要约条款的约束。在合作是法定的地方，就某些条款达成协定是根本不可能的。正如我们看到的，康德认为只有一种法定的合作：你负有可强制执行的、无条件的义务进入和停留在合法权状态并为其创造条件；［258］就此而言，你不可把那些条款与从事你能被迫从事的事情联系起来。唯有一点——在其中，可以认为每个人都在设定具体的条款——是通过他们参与公共立法的代表们来完成的。这尽管重要，却不是达成合意条款的私人交易的某种次优的近似物。你无权拒绝进入合法权状态，即使你和你的代表都认为这些条款不足以获得赞同。代表们能做的充其量只是对如何实现和维持一个合法权状态作出判断。为此，有时或许要求对利益和妥协进行权衡，但这不足以使权衡成为扩大版的私人契约，它甚至连私人契约的粗糙的近似物都不是。

因此，依法合作不能把互动的条件视为相互的，因为这些条件是自愿的。相反，有一个更为直接的有关相互性的要求：每个人必须尽自己的一分力量；没有做到这点的人，就像没有坚持其契约目的的人一样，他通过利用其他人共同的努力而侵犯了相互性。从这个视角来开，“搭便车者”通过利用作为其伙伴的公民的努力而侵犯了他们。搭便车者可能声称——甚至就声称——他是在欠缺合法权状态的情况下这样做的并且自行其是。这个声明是不着要点的，因为进入合法权状态的义务是无条件的，亦即它不依赖于任何特定个人对它将产生的利益所作的主观评价。其他人有权把产生和维持合法权状态视为搭便车者的目标之一，而不管他对此可能会说什么。因此，他们可以正当地控告说，他们被要求为了他人的目标而工作，或者他们被搭便车者利用，他们可以作此声明，即使搭便车者没有作出贡献并未给他们造成损失。

上述合作的法定性质产生了一个前提，该前提支持平等分配合作的负担。康德指出，如下这种立法——“在征税、征兵等事务上违背国家分配负担的平等法则”[1]——是有缺陷的。［259］公民有权请愿反对这种法律，因为平等分配是依法合作的基本情形。如果每个人在共同供给公共空间时必须尽自己的力量，那么除非有区别对待的积极理由，否则每个人所尽的力量将是相等的。

在依法合作的情形中，贡献是相互的，这个要求既累赘又无止境。在一个特定情形中，它所要求的东西经常是含糊不清的，甚至在如何衡量相关负担的问题上已作出公共决定之后，情况也是如此。然而，这不是公法原则方面的问题，因为要求清楚明白的立法，其目的是为了规定公民们各自作出贡献的义务。道路的公共法权体系必须被理解为是系统化的，任何有关相互性的要求也需以恰好相同的方式被系统化。有关相互性的要求可能会超出公共权威的合法权力，该权力或者是去制定交通规则，或者是拥有某种税收体制，这种体制按照非常不公平的方式分配负担，但它显然是在它的权力之中来施加具体负担，其施加的方式是在具体情形中不平等地转移负担和利益。

关注公路这个事例有效地提醒我们，即许多其他事例——在其中，可以要求公民为了他们可能不直接享有的利益而承受负担——无需根据对利益和负担的更为一般的计算来理解。尤其是，经常听说提供经济学家所谓的“公共产品”，比如公共健康和国防，乃是国家的任务。人们通常根据两点来描述这些产品的特征：当产品生产出来的时候，每个人都能从中受益，以及排除那些拒绝从受益中作出贡献的人是困难的或不可能的。这两点导致某些积极的外在性，亦即那些参与其中的人，他们把利益转让给那些没有参与的人。理性的行动者考虑是否参与，她断定她的参与只是为了很好地从其他人的努力中获益。由于集体行动的这

[1] 6：319。

些问题，尤其是搭便车问题，私人行动者并没有在市场上生产足量的公共产品。因此，据说国家在公共产品的生产上有它的作用。

理性行动者按照自己的条件参与集体行动，我不打算根据这个集体行动来质疑有关这些产品的权威分析。困难在于根据利益、负担或者外在性来为依法合作或者公共供给奠基。［260］我们在讨论私人法权时已看到，外在性本身不产生任何法权问题；我不必因为你的旅店在附近就为跑到我的旅店的旅客向你付费，或者因为你的花园就为来我这传授花粉的蜜蜂向你付费。集体行动的问题可能导致某种产品的供给不足，这与人们为其付费的意愿有关，但这个单纯的事实不能确保法定的贡献。某个团体不能保证生产或保存他们珍视的某物，这个单纯的事实也没有授权他们利用国家强力机关去迫使其他人与其一同努力生产该产品。宗教服从或者朴素的穿着没有国家支持或许难以维持，但因诱惑和集体行动问题所带来的麻烦不能确保国家行动。❶

与根据利益和负担来分析公共健康或国防相反，最好是把公共健康和国防与公路的事例等量齐观。它们被要求用来维持合法权的状态。可以迫使人民为了真正的国防作出贡献，不管他们个人能否从中获益。有些人或许会发现，如果他们的国家被敌对邻

---

❶ 因此，泰勒力图捍卫魁北克的有关语言的法律，这些法律禁止在其他事物上使用法语以外的其他可视的语言标记，他主张“重视使我们的祖先文化保真的那些人与以自我发展的个体目标为名而想从祖先文化中挣脱出来的那些人，在这两拨人之间，政治社会并不是中立的”（《多元文化主义与“承认的政治”》（（*Multiculturalism and* “*The Politics of Recognition*”, Princeton University Press, 1992），页 58）。泰勒避开合理选择理论所使用的技术词汇，但他的论证恰好可以用那些术语来描述：保存法语和传统的魁北克文化，尤其是蒙特利尔城中的魁北克文化——用经济学家的话说——是一种公共物品，每个人都有动机破坏它的供给。泰勒证明在这种处境下，大多数公民会共同行动起来，通过禁止非法语的语言标记来保存“他们祖先的风俗”，反对“个体的某些自我实现理想的”侵入。这个事例是具体的，但泰勒构想它的方式完全是一般的：大多数人可以利用国家迫使其他人向他们提供他们寻求的利益。康德主义者显然反对该形式的论证。参阅同上，页 52–59。

邦征服了，他们的生活却变化甚少，就像俄罗斯占领哥尼斯堡期间康德的生活那样。❶ 这些人可以被迫作出贡献，不是因为他们获得了国防利益，［261］而是因为国防是对其国家的捍卫，从法律上讲就是捍卫他们的法律体系。

另一个常见的公共权力——公共健康——也具有类似的结构。国家依法保障公共健康是从它依法负责自我保存中推导出来的。因此，为了支持公共健康可以迫使公民纳税，即使某个公民私人有钱预防瘟疫和流行病，或者他已老朽不堪，以致公共健康措施也无益于他或她所期待的寿命。

Ⅴ. 公共空间与警察权

现在我想利用公路的事例表明，运用警察权的重点在于防止人们为了私人目标而产生不恰当的公共空间。沿此方向，我将转向康德自己简要罗列的警察权，他对警察权总结道，“当体面的情感（作为消极的趣味）没有因为乞讨、马路噪音、恶臭、公开卖淫伤害了道德感而受到压抑时，政府通过法律引导人民的使命就变得轻松多了。”❷ 如同康德的事例可能表现出来的，他的评论听起来就像来自另一个时代，❸ 但基础性的原则是公共供给

❶ Manfred Kuehn，《康德传》（*Kant*：*A Biography*，Cambridge University Press，2002），页 118。

❷ 6：325。

❸ 按照他那个时代的标准，康德的目录显然是多余的。费尔巴哈的目录更长：*inter alia*［尤其是］，没有在周六清扫人行道，未经授权而放置花盆，在薄冰上溜冰，未经授权在河里洗澡，以及发表的公共言论“严重冒犯了对最高存在者的赞美。”其他列入该目录的与康德的目录似乎更相近：在火灾发生时没有及时出现在抽水机旁，超速驾驶长途客运汽车，货运马车堵塞狭窄的街道，乞讨，在某人厨房里建化学实验室。由于目录的上述范围，费尔巴哈因找不到一条有关警察权的统一原则而感到失望，就没什么令人奇怪的了。参见 Dubber，《警察权》（*The Police Power*），页 75 – 76。

必须按照公平的条件进行。

在普通法上，与公众厌恶之事有关的传统事例是阻塞交通。某人在公路上竖起一根柱子，他就实施了一个公众厌恶的行为并将受到公法的处罚，即使他这样做是为了追求某个于社会有用的目标。在受限制的境况中，受公众厌恶之事影响的私人各方可以提出控告，但公众厌恶之事并非私人厌恶之事的总和。［262］相反，它是对公共成员法权的妨碍，这个法权意味着私人公民可以按照他们的意愿来回走动，可以使用公路，这是他们作为公共成员所能享有的法权。禁止一件公众厌恶之事，其理由只是它妨碍了这些法权。

阻塞公路是对公共空间的私人占用。就此而言，阻塞公路是可以反对的，即使它没有对其他任何人造成重大影响。如果我非法停车，这只阻塞了一条交通车道，其他人仍然可以到达他们要去的地方。我可能只是让交通放缓而已。如果我的汽车不正常地打灯，而我对此甚至都没有操作过，国家也仍然可以开罚单或者拖走我的汽车，因为我把公共空间用于私人目标。如果我被开了罚单，那么我没有造成伤害的事实是无关紧要的；我以错误的方式使用公路，这个事实就足以令我受到处罚了。

在上述情形中，基本原则不是为了其他人的便利而对某人施加限制，而是依法合作的原则：每个人在道路的公共法权供给中必须尽自己的一分力量。国家被要求供给道路的公共法权；它做这些的义务授权它决定如何去做。义务不是自我应用，公共权威为了每个人的利益而行动，它有权决定如何供给道路并详细说明使用的条件。某人违反了使用条件——在高峰期停车，在单行道上开错方向，或者无视交通灯——他就妨碍了公共供给的模式。在这种处境下，它使如下这个问题获得了理解，即“如果人人如此，那会有怎样的后果呢?”，因为公共供给的基本原则是每个人必须尽自己的一分力量。任何坏的效果都是次要的。

康德所列举的18世纪的事例具有相同的结构。第一个事例是乞讨，包括个人的和政治的，众所周知，康德反对这种活动。作为一个奋斗中的年轻学者，他通过出售他的书籍以确保不依赖救济金；作为一名颇有建树的教授，他从不向乞丐施舍，但每当他经过一个乞丐时，他就向社区财政捐款。❶［263］他论证了国家对穷人的救助，按照他的论证方式，一般的私人救济，尤其是乞讨，使穷人从属于拥有财产之人的私人任意。❷ 乞丐不仅仅因逗留闲逛而阻塞了街道。他努力把路人纳入他的目标之中——这是其作为的全部重点。由于乞丐向路人要求东西的方式，康德把乞讨的特征描述为“近乎抢劫”。❸ 一个规范的市场互动是某人向他人发出动机，然后由对方决定是否接受这个动机。乞丐所做的唯一一件事情是使自己免于回报路人的捐助。就私人法权而言，路人可以决定是否注意乞丐。作为一个公共法权问题，乞丐为了私人目标而占用公共空间，如此他就实施了不法行为。而且，当他们侵入公共空间时，恶臭成了一个公共问题。如果每个人都把污水桶扔到街上，那么必定会造成街道不可通行或者须费好大劲儿才能通行。实施上述行为的人们在维持街道的可通行上没有尽自己的一分力量，即使没有任何理由认为其他人也不尽自己的一分力量，因而在特定情形中没有产生任何实际的阻塞。垃圾倾倒车要求一项特权，这项特权是其他人不能要求的。污水桶是旧时之物，但这同一个要点也适用于污染和乱扔废物。康德所列举的嘈杂人群的事例也适合这个模式。吵闹的邻居是私人所厌恶的；公共空间中嘈杂的人群则是公众所厌恶的。

这些事例都发生在公共空间。其普遍的发生使公众无法获得

---

❶ 这里依据的是 John H. Zimmito 的说法，参见《康德、赫尔德与人类学的诞生》（*Kant*，*Hender*，*and the Birth of Anthropology*，University of Chicago Press，2002），页 90。至于康德对作为个体堕落的乞讨的态度，参见 Kant，《伦理学讲义》（*Lectures on Ethics*，Cambridge University Press，1997），Peter Heath 译，27：606，27：706。

❷ 6：325－326。还可参见第 9 章。

❸ 6：326。

公共空间，或者对公众使用公共空间构成了妨碍。在任何一个事例中，侵犯者都“冒犯了作为消极趣味的体面的情感”，因为他们为自己所要求的公共空间，比有权提出要求的任何人都要求得更多，因而排除了每个人公平地尽自己的一分力量的可能性。❶［264］公众厌恶之事阻止你享有如下特权，即在没有让其他任何人把你拖进他或她的私人目标的情况下，你享有作为一名公共成员进入公共空间的特权。我不喜欢或不支持你在公共场合的行为，这个事实对分析不构成任何影响，无论我觉得你的行为多么令人苦恼。

康德主义者的分析还说明了一个常见观点，即公共言论在很大程度上不受警察权管制，甚至当人们发现言论造成了不便或麻烦的时候也是如此，它还说明了一个相关看法，即政治结盟不同于狂欢会上的群众。政治言论是向公共成员发表讲话，正如我们在第7章看到的，它是公共法权的根本方面，因为它是某种工具，借此国家能够按照某种方式使自己更加符合法权概念，而这种方式自身是不与那些概念保持协调的。❷ 在这种情况下——在这个方面，言论乃是自由的和政治的——警察权的唯一的、自主应用的限制是对言论的时间、地点和方式所作的常见的、中立的限制，亦即防止言论对公共空间的利用构成妨碍。

妨碍公共空间的活动与冒犯的活动，这两者的区别本身并没

---

❶ 类似分析甚至扩展到康德所列举的公开卖淫（*venus vulgavaga*）的事例以及更一般地扩展到过去所谓的“冒犯公共道德”。在每一种情形中，关键词都是“公共的”（［中译按］“public”：公共的，公开的，译者视情况选译）；问题不在于设立一个坏榜样会腐蚀其他人，而在于妨碍了公共空间。警察权不能扩展到在私人领域中开展的活动。主张站街卖淫阻碍了人行道或者妨碍了交通，这些主张可能有点居心叵测，但如果它们是正确的，那么它们的管制将被纳入警察权的范围。“冒犯公共道德”的唯一根据强调的是如下方式，按照这种方式，上述行为妨碍了每个公民享有的进入公共空间的法权。

❷ Kant，“什么是启蒙运动?”（What Is Enlightment?），载 Gregor，*Practical Philosophy*，以及 Jonathan Peterson，“启蒙运动与自由”（Enlightment and Freedom），载于 *Journal of the History of Philosophy*，46，no. 2，2008，页 223 – 244。

有为如何把这个区别应用于个案提供太多的指导。结果，它没有提供任何概念上的确保，即确保在识别妨碍的时候，不会不恰当地选拔出官员。以你的名义讲话，这显然是一个公共目标，而使他人进行一场私人交易则是一个私人目标，在这两个目标之间画出一条界线不是一件简单的或机械的事情。有些事例是清楚明白的：建议改变政府政策是公共的；想把手表卖给某人或者说服他送你礼物，则是私人的。因为康德主义者的处理方式是强调理性的概念，它提供了一个概念框架，在这个框架中，需要对诸多情形进行分类，但它又没有对它们进行分类。如果公共商谈的作用在于能够使国家自我完善，那么在对公共物进行分类的方向上出错，对于这个错误就存在一种结构上的压力。大多数的事例都是混合的；[265] 无家可归者在公共公园中搭帐篷，这既是为了私人目标而占据公共空间，同时也是试图提醒公共成员想起他们可能更愿意忘却的处境。筹集救济金的自愿者既是要钱也是向路人诉说公众关心的问题。百货公司赞助的节日游行既是一次商业冒险，也是一个文化事件。这些事例表明了纯粹的私人言论的情形是相对较少的，大多数言论都具有公共的一面。这就是说，康德主义者的分析，其重点在于说明就私人言论和私人行动妨碍了公共成员利用公共空间的能力而言，作为一个法权问题，国家是如何获得授权来限制私人言论和私人行动的。

康德主义者的解释提供的是理论资源而不是详细的方案，有些人因此认为康德放弃了他的义务。我希望本章的论证给出了不同的结论。没有免除对判断的需要，这是对康德所构想的政治哲学抱负的辩护，而不是对它的削弱。规范性的哲学能做的绝大多数事情是为自由国家中各种权力的任务提供原则性的解释。在详细阐明官员们必须做什么的时候，规范性的理论不能保证他们会做好。对原则性地解释警察权的基础和限制展开说明，在这点上，康德主义者的处理方式仍然有其显著的优势。康德主义者的解释不是从家长制政府这个形象开始的（这种政府负责使人民幸福，并引入一系列期望），他的解释要表明的是，权力的公共使用只有在服务于个体自由时才是合法的。

Ⅵ. 结　　论

在本章开篇我即指出，以利益为基础来解释国家权力，这种处理方式特别关注三个问题：相互竞争的利益应该如何彼此达到平衡，应当免除哪些利益，使之不必受到通常的平衡，以及哪些人或哪些机构应该负责进行平衡。我提出了思考国家权力之合法运用的不同方式，这一方式关注的是自由的条件而非利益的条件。

[266] 从以利益为基础的处理方式这个视角来看，奇怪的是，以自由为基础的处理方式在第一个问题上保持沉默，因为它假定这个问题只有在社会合作的法定形式的情境中才会出现。在这个情境中，它对利益保持缄默，只就负担应当平等分配发表言论，但没有为如何衡量负担提供任何指导。以自由为基础的策略似乎把许多最棘手的争论转移到第三个问题：人民代表必须理解负担是什么，以及对于人民而言，平等地背负这些负担意味着什么。它反对以利益为基础的策略，它不能要求那些代表能够更精确地衡量利益或者以更好的方式平衡利益。它能要求的只是这样的公共权威：它是公共的，由作为集体的公民构成，并且它是一个权威；亦即，在其法定的范围内，不管其决策的价值如何，其决策都具有拘束力，只因为该决策是具有资格的公共权威的决策。交通部门可以禁止你在莱辛顿大道上开往住宅区或者命令你停下来等待红灯，这既不是因为它正确地权衡了所有的利益，也不是因为它比其他某个行动者掌握更好的信息，只因为立法机关把那些问题交由它来解决。

以自由为基础的处理方式还反对第二个问题，这个问题是由以利益为基础的策略提出的，因为以自由为基础的处理方式否认国家拥有平衡利益的一般授权，因而它仍然要考虑那些免于受到通常平衡的某种利益。相反，它要求的是人性中的内在法权，该法权既建构国家警察权，也构成对它的限制。在创建平等的自由体系所要求的机构和公共设施时，国家一定不能使用与其公民的人性中的内在法权相冲突的手段。所有这些经扭曲后都可以译解为利益的词汇：为了证成国家对强制力的使用，自由——它被理解为独立于他人的任意——只是一种重要的利益。

第9章　公共法权 Ⅲ：再分配与机会平等

[267] 本章将考察康德通过源始契约理念处理的两个问题：第一个问题的特征被康德描述为救助穷人的责任，以及第二个——对形式的机会平等的论证。晚近的政治哲学，包括把自己的特征描述为“康德式的”政治哲学，经常认为这些观点是陈旧过时的，并力图以更强有力的质料平等观念来取代它们。康德反对这些更实在的观点，理由在于他把政治社会的本质理解为只有权使用强力来创立和维持一个合法权的状态。合法使用国家权力这个狭义观念不排除如下许多活动，这些活动是现代自由国家用来为弱势群体增加机会的。然而，它排除如下这个常见主张，即一般而言，在通往利益与负担的更彻底的平等化的道路中，诸如普遍的公共教育和健康护理这些规划只是不稳定的停靠点（stopping points）。这些规划的基本原理内在于而不是外在于合法权状态的要求之中。

Ⅰ. 法权的两个结果：救助穷人的责任与机会平等

[268] 康德讨论了为救助穷人而向富人征税的责任以及保证机会平等的责任，这个讨论独立于对警察权的讨论。对每一个责任进行论证的结构也不同于对警察权的论证。然而，它分有一个重要特征。在此，正如贯穿于康德对公共法权的讨论，存在争议的权力本质只能根据它的基础来理解。康德并不关注某个可欲求的结果——例如，所有公民都拥有任其处理的平等的、甚至充足的资源——也不假定这个结果的可欲性支持国家采取步骤以产生该结果的权利，他所做的正好相反。国家干预分配并保证机会平等，这是维持合法权状态的法定手段，而不是为了国家之外的任何有价值的目的。同理，康德也不强调体制效率的增长，在这种体制中，职位是向有才能者开放的，相反，他强调的是合法权状态的要求。

康德强调要识别每一个公共权力的基础，这反映了其政治哲学更为宏大之计划的两个核心主题：划分法权责任与德性责任，以及作为某物的法律观念，这个概念不是独立实现可欲求的道德结果的工具。这些区别的重要性在经济再分配的情形中尤为突出。近来许多政治哲学家，比如范伯格和奥尼尔，主张国家应适当参与经济再分配的事务，因为个人在履行他们个别的救济义务时，他们根据自己来展开行动是缺乏效率的。❶ 国家作为协调机

---

❶ Onora O'Neill，《理性的建构》（*Constructions of Reason*，Cambridge University Press，1989），页 231；Joel Feinberg，“善良的撒玛利亚人的道德责任与法律责任”（The Moral and Legal Duties of the Good Samaritan），载于 Joel Feinberg，*Freedom and Fulfillment*，Princeton University Press，1992。有一种解释认为康德曾作过上述论证，关于该解释，参见 Allen Rosen，《康德的正义理论》（*Kant's Theory of Justice*，Cornell University Press，1993），第 5 章。

制介入其中，它告诉他们各自的义务以便所有人可以有效地履行这些义务。即使国家在规定适当的义务或者他们的再分配时没有做得特别好，它的要求也仍然具有道德分量，因为他们服务于先在的道德义务。[1]［269］在康德看来，这一论证形式为任何形式的国家行动提供了错误的根据，即使论证的前提和结论是正确的。这个困难反映了康德对法权和德性的区分。法权责任是可强制执行的，但它们只与人际间的任意的关系有关，因而不依赖于在抽象中得到考虑的结果。德性责任却从来不能被强制执行，因为履行它们只能依据恰当的准则或者行动规则。如果你纳税只是因为法律要求你这么做，那么你的这个行为仍然不具有任何道德价值，因而这个行为事实上也没有履行某个不完全责任，也就是使其他人的需求成为你的一个目的。某人想避免逃税的惩罚因而缴纳税款以救助穷人，这个人与《基础》中提及的店主事例很相似，对于这个店主而言，诚信是保有顾客的最好办法。纳税人的缺点并不排除如下可能性，即不同的纳税人缴纳税款可以是有德性的，如果他或她这样做只是为了帮助穷人。康德也不关心如下这些准则，它们阻止集体协调他们的慈善活动以使这些活动变得更有效率。但它意味着集体不能迫使非成员帮助他们实现使集体成员的行为更有德性的计划。在康德看来，如果中立地加以阐明，那么行动的道德地位从来不能只根据效果来衡量。就私人法权而言，一个行动，只要它妨碍了他人的手段，就是不法的。造成伤害、没有转让利益，其自身并非不法行为。没有给予穷人利益在私人法权上并没有侵犯穷人。就德性而言，实际效果则基于一个不同的原因而无足轻重：你的行为的目的具有重大影响，但你产生的结果仅当与你的行动所依据的准则有关时，它才发生影响。任何人都没有产生特别结果的一般的法权义务和德性义务，

[1] 奥诺雷证明，这说明了纳税是一项道德义务，即使它是不正义的，假如纳税走向为道德所要求的善的话。参见 A. M. Honoré，“道德性依赖于法律”（Dependence of Morality on Law），载于 *Oxford Journal of Legal Studies*，13，1993，页 1－17。

所以，如果结果的产生采用的是错误的方式，那么没有任何义务能够只通过产生上述结果就得到履行。[270] 因此，再分配的国家权力不能追溯到某些在先的义务，就财富而言，这个义务指的是生产财富以便穷人能获得比他们拥有的更多的东西。相反，国家救助穷人的责任自身必定是独立的责任，它根本上是国家为了处于合法权的状态而必须践行的事务。

Ⅱ. 再　分　配

当代有关经济分配的哲学争论趋于分化为两种立场。一个是宽泛的洛克式的论证，近来它与诺齐克的《无政府主义、国家与乌托邦》（*Anarchy*, *State*, *and Utopia*）联系得更为紧密，它特别关注私人互动，认为个体与国家之间的关系，其道德性质与对该关系的约束完全不同于任何两个私人（个体的或法人的）之间的关系的道德性质及其对该关系的约束。另一个是宽泛的平等主义的论证，批判者和自我描述的追随者通常把该论证归功于罗尔斯，❶ 该论证提出同样化约的观点，但却朝着相反的方向推进，因而构造私人之间的关系是为了保障分配平等的要求。❷

---

❶ 虽然不正确。

❷ 康德的论证不同于当代常见的处理方式，后者把征税权追溯到社会的作用，即社会是生产所有财富的原因。参见 Nagel 和 Murphy，《所有权的神话：税收与正义》（*The Myth of Ownership*：*Taxes and Justice*，Oxford University Press，2005）。这个观点包含了社会形式的洛克式的观点，后者认为，某人对一个客体提出请求，该请求取决于他或她在生产或取得该客体时所付出的辛勤劳动。这个观点还与洛克主义者的立场相似，按照他们的立场，它假定了社会对其生产的物取得了某种绝对的统治权。

康德主义者的处理方式必定反对上述论证，因为上述论证试图把所有权这个法权建立在因果关系的基础上，而不是建立在平等的自由体系的基础上，而且更重要的是，因为它把国家看成私的一方，后者可以按照自认为合适的方式自由处分它的财产。如果国家因为它生产财富而对财富提出要求，那么国家可能为了某个公共选择的目标而使用财产，而不是为了实现正义的分配。

康德强调人性中的内在法权和私人法权的根本原则，这似乎恰好把他置于诺齐克的洛克式的阵营，并且似乎没有为经济再分配留下任何空间。❶［271］如果再分配的唯一可能的基础预设了地球共同属于每个人或者预设了私人法权是达成欲求结果的工具，那么康德将会反对再分配，因为他反对这两项主张。对所有权和契约自由的关注把国家仅仅化约为另一个私人行动者，这个假设激活了诺齐克版本的洛克式的政治哲学，这种政治哲学把合法的国家描述为私人基于不同的私人目标而创立的组织。我们在第 6 章、第 7 章看到，康德的社会契约概念是根本不同的，因为他反对如下观点，即离开合法权的状态，私人法权还具有信服力。尽管如此，人们可能认为这两者至少在如下方面具有相似性：国家的规范性原理植根于与私人互动有关的一系列问题。需要有负责制定、应用和执行法律的机构，以便独立的个人能够按照把各自的私人自由构成一个协调系列的方式来享有各自的私人自由。排他的占有、保证和法权上没有达成合意，这些问题需要不同的机构才能解决。我们在第 8 章还看到，私人法权的系统化

---

❶ 参见 Wolfgang Kersting，“康德的国家概念”（Kant's Concept of a State），载于 Howard Williams 编辑，*Kant's Political Philosophy*，University of Wales Press，1992，页 164；Thomas W. Pogge，“康德的《法权学说》是完备的自由主义吗?”（Is Kant's Rechtslehre A Comprehensive Liberalism?），载于 Mark Timmons 编辑，*Kant's Metaphysics of Morals：Interpretive Essays*，Oxford University Press，2002，页 149；Bernd Ludwig，“康德契约论的确立——关于一种社会正义理论的结论”（Kants Verabschiedung der Vertragstheorie—Konsequenzen für eine Theorie der sozialen Gerchtigkeit），载于 *Jahrbuch für Recht und Ethik*，1，1993，页 239 – 243。Onora O'Neill，“正义与仁慈的伟大格言”（The Great Maxims of Justice and Charity），载于 Onora O'Neill，*Constructions of Reason*，Cambridge University Press，1989，页 219 – 233，页 219 – 233。在该文中，O' 尼尔把法权限制在防止强力和欺骗，并且把国家的其他活动建立在德性的基础上。Howard L. Williams，《康德的政治哲学》（*Kant's Political Philosophy*，St. Martin's Pres，1983），页 195 – 198，他在书中证明说，康德把救助穷人的责任建立在与法权无关的伦理关切上。罗森（Allen Rosen）把责任总结为“从人民那里承袭来的”责任乃是仁慈的责任。参见 Rosen，《康德的正义理论》（*Kant's Theory of Justice*，Cornell University Press，1993），页 189。

需要公共机构和公共空间。

鉴于国家所解决的问题具有私人本质，那么人们总结后认为，除此以外，机构不可能做更多的事情，这种看法似乎就很自然了；这样也就剥夺了机构的基本功能。相反，如果把国家描述为为了它的公民而行动，那么它的授权必然受到限制。而且，即使国家必须运用警察权来保障自由的系统化条件，其功能还可以包含再分配的效果，但不包含任何再分配的目标。

国家为其公民而行动，这个要求确实限制了国家的授权，但也产生了救助穷人的责任。［272］康德论证国家的关键在于强调对联合立法意志的需要。正如我们看到的，联合意志理念不仅使单方面占用合乎法权；更一般地，它说明了某人有可能通过言词或行为来改变他人的规范性地位。因此，行政部门的行动必须获得法律授权，因为仅当法权的强制执行（或者回顾性地，或者预期性地）出自全面的立场，它才能够与被实施强力的那些人的合法权正派保持协调。同理，仅当仲裁者获得全面意志的授权，争议的解决才能与争议各方的合法权正派保持协调。国家通过它的官员为所有人说话和行动，否则它不能解决困扰着自然状态的、与单方面的任意或判断有关的任何问题。国家的任何权力必须追溯到它要求为所有人说话和行动。国家对经济的再分配和保证机会平等的任务也可以追溯到这个要求。必须把机构——它们把效力赋予平等的自由体系——组织起来以便它们不会系统地产生依附状态。

Ⅲ. 什么是贫穷？

康德论证说，向穷人提供资助是直接从联合意志理念中推导出来的。他评论道，联合立法意志的理念要求公民把国家视为永恒实存的。[1] 他的意思不是说要强加如下这些要求，即人民永生这个绝对要求，或者人民必须维持足够的人口这个较弱的要求，或者要确保所有成员都能活下去。[2] 国家确实需要维持它的质料前提，正如我们在第 7 章看到的，这个需要产生了国家“管理经济和财政”的权利。[3] 然而，国家的永恒实存是一个纯粹的规范性要求，它奠基于它为每个人说话和行动的能力。［273］一定能够存在下去，这个能力在国家的全体成员中不断变化着。你与一年前的你是同一个人，因为你的组织的规范性原则在构成你的质料的变化中仍然保持同一。作为有权设定和追求你自己目标的存在者，你决定着你持存的人身将要做什么。此即为何可以把行为归诸于你，即使你人身的每一个分子都改变了，即使你忘记了自己做过什么，情况也是如此。你的力量的统一性是通过一条规范性原则产生的，该原则使你的行动可以归诸于你。[4] 同理，国家必须在时间中维持其组织的根本的规范性原则，甚至当某些成员死亡或迁出、新成员出生或迁入的时候也是如此。如同我们在第 7 章看到的，它的统一性原则——“只根据该原则才能思考国家的合法性”——是一个源始契约理念，通过这个理念，人们受到法律的约束，这些法律是他们通过公共机构为自己制定的。[5] 为了使每个人都受到国家的约束，国家必须具有一个结构，以便它可以在时间的流逝中合法地要求为所有人说话和行动。在时间的流逝中保持统一，这个要求在官员立法的情形中是清楚明白的：如果仅当在任职期间官员的决定才具有拘束力，那么一旦任

---

[1] 6：326。

[2] 伍德论证说，康德的重点是讨论救助穷人的责任，该重点建立在如下事实的基础上，即肉体的存续是运用力量的前提。参见《康德式的伦理学》（*Kantian Ethics*，Cambridge University Press，2008），页 196。

[3] 6：325。

[4] Christine Korsgaard，“人格的同一性与力量的统一性”（Personal Identity and the Unity of Agency），载于 *Philosophy & Public Affairs*，18，1989，页 106。

[5] 6：315。

期结束，公民即有权把法律视为无效的。因为每个人都是自己的主人，某人受到他人权威的约束，而这个权威是通过联合意志理念才树立起来的。因此，联合意志理念预设了它在时间中实存的某种方式。过去的立法，就像过去的协定，仅当立法所依据的结构能够束缚它所支配的每一个人，过去的立法才对后来者构成束缚。

这类问题的解决方案是一个自我维持的体系，该体系保证所有公民都彼此处于正确的关系之中，尤其是，所有公民都不会处于与他们分有一个联合意志不相协调的关系之中。

人们未能分有一个意志，其最明显的方式是私人的依赖性关系，通过这种关系，某人从属于他人的任意。[274] 农奴或奴隶与其领主或主人并不分有一个联合意志，因而这些关系形式与合法权状态是不协调的。然而这同一个依赖性关系却可以通过一系列合法权的行动产生出来。根据康德的分析，贫穷问题正是这样的：穷人完全从属于处于更幸运状况中的那些人的任意。

虽然康德论证说存在一个给予救济的伦理责任，❶ 但其论证的核心是，对私人救济的依赖与它的捐助者和受益者——他们分有一个联合意志，该意志使他们能够共同生活在合法权的状态之中——是不相协调的。困难在于穷人从属于拥有更多东西的那些人的任意：那些人有权按照自认为合适的方式使用自己的权力，因而是否资助穷人或者资助多少、资助谁，这个决定完全是随意的。❷ 只要存在各种未得到满足的需要，私人就有权规定优先满足哪些需要。

---

❶ Kant，《道德形而上学基础》（*Groundwork of the Metaphysics of Morals*），4：423。

❷ 此即为何康德把给予救济的责任描述为“不完全的”责任：虽然你有义务把满足其他人的需要变成你的一个目的，但仍由你来决定帮助谁，满足他们的哪些需要以及是否完全满足它们。

由于康德通过合目的性来表现个体的自由和尊严，因而每个人都有权设定和追求自己的目标。然而有必要指出的是，任何穷人都不能只在需要的基础上向其他任何具体的人提出权利请求。在导论中，康德坚决主张法权关注的是任意的形式而非质料，因而“它不意味着任意与对方单纯意愿（因此也就是与单纯的需要）之间的关系。”❶ 康德不知不觉地把需要与意愿等同起来，这反映了一个更一般的筹划，即把强力的使用限制在对私人自由的协调之中。正如我们在讨论私人法权时看到的，康德的论证并未转向对于痛苦的实际的脆弱性，而是转向对于不法行为的法律的脆弱性。因此，康德排除了私人救济法权的可能性。任何人都无需使自身配合他人特定的目标，这个法权之下的权利是完全一般的，因而甚至可以应用于某种限制性的情形，即其他人维持生存这个最低目标。此即为何康德否认可能存在一个紧急避险法权，它授权某人杀害或盗窃他人以图自存。

［275］康德按照这种方式来构想私人法权，这种情形我在前面几章已作过详细的阐明和辩护。他强调交易的形式而非他人持有的特定目的，这是如下这个观念的一个直接含义，即每个人有权独立于其他人的任意，使用他或她的手段去设定和追求自己的目标。然而，你设定和追求自己目标的权利意味着你自己就有权规定那些目标是什么，你这样做的权利并不依赖于其他人特定的目标，只依赖于其他人使用其手段设定自己拥有的任何目标的权利。私人法权通过保护每个人恰好拥有的东西来保护每个人，由此来保护每个人的合目的性。就此而言，没有什么余地来认识某人的意愿（该意愿说的是，她能够拥有她所缺少的东西），也没有任何方式把需要和意愿区分开来。这种意愿，就像其他任何意愿一样，与任意的质料有关。这同样适用于取得更多的手段。每个人有权使用自己的手段去取得自己正好缺少的物；不能要求

❶ 6：230。

任何人为了使他人能够取得他的手段而帮助他人取得，因为不能要求任何人为了他人的目标而使他的手段能被取得。当你贫困时我没有帮助你，这不构成对你的侵犯，这个结论因而是如下这个更一般要求的特殊情形，即我们每个人都有权设定和追求自己的目标。它排除了对自由的妨碍，这个妨碍奠基于一个特定的、可能有点紧迫的目标之上。

人们可能认为，其他似乎更符合常识的、紧急避险法权的理念以及随后的帮助责任，或许解决了或者取代了康德在私人救济中提出的问题。如果这点得到支持，那么人们可能会提出一些与法律体系有关的事例（这些法律体系事实上确实在强制执行紧急避险法权或救助责任），康德主义者的处理方式之所以遭到反对，是因为它不过是私法的某个特定体系的具体化。事情因如下这个事实而变得复杂起来，即法律体系——无论与紧急避险法权是否有关，它们确实强加了救助责任，并且授权处于危险中的某人自由使用他人的财产以保存他自己的生命或者其他人的生命——包含了两个特征，更一般地，这两个特征使该法律体系成为救济责任的模型。首先，对于使用或损坏了他人财产的那个人，这些学说始终给他附加了赔偿所有权人的责任。❶［276］当紧急避险情况结束后，这个人必须为其使用或损坏的财产作出赔偿。上述立法针对的是受限制的使用，受限制的使用是救助穷人这个更一般责任的模型，因为私人的救济责任不是这样一种责任，即它让其他某个人使用你的金钱或财产，其条件是将来她会予以补偿。使你的东西能被获得并用于紧急使用，这项责任不同于把那些物品转让给其他人。其次，通常只在公法中才谈论救助责任。康德主义者在公法中论证济贫，该论证还处理了私法必定不加讨论的依赖性问题。司法上裁决强制执行救助责任，这是以康德主义者的

❶《德国民法典》（*German Civil Code*），www. gesetze - im - internet. de/englisch_bgb/index. html（2008年10月7日访问）。

论证或者类似论证为前提的。

事实上，康德主义者的论证所处理的依赖性问题是从私人救助责任的缺失中推导出来的。在没有注意到其他人需求的情况下，捐赠者设定其目标的自由使他们可以随意决定是否对需求的请求作出回应。这个随意产生了独立性问题。在自然状态中，甚至在欠缺可强制执行的物权的情况下，某人事实上可能依赖于他人的慷慨。情况可能是，对于我来说，树上的果实高得够不着，而你却能够够到它们。在这个意义上，我依赖于你的慷慨，我不能向你提出任何法权请求。尽管如此，如果你没有施以援手，从法权立场来看，你也没有侵犯我，因为你没有剥夺我使用自己的手段以实现我的目标的能力。你所做的一切只是没有为我提供在其中使用手段的有利环境。在这个方面，我依赖于你，这只是事实的依赖，因为它取决于我恰好拥有的特定目的。这些是自我保存的自然目的，这个事实是无关紧要的。如果我让你弯下身子以便我踩到你的背上，这样我才能摘到我想要的（或需要的）果实，那么你没有义务为我弯下身子，而我也不在与我们各自的道德独立性不相协调的方式上依赖于你。我对你的事实的依赖性在规范上不同于如下这种事实的依赖性，后者是不可避免的，因为每个人使用自己的手段去设定和追求自己的目标，并由此改变了其他人能够使用他们的手段的情境。

[277] 在公民状态中，私人依赖性的处境在两个方面发生了变化。第一，所有权具有了信服力，以致当某人没有物理占有他的客体时，他也有权排除他人妨碍他的客体，他还可以请求国家予以协助。在不存在可强制执行的物权的自然状态中，没有财产的那些人使用或消耗他人没有物理占有的任何东西都不构成不法行为。在存在着可强制执行的物权的公民状态中，为私人所有的客体是其他人不可取而用之的。就其本身而言，这个问题还不够充分，因为它只与私人之间的私人关系有关。因为进入公民状

态并没有改变合法权关系的本质，❶ 所以，你的人格和物都不能被其他人取而用之这个事实，以及使人格和物能被取得的责任的缺失，这两者都没有在你和可能意愿使用那些手段的其他人之间产生某种不法关系。就像你对自己人身的力量享有权利一样，你对自己财产的权利也意味着其他任何私人都不能要求你按照最适合于他或她喜好的目标而使用你的财产。该情况的特殊情形是，你无需让你的手段被他人取而用之，不管他们的目标可能是什么，即使是在自我保存的情形中也是如此。就私人法权而言，某人对他人的依赖性只是事实上的。

第二个问题是公共法权方面的。公共立法——它包括使所有权的取得能够对其他人构成束缚，以及使对任意的外在客体的法权可以强制执行——的条件是联合意志。虽然联合意志自身是一个理性理念，但我们在第 7 章看到，国家只能为他作出他本会同意的、与某人的合法权正派相协调的安排。不能成为协定之客体的任何东西都不能产生可强制执行的法权，包括可强制执行的物权。❷

[278] 康德的核心观点是，某人对他人的内在于私人救济中的依赖性与他们分有一个联合意志是不相协调的。在私人法权中，人们只能为自身作出与其合法权正派相协调的安排；在公共法权中，国家只能在人们之间作出与他们相协调的安排。某人有权在其中使用任何东西的安排完全是其他人随意作出的，它与合法权的正派不相协调，因而不能产生可强制执行的法权。因此，物权可以被强制执行的唯一方式是使物权可以强制执行的体系是否包含一条免于私人依赖性的条款。

康德证明了随意是与人们分有一个联合意志不相协调的，这

---

❶ 6：307。

❷ 对于康德的这部分论证，有一个相关的然而略有不同的解释，参见 Ernest Weinrib，“康德法权体系中的贫穷与所有权”（Poverty and Property in Kant's System of Rights）'，载于 *Notre Dame Law Review*，78，no. 3，2003，页 795 – 828。

个证明与卢梭在《社会契约论》（*The Social Contract*）中的证明遥相呼应，卢梭在书中指出，极度的贫穷和极度的富裕都与人民共同的自我立法不相协调。❶ 人们有时以为卢梭提出一个事实性的主张，而康德的主张显然是规范性的：一个社会的世界，某人在其中执掌决定他人生死的合法权的权力，这个世界是与分有一个联合意志的那些人不相协调的，即使这种处境是通过一系列的私人交易产生的，在这些交易中，任何一方都没有侵犯对方。我们还可以把康德的处理方式与费希特的进行比较。在费希特看来，资助穷人的机构根本上是穷人成为社会契约成员的前提。❷ 在欠缺上述机构的情况下，穷人就处于契约之外，因而有权自取其他人的财产。康德没有讨论这个论证的构思，但是他对私人的紧急避险法权的一般性反对为按照某种特别的方式来反对或解释这个论证提供了若干根据。某人不能根据自己的具体情况来取得法权，据此，康德拒绝了假设的紧急避险法权。我们在第10章将会看到，在某些受限制的情形中，实际情况潜在地与国家惩罚侵权的要求有关。这个分析仅当真正的侵犯存在时才能应用。［279］无论存在什么理由，为了他人的目标而使某人的手段能被获得，这种责任是不存在的，因而不可能存在任何私人法权，它使某人自己能够获得他人的人格或财产，因为存在这种法权就有必要存在相应的责任。费希特证明了可以免于加入社会契约，这一证明似乎主张说可强制执行法权的可能性依赖于环境。康德自己的论证不关注免于加入的可能性，他关注的是联合意志的根本前提。

---

❶ Jean－Jacques Rousseau，《社会契约论》（*On the Social Contract*），载于 *The Basic Political Writings*，Hackett，1987，Donald Cress 译，页 170。

❷ J. G. Ficht，《自然法权基础》（*Foundations of Narural Right*，Cambridge University Press，2000），Michael Baur 译，页 185。康德感谢费希特给他邮寄《基础》，虽然我们不清楚他是否实际读过。参阅他的 1797 年 12 月的书信，载于《书信集》（*Correspondence*，Cambridge University Press，1999），Arnulf Zweig 译，12：221。

对于所有权而言，这是一个特别的问题，因为如果物权不能被强制执行，那么每个人都可以自由地自取他想要的东西，因而可以自取他需要的东西。它也许可以证明，在自然状态中，某人不能满足他的需要，但他使用任意的外在客体以满足需要的能力则是自然的，它不从属于他人的任意。比较而言，一旦物权可以强制执行，那么使用不属于你的外在客体的能力就从属于其他人的任意。这并非始终是一个问题，但它是一个特殊情形，在其中，某人使用自身人格的权利从属于他人的任意。因为你的处于发展之中的合目的性只是你的人格，所以你所享有的法权，也就是使用你自己的人格来保障你的人格的持续的合目的性将依赖于他人。这个依赖性不仅仅是他人之任意的特定性的功能（这个功能与如何使用她的手段有关）。而且，它也是联合意志的功能，联合意志使物权成为可强制执行的，因而把决定如何使用其物权的法权赋予她。一个自由的个人不能给这样一个处境授权，在其中，他或她设定和追求目标的权利可以完全从属于他人的任意。全面意志的立法权受到人民为自己制定的法律的约束；他们也不能给这样一个处境授权，在其中，某些人对他人的任意负有完全的义务。❶

[280] 虽然康德没有使用这些术语来表达这个要点，但在空间上构思这个论证会使之更为生动。如果所有的土地都由私人持有，那么任何无土地者只有权到有土地者许可的地方。在这个处境中，占据空间的内在法权（它是其他所有法权的基础）将

---

❶ 与康德的论证有关的这个解释不同于盖耶的主张，盖耶认为，物权体系“必须允许每个参与者至少有一次机会维持其自身的生存，其生存至少不比在源始共有中所享有的东西更坏；否则对转让法权自由地表示同意对任何人来说都是不合理的，它甚至事实上违背了人们努力维持自身生存的义务。”盖耶的解释使康德的论证表现出对自我保存的关心，并使之成为对在追求自我保存时的合理利益的分析，而我在此所捍卫的解释则使康德的论证表现出合法权正派的责任。参见 Guyer，“自由主义的康德式基础”（Kantian Foundation for Liberalism），载于 Guyer，*Kant on Freedom*，*Law*，*and Happiness*，Cambridge University Press，2000，页 254。

会完全丧失。我们在最后一章看到，私人财产的空间性要求有公路把任何两片土地连接起来，而且其他各种形式的公共空间无疑也是可能的。就像过去几个世纪不列颠的乞丐，人们有可能行走在国王大道上，但这个可能性对于无土地者来说根本不是解决之道，因为我们还会看到，阻塞公共公路是与公共法权不协调的。如果私有权人有权排除他人妨碍他们的土地，而且不允许任何人在公共道路上生活，那么他们只要留在任何地方就实施了不法行为，在这个意义上，穷人会发现自己无家可归。自由的个人缺少道德权力把自己和其他人联合起来，从而为他们自己创设产生上述可能性的法律，即便有理由认为这种情况根本不可能发生。某人若完全依赖于他人的恩惠而占据空间或者使用物理客体，那么他不仅丧失了自我规定，而且某种程度上由于在构造社会契约的讨价还价中失去了目的而可能放弃比他获得的更多的东西。契约不能被描述为讨价还价，在讨价还价中，各方是怀着获利的期望才参与的，受贫穷困扰的穷人则由于得不到足够的好处而选择退出。相反，只有经其他人的许可才能占据空间的人不具有设定和追求其目标的能力。就此而言，穷人就像奴隶，而产生上述处境的契约，就像奴隶契约一样，是内在不一致的。

这个问题的空间形式阐明了贫穷和需要的实际情形，因为生物生存的法律意义是，它是某人对自身人格的控制。死亡本身对于法权而言不具有直接的意义；你的身体（person），犹如其他每一件事物，都会自然地腐败。但是，如果他人有权规定你是否持续控制自己的人格，你就从属于那个人的任意，其方式恰好与某人只有通过他人的恩惠才能占据空间，从而从属于他人任意的方式是相同的。每个人都完全从属于他人的任意。

这个问题的空间形式还阐明了它的系统化结构：［281］那些没有他人许可就无处可去的人不仅在追求某个特定目标上遭受挫败，甚至在自我保存的目标上也是如此。一切物权都阻止人们做某些事情，而如果没有物权，这些事情是他们本可以自由去做的，因为物权授权所有权人规定如何使用有争议的客体。因此，产生出来的这种实际依赖性并没有提出任何法权问题。贫穷，如康德所设想的，是成体系的：在未经他人许可的情况下，某人不能使用自己的人身，甚至不能占据空间。问题不在于某个特定目标依赖于其他人的任意，而在于对任何目标的追求都依赖于其他人的任意。❶ 如果所有的合目的性都依赖于其他人的恩惠，那么具有依赖性的个人在法律上就处于奴隶或农奴的地位。

救济与奴隶制之间具有相似性，这似乎有点奇怪。人们通常认为奴隶主是残忍和邪恶的，而给予救济的人则是善良仁慈的。然而，这种理解关注的是任意的质料而非形式。某个受到主人良好照顾的奴隶和对其身份感到满意的另一个奴隶，这些理论上可能的情形提醒我们，奴隶制的道德暴力不在于它是粗暴的或者削减了福利，也不在于它监管成本高昂而效率低下。奴隶制的道德暴力是某种方式，按照这种方式，某人从属于他人的任意；不仅是奴隶必须做什么，而且他或她可以做什么，以及他或她是否可以继续生存，这都取决于主人的随意。康德的论证表明，在上述方面，依赖于私人救济以满足某人“最迫切的需要”❷ 与奴隶制并无二致。乞丐就像奴隶一样，依赖于他人特殊的任意，或者依赖于某些路人的联合起来的任意，这些路人决定是否在今天支助他。[282] 依赖于他人的恩惠是与合法权的正派不协调的，因为它把人格化约为物的地位。

---

❶ 一个类似的要点也适用于专利，即在某项发明的使用上把垄断权授予专利的持有人，因而使他有权设定其他人据以使用该类物品的条件，即使其他人独立地发明了这件物品。我没有发展甚至没有仔细思考过康德的专利法理论，只是指出，如果专利体系与公共法权保持协调，那么它可以允许专利持有人把条件附加于各类物品的使用上，但不得允许每件物品都被授予专利以至于在某人未经其他人许可的情况下，他就不得以任何方式使用自己的人格或财产。专利法的通常特征——要求源始性与非显见性，有限的条件，以及依法认证的各种形式——防止出现上述可能性。

❷ 6：326。

私人对救济的依赖性问题是非机构性的，因为它是可强制执行的物权所产生的结果。因此，为了使可强制执行的法权与分有一个全面意志的所有公民相协调，该问题的解决方案也必须是非机构性的。而且，有争议的机构不是私人机构，而是公共的全面的机构，它使人们免于依赖性，从而使排他的法权合乎法权。康德并非主张要设立慈善基金会或者依赖于某些自愿社团（这些社团由宗教人士组成，目的是救济那些贫穷的共同体成员），他主张的是必须通过税收来救助穷人。❶ 税收不是去填补可能遗留下的任何空缺，这些空缺本来是慈善基金会或者宗教团体在授权范围内应该填补却没有填补的。相反，康德的观点是，对于救助穷人的责任来说，依赖于上述组织与法权中的基础是不协调的。依靠捐赠的基金会是不协调的，因为，正如康德指出的，最好是每代人照顾好他们那一代的穷人；在分有一个联合意志的那些人中间，拥有财产的那些人必须救济那些缺少财产的人。拒绝宗教组织还有其他理由：从法权的立场来看，宗教组织必须被视为纯粹私人的，宗教义务的履行必须被理解为人们纯粹地追求私人目标的例证。宗教敕令的目标是否是增加救赎的机会，或者宗教是否被理解为（按照更为康德式的方式）私人社团，其成员在与道德法则的关系中联合起来以增强自身，康德认为解开宗教这个问题的关键在于某种方式，按照这种方式，宗教有助于个体接受某些特定的目的。康德还写道，国家必须对宗教组织进行监督，因为它们要求服从比国家更高的权威，而国家是可能与这个权威发生冲突的。❷ 这个要求必须受到严格监督，因为无论其目的多么仁慈，宗教组织的作用根本上是私人的，而非按照某种方式是公共的，公共法权体系按照这种方式则必定是公共的。[283] 由于它们的私人本质，宗教对救济的回应存在严重的依赖性问题，

---

❶ 6：326。

❷ 6：327。

即使这些回应是成功的，它们能够使人们变得独立起来。在此，如同在其他地方，只有结果是不够的；用于追求结果的手段必须与法权协调起来，并且康德论证说，按照这种方式，依赖性从未协调起来。

公共的解决方案是通过税收来资助穷人。国家征税是与纳税人的自由相协调的，因为他们“屈从于某个行为的保护和看顾，而其生存又受惠于这个行为。”❶“他们的生存受惠于国家”是形式上的，而不是质料上的：他们的财富完全构成了他们排除其他人妨碍其物品的权利，继而仅当这个权利与一般意志的形式条件相协调时，它才与平等的自由保持协调。

对经济再分配的论证内在于这个观念，即取得必须经过授权，争议必须通过能为所有人接受的公共程序予以解决。如果缺少公共正义的机构，富人要求排除穷人妨碍其财产将只是单方面地施加强力。拥有财产的那些人享有排他的法权，如果他们对财产的持有与所有人所分有的联合意志相协调的话——如果私人法权体系确实属于自由个人的平等的独立性体系。一旦体系成了依赖性的体系，那么它就不是全面意志了，因为它的公民不能同意一套可强制执行的体系，这套体系是与他们的人性中的内在法权不相协调的。

人们或许认为，康德对私人救济的反感与他在《德性学说》中主张每个人负有使其他人幸福的责任处于紧张之中。但是，他的有关需要如何必须通过公共的而非私人的行动来满足的主张为私人行动留下了大量空间。在对方事实上没有需求的情况下，某人可以使对方的幸福成为自己的目的。对艺术和文化、体育和娱乐，以及使其他人幸福的其他无数活动的慈善资助是与康德式的法权相协调的，因而是康德式的德性的适当运用。事实上，有德性之人甚至能够使促成供给的公共计划成为他们的准则。[284]

---

❶ 6：326。

不能成为康德式德性的适当运用的是按规定比例的公共供给的支助方案，这类方案会产生更多的穷人，那些身处更为舒适的生活状况中的其他人或许会仁慈地对待他们。这样做是把那些穷人交给其他人的慷慨，视他们为促进那些更幸运的其他人完善其道德的单纯手段。没有建立救助穷人的机构，乃是通过不作为的方式把穷人视为单纯的手段。一旦个体不用为他人的利益行动，就不会发生任何不法行为。然而，一旦国家在这种处境下没有这样做，就不能形成一般意志。

Ⅳ. 大多数必要的自然需要

康德把注意力缩小到“大多数必要的自然需要”上，这并非不得不把再分配局限于维持生物生存的需要上。康德式的论证是形式的和程序的，而不是实在的。尤其是，它没有说明社会供给的水平，无论它只覆盖了生物的需要还是覆盖了更多的需要。❶ 它也没有为识别不法的依赖性情形提供具体标准。然而，它提供了一个思考上述问题的框架。

虽然康德关注的是救助穷人的事例，但其论证的效力是与一般意志的结构息息相关的。结果，它要求实际的机构使救助穷人有效地开展起来——建立帮助的适当标准和机制，必要时引进各种形式的管理。作为一个哲学上的解释，它说明了哪些手段是国家可以获得的、与所有人的自由相协调的；它不是微观的社会管理政策。在私人法权上，诸如相反占有权（adverse possesstion）

❶ 源始契约理念把一项更为宽泛的责任赋予国家，使之为公民权创设完整的条件，由此防止国家自身成为某种形式的专制主义因而避免了依赖性。与救助穷人的责任有关的小范围论证强调的是防止这个令人信服的法权——它排除其他人干涉私有权——成为一套依赖性的体系。它涉及的是法律的质料而非立法的形式。

的限制期限、过失法（law of negligence）中照顾的标准，或者乡村地区适当的速度限制这些问题，只能通过运用适当构成的公共权威的规定性判断来回答。这个观点在此也同样适用。对一般意志的要求限制了可能答案的形式，但没有限制它们的内容。[285] 任何答案都需要与平等的自由保持协调，因而它们引入法定形式的合作不能只建立在这样一个基础上，即它们将使福利在总体上得到增长。公民也不能把针对其他私人而应用的私人法权说成是维持合法权状态这个公共要求的堡垒。但是，在恰当的结构中，必须由人民自己给出答案。

相反，《道德形而上学》只是说公共供给必须能够保存独立性。法权原则特别强调了拥有手段的某人的任意与拥有需要的某人的任意之间的关系，并要求供给是公共的而非私人的。另一条"政治原则"还使上述结构对个案发生影响，它考虑了法权原则应用其上的特定社会，并引导官员决定供给的水平和方式。继而，公共供给形式作为结果，反映了特定社会的经济和政治特征，如果这些形式得到了执行而没有侵犯任何人人性中的内在法权的话。在过去，社会还存在大量可定居却无人定居的土地，它们能够把土地圈起来建立农庄，但不能合法权地把穷人驱逐到那些地区。回到一个更为现代的事例，如果疾病和医疗费用经常使公民陷入依赖性状态，那么国家事先可以主动提供普遍健康护理公共基金。不同的国家采用不同机制来执行这个方案，并且，是否包括选择出来的各种形式的外科手术，这在一定程度上取决于对如下问题所作的评估，即在特定时间的特定国家中，什么是经济和政治上可行的。在此，如同在其他地方，康德主义者的回答必定是公共权力的使用是通过如下要求来证成并受到限制的，这些要求是产生和维持一个在自我强加的法律之下的平等的自由体系，但它们需要某些没有指明具体结果的机构。在这些事务的决策上，民主政治具有不可替代的地位，因为公共机构的目标是系统化地应用法权要求，而不是发现某个脱离了制度而存在的具体蓝图。

而且，如果公共权威总结说工人接受不安全、不健康的工作环境是因为这些是工人能够生存下去的唯一条件，那么它可以监管这些环境。[286] 这样做的权力归因于国家承担着如下任务，即确保其公民能够分有一个一般意志，而不是归因于父权制的关心，即保护人们免遭他们自愿承受的危险。此即为何上述立法完全可以与许可人们在从事娱乐活动或上流职业的过程中承受恰好相同的风险协调起来。

因此，康德对于再分配问题的处理方式反映了他所说的每个人为其自身生命负责这个更一般的观念。职责理念，正如我们看到的，是通过法权理念和义务理念构成的；你自己就有权规定追求什么目标，这仅从属于其他人享有相同的权利这个要求，并且从属于某些系统化的要求，这些要求由不同人的首要要求一同获得满足来施加。识别你在其中不用为你的任意负责的情形，这既不是根据你选择时内心进行审议的本质，也不是根据其他人可能作出类似选择的难易，而是根据那些情况的结构和关系方面，亦即根据这样一个事实，即你完全从属于他人的任意。在那些处境中，解决方案不是为你作为一个奴隶或乞丐所做的事情进行补偿，而是提供一个背景性的状态，在其中，任何人都不会成为奴隶或乞丐。同理，解放奴隶或救济穷人的基本原理不在于，如果他们是明智的，他们将会使自己避免上述意外；❶ 而在于关心保存其独立性的人们不能同意那些使之陷入依赖性状态的法律。它反复声明的是，不同意的根据不取决于对理性利益或对风险的厌恶进行评估；相反，它们根本上只取决于进入合法权状态的根据：保存他们在法律之下的自由。因此，任何人都不能同意可能通过合法权的行为而使他失去自由的法律。

---

❶ Dworkin，《至高无上的德性》（*Sovereign Virtue*），65ff。

V. 机会的形式平等

[287] 康德还为机会的形式平等理论进行辩护。在过去的一个世纪里，机会的形式平等观念经常被描述为采取某种摇摆不定的中间立场。自由主义者反对它，因为他们假定管制私人交易的内容不是国家的事情，他们试图把所有交易——甚至那些与国家有关的交易——都分析为在根本上是私人的。如果雇主因任何理由想雇佣某人，自由主义者都认为是合法的。典型的自由主义者对任何特殊的公共事物都感到忧虑，他们把这种形式的推理应用于其他情境（包括国家）。如果认为公民雇用了国家，那么国家就与任何其他的私人行动者毫无区别了，它有权按照自认为合适的方式区别对待。

来自相反方向的批评在哲学中比在政治生活中更为突出，但它们也把机会的形式平等观念视为在道德上是专横的。正如金里卡描述了自由的平等主义者的共识的特征，他把这个特征概括为，“没有人生来就应该是残疾的，或生来就应该拥有 140 的智商，正如没有人天生就应该属于某个特定的阶级、性别或种族。如果人们的命运受后一类因素的影响是不公正的，为什么受前一类的影响就是公正的呢?”❶ 因此，机会的单纯的形式平等是专横的，因为它限制了法律制度对分配的持有份额的影响。但在金里卡看来，对这个影响进行限制，可以想到的唯一原因是种族、阶级和性别超出了个人的控制，因而某人的“命运”不应当取决于它们。国家促成了对专横因素的依赖，这不是他要分析的。在这点上，金里卡赞同德沃金的描述，后者把机会的形式平等的

---

❶ Kymlicka，《当代政治哲学》(*Contemporary Political Philosophy*)，页 56。

特征描述为“欺骗性的”理想。[288] 一旦我们看到这点，那么也应该防止其他所有超出个人控制的因素——她的天资和在其中得以发现自身的实际境况——影响分配结果。某些人仍然进一步给这些观念施加压力，他们坚持认为平等要求把人们与其他人的任意隔绝起来，❶ 或者要求机会平等的完满实现要求父母应一视同仁地把利益分给他们的子女，❷ 即使有时据说落实这项建议在实践上是不可能的或者是与其他价值相冲突的。有人认为这个潜在的理想是机会平等观念的真正结晶，它排除了规定着个人生活命运的自然意外的所有方面。

康德主义者对机会的形式平等的辩护取决于以不同的方式来构造这个问题。康德对私人法权的理解没有系统关注各种因素是否超出个人的控制。就私人法权而言，每个人都有权使用自己的手段来设定自己的目标，并且无需按照最适合于其他某个私人目标的方式来使用自己的手段。每个人对自由的运用将改变其他人进行选择的情境，但它超出其他人的控制。一个公共法权体系——它力图系统地消除某人的任意对其他人所造成的影响，其理由只在于这些影响不是那些其他人所选择的——将排除对私人自由的运用。❸

❶ G. A. Cohen，“论平等主义者之正义的传播”（On the Currency of Egalitarian Justice），载于 *Ethics*，99，1999，页 906 – 944。

❷ 参见，例如，James Fishkin，《正义、机会平等与家庭》（*Justice*，*Equal Opportunity*，*and the Family*，Yale University Press，1986）；Morris Lipson 和 Peter Vallentyne，“机会平等与家庭”（Equal Opportunity and the Family），载于 *Public Affairs Quarterly*，3，1989，页 29 – 47；Harry Brighouse 和 Adam Swift，“‘父母’的法权与家庭的价值（“Parents” Rights and the Value of the Family），载于 *Ethics*，117，1（2006），页 80 – 108。

❸ 还存在另一个理论问题，即能否把上述可能性描述为为了许多人。如果你孤立地考察一个人，那么对处于个人控制之内的事物和控制之外的事物进行划界，这似乎不存在任何问题，并且在为后者提供某种形式的补偿上似乎也不存在问题。然而，每个人需在多大程度得到补偿则不受其他所有人的控制，因而提供上述补偿引入了超出每个人控制的新要素，尽管如此，他或她的分配份额还是取决于这些要素。

如果人们仅被视为可能法律的受益者，那么如下这个假定就很自然了，即应当根据人们的应得来分配利益，除此以外，任何因素的影响都应当努力消除。［289］功利主义者假定社会机构的设计应能使总体利益最大化，正如他们一样，金里卡也建议社会机构的设计应能使利益平等化，除非人们已决定冒险。上述处理方式把这两者——某人做什么与仅仅发生了什么——之间的区别置于每一个个体的层次上，它关注的是个体的任意而非行为在其中得以实施的实际境况。从可能受益者的立场来看，法律因素和非法律因素都规定着利益或负担的分配方式，在这两种因素之间作出区分是绝无可能的。就像功利主义者的理想，金里卡所说的幸运的平等主义者的理想也无需法律制度就能得到阐明。个体或机构是否获到较好的安排以便实现这个理想，这个问题是可以讨论的❶。

正如我们在第 7 章看到的，如果人民反而被视为对他们构成束缚的法律的创造者，那么做了什么和仅仅发生了什么这两者之间的区分，就像法律体系所产生的限制与这样一些限制——它们是其他人自由的本质的结果或者他们运用自由的结果——之间的区分，它可以在法律体系本身的层次上获得应用。从这个视角来看，法律上强加的限制提出了一个特殊问题：一个民族不能为自身制定其成员不能同意的法律。

需要借用以下术语来理解康德对机会平等的讨论。这个讨论直接围绕着 18 世纪世袭贵族的问题。康德的讨论分为几个部分。它首先强调的是这样一个要求，即国家为自身规定将如何填充官员的职位，而不是把这个要求交由贵族的如下观念来处理，这个观念声称该要求在某种程度上先于合法权状态的要求。这部分的论证类似于他针对限定继承的不动产（entailed estates）所作的

❶　毫不奇怪的是，科恩把幸运的平等主义与制度在正义理论中不具有特殊地位的主张结合起来了。参见《拯救正义与平等》（*Rescuing Justice and Equality*，Harvard University Press，2008）。

论证：世袭贵族和限定继承地产权（entailed estates in land）——它们包括私人持有的土地、宗教团体和慈善组织，例如医院和大学——只有在合法权状态的背景下才享有令人信服的权利。因此，它们不能提出任何先于合法权状态的请求。［290］如果国家允许继承权利失效，这并没有侵犯那些本来享有继承权的人，因为任何与继承权利相关的权利只有经法律授权才是合法权的。同理，可以把限定继承产业（包括家庭和宗教团体中的不动产）转化为普通的私人财产，因为这个限定只有在法律之下才是合法权的。人们很少认真考虑这些论证，因而这些论证很大程度上似乎是一种历史的兴趣。

第二个系列的论证围绕这样一个事实，即“天赋和意志”是不能继承的。在此，康德的论证似乎依赖于一个假设，即假定在某种程度上，使某人适合某个职位的能力取决于遗传因素或者家族因素。如果这样的话，那么这个论证不仅违背了康德的主张，即他提出的是形而上学而非道德人类学，而且令人奇怪的是，这个论证似乎得不到推进。许多人认为，智力和能力在很大程度上是遗传的，而许多拒绝这个观点的人则承认它们在一定程度上来自遗传。康德显然不这样来论证明智。❶ 相反，其论证关注的是法权。在论证“天赋和意志”是不能遗传的过程中，他关注的是遗产这个法律概念。❷ 父母可以某种方式决定把一份财产交给子女，但他们不能以同样的方式决定把适合公共职务的能力交给子女。在此，“不能”这个词是法律上的，而非经验性的：父母或许能够以特定的方式来塑造子女的某些能力。然而，把有资格做这做那的权利交给子女，这是他们做不到的。

第三个论证是最重要的、兴趣最为持久的论证。它围绕的是公民通过立法规定一个世袭贵族阶层所产生的内在不一致性。它

❶ 6：329。

❷ 6：329。

说明了禁止世袭贵族的理由，即使它能够表明，就事实而言，这个体制将产生一个成本更低、效率更高、组织更好或者腐败较少的政府。公民仍然不能为自己制定这种形式的法律，因为正如康德指出的，这样做会“放弃他们的自由。”❶ 受到威胁的自由不是有效追逐利益的能力。［291］在有利的情况下，这种能力或许可以通过世袭官僚得到增强。相反，它是人性中的内在法权，亦即它是独立于他人之任意的法权。

世袭贵族的问题在于，自由公民不能同意这样一种体制，在其中，某人获得一个公职取决于一个内在的法律分类。从法权的立场来看，这个安排是有缺陷的，其因有二：第一，“人民（臣民的全体集合）不能对自己及其同伴作出决定的事情，最高统治者也不能对人民作出。”❷ 被视为集体的人民（“就其自身而言”）不能同意对公职候选人的选拔任用进行限制。第二，被视为个体的人民（“就其同伴而言”）不能放弃根据他们自己的行为受到裁判的权利。正如我们在第2章、第7章看到的，根据你已实施的行为受到裁判的权利属于内在的“免责法权”，这个法权继而产生了举证责任，不仅是在被指控实施了不法行为的时候，而且在考察担任公职的时候，因而除了根据你所做的事情以外，不能剥夺你的资格。这同一个法权经过转换以后表明“一些臣民不仅想成为国家公民，还想生下来就是官员（例如可能想生来就是一名教授）”❸ 的想法是成问题的。能分给某人一个法律身份，唯一的方式是根据一个肯定行为。甚至政府中某个特定职位的候选人身份都要求公共的法律行为。这开启了两种可能性，每一个都与公共法权相悖：第一个可能性是，可以把身份视为内在的，因而先于任何立法行为。由于法律的至高无上性，这个可能性是与公共法权相悖的；第二个可能性是，上述资格是通过一次肯定的

❶ 6：329。
❷ 6：329。
❸ 6：329。

立法设立起来的。这个可能性与公共法权相悖是因为被视为集体的人民不能把这种法律加给自身。人民也不能被考虑为个别的。❶ 结果是机会的形式平等。

［292］康德的这个论证清楚明了，它强调的是国家职位分配中机会的形式平等，因而把机会的形式平等奠基于私人互动之上就显得不够充分了（这些私人互动的例子有，许可雇主或地主根据种族、宗教、性别或性取向而区别对待）。康德没有明确提及这些例子，但可以把以下两个论证结合起来，一个是关于财产和贫穷之间的关系的论证，一个是关于机会的形式平等的论证（机会的形式平等禁止上述歧视）。救助穷人的责任建立在协调私有权的可强制执行与每个公民的合法权正派的基础上。国家为某人作出安排，这不能与他或她的合法权正派不相协调。因此，国家不能创立一套允许某人完全从属于他人之任意的所有权体系。如果人民不能给自己颁布要求根据出身来分配职位的法律，那么它也不能给自己颁布一部设立了这样一套私有权体系的法律，该体系把私人不受限制地使用他们的私有财产的权力交给他们以建立这样一套体系。“不受限制”这个词在这里是根本的，因为没有一个先天的论证精确地表明这个要求必定得以实现的方式，或者这个要求应在多大程度上来实现。

然而，人民不可能为自己颁布要求质料完全平等的法律，这个不可能性与自由民主制引进的许多通常规划（比如普遍的公立教育）是相冲突的。人们时常认为，这些规划的特征在于它们的核心是平等主义的，而且，只要把它们理解为是对平等的共和公民权的贡献，而不是一些不稳定的停靠点（这些停靠点被证明为正当的，只因为它们所提供的东西非常接近于质料平等），那么这个有关特征的描述就具有一定的正确性。

❶ 每个人对地球的资源都享有平等的要求，这个观念看起来就像这个要求——分配份额应该平等的——的一条不同的原理。我们看到，康德反对地球的集体所有权观念，而支持如下观念，即在占有之前，地球是被分割占据的，但不是被据为己有。

在康德的框架内，这些规划的基本原理是不同的，但都更为常见、更具强制性。教育是实现某些基本公共目标的有效手段，虽然原则上它是一个有条件的手段，同时也是合法权状态完善自身的必要手段。因此，奠基于人类处境的经验性特征之上的政治原则要求教育，法权原则也要求教育。设计出来以使具体社会中的法权原则生效的政治原则能够根据两个不同的理由接受公立教育。[293] 首先，受教育者预先免于贫穷及其产生的依赖性。公立的普及教育是一项避免未来个体依赖性的投资。其次，国家维持自身的能力还依赖于它对自身质料条件的保障。这些条件是不断变化的，但总是包括这样一些条件，这些条件"内在地保护它并抵御外部敌人"，❶ 因而包括这样一种教育，我们需要用这种教育来发展和稳定经济（根据健康护理的公共供给所具有的长期、稳定的效果，这个基本原理还能为它提供其他理由）。国家还需要受教育者去满足其较小的要求。国家解决冲突的能力取决于法律上训练有素的私人；它管理经济以维持自身作为合法权状态的能力取决于某种私人，他们具有必要的技能和能力去开拓新的机遇，并于必要时用它们来适应变化。

在私人之间的法权层面上，以及在更一般地被考虑到的公共法权的层面上，公立教育还可以在法权原则上获得更直接的证成。正如我们在第 7 章看到的，公共法权状态包括你以自己的名义说话的法权，它不仅包括你向周围的人、还包括向公众演讲的法权。其他人无需注意到你，但他们自己必须可以决定是否注意你。而且，每个公民必须能够基于自己的法权来反抗其他私人、反抗国家。合法权状态的每一个方面都要求文化和公民教育。❷

---

❶ Kant，《理论与实践》（*Theory and Practice*），8：299。

❷ 在《政治自由主义》（*Political Liberalism*）页 199～200，罗尔斯讨论了某些宗教团体，后者试图限制公共教育对其儿童的影响。他论证说，上述团体中的儿童必须了解他们基本的宪法法权。康德对公民教育的规划更为雄心勃勃：儿童必须被教育为能够为自己作出安排。

贯彻这个要求的具体细节取决于经验性因素和人类学因素。

源始契约理念提供了其他基本原理。教育是主要手段，借助这个手段，合法权状态可以使自身更符合源始契约理念，人民也能更完美地自我立法。［294］即使在专制政体之下，私人之间的关系也可以是正当的，但根据源始契约理念这个标准，法律借以颁布给他们的形式是有缺陷的。完全的共和政体确保人民通过代表来自我治理、自我征税，但继而这就需要深思熟虑的公民和投票人，他们能够评估法律草案和公职候选人。康德评论道，“使这种政府适合于源始契约理念”，这个责任只能根据法权概念来履行。结果，从这个视角来看，改进必须是自我实施的。国家宪法的变更“不能是国家的自我重组……就好像最高统治者想让人民服从哪种宪法，这取决于最高统治者的自由选择和随意。”上述模式的变更“仍然可能对人民实施了不法行为。”❶ 上述宪法的变更力图通过剥夺人民自我统治的能力来使人民能够自我统治。合法权的状态可以自我改进的唯一方式是培养有文化的、深思熟虑的公民，这只是说，只能通过教育来改进合法权的状态。

以上不是说，公共教育保证能够产生深思熟虑的投票人和公民；康德主义者主张的是，国家使自身与法权概念相一致的过程能够根据这些法权概念来完成，完成该过程的唯一方式是通过自我立法的受教育者。国家权力的合法使用理论不能保证公共权力的合法使用将是明智的使用，同样地，它也不能保证在每一种情况下，那些权力的使用将使国家更符合法权。

由于这些原因中的每一个原因，国家有兴趣确保其公民受过教育。就像任何其他合法的国家目标，公共教育是法定的社会合作的例证，可以要求所有人对此作出贡献。我们在最后一章看到，公共供给的基本原则是，在维持合法权状态的依法合作的情形中，国家必须确保负担的平等分配。当合作是法定的时候，人

---

❶ 6：340。

们就不能商议具体条款，因为从协定中得不到任何东西。［295］在上述处境中，所有人能够同意的唯一条款是平等地分配合作的负担。若应用于教育的情形，那么立法机关自身就能规定如何准确描述必要的负担和相应的利益所具有的特征，以及如何解释它有关平等分配的要求。在任何个案中，这些显然是自相矛盾的。同时，国家不能只为受过教育的父母的子女提供教育，即使这样会更有效率。公共供给必须满足机会的形式平等这个条件。公立教育中的机会的形式平等意味着为所有人提供教育。

公共教育的基本原理是为公共权威的权力提供其他例证，这些权力使公共权威有权要求和管制私人公民。可以强迫父母送孩子上学；可以要求公民为支持教育机构而纳税。

因此，康德的理论能够解释为什么用于完全参与社会的若干手段的公共供给既是一个合法国家的兴趣，更重要的是，它又是必须平等提供的东西。他无需引入如下假设就可以作出上述解释，该假设是国家必须按照某些方式行动，这些方式将产生某些国家事务，在脱离国家的情况下，在不把使其公民幸福的任何法权或责任归给国家的情况下，我们仍然可以把这些事务的特征描述为可欲求的。国家唯一的责任是保护公民的自由。

Ⅵ. 世界公民法权、世界主义与合法权状态的范围

康德论证了救助穷人的责任和机会平等，其论证关注的是维持合法权状态这个要求。即使这些论证使用的术语已为人接受，当代读者也还可能觉得这些论证在某种程度上已经过时了。在当今世界，极度贫困是一个全球问题，人们常以为其根源在于机会不平等，而机会不平等又是由某种体制造成的，在这个体制中，

富国控制着自己的边界。只要国家被理解为是实现与其根本无关的目标的工具，这个挑战就有其价值；康德没有主张，亦不可能令人信服地主张，在全球的基础上，由相互分离的国家所构成的世界是满足需要或者使机会平等化的有效方式。［296］他的论证具有不同的结构：机会平等与救助那些不能满足其自身需要的那些人是分有一个联合意志的内在要求。没有生活在特定公民状态的那些人并没有与生活在该状态的人分有一个联合意志，因而来自联合意志的诸前提的任何论证都不能产生任何更具体的主张。一个国家的公民不需要外来者的许可就可以联合自己进入合法权的状态，或者可以满足自己的联合意志的要求。因此，一般而言，国家有权排除外来者，因为这样做并没有侵犯他们的任何法权。它或许会给他们带来不利，但康德的解释必须根据法权而非有利来构造这个问题。

国家与非其公民的人之间的关系，并非受到国家公共法权的支配，而是受到“世界公民法权”的支配，这个法权又受到“普遍友好”法权的限制。[1] 就像每个人有权在“自然或偶然把他们置于的任何地方”生活这桩偶然事件，每个人都有权访问他国，该法权自身是从“分离性地”占有地球表面推导出来的。[2] 因为每个人都有权占据表面，而表面自身又是一个封闭的区域，因而人类必须“容忍”彼此相互接近。参观者可以提议与定居者展开互动的条件，例如，提出与他们开展商业往来。定居者可以按照自认为合适的方式自由地接受或拒绝这些邀请。[3]

通过把世界公民法权限制在访问的法权上，康德拒绝了宽泛意义上的世界公民法权，这种意义上的世界公民法权是现代早期在对欧洲殖民主义的辩护中提出来的。康德拒绝的根本原因在于合法权状态独一无二的公共本质：到达他国的个体必须考虑该国

---

[1] Kant，《永久和平论》（*Toward a Perpetual Peace*），8：357。

[2] 6：262。亦可参见《永久和平论》（*Toward a Perpetual Peace*），8：358。

[3] 6：338

作为合法权状态的地位。他们无权把它的居民看作处于自然状态之中，无权把他们自己移居这片土地看作创设合法权的状态。相反，东道国自身有权决定是否把他们接纳为移民。❶

［297］为了使友好法权生效，国家必须允许参观者进入国境，允许他们享有输入商品的法权（若未经允许，商品是不得输入这些国家的），以及与其他国家达成某些协议，使它们各自公民之间的有关法权的私人争议能够获得民事处理。这个"国际私法"是人们访问它国时能够把物据为己有的前提。❷ 你要求成为世界公民，不是说由你选择成为任何国家的公民（更不用说成为每个国家的公民了），而是说当访问它国时你的人格或者取得的法权不会遭到敌对。

对你定居他国的法权进行限制不会损害你的世界公民法权，因为它们只限制了你实现自己意愿的能力，而没有限制你使用自己东西去设定和追求自身目标的能力。康德把需求和单纯的意愿等同起来，这说明了某些国家比其他国家富裕的事实（仅此而已）并没有侵犯到较贫穷国家的定居者或公民。❸ 虽然公民权是世袭身份，但它是不可反对的，只要每个人是某个国家的公民。救助穷人这个责任的世界性的相似物不是世界公民权，而是按照确保每个人都有一个可以回归的祖国这种方式把世界划分为若干国家。

拒绝访问者的法权或者给其访问附加条件的法权具有内在的限制：仅当一国"没有伤害一个外国人"，它才可以打发这个外国人离开。通常情况下，被拒绝进入一国仅仅是需要转移到其他某个国家，无论你在那儿的生存可能多么艰难。这个国家，通过

---

❶ 6：266，6：353。

❷ 6：344。

❸ 如果殖民主义的历史产生了贫富悬殊，这或许提供了赔偿依据，但这里不讨论这个问题。关于康德反对殖民主义，请参阅 6：266，以及 Sankar Muthu，《反对帝国的启蒙运动》（*Enlightment against Empire*，Princeton University Press，2003）。

它的官员，可以决定是否接纳你。他们作出的任何决定完全与法权相协调，如果它允许你回到祖国的话。你的祖国是地球表面的一个地方，在那里，作为一项法权，你可以要求拥有一个你不会通过占据而实施不法行为的空间，当你无法依靠自己生存下去时，你可以要求你的公民同胞予以救助。

[298] 如果你自己的国家不让你返回，因为它剥夺了你的公民权，或者你不能安全地返回，因为执政者正以其他某种方式对其人民发动战争，那么任何国家的排除你的法权就违反了它自身的内在限制。你做任何事情的能力——使用你自己人身的力量或者你拥有的任何个人的财产——完全从属于你试图进入的那个国家的官员的任意。作为一名外国人，你无需与官员们分有一般意志，或者与给官员授权的立法机关分有一般意志，但是，他们对你使用的任何权力最终必须与你人格中的人性的内在法权保持协调，这个内在法权包括“分离性地”占有地球表面的法权，在自然或偶然把他们置于的任何地方生活的法权。正如土地所有权是与内在法权相协调的（如果土地所有权没有把决定你是否可以占据空间的法权交给他人），那么同样地，国家边界的设立也与你的内在法权相协调，如果你还有其他地方可去的话。❶ 仅当你无处可去时，一国限制你进入的法权才使你从属于他人的任意。所以，官员们必须让你留下，只因你的世界公民的身份。一旦你留下来了，你就要服从他们的法律，因而服从立法权的诸前提，甚至你还要服从这样一些事情，即当你不能自力更生时，你可以获得救助，以及你有权成为积极的公民而不仅是消极的定居者。❷

---

❶ 参见 Jhon A. Simmons，“人权与世界公民权”（Human Rights and World Citizenship），载于 *Justification and Legitimacy*，Cambridge University Press，2001，页 195－196。

❷ 友好法权取决于你的祖国发生了暴力，这有助于理解难民法的两个令人费解的特征：经济移民与难民的区别，以及“安全的第三国”条款。这些标准在实践中的应用带有残酷性和虚伪性，这使它们既不是合理的也不是虚幻的。

Ⅶ. 结　　论

在康德的解释中，国家解决了私人互动问题，但它只有采取独特的公共立场才能解决这些问题，只有站在这个立场上，它的行为才是每个人的行为。［299］继而，这个要求产生了新型的权力和义务：征税权和再分配的权力，它们用来防止可强制执行的物权产生新形式的依赖性；提供形式上的机会平等和公共教育的义务。这些新型权力和义务建立在合法权状态的公共性质的基础上，而不是建立在人的需要或人类之间的私人责任的基础上。虽然这些权力最终奠基于每个人人性中的内在法权，但它们是合法权状态的内在要求，不能在合法权状态之外应用。

世界是由许多单独国家构成的，每一个国家都有权接受作为参观者的外来人员，尽管康德有力地捍卫着这个世界，但他还是对作为世界公民权的避难法权作了解释。如果你不能在不遭受暴力的情况下回到祖国，那么任何安全的地方都是你的家，因为正如弗罗斯特（Robert Frost）所言，“它们必须让你迁入。”

第10章 公共法权Ⅳ：惩罚

[300] 康德有关惩罚的讨论很可能比他的法律思想和政治思想的其他方面引起更多的学术关注。这些关注中有许多关注的是康德对报应原则表示赞同；近期的讨论吸收了比尔德的开创性成果，[1] 它们试图把康德的报应原则和威慑结合起来。威慑和报应的成功结合既是康德的学术兴趣，也是更一般的法哲学的兴趣，在这个结合中，它承诺将两个直观观念之间的分离弥合起来，这两个观念激活了有关惩罚的颇为流行的学术讨论。其中一个认为，惩罚罪犯是一种预防犯罪的方式，另一个认为，罪犯应当受到惩罚，因为他们实施了犯罪。许多人试图使这些观念彼此协

[1] B. Sharon Byrd，“康德的惩罚理论：惩罚威胁中的威慑与执行中的报应”(Kant's Theory of Punishment：Deterrence in Its Threat，Retribution in Its Execution)，载于*Law and Philosophy*，8，1989，页151－200。

调起来。[1] 我认为我的目的也是康德持有的，这个目的更加雄心勃勃：如果我理解得没错的话，我们要证明的是，两个观念中的每一个都需要另一个。

［301］人们有时把威慑和报应设想为惩罚体系应该努力实现的外在目的：这些目的或者是某些种类的伤害行为有所减少，或者是痛苦与邪恶保持匹配。以上每一个结果只能通过一个惩罚的法律制度产生。至少在原则上，每个结果或许也可以证成对某个没有违反任何法律的人实施惩罚。有关报应和威慑的这些工具主义式的理解，它们之间的冲突是由工具主义的法律观念所产生的自相矛盾的又一个例证。两者都假定法律制度服务于与它本身无关的结果。一个康德主义者无需否认预防犯罪以及德性与幸福相匹配[2]（因而相反地，痛苦与邪恶相匹配）是有价值的结果，但除非强力的使用得到法律授权，否则上述任何一个结果都不能获得证成。除非惩罚的法权内在于合法权状态这个理念，否则任何良善的结果都不能为其授权。如果它是内在一致的，它的证成性就不依赖于那些结果。一个康德式的解释必定把惩罚分析为法律性的一个根本方面，而且表明威慑和报应是如何在一定程度上构成法则之下的平等的自由体系的。

在《法权学说》导论中，康德把法权与使用强制的权限等同起来。我们在前几章看到，康德并不首先根据产生威胁和执行威胁来理解强制，而是根据对自由的相互限制来理解。虽然康德

---

[1] 哈特的刑法理论是一个清晰的例子；在比尔德论文的启发下，许多有关康德理论的讨论提供了其他事例。参见，例如，Thomas E. Hill Jr.，“康德的惩罚理论：威慑与报应的内在一致的结合”（Kant's Theory of Punishment：A Coherent Mix of Deterrence and Retribution），载于 *Respect*，*Pluralism*，*and Justice*：*Kantian Perspectives*，Oxford University Press，2000，页 173－199。虽然比尔德鼓励相容地加以解释，但他的观点还是推动人们把康德自己的解释解读为把惩罚的两个方面等同起来。

[2] 在《实践理性批判》（*Critique of Practical Reason*）5：110－114，康德把德福一致等同于“至善”，希望达到至善应当构成所有的道德思想。但他否认任何人有权自己产生这个匹配。参见 Hill，《尊重、多元主义与正义》（*Respect*，*Pluralism*，*and Justice*），页 186－188。

对惩罚的解释关注产生威胁和执行威胁，但这个关注是康德如下这个更为一般的主张的另一个例证，即对强制的授权是从如下事实中推导出来的：可以把强制理解为自由的妨碍，而把法权的强制执行理解为对那些妨碍的妨碍。[302] 我将这样解释康德的报应主义观念，即证明惩罚只不过是法律的至高无上性；我将把威慑置于这同一条原则之下，即论证法律的至高无上性要求对强制执行的预期能够引导行为。我将表明康德是如何把惩罚的这些方面的每一个方面构造成公法的一个*先天*特征的，而不是把它构造成对人性潜在的不稳定特征的反应。

康德把惩罚视为只能由上级来实施的行动，威慑和报应正是通过这个观点统一起来的；他还强调犯罪的独特特征是罪犯试图使自己在法律上得以豁免。从这些方面来看，我将证明罪犯使自己在公法上得以豁免，而他之所以有义务受到惩罚，只是因为公法不能许可单方面的豁免。惩罚就是保证公法在时空中有效。对惩罚的预期所产生的威慑效果不是某种与该保证相分离的东西。相反，时空中有效的公法就是通过预先告知企图违反公法是徒劳无益的，由此产生遵守公法的动机，再借此保证它在时空中有效。因此，惩罚的威胁乃是告知公法是至高无上的。威胁的预期和惩罚的回顾性应用不是被追求的目的和对这个追求的外在约束；它们是同等的。

在推进我自己的解释之前，我应该把我的解释放在与比尔德的重要讨论的关系中予以简要说明。那些熟悉我的解释的人将会意识到我们的解释之间极具相似性。就像比尔德一样，我也是在康德更宽泛地讨论合法律性这个背景下来理解他的惩罚理论的，因而我接受她的主张，即“作为强制威慑的惩罚是从康德正义理论中的法律的必然本质推导出来的。”❶ 我还同意她所说的惩罚预期性地引导着行为，这并非惩罚的次要特征，而且，我的许多

❶ Byrd，“康德的惩罚理论”（Kant's Theory of Punishment），页153。

论证将发展这些观点，这些论证所采用的方式将与比尔德处理这些观点的方式保持协调。［303］除了关注点不同以外，我不同意她的地方可能主要体现在语词上。❶ 除此她还主张工具式地分析惩罚的威慑方面。比尔德把公民社会的特征描述为“达到个体自由这个目的的必要手段”，❷ 惩罚的特征是“它本质上是工具的”，❸ 而刑法的特征是“刑法是保存公民社会的一件工具”。❹ 把某物的特征描述为手段或工具，这是建议把该物用于实现另一物，而后者离开了前者也是可以存在的。当比尔德写下手段或工具时，我将证明康德设想过某种一致性：公民社会是个体自由的系统化实现，“不管人们可能多么温顺和守法”，❺ 这点都被先天地要求。进而，刑法是构成公民社会这个整体之必不可少的部分，因为如果说它是什么东西的话，那么它只是反对对立之个人意志的公法的至高无上性。强制执行刑法的禁止，其自身就等同于禁止本身。

Ⅰ. 不法行为与救济

强制执行维护一个已经遭到侵犯的法权，这个观点表达了如下这个具体含义，即法权既是易受侵犯的，也是不易受到侵犯

---

❶ 比尔德的论证形成了它自己的文献。例如，默尔（Jean - Christophe Merle）批评比尔德，其理由是她的威慑观念不够独立于她对报应的解释。参见“对康德惩罚理论的一个康德式的批判”（A Kantian Critique of Kant's Theory of Punishment），载于 *Law and Philosophy*，19，2000，页 311 - 338。被默尔视为缺陷的东西，我视为是有力的。

❷ Byrd，“康德的惩罚理论”（Kant's Theory of Punishment），页 154。

❸ 同上，页 156。

❹ 同上，页 198。

❺ 6：312。

的。一方面，不法行为是对法权的侵犯，而作为自由的相互限制的法权，其自身是易受侵犯的。这个易受侵犯性不仅仅是事实性的和经验性的，尽管它的个案经常具有事实性和经验性成分。我们在第2章考察了哈特的观点，他主张法律和道德性在内容上存在竞合，例如，由于人类的易受侵犯性和需要这些具体事实，法律和道德性都禁止对人格和财产实施犯罪。❶［304］我们知道，在康德看来，有关人格和财产的基本法律不依赖于事实上的易受伤害或损害，而依赖于法律上的易受侵犯，亦即容易受到对自由的相互限制的侵犯。哈特的不受侵犯的存在者会彼此实施侵犯行为，如果某人未经许可而触摸他人的话。他们还会侵犯其他人的财产。哈特的经验性思考潜在地与上述实施犯罪的存在者的爱好有关，但禁止犯罪的根据不在于犯罪是吸引人的，而在于它是不法的。占据空间的理性存在者如果展开互动的话，他们是容易受到侵犯的。

同时，虽然按照法权的本性，法权是易受侵犯的，但在另一种意义上，它也是不受侵犯的。如果某人侵犯了他人，这个不法行为人就剥夺了受害人有权享有的东西。然而，法权却仍然保存下来。正如我们在第3章看到的，在侵占或盗窃这些简单案例中，小偷偷走了你的书籍，这个事实剥夺了你对书籍的物理占有，但小偷并没有剥夺你对书籍的法权。此即为何你可以要求小偷恢复法权。如果小偷损毁了书籍，你可以提起损害请求，这正是因为你的法权经侵犯后仍然存在。小偷故意偷走你的东西，但如果他人不法地、却并非故意地损毁你的书籍，那么这个人也没有消灭你对该书的法权。比较而言，如果在欠缺不法行为的情况下，你的书籍损毁了，那么你的法权客体将不复存在，因而你不能向其他任何人提出请求。

---

❶ Hart，“实证主义与法律和道德的分离”（Positivism and the Separation of Law and Morals），载于*Harvard Law Review*，71，1958，页622－623。

在私人法权中，康德认为强制执行的第一个方面是显而易见的，因而很少提及它的价值。他区分了损害赔偿与通过契约从他人那里取得新的某物，在这个区分中，他评论说，如果他人“侵犯了我，而且我享有法权要求他作出赔偿，由此我毕竟只是一分不少地保存下‘我的’，但却没有取得任何超出我事先拥有的东西。”❶ 赔偿只是返还了我一直拥有的东西，因为我对我的东西的法权被侵犯后仍然保存下来了。如果我损坏了你的花瓶，你并没有丧失对它的法权。［305］因此，同样地，如果我伤害了你的手臂：对我而言，你仍然享有对手臂的法权，并且这个法权是完整无缺的。这只是说，你有权取消我的不法行为的结果，因而有权迫使我通过返还你过去拥有的东西而向你作出赔偿。对义务的预期可以很好地引导我看到将来我由于损坏了你的花瓶或手臂所要付出的代价。然而，义务的根据只是你对你一直拥有的东西享有法权。损害使法权在时空中具有效力，因为法权的客体是你有权力规定某物在时空中的使用。你享有这个法权，即你的花瓶从属于你的任意；我侵犯了时空中的这个法权，因而在与我们各自的自由相协调的前提下，你可以迫使我向你恢复你时空中的有效法权。如果我的不法行为损毁了你的法权客体，那么我可以货币补偿，正如康德在其它地方所说的，“货币是人们彼此交换其辛劳的普遍手段。”❷ 也就是说，可以使用货币从其他人那里取得用于设定和追求你的目标的客体。❸

对于不法行为，易受其侵犯与不受其侵犯，这两者的结合反映了康德的一个核心观念，即法权的法律（laws of right）是规范性的自由法律，这些法律支配着时空中的存在者。设想我们负有

❶ 6：271。

❷ 6：287。

❸ 我具体发展了康德主义者有关私人损害的解释，参见“好像它从未发生过”（As If It Had Never Happened），载于 *William and Mary Law Review*，48，2007，页1957－1995。

尊重其他人的法权这个常见的法律义务——避免妨碍其他人的人身，不妨碍他们的财产，并且尊重我们的契约——这个设想的规范性基础可以在导言和私人法权的直接的规范性论证中找到。进而，那些规范性论证也为我们作出如下设想的权利提供了根据，即设想人的人身、构成财产的事物以及协定都受到自由法则的支配。你可以迫使我赔偿你的损失，因为这样你只是取回一直属于你的东西：由于我剥夺了你对之享有法权的某物，而我没有给予赔偿，这就妨碍了你的自由；强制我对你作出赔偿，这就把你本来对之享有法权的物交给你了，由此妨碍了我对你的自由的妨碍。

Ⅱ. 惩　　罚

[306] 现在我想说明的是，方才勾勒的形式结构是如何应用于康德有关惩罚的解释的。犯罪违反了公法；就此而言，它在法律上是无效的。犯罪既没有改变法律，也没有使罪犯在法律应用上得以豁免。相反，法律在规范上是不可更改的——它仍然支配着行为。然而罪犯实际上违反了法律；惩罚使法律在时空中保持效力。如果法律是至高无上的，那么它仍然有效。康德认为，惩罚是上级可以对下级实施的行为。❶ 惩罚的基本原理不过是维持上级与下级的关系，亦即维护作为公法代表的国家与私人公民之间的关系。

我们在第 7 章看到，法律体系建构起人民，康德把人民定义为被视为一个联合体的“许多人”。他们通过公法联合起来，而公法自身就能提供一个全面的立场，为了全体的利益，对行为的

❶ 6：347。

相互限制得到这个全面立场的授权。对那些限制的权限包括强制执行它们的权限，后者又包括预期性地（康德所谓“保护性地”）和回顾性地（处罚性地）。这两个权限不是两个分离的部分，而是分析地彼此关联的。这两者都不能通过如下假设来证成，即假设如果没有那些权限，人类的状态会有多么可怕。正如我们在第 6 章、第 7 章看到的，实在法，包括立法制度、司法制度和执法制度，使私人法权在时空中具有效力，其方式是提供一个立足点，通过该立足点，全面的公法取代了单方面的私人任意。公法建构起平等的自由体系，在这个体系中，通过创设立法、司法和执法的全面制度，任何人都不从属于他人的任意。

强制执行的可能性是这个解释的关键，因为强制执行妨碍了对自由的妨碍，包括预期性地和回顾性地。我们在第 6 章看到，公法通过向每个人保证其他人将表示服从来使私人法权具有信服力；它向每个人保证其他人将拥有一个动机——一个对行动感兴趣的原因——去服从。［307］类似观点适用于公共法权：各种机构通过提供服从法律的动机使公法在预期性和回顾性方面均有效力；也就是说，它们防止人们违反法律。它们是在如下情形中回顾性地做这些的，在这些情形中，人们实施了不法行为，而这同一个法律保证了不法行为没有改变受害人的法权或者对行为构成支配的那个法律体系的权利。预期性和回顾性是组合在一起的，因为服从法律的外在动机只是法律的保证，即保证任何违反在法律上都是徒劳无功的，保证法律将把罪犯从他所违反的法律的这个方面排除出去，而不是保证让他得到他所寻求的法律豁免。法律通过预先声明而使不法行为徒劳无功，还通过声明罪犯在他希望成功的方式上被施以负担而提供了反对不法行为的预期性动机。

如果人们是如此的“温顺和守法”以至于他们没有违法的爱好，那么法律所提供的动机在经验性上就不具有必然性，但在法律上仍然需要它们。

例如，哈特假定惩罚的目的是打消犯罪，其报应原则将使法律成为个体任意的体系❶，如此，那么公法的预期性和回顾性的应用因而就不是一个目的，也不是对该目的的追求的约束。相反，威胁属于报应性的惩罚——这样，法律的至高无上性将得以维持。预先告知惩罚使法律能够引导行为；即使人们违反了法律，执行威胁性的惩罚也能维护法律。❷［308］惩罚的这两个方面不仅是相互支持的，而且是相互构成的。此即为何每一个都被表现为先于另一个。回顾性的应用在理论上先于预期性，因为它规定了可被执行的威胁的内容；预期性的应用在理论上优先，因为回顾性的应用只是维护法律外在地引导行为的权利。

在这个部分，我将从惩罚的回顾性方面开始。这个基本观点是简单的，但其每个部分都需要说明：罪犯通过她的犯罪，选择使自身免受公法所包含的一个或多个禁止。因此，她表现了某种形式的（康德所谓的）“野蛮的、无法的自由”。犯罪没有在规范上改变法律——侵犯没有改变人们有权去做的事情——但它是这样一种情形，在其中，法律对行为的引导是无效的。在犯罪的

---

❶ H. L. A. Hart，“法律职责与辩护理由”（Legal Responsibility and Excuses），载于 Hart，*Punishment and Responsibility*，Oxford University Press，1968，页 28 – 53。

❷ 我不确定自己在此是否不同意比尔德的观点。她把自己结合威慑和报应的方式与哈特有关证成惩罚的目的和支配分配的原则之间的区别区分开来。报应原则对实现犯罪预防的方式构成了限制，然而，她对该原则的讨论却把该原则描述为对追求独立的公共目标的限制。参见，例如，“康德的惩罚理论”（Kant's Theory of Punishment），页 195。比尔德吸收了科恩（Meir Dan – Cohen）对“决定规则”和“行为规则”的区分，她主张，当公民要违反法律时，惩罚的威慑方面以令人厌恶的结果相威胁，由此来引导他们的行为，而刑法的回顾性和报应性方面则指引官员处置罪犯（Dan – Cohen，“决定规则与行为规则：论刑法中声音的分离”（Decision Rules and Conduct Rules：On Acoustic Separation in Criminal Law），载于 *Harvard Law Review*，97，1984，页 625 – 679）。比尔德写道，“类似地，以惩罚相威胁是为了引导人们服从刑法规范或者阻止违反刑法规范，但要根据报应原则所表达的正义要求来执行刑法规范，因为行动者违反了这个规范。”虽然威慑性的威胁和报应原则是针对不同人的，但不能由此推出它们像行为规则和可论证的辩解条件在规范性上是不同的原则那样在规范性上也是不同的原则。

每一种情形中，法律在一定程度上未能通过约束行为来形成一个平等的自由体系。惩罚恢复了法律的至高无上性，因为它剥夺了罪犯行为的效果。它是这样做到的，即把罪犯的准则——这是一条原则，通过该原则，他使“犯罪成为他的规则”❶——转化为反对他的：在他寻求豁免的地方，他却受到了排除，由此法律保持了至高无上性。

Ⅲ. 犯罪与公共的不法行为

康德对惩罚的讨论包含在“总附释”中，其主题是“从公民联合体的本性推导出的关于法权的效果”。❷总附释有五个或六个子部分，惩罚是在第五个子部分讨论的。［309］其他部分包括禁止革命、国家作为所有土地“最高所有权人”的地位、救助穷人的责任、给政府机关授权的权力以及管理出入境的权力。我们已经考察了其中一些权力的根据，并将在下一章考察革命问题。现在，另一个一体化的结构至关重要：每一个都包含着与法律秩序的至高无上性有关的事例。在每一个事例中，法律体系都回应了对其至高无上性的挑战。革命声称为人民说话，但不是通过它的机构，禁止革命是这样一个要求，即人民只有通过机构来自我立法才能成为一个民族。国家要求成为所有土地的最高所有权人，这个要求凌驾于公司、教会和庄园的竞争性要求，即要求独立于公法而永久持有土地，国家的这个要求使它有权为了维持合法权状态的系统化要求而给私人要求施加负担。救助穷人的公法责任取代了教会提出如下要求的权力，即要求救助穷人是

❶ 6：321。

❷ 6：318。

它们的天职，该责任还把教会的地位降低为没有任何政治权威的纯粹的私人团体。国家还划分了若干政府机关，因为传承下来的政府机关违反了最高统治者与人民之间的“自然的划分”。国家管理移民的权力反映了公法的优先性，这种优先性是相对于那些声称优先于国家的任何种族团体或语言团体的任何要求来说的。❶

康德关于犯罪和惩罚问题的讨论必须被理解为对公法至高无上性所受到的各种不同的个别挑战的回应。罪犯受到惩罚，因为他实施了犯罪。进而，犯罪是“对公法的违反，它使得违反者不再是公民。”❷ 在一个讨论革命的脚注中，康德说明了“对法律的任何一种违反都只能且必须这样来说明，即违反源于罪犯的一条准则，该准则使犯罪成为他的规则；因为如果人们从感性冲动中引申出这种违反，那么，他就不是作为一个自由存在者而犯下这个罪行，因而不能把该罪行归咎于他。”❸ 罪犯的准则是其行为的规则，就像任何准则一样，该准则必须具有如下形式，即“为了达到某个目的而使用这些手段”。［310］不法性强调的是罪犯使用的手段，因为外在的不法行为始终是使用被禁止的手段：对人格和财产所实施的私人的不法行为包括使用他人的手段或者剥夺他人有权享有的手段。康德使用准则一词来说明这点，这可能意味着不仅有手段，还有更多的东西处于争论之中。但康德在《法权学说》导论中对法权概念的阐明使如下这点变得明朗起来，即“根本不考虑任意的质料，亦即每个人以他想要的客体作为他意图的目的。”❹ 因此，从法权的立场来看，纯粹根据使用的手段而不管追求的目的，犯罪就是可以反对的。康德列举的有关犯罪的事例都是对不法手段的使用：盗窃、谋杀、夜闯民

---

❶ 因此，康德论证说，国王拥有“鼓励外国人（殖民者）入境和定居的法权，尽管他的臣民会对此侧目而视”（6：338）。

❷ 6：331。

❸ 6：321。

❹ 6：230。

宅、强奸和伪造；❶ 在每个例子中，犯罪的不法性都是通过犯罪使用的手段而不是追求的目的来识别的。在每个例子中，罪犯使用他明知受到禁止的手段。罪犯的目的是很普通的，并可能在其他情境中通过可接受的手段得到实现。使用那些被禁止的手段（除了有关伪造货币的某些例证）❷ 还通常侵犯了特定的某人，受害人针对罪犯享有行动的私人法权。但是，不法行为中的特殊的犯罪方面是使用公共禁止的手段。

罪犯使用与平等的自由体系不相协调的手段，这个不协调为禁止如下犯罪行为提供了根据：盗窃、谋杀和伪造与普遍法则之下的平等的自由体系不相协调，因而它们必须受到公法的禁止。[311] 康德写道："伪造货币或交易票据、盗窃和抢劫等行为是公共犯罪，因为它们威胁到共同体而不仅仅是个人。"❸ 康德在讨论盗窃时也强调对共同体的威胁，他写道，"无论谁偷东西，这都威胁到其他每个人的所有权。"❹ 这些主张都成了禁止盗窃、伪造等行为的根据：它们与所有权的可能性不协调；因为国家的部分功能是使所有权要求具有信服力，它必须禁止针对所有权的犯罪。所有这些主张都不是作为与犯罪的必然效果或可能效果有关的经验性主张而纳入康德的解释的。相反，它们是作为与所有权的规范性结构有关的主张而被纳入的。正如我们在第4章看到的，物权是对客体的法权，它在物理上可以脱离它的所有权人，但仍然从属于所有权人的任意。盗窃违反了所有权的基本规范：

---

❶ 把伪造与"买卖中在他人眼皮底下实施的诈骗"进行比较（6：331）。后者只是单一的不法交易；伪造货币或者交易票据与普遍交易的可能性不相协调，因为货币从来不是特定的。

❷ 卢梭举了一个例子，即某人把假币赠与他人。接受者没有被剥夺任何东西，因而没有受到侵犯，但伪造者仍然实施了不法行为。参见 Jean - Jacques Rousseau，《孤独漫步者的遐想》（*Reveries of a Solitary Walker*，Penguin，1984，Peter France 译，页65。

❸ 6：331。

❹ 6：333。

小偷试图仅通过物理上将客体与所有权人分离就从所有权人的任意那里取走该客体。如果你有权这样做，就不可能存在任何所有权了。此即为何盗窃是对财产被盗的所有权人实施的不法行为。

然而，惩罚盗窃的根据不是如下事实，即小偷决定违反所有权的基本规范。相反，惩罚的根据反映了这样一个事实，即他决定这样做，这必须被理解为他决定让自身免于法律权威。康德写道："对法律的任何一种违反都只能且必须这样来说明，即违反源于罪犯的一条准则，该准则使犯罪成为他的规则。"他的规则可能就是一条豁免规则，"没有在形式上宣称服从法律。"这种自我豁免无需明确否认法律（康德认为革命或弑君采取的是这种明确的方式）——它不是像康德所说的"直接地反对法律。"❶

罪犯对手段的选择与法律规则不协调，因而与公民状态不协调，因为她单方面地规定自己可以获得哪些手段，而不是接受公法的全面判断。因此，她表现了康德在其他地方所说的"野蛮的、无法的自由"。[312] 这个不协调性与盗窃和所有权的不协调性类似，但它不仅仅是对后者的重复。公民状态的结构是全面的公法替代单方面的私人判断。通过他们的代表，被视为集体的公民共同自我立法。任何私人都无权立法、司法和执法。只有在职权范围内实施行动的官员才有权为这些行为。这些法律的许多内容是通过内在法权或私人法权指明的：公法"所包含的人类之间的责任并不多于或者不同于在自然状态中所能想到的责任"；"所以，有关公共法权状态的法律只与他们联合的合法权的形式有关。"❷ 当罪犯把犯罪作为其规则时，她不仅违反了构成大多数常见犯罪之内容的"人类之间的责任"，而且侵犯了公法的合法权的形式，因为罪犯的"规则"是单方面地免于全面法律的规则。如果单方面的任意能够取消全面法律，那么全面法律就不

❶ 6：321。
❷ 6：307。

可能存在了。❶

犯罪是一种公共的不法行为，因为它与公法保护法权的要求不相协调。在私人法权的总注释中，康德引入了形式上的不法行为与质料上的不法行为之间的区别。❷ 他直接关注的对象与行为有关，该行为在形式上而非质料上是不法的，比如滞留在合法权的状态之外。他对犯罪的分析表明某些行为既可以在形式上是不法的，也可以在质料上是不法的。❸ ［313］形式上的不法行为“剥夺了法权概念本身的任何效力，似乎是合法地把一切都交给野蛮的强力，这就颠覆了人类自身的法权。”❹ 人类自身的法权是与其他人共处于普遍法则之下的自由法权；否认对自由的相互限制的可能性而支持“野蛮的、无法的自由”，这与人类自身的法权是相悖的。小偷“威胁到其他每个人的所有权”，同理，罪犯“把一切都交给野蛮的强力”。某人犯罪行为的不法性与惩罚的根据取决于他的行动规则的形式方面：盗窃与所有权的不相容性为公法把盗窃定性为犯罪提供了根据；盗窃与公共立法的不相

---

❶ 对康德的观点与莫里斯（Herbert Morris）发展起来的著名的报应主义作一番比较，这或许有一定价值。莫里斯把罪犯描述为通过使自己免除其他人所服从的规则来不公平地利用其他人的自我约束。参见 Morris，“人格与惩罚”（Persons and Punishment），载于 *Monist*，52，1968，页 475 – 501。康德注意到，法治不是一系列审慎的负担，人们继而为了他们期待的利益而接受这些负担；它只是人们协调地享受自由的状态。

❷ 我要感谢魏因瑞伯，无论一般而言还是在对惩罚的讨论中，他使我相信贯穿于《法权学说》的形式不法行为概念的重要性。

❸ 康德在若干不同层次上利用形式与质料的区分。每一个质料的不法行为的特征还可以根据它的形式方面来描述。在盗窃的情形中，质料的不法行为拿走了属于他人的特定财产。其形式方面是按照准则行动，该准则与所有权本身不相协调。更一般地，私人法权形式不处理私人对之享有法权的物的质料，只处理他们互动的形式，以至于只要私人法权原则有效，每个人就有权保有自己的东西，无论这个东西可能是什么（质料上的），而剥夺他人东西的任何人都实施了（形式的）不法行为。形式/质料区分的类似等级还可以在《纯粹理性批判》（*Critique of Pure Reason*）A266/B322 和《逻辑学讲义》中找到。Kant，《逻辑学讲义》（*Lectures on Logic*，Cambridge University Press，1992），J. Michael Young 译，页 75，页 589，页 598 和页 616。

❹ 6：308。

容性则为惩罚提供了根据。犯罪是对平等的自由体系的可能性的违反，因为罪犯成了他自己的法律。罪犯的行动原则许可他免于公法对其行为的管制以及对争议的解决方式。就此而言，他就像决定滞留于自然状态的人一样：他坚持自己的“野蛮的、无法的自由”而反对国家的要求，即使这样做“只是以缺席的方式。”❶因此，犯罪对于受害人和公众来说是不法的：它与私人享有的彼此相对的法权是不协调的；它与被视为集体的公民通过共同的自我立法来维护各自自由的法权是不协调的。每一个犯罪就其本质而言都将“威胁到共同体”，❷ 因为共同体自身只是共同自我立法的公民的可能性。

此即为何把罪犯与革命、限定继承的不动产、教会、世袭贵族，以及甚至和人民放在一起讨论，这是从文化上而不是法律上来考虑的。每一个都主张优先于公法，因而主张一种在特定区域内的野蛮的、无法的自由，因为每一个都假定社会秩序原则应该是某种独立于法治原则的东西。

Ⅳ. 妨碍形式的不法行为

[314] 如果每个犯罪之所以不法是因为它与公共立法形式不相容，那么只能通过维持公共立法形式才能妨碍犯罪。在对某个受害人实施特定的不法行为的情形中，是否请求私人救济——亦即是否坚持他或她的法权——是由被侵犯的受害人决定的。对立法形式的侵犯要求一个不同的、公共的、法定的回应，而不是随意的（discretionary）私人回应。

❶ 6：321。
❷ 6：331。

公民联合使人们能够共同为自身制定具有强制力的法律。然而，他们这样做的唯一方式是外在地自我立法。康德把国家执行权的特征描述为“不可抗拒的”，[1] 在这个过程中，他提出一个与执行权之本质有关的主张。你所做的任何事情，如果与最高统治者相悖，就不具有法律效力。如果你不法地从他人那里拿走某物，该物并不会成为你的东西，而损坏则把它返还给源始占有人。国家通过为你提供一个相反的动机来防止你免于法律；如果你无视这个动机，国家将通过取消你的免于法律的法律效力来妨碍你对平等的自由体系的妨碍，由此来恢复它自身的权威。

从规范上看，甚至在受到侵犯时，法律也是至高无上的。用康德的专业术语来说，他把规范置于本体领域，意思是说这些规范都处于时空之外。他主张法律在本体上被违反后也必然存在，这个主张不依赖于任何假设，即假设存在其他某个类似的世界，在其中，所有法律都始终获得遵守。相反，这个主张是规范的更一般特征的应用：这些规范支配着什么应当发生，而不是什么发生了。你对你的钢笔享有法权，即使我剥夺了你的占有，国家享有禁止盗窃的法权，即使我窃取了你的钢笔。正如你对你的钢笔所享有的法权——你的权利，即我的行为受到你的规范性要求的限制——被侵犯后仍然保存下来，因而同样地，国家告诉我该做什么的法权被侵犯后也能保存下来——国家的权利，即国家通过它的规范性要求来限制我的行为。［315］然而，从经验上看，对自由的妨碍可以通过一个平等的、相反的强力受到妨碍。罪犯试图使自己免于法权的某个方面，通过维持法权的这个方面，惩罚妨碍了不法行为的法律效力。

在康德列举的有关盗窃的事例中，对面临豁免时维护法律的至高无上性所作的分析最为简单易懂。通过使自己免于法律规制所有权的要求，小偷使自己免于公法。使犯罪不会改变法律，其

[1] 6：316。

方式是把罪犯自己的准则转而针对她自身。当罪犯试图使自己免于在所有权法律中得以实现的法治，她发现自己被排除在所有权体系之外，她被禁止拥有从属于自己任意的任何外在客体。

如果犯罪的本质需被理解为形式上的而非质料上的，那么康德的报应要求也是如此，这个要求是“你使人民中的一个他者遭受什么无辜的灾祸，你就把它加予你自身。”❶ 结果，小偷必须被理解为不仅剥夺了特定的某个人的特定财产，也不仅是其行为与所有权体系相悖。相反，她的行为与人民自我立法的权力相悖。她把对特定公法的违反作为自己的规则，由此把自我免除作为自己的规则；她的行为必定成为从她试图使自己免于其约束的公法体系中自我排除出去的行为。

从规范上看，法律被侵犯后仍然保存下来。然而，在时间和空间的世界中，不法行为拥有一个效果，恢复法律的至高无上性的唯一方式是恢复它的有效性，由此使违反不具有法律效力。不法行为人通过违反特定的某个禁止来违反法律；若要恢复法律的至高无上性，则必须维护这个禁止。犯罪是非法地免于法律的至高无上性；惩罚把罪犯从惩罚的保护中排除出去。

小偷的特别准则——这是一种特别的方式，按照这种方式，她使用被禁止的手段——必须转而针对她自己，因为个人声称单方面地免于法律，这在法律上是不可能的：某人不能如此行动以至于使自己免于法律。［316］相反，必须让她选择其他东西。她的准则与公法下的自由相悖。国家能够认识其准则并作出回应的唯一方式是把它视为它自己的映像，就像罪犯把自己从这同一个公法中排除出去一样。小偷的特别准则具有这样的形式，即“一切财产完全从属于我的任意”，亦即“对我来说不存在任何所有权”。惩罚把来自挑战公法权威的准则倒转为从公法权威中排除出去：小偷坚持自己的准则，因而被排除出所有权体系：所

❶ 6：332。

有权是存在的，但这不是对她而言的。所有权持存着，因为罪犯不能单方面地消灭它，但她可以通过单方面行为把自己从所有权中排除出去。当罪犯意愿他人的财产从属于她的任意，她就是意愿对她而言不存在任何所有权，因为她的准则与所有权的可能性是不协调的。作为回应，强力的使用必须是该准则的客观化，必须是把罪犯的准则向其自身倒转。罪犯想通过使所有权法律对其他人失去意义来免除所有权规则；惩罚则通过使所有权法律对她而言失去意义而在不同的意义上使她被免除。她只为自己立下一条规则；法律通过限制该规则只应用于她自身来做出回应。因此，由于把自由限制起来了，她对自由的妨碍受到了妨碍。

准确说来，把罪犯从所有权体系中排除出去意味着什么？对小偷而言，使之失去她拥有的任何财产是不够的。这只是对形式不法行为的质料的回应；它通过它的个案来限制她参与所有权体系，因而它并没有处理她的自我免除与法律之间的形式的不相容性。相反，排除要求的是任何外在客体都不从属于她的任意；不许她取得任何东西，并且经其他人许可后她才能使用物。因此，其他人规定了她使用权力所能追求的目标。

盗窃的事例使康德对惩罚的解释在分析上更为清楚明白，但它潜在地不具有代表性。小偷通过违反法律特别是违反所有权法律使自己免于公法，因而被排除出所有权体系，不能拥有任何东西，这只是一方面。其他不法行为违反了公法的各个方面（把这些方面描述为公法的自足的组成部分显得更加困难）。［317］某人对他人的人身实施了犯罪，他侵犯了受害人的内在法权；公法保护内在法权。侵害他人内在法权的人不能从人身保护的“体系”中排除出去，不能成为其他人可以随意攻击的被逐出法外者（an outlaw）。❶ 侵犯人格的犯罪只能按照如下方式给予惩罚，该

❶ 在一个令人苦恼的段落中，康德准备把某权力赋予执政者，该权力就是驱逐臣民，使他在国境内成为 *vogelfrei*［被剥夺公民权的］（“像小鸟一样自由的”被逐出法外者）（6：338）。

方式避免使“受到惩罚的人格中的人性变得令人憎恶”。❶ 相反，罪犯不能从属于某种惩罚，该惩罚与执行惩罚的官员的人性是不协调的。“因此 *lex talionis* ［罪刑相应］原则的精神必须得到尊重。”❷

至于具体如何操作，康德很少指明，但罪犯的不法行为的形式本质提供了处理该问题的视角。因为每一个犯罪在形式上都是使自我免于公法，所以从自由体系中排除出去必须是适当的惩罚。在这方面，所有权的貌似自足的本质不仅不具有代表性，而且会产生误导。就不法行为人试图使自身免于公法的某个方面而言，基础性的报应原则要求排除不法行为人参与由公法建构起来的公民社会。因此，惩罚的每一种形式都是把罪犯从完全参与公民社会中排除出去的形式。

因此，*lex talionis* ［罪刑相应］的“精神”要求通过排除来妨碍自我豁免。事实上，正如康德在讨论盗窃时表明的，把某人从所有权体系中排除出去的唯一方式是在肉体上把他监禁起来。把某人从自由体系中排除出去的最常见的方式还是肉体监禁。❸ 监禁的适度的量——监禁时间的长短——必须与犯罪的严重程度相匹配。［318］在评估犯罪的严重性时，罪犯所违反的特定公法提供了恰当的尺度，因为质料的不法行为是一种明确的方式，按照这种方式，罪犯实施了形式上的犯罪。因此，必须始终尊重 *lex talionis* ［罪刑相应］原则的精神。❹ 罪犯对手段进行选择的特

---

❶ 6：333。

❷ 6：363。

❸ 原则上，就货币是“人们彼此交换其努力的一般手段”而言，罚金也可以是一种惩罚。就此而言，可以认为它接近于合目的性的措施。然而，康德对罚金持谨慎态度，这正是由于货币的交换功能，这个功能会导致某人把它看作单纯的价格，因而看作潜在地值得支付的。参见6：287 和6：332。

❹ 惩罚的规范性理论这个假定必定形成某种用来规定成比例地实施惩罚的机制，这个假定是工具主义者观点的另一个例证，他们假定，法律制度的唯一任务是发现某些东西，这些东西即便离开制度也能获得阐明。在康德看来，犯罪的严重程度要求法律的发展。

性仅在如下情况下才是重要的，即它是一种质料的方法，按照这种方法，罪犯试图使自己免于公法。把他从参与由合法权状态所产生的自由体系中排除出去，这处理的是不法性的公共方面；据此，内容的特性才能得到阐明。康德喜欢列举有关所有权的事例，这个事例说明了如下要点：通过把小偷从法律之下的自由中排除出去，小偷被排除出所有权。

V. 威　　慑

惩罚维护时空中的法律的至高无上性。正如一个个体法权在规范上不受不法行为的侵犯，公法规则亦是如此。然而，它在经验性上是易受侵犯的，这意味着犯罪侵犯了时空中法律的至高无上性，因为一旦实施了犯罪，公法对行为的指引就失败了。正如康德发现的，罪犯受到惩罚是“因为他实施了犯罪”。[1] 现在我想证明的是，法律的至高无上性只是它预期地指引行为的能力。你的私人法权只在如下情形才具有时空效力，即你对之享有法权的物从属于你的排他的任意。公法通过预期地塑造行为来妨碍那些与之不相协调的行为，在这种情形下，公法才具有时空效力。

公法可以通过提供服从的动机来外在地指引行为。动机是外在的，事实上，唯一可能的动机是这样一种动机，它使妨碍自由体系的行动本身受到了妨碍。[319] 一般而言，罪犯有兴趣实施犯罪，这是对某个动机，也就是对获得某物的希望的回应。刑法预先宣称如果实施犯罪，犯罪将受到回顾性的妨碍，由此回顾性地妨碍犯罪。这样，它提供了服从法律的动机，这个动机可以

[1] 6：331。

与罪犯的其他动机相抗争。当且仅当与法律不协调的行为将受到妨碍，法律才是有效的，无论是预期性地借助一个动机，还是回顾性地借助对该动机的维护。

如果惩罚只是时空中的法律有效性，那么康德对需要惩罚所作的看似极端的评论就获得了新的视角。在合法权的状态之外，只能获得“保护性的法权”作为妨碍——你阻止企图妨碍你人格的侵犯者，对防卫性强力的预期为克制侵犯提供了潜在的动机。在合法权的状态中，对救济性强力的预期也提供了一个可能的动机。保护性的强力和救济性的强力都只是可能的动机，因为就某人运用它们而言它们完全是随意的。自我防卫的某人可能听从伦理学的劝导并对不法的攻击者“表现出节制”。[1] 某人根据严格的法权而有权获得救济，她可能听从良心并拒绝要求救济，或者她认为她将以某种方式更好地实现自己的目标，而不是要求返还自己的东西。更一般而言，私人可能基于任何理由而不再坚持自己的法权，因而对保护性或救济性强力的预期必须只是可能的。

惩罚的预期是不同的，因为如果法律要在时空中有效的话，那么惩罚的预期必须提供一个动机。而且，它必须系统化地提供这个动机，因而向每个人保证其他每个人将根据他们的法权展开行动。而且，我们在第6章看到，康德证明在私人法权中，你没有义务不妨碍其他人的所有权，除非你得到保证说他们不会妨碍你的所有权。相反，对任意的外在客体的法权只有在公民状态中才是协调的，因为“保证要求全面的、公共的强制执行”。[2] [320] 公法下的保证在每个人坚持其法权的权利和其他人的法权之间进行调解：不妨碍其他人的占有，而其他人却妨碍你的占有，这就允许他们把你（和你的东西）视为追求他们目标的单

---

[1] 6：235。

[2] 6：255－256。

纯手段。对此进行协调的唯一方式是向每个人保证其他每个人都拥有与其他每个人的法权相一致的外在动机。人们拥有各种保持这种一致性的动机，包括道德性、同情和看重名誉。这些动机的每一个都可能引导行为与法律保持一致，但它们都未能作出保证，因为在任何特定的情形下，它们与法律要求的竞合是偶然的。只有包含了惩罚之威胁的公法才提供所需的保证，其方式是提供一个动机，即使当其他动机在特定情形下失效时，这个动机也是可以获得的。在康德的自然法权讲义中，他表达了相同的观点，他评论说，只有两个服从法律本身的可能动机：尊重法律本身的伦理的动机，以及系统化的强制这个法律动机。只有这些动机可以引导某人服从法律，而不是去做法律要求的事情。[1] 只有公共强制执行的可获得性才能向其他人保证某人将服从法律，因而就其他每个人而言，只有系统化的强制执行才能向每个人作出保证。

就像对公共法权的维持一样，惩罚不是随意的；虽然最高统治者享有赦免法权，但康德把这个法权的特征描述为所有法权中“漏洞最大的”法权，因为它“在最大程度上实施了不法行为。”[2] 在一些特别情况下，赦免（尽管不是在臣民相互实施犯罪的情形下）“显示了他的威严的光辉”。[3] 然而，即使这是可许可的，它也是在法律之外进行的，并且严格说来，它与合法权状态的存在不相协调。康德在赦免问题上的立场尖锐，这并不奇怪；没有惩罚被判决了的罪犯乃是许可他免于法律的统治，因而

---

[1] Kant，《费耶阿本德自然法权》（*Naturrecht Feyerabend*，未出版，2003），Lars Vinx 译，27：1326－1328。

[2] 6：337。

[3] 同上。

许可他建立自己的“野蛮的、无法的自由”。❶［321］作为一个私人，罪犯可被思考为只是为了实现私人目标而使自身免于法律。最高统治者不能为了追求私人目标而使自己得以豁免，因为最高统治者不是私的行动者；最高统治者是全面意志，其唯一的一些目标是内在于源始契约理念的目标。因此，最高统治者不能随意地设定它将要追求的目的，因而私人在设定和追求目的时可以使手段从属于自己的任意，但最高统治者却不能按照这种方式拥有手段。没有给予惩罚就是把它的强制权力看作用于随意之目标的工具，因而就是通过宣称放弃它自己的原则而最大程度地实施不法行为，即便是以唯一例外的形式也是如此。

惩罚不是随意的，这个事实没有使康德就以下问题表明任何具体立场，即应当使用什么公共资源来开展犯罪侦查，或者那些资源应当集中于何处。就像所有与公共供给有关的问题一样，处理上述问题是立法机关的职责，就像在其他地方，处理上述问题也是由政治原则引导的，该原则需要考虑人类学的因素和经验性的情况，但始终是由法权问题构成的。

康德对假设的紧急避险法权作了大量评论，这些评论也反映了使法律有效的惩罚所具有的功能。康德讨论了这样一个案例，一个遭遇海难的船员把另一个船员从只能救助一个人的木板上推

---

❶ 6：316。自行解体的社会也要处决其成员中的任何一个谋杀犯，康德对这个道德要求做过一个著名评论，从该评论可以得出同样的推论：“因为否则人民可以被看作对正义的这种公开侵犯的同谋”（6：333）。这个主张是从他的如下分析中推导出来的，康德分析了禁止与对违反禁止的那些人实施惩罚之间的关系：对于人民、亦即对于作为集体的公民而言，未能惩罚一个经判决了的谋杀犯乃是默许他对手段的选择，也就是默许让罪犯的任意凌驾于法治之上。那么，需要坚持执行就不仅——如比尔德所认为的——是一项执行已宣布之意图的德性责任。就最高统治者（尽管政府机关是他个人的，他不是占据政府机关的这个人或若干人）是那种常见的软弱统治者（比如违背选举承诺和拒不承担国家债务）而言，这个未能可以只是个人的未能。所有这些都不是最大程度上的不法行为。如果惩罚之威胁的正当性可以根据它所期待的后果来证成，那么未能实施威胁使得最高统治者丧失了效力，甚至可能导致它声明放弃自己承担的责任，但却没有放弃法权概念。

开，康德写道，这个船员的行为是不法的，因而是可以谴责的，但不受公法的惩罚，因为“这样一种刑法根本不可能具有预期的作用，因为以一个尚不确定的灾祸（由法官判决而来的死亡）来威胁，不可能胜过对确定的灾难（淹死）的恐惧。”❶ ［322］在此，康德的观点是，在这种情况中，法律不能指引行为，它不能执行刑罚。如果惩罚只是维护法律的至高无上性，那么在这种情况下，法律必然不能预期地指引行为，它不具有需要维护的至高无上性。把罪犯的准则倒置给他自己未能维护法律的至高无上性。把对方从木板上推开的这个船员坚持自己的法律，因为公法在上述情形中不能使平等的自由体系有效。它可以获得的唯一一些手段是内在于平等的自由体系的手段，亦即法律的强制执行。惩罚那个为了自己活命而牺牲其他船员的落水船员，借此来强制执行法律，这根本不能提供服从的正确动机。法律所能提供的任何强制动机必须比直接的死亡更不确定，并且不能（与法权相协调）比死亡更为严重。在上述情况下，法律必定不能提供动机。康德不是主张其他任何动机都不能劝阻这个船员；即使特定船员的性格可能会引导他克制自己的行为，但它们仍然不能向其他人作出法律保证。保证要求的是每个人都知道法律向其他人提供了全面的、重大的服从动机。在此，法律提供动机的唯一方式是以死亡威胁，这必定是无效的。这个船员根据生死来构思这个问题，他将对这同一个动机的更为急迫且更为确定的形式作出回应。在这种情况下，国家不享有任由其处置的、用来维护法律的手段。❷

❶ 6：235－236。

❷ 正如克利姆丘克（Dennis Klimchuk）所证明的，康德有关木板的主张不是说威胁在经验性上不起作用，而是说它在概念上必定不起作用。其他的动机可能指引船员不把其他人推开，但处决的威胁却不能，这只是因为之后失去生命的预期不可能战胜现在失去生命的预期。参见 Klimchuk，“紧急避险、威慑与身份”（Necessity，Deterrence，and Standing），载于 *Legal Theory*，8，2002，页349。

Ⅵ. 结　论

[323] 康德的法律哲学和政治哲学被描述为一个先天体系，这意味着无需诉诸人性的仁慈或缺陷或者人类在其中发现自己的艰难境况就可以把这个体系应用于有限的具体的理性存在者。他的惩罚理论显然给其解释的先天地位设置了一道障碍。犯罪通常是坏人或艰难境况的产物。尽管存在这些犯罪根源，但我要证明的是，由于自由的本质而非自由存在者的不完善或者他们在其中发现自己的世界的不完善，才要求康德对惩罚所作的解释。❶

我所证明的是，威慑和报应不仅可以相容，而且相互要求对方。这样，我试图提供一种解释，对于康德文本，同时也对于坚

---

❶ 人们可能以为，康德主义者的处理方式弥合了法治与不同价值之间的鸿沟，其代价是排除了国际刑法的可能性（国际刑法是用来惩罚那些道德上有罪而法律上无辜的人的）。不存在任何国际公共权威或上述刑法的全面权限，因为不存在世界国家。

国际刑法或许与有关惩罚的、康德式的法治概念处于紧张之中。然而它在更大程度上抵制着工具的分析。国家感觉到引入国际法律工具的法律上的压力，这些工具表明需要国际刑法，国家的这种感觉反映了通过法律来实施正义这个基础性的、康德式的理想。国际刑法与那些谨慎而严格的、类似的惩罚是不可互换的；它坚持的是审判和程序。更重要的是，关于国际刑法的应用有一些无可争议的事例，这些事例具有两个特征，这两个特征使它们得以区分开来。第一，它们包括诸如“种族灭绝”的行为，这类行为“直接反对”可能的合法权状态，而不是“通过违约”来反对可能的合法权状态（6：322）。第二，它们通常包括这样一些官员，他们实施犯罪，同时声称自己在法律授权的范围内实施行动，但从康德式的立场来看，他们不具有提出上述声称的任何法律根据。在他实际的法律权威之外行动的官员，其行为乃是私人的；某个官员谋杀了公民们，他这是在可能的法权权威之外实施行动，这个行为是私人的。就此而言，他只是一个普通的罪犯，只不过恰好处于一个高度组织的团体之中。就像主犯一样，他企图使自己不受法律的约束，该企图使他备受谴责。我们将在下一章看到，康德主义者的理论以一种更为一般的方式来构造有关不法行为的问题，这些行为是由未能执行惩罚的国家的“官员们”实施的。

决的非工具主义者而言，这个解释是正确的。报应的惩罚并非为了使罪犯得到他们应得的巨大痛苦；惩罚某人也并非为了防止其他人实施令人厌恶的行为而进行威慑。相反，惩罚只是法治的至高无上性。[324] 从预期方面来看，它通过使违背法律的行为失去意义的威胁来指引行为；从回顾方面来看，它剥夺了上述行动的法律效力和事实效力，从而使它们变得毫无意义。因此，惩罚原则是对时空中的自由的保证，是对妨碍自由的妨碍。

第 11 章　公共法权 V：革命与人类自身的法权

［325］康德关注的是作为“理性理念”的社会契约，这解决了与实际存在的一系列制度有关的某个问题。把政府思考为联合的一般意志的代表，这个权利和义务都是从如下需要推导出来的，即把法律的特定的制度化实现看作得到完整阐明的法律理念的不完善形式。因此存在这样一个标准，根据它就可以判断特定的法律制度，这个标准是法律之下的平等的自由体系，与此同时，它还是一个概念设置，该设置假定尽管国家是这个标准的不完满的实现，但也能有权统治。理解政治合法性的基本情形是这样一种情形，在其中，通过人民共同为自己制定的法律，被视为集体的人民统治着被视为个体的人民自身。作为一个理性理念，源始契约提供了国家的纯粹理性结构的理想形式，以及没有达到该形式之要求的实际制度。但是，康德提供了一种方式，按照这种方式，这些缺点被理

解为完善国家的理由，而非否认国家统治法权的理由。接下来，这些差异反映了这个事实，即国家合法权统治的可能性不依赖于国家接近于某种无需国家也可以实现的状态。［326］在有关政治道德性的功利主义理论看来，例如，法律是实现道德上可欲求之结果的有用工具，这些结果无需法律也可以获得详细阐明，即使它们事实上没有法律就从来不能实现。在康德主义者看来，在欠缺立法、司法和执法机构的情况下，个人之间的关系从来不可能是完全合乎法权的。因此，正如康德紧接着“法则与责任之关系的划分”之后以图表的方式列出了各种可能性，法权的责任产生的不只是我们自己人格中的人性的法权，还产生了人类自身的法权，亦即每个人在合法权的状态中和他与之互动的其他人一同生活的权利。❶ 其行为违反人类自身的法权的那些人“在最大程度上”实施了不法行为。

然而，人们时常以为康德对解决该问题付出了高昂的代价，因为它包含两个含义，令人担忧的是，康德似乎极其希望引入这两个含义。第一，虽然国家对其公民负有责任，但公民不享有强制执行这些责任的相关法权。因此，人民必须“忍受”不平等的税收负担、非理性的管制等。他们唯有“请求”变革，而不是强力地进行变革。第二，每个人始终有义务“服从对你们拥有权力的权威”。❷

康德坚持主张公民必须服从他们的政府，他们无权武装反抗政府，我们不时听说这个主张是可以反驳的，而有时据说经验也表明它是可以反驳的。我们已知康德系统地反驳了哲学上的无政府主义者，这些人怀疑权威可以是合法的，因而怀疑可以授权官员作出束缚其他人的决定。甚至最基本的私人法权也以公共权威为前提。因此，对于权威本身或者向个人施加权威的机构，不可

❶ 6：240。

❷ 6：372。

能存在任何一般的反对。

一个较有趣的反对最初表现得更为温和一些。它不否认合法的国家权威的可能性，但它依赖于权威的好的运用和坏的运用之间的区别。但这看上去正好是康德试图反对的区分。甚至是富有同情心的读者也对康德的绝对主义持保留态度。[327] 克斯汀（Wolfgang Kersting）写道，“如果我们以自己的历史经验来衡量的话，康德的想象被证明是非常有限的。想想我们这个世纪所发生的可耻的国家恐怖主义以及从未厌倦地产生这种恐怖主义，那么康德反对革命和反对抗争的观点看起来就过于幼稚和乐观了。但我们不能责备康德没有预见到20世纪的政治病理。”❶ 克斯汀论证说，当制度足够恶劣时，有德性的人可以反抗合法的但不正义的制度。❷ 其他人则试图限制康德论证的有效范围以避免革命热情破坏政府的共和体制。❸

反对革命的论证采取了若干形式。在《理论与实践》中，康德证明宪法不能把赋予人民以革命法权的条款纳入其中。可以把这个论证的特征描述为一个反对革命的法律法权的论证。有些

---

❶ Kersting，“康德的国家概念”（Kant's Concept of a State），载于 Howard Williams 编辑，*Kant's Political Philosophy*，University of Wales Press，1992，页 163。

❷ Korsgaard，“把法律交到我们自己手中：康德论革命法权”（Taking the Law into Our Own Hands：Kant on the Right to Revolution），载于 Christine M. Korsgaard，Andrews Reath 和 Barbara Herman 编辑，*Reclaiming the History of Ethics：Essays for John Rawls*，Cambridge University Press，1997。

❸ 参见，例如，Sharon Byrd 和 Joachim Hruschka，“承认私有权的自然法责任：康德法权学说中的物权理论”（The Natural Law Duty to Recognise Private Property Ownership：Kant's Theory of Property Rights in His Doctrine of Right），载于 *University of Toronto Law Journal*，56，2006，页 217－282，尤其是页 241－244；Kenneth Westphal，“康德在所谓反对革命的论文中论国家、法律和服从权威”（Kant on the State，Law，and Obedience to Authority in the Alleged Anti－revolutionary Writings），载于 *Journal of Philosophical Research*，17，1992，页 383－425。关于试图把康德从其论证中解救出来的批判，参见 Katrin Flikschuh，“理性、法权与革命”（Reason，Right，and Revolution），载于 *Philosophy & Public Affairs*，36，4，2008，页 375－404，以及“回避道德性：科斯迦尔德论康德的不存在革命法权”（Sidestepping Morality：Korsgaard on Kant's No－right to Revolution），载于 *Jahrbuch für Recht und Ethik*，16，2008，页 127－145。

读者发觉这个论证过于墨守成规了，他们论证说，哪些能被纳入宪法，哪些不能，对这些的考虑既不处理也不有助于处理革命的道德法权问题。[1] 第二个论证关注的是人民“带着任何实践的目的去探究法律制度的起源”是不法的。康德似乎已经承认、甚至几乎急切地承认先有强力、再有法律，并且承认先有法律不见得更好。[2]［328］可以把这个论证的特征描述为一个来自历史无关联性（irrelevance of history）的论证。根本说来，第三个论证最为棘手，因为它强调这样一个事实，即革命必然是单方面的行为，因而它未能得到证成。这个论证被称为来自单方面任意的论证。相对而言，前两个论证被局限于它们的有效范围；第三个论证似乎导致这样一个结论，即每个政府都是合法的。

接下来，我将考察这些论证。我将证明，在这些论证所考虑的问题上，这些论证是成功的，而且它们得出一个有关革命可能性的有力结论，根据该结论，人民必定只是“忍受”不公平的、繁重的管制，并且我将证明，在如下这点上康德也是对的，即不能证成使用法律之外的强力乃是大众意志的表达。

然而，康德的论证是根据它们自身的条件才取得成功的，该主张取决于要细致地分析这些条件都有哪些。康德区分了进入合法权状态的根本理由与评估、（以及在恰当的时候）完善既存的合法权状态的内在标准。第一个理由是由公共法权的悬设来说明的：“当你不能避免与其他所有人彼此共存的时候，你应当离开自然状态并和他们一同进入某种合法权状态。”[3] 只有这样一个状态——在其中，人们通过公共权威进行立法、司法和执法——才能使诸多个体的不同法权要求协调起来。只有通过区分法律的制定和应用，官员的行为才据说能成为恰当的法律行动；正如我

---

[1] Thomas E. Hill, Jr.，“关于康德反对革命的若干疑问”（Questions about Kant’s Opposition to Revolution），载于 *Journal of Value Inquiry*，36，2002，页 283 – 298。

[2] 6：318。

[3] 6：307。

们在第7章看到的，为了把人民和单纯的暴徒区分开来，需要把立法与司法、执法分离开来。仅当人民通过法律制度被表现出来，他们才能共同行动。

我们在第7章找到了评估合法权状态的第二个内在标准，它包含在“源始契约的理念”中。❶ 在《理论与实践》中，源始契约据说“能够束缚每一个立法者按照如下方式颁布它自己的法律，即这些法律是从整个民族的联合意志中产生出来的，并且源始契约还能束缚每一个立法者把每一个臣民（就该臣民想成为一名公民而言）视为好像他参与了对上述联合意志的投票。”❷

[329] 康德反对革命的论证取决于公共法权悬设与源始契约理念之间的区别：国家有责任使自身更加符合源始契约理念，而人民对于不符合源始契约理念的法律“至少有权令其代表表示反对”。❸ 国家的内在责任并不与人民的相关法权相对应，这只是说人民不能使用强力使国家符合源始契约理念。❹ 如果国家违背了责任，人民不享有可强制执行的救济，因而必须“忍受”暴虐的立法。他们唯一可以求助的是“对这种不正义提出申诉，但不能反抗。”❺

因此，完全可以设想，反对革命的论证表明虽然国家必须始终通过使自身更加符合源始契约理念来努力完善自己，但人民不能违反公共法权悬设。这个最低标准是法律之下的任何自由的前提；国家统治的权利根本上只取决于它提供了一个合法权的状态。公共法权悬设的不可违反性并非有时是可以反对的。

---

❶ 6：315。

❷ Kant，《理论与实践》（*Theory and Practcie*），8：297。

❸ 同上，8：298。

❹ 同上，8：304。

❺ 6：319。

I. 宪法的内在矛盾

第一个“守法主义的”（“legalistic”）论证提出这样一个要求，即任何人都不能对最高统治者进行裁判，因为否则裁判者就是最高统治者了，因而他要么是真正的最高统治者，要么他还得由其他人来裁判，这就产生一次倒退或者一个矛盾，因为在这种安排下，最高权威或者是最高权威，或者不是最高权威。因此，给人民保留革命法权的宪法必然包含一个矛盾。人们通常脱离康德有关国家论证的其他部分来讨论这个论证，毫不奇怪的是，它让许多读者感到过于守法主义以至于丧失了兴趣。然而，我们需要站在康德论证国家这个更广阔的背景中来理解他对该要点的论证。[330] 正如我们在第6章看到的，康德有关国家的论证提出了单方面任意的问题，并指出我们需要权威的机构以使任意成为全面的。为了使解决争端的权力不是强力的另一种单方面的使用，争端的裁决者必须能够出于争端各方的利益来作出裁判。然而，在革命的情形中，某人自己以一种处于法律秩序之外的身份出场，却有权解决与法律秩序有关的争端。在这些条件下，革命的地位是内在矛盾的。革命无权在自己的案件中充当法官，从这个要求出发，康德得出一个令人吃惊的结论，即最高统治者有权在自己的案件中充当法官。❶

康德关注许可革命的宪法条款所具有的内在矛盾，这个要求与法律的至高无上性有关。例如，它不排除针对立法和行政行为建立司法审查的宪法条款，因而由宪法法院负责决定某部法律是否为人民可以颁布给自身的法律。正如我们在第7章看到的，在

❶ 6：319。

过去半个世纪里，世界上许多主要的宪法法院采取了一个独特的康德式转向，它们关注的是国家可以获得的手段，并且使人格尊严法权——该法权被理解为独立的合目的性法权——成为法权分析的有机原则。从康德的视角来看，赋予法院权力以决定国家或某个官员是否在宪法权威的范围内行动，这只是把一个更高层次的封闭施加给作为整体的体系。立法的至高无上性在于它的立法权；它有权制定人民可以颁布给自己的公法，但没有权力为私人目标制定一般规则。一部特定的法律是否处于立法权的范围之内，对此作出判断的依据在于制定该法律是经过法律授权的。❶这个要求只有通过司法审查才能实现。［331］结果，法院并不处于法律之外，因而不构成康德有关革命观点的反例。革命声称为人民说话，因为人民脱离了代表机构，这是康德必定要排除的可能性。

因此，最高统治者必须在自己的案件中充当法官，这个论证可以被改造为这样一个要求，即不可能在法律体系之外对该法律体系进行检验，因为法律体系给争议施加了封闭性，在某个官员的法律能力之外行动的任何人都不能给争议施加封闭性。这只是说，人民无权审判自己的案件。

从第一个论证并没有推导出官员不能在他们的权威之外行动，或者进行决策的最高权威不能做出糟糕的，甚至与内在平等性不协调的决策。我们在第 7 章看到，这个检验指的是有争议的

---

❶ 同理，立法与内在法权要求的一致性可以根据立法法——例如不列颠人权法案——来评估。在这个情境下，霍夫曼（Hoffman）勋爵的评论颇具启发性：“议会主权意味着只要议会决定了，它的立法就可以违背人权的根本原则……对议会权力之运用的约束最终是政治的，而不是法律的。但合法律性原则意味着议会必须正直地面对它的所作所为并接受政治成本。不能通过一般的或模糊的话语来否决基本法权……因此，在缺少相反的明示语言或必要含义的情况下，法庭假定甚至是对于那些最一般的话语，人们也试图使它们服从个体的基本法权。按照这种方式，英国法院尽管承认了议会主权，但它们应用合宪性原则与宪法文件明确限制立法权的那些国家中的法院应用合宪性原则却鲜有差别。” *R v. Secretary of State for the Home Department*, *Ex parte Simms* ［2000］2 AC 115 at 131。

法律是否是人民能够颁布给自身的法律。当然，任何官员都可能未能适用或者错误地适用这条恰当的法律规则。尽管如此，作为一个整体的法律体系必须是使官方的回答成为唯一可能的回答，因而是唯一能够授权使用强力的回答。与使用强力有关的封闭性把法律行为限制于官方行为，把法律权力限制于法律授予的那些权力。因此，法律不能给任何人、任何团体授予在法律之外使用强力的权力。

第一个“守法主义”的论证开启了封闭性与合法律性之间的联系。我们在第 7 章看到，这个要求并非要求法律完全规定每一个案件，相反，它要求在任何一个法律问题上，法律体系都解答了谁有权回答这个法律问题，以及依据什么理由作出这个回答。只有根据法律来解决有关法权的争议，法权才具有信服力。康德在私人法权的两个地方系统阐述了封闭性概念。第一处是他讨论通过长期使用而实施的占有。[332] 其基本要点是，如果人们把财产据为己有，那么必定有一套程序，按照这套程序，无需对先在权利进行彻底的历史查明就能取得该财产。只有某人能够确定自己实施了设立法权所需的行为，具有信服力的法权才有可能。继而还要求经过一个足够长的时期之后，持续不断地占有才设立一个法权，否则对土地的任何使用都只是临时的，它不可能令人信服，在这种情形下，其他某个人可以要求更早的权利。在此，康德指出的要点与信息不足无关，而与法权结构有关：具有信服力的法权要求封闭性。这个结构包含一个令人吃惊的含义，即长期的侵犯者可以取得法权，如果他或她的占有与源始所有权人的利益是相悖的和敌对的。❶

康德随后讨论了恢复被盗客体这个传统法律问题，在这个讨论中，他就封闭性提出一个更有力的观点。传统的法律规则认为，“善意购买人”（“bona fide purchaser for value”）可以取得被

---

❶ 6：291－293。

盗客体，只要他在购买时不知该客体是被盗的并且购买符合有效的法律手续。人们有时把善意购买人描述为“法律的宠儿”，因为他或她能够消灭另一个无辜者的合法权的权利。假如某人偷了我的马匹，而你真诚地在“由警察法令管制的”公共市场中从窃贼那里购得此物。❶ 我看到你牵着我的马匹，并指控你是小偷。你向我出示所有的书面凭据。我们都被同一个无赖骗了，却又找不到他。那么谁能持有这匹马呢？康德指出，就自然法权而言，显然由我持有，因为财产上的法权不会只因为所有权人不再物理占有该物就消灭了。小偷转让的权利不能比他享有的更多，这也证明了上述观点。尽管如此，康德论证说，法庭不能如此判决，相反，它必须允许购买人持有该客体。善意购买人不是法律的宠儿，因为他或她是无辜的；因而先前的所有权人会感到失望。[333] 然而，其原因是系统化的：所有权人的权利与最初保护它的合法权状态的程序是同样有效的。不可能通过追溯历史来保证在与我对马匹的权利有关的所有交易中不会发生不法行为（包括通过各种人而开展的交易，这些人在那些交易中取得他们使用的物）。回到我所说的更早的取得，这时面临的问题正好是你现在面临的问题：我最多可以表明，所有权意味着我按照一种合法的、公共的合法权的方式取得它。如果我给马匹打上烙印，在受到管制的市场上，小偷会更难出手。受到管制的转让程序使标记具有意义；没有这些程序，记号就毫无用处了。而且，如果我们的体系规定权利须依法登记，你购买马匹前可能会发现某物是有缺陷的。但如果在某种程度上符合手续，那么这个问题也会以同样的方式出现。我对马匹的请求与你的请求完全一致，但你享有更晚的、因而更优先的、经过公共认可的权利。❷

康德认为对最高统治者进行裁判是不可能的，这个观点具有

---

❶ 6：303。

❷ 6：303。

同样的结构：唯一能够把统治资格赋予最高统治者的是宪法，宪法通过它的程序把统治的权力赋予最高统治者。通过长期使用和善意购买而取得的事例表明，在合法权状态之外不存在任何对财产的合法权的请求，只存在一系列潜在的相互竞争的临时请求，这些请求的任何一个都不产生与其他任何强制法权相关的强制法权。这个观点也可应用于统治的法权：在合法权状态之外也不存在任何合法权的统治请求，只存在潜在的相互竞争的临时请求。根据道德的论证，那些临时请求可能更好或更坏，但任何人都不能在它们之间作出评判或者强制执行它们，因为它们只是单方面的请求。

虽然康德的论证关注的是革命的法律法权的可能性，但它具有更为宽泛的含义，因为根据康德的观念，法律性是使用强力的道德权限的一般前提。该论证的全部要点在于表明，除了法律权限以外，不可能存在任何使用强力的道德权限。但有一个重要的例外：在合法权状态之外，存在一个使用强力使其他人进入合法权状态的道德权限。[334] 然而，在合法权状态中，唯有合法律性可以批准使用强力的权限，因为强力的任何其他使用只是单方面的。

Ⅱ. 历史的无关联性

康德的第二个论证关注的是国家的历史起源与它作为必须得到服从的合法权状态的地位之间的无关联性。康德写道："最高权威的起源，对于处于它之下的人民来说，在实践意图上是无法探究的，也就是说，臣民不应当为这种起源而劳神玄想，把它当作一种就对它应有的服从而言还值得怀疑的法权（*ius controversum*

［有争议的法权］）。”❶ 这个论证不关心国家的具体行为，它关心的是国家的历史起源。在某种意义上，它只是对康德的主张——国家的契约基础是一个理性理念——的重申：源始契约提供了唯一的条件，据此我们能够思考国家的合法性，不论国家的经验性限制和不完善性如何，国家都是合法权状态的一个例证，❷ 同理，人格的道德概念提供了一些条件，根据这些条件，我们可以认为自己是能够为自己的行动负责的，即使我们屈服于诱惑的时候也是如此。如果源始契约是一个理性理念，那么再追问契约何时形成就毫无意义了，同样，试图把人格的道德概念奠基于一系列经验性的检验之上也是无意义的。理性的理念从不描绘一个时代确定的历史事件。

以实践的意图来考察历史还面临着其他困难：这种考察肯定会让人失望。我们在第 7 章看到，直至国家出现，私人交易才产生可强制执行的权力。存在一个合法权的过程，通过这个过程，一个民族进入有拘束力的源始契约，但对这个合法权的过程却不可能作出内在一致的描述，因为仅当一个合法权过程是在合法权的状态中设立起来的，这个过程才能证成它的结果。由此可以推出，建立合法权状态的任何过程都不足以证成合法权状态。［335］我们还看到，在欠缺合法权状态的情况下，遥远时代的私人交易不能对子孙后代构成束缚。因此，证明国家在历史上起源于强力和战争而不是和平与自愿的协议，这与国家的合法性毫无关联。私人交易只束缚那些已经处于合法权状态之中的人们，所以，建立国家所依据的和平条款并不对那些参与条款协商的人构成束缚。不能把建国理解为只是另一种私人交易。

康德还进一步指出，以实践的意图来寻找建国时刻是与法权不相协调的。❸ 如果国家的合法性取决于它的过去，那么现今活

---

❶ 6：318。
❷ 6：316。
❸ 同上。

着的那些人的法权也取决于祖先的行为。特定的个人享有某些法权，这些法权依赖于过去发生的事情——谁拥有什么，这取决于过去他取得了什么东西，以及之后又作了哪些交易——但康德的论证是在一个不同层面上进行的：国家奠基于暴力，这个事实不能剥夺你在合法权的状态中享受自由的法权。任何行为——你没有参与这个行为——都不能剥夺你在合法权状态中与其他人联合起来的权利。

来自历史无关联性的这个论证不仅剥夺了革命推翻政府的可能理由，还包含一个更一般的含义，即合法权状态不会只因为它通过了不正义的、乃至暴虐的法律就不能宣称自己是正当的。当前执政者的明智制约着合法权状态的存在，但这个制约并不比创立者的正义所施加的制约要多。不正义的税赋不会使私人法权只是临时性的。更一般而言，任何官员的行为都不足以解散一个合法权的状态；国家必须把自己视为永久存在的。那么由此可以推出，任何较小的不正义行为都不能解散合法权的状态。因此，有关国家起源的观点可以应用于国家的持存性：国家统治的法权取决于它符合公共法权的悬设，因而不取决于它执行其具体功能的好坏。

Ⅲ. 人民与暴民

［336］康德的第三个论证提出一个更一般的观念，即只有通过一个全面意志，法权体系才是可能的，再就是提出一个要求，即只有通过机构，一个全面意志才是可能的。在公共法权的“总附释”中，康德对这个观点作了总结，他说道：“只有通过服从国家首脑的一般立法意志，一种合法权状态才是可能的”，❶

❶ 6：320。

这里重申了我们在第7章看到的主张，即通过在法律之下联合起来，人民不同于民众。要求在宪法之外展开行动都不可能是要求人民去行动，相反，这个要求必定只是单方面的，因而不是法权的要求。“守法主义”的论证说的是不存在任何法律机制，通过这个机制，人民可以为自己保留煽动叛乱或造反的法权；另一个论证指出，除非借助法律，否则根本无所谓人民。第一个论证主张革命不能成为法律上的（而且，由于康德对合法律性的解释，革命不能成为道德上的）；这个论证意在表明不可能存在革命法权。理解革命要求的唯一方式是，这个要求只是出于他或她的私人目标而使每个人陷入自然状态的法权，因为革命不能内在一致地谈论为了人民而行动。

从康德论证的法律本质引申出一个无例外的构思：不可能存在任何革命法权。这同一个法律本质还引申出对该本质的范围的内在限制。这个本质只能应用于合法权的状态。公共法权要求“进入一个合法权的状态，在其中，每个人可以被给予属于他的东西”，任何东西，当它符合公共法权之要求的悬设时，它就等同于合法权的状态，因而在某种意义上，不可能存在反对国家的革命法权。因此，国家实施某种不正义，这个事实意味着公民必须只能“忍受”。

Ⅳ. 野蛮状态

有这样一些情形，在其中，康德对革命法权的否认似乎存在着道德困境，但这些情形与特定的不正义的法律无关。事实上，甚至洛克——这位革命法权观念的主要拥护者——也承认如果只是个体的法权受到了侵犯，他或她也没有反抗的法权。［337］洛克式的个体保留了向国家请求私人赔偿的法权，因而私人可以请求国家返还他的财产，即使他请求返还的诉讼被公共的正义法庭驳回。[1] 然而，洛克式的这个追索法权只是请求国家返还财产的法权，而不是推翻国家自身的法权。[2]

相反，当政治权力的自我控制非常糟糕时，人们认为这就产生了革命的法权。纳粹德国是最清楚不过的例子。[3] 在那里，侵犯人权的情形是如此严重，以至于它们瓦解了实施上述侵犯的组织。然而，它们的不法性不仅侵犯了它们所攻击的每个人的个体法权，还侵犯了康德所谓“人类自身的法权”，[4] 也就是与普遍的法权原则相一致的生存法权，通过与其他人在合法权状态中联合起来，这个生存法权就能够与普遍的法权原则保持一致。[5]

康德没有明确考察上述政体，但他对公共法权本质的解释清楚地表明了，在一个地区内近乎垄断地持有强力是不符合公共法权悬设的。违反公共法权悬设的某个强大组织无权赢得该地区定居者的忠诚，这就开启了一种可能性，即那些作为私人的定居者，他们反抗这个组织，却没有实施不法行为。先前与请求返还被盗物品所作的类比可以澄清这点。［338］仅当买卖是在警察法令所管制的公共市场中进行的，购买者才能继续持有马匹。购

---

[1] Locke，《政府论》（下篇）（*Second Treatise of Government*），§§11，161，168。

[2] 弗里克苏（Katrin Flikschuh）已表明，限制人民的革命法权，这使洛克的解释与过去人们对其解释的理解相比，具有较少的极端性，而康德主义的意味显得更多了。一旦个体失去反抗的法权，洛克需要某个相似观念，即人民只能按照它被描述出的那样来展开行动，因而洛克失去了他力图创设的革命法权。参见“理性、法权与革命”（Reason，Right and Revolution）。

[3] 值得商榷的是，一国政权完全不尊重公民的基本法权，对此所作的同一类分析接受如下论证，即赞同外国势力介入，以便给这些国家带去新的政体。按照类似方式，永久和平第 5 条预备条款，即禁止一国干预他国内政，不适用于内战（《永久和平论》（*Toward a Perpetual Peace*，8：346）。

[4] 6：240；6：308。

[5] 在 6：349，当康德说一国人民“不能丧失它把自身统一为一个共同体的源始法权”，而破坏国家的外邦武力就是对该国人民实施不法行为，他是把这些都等同起来了。

买者可以继续持有，即使那些法令在许多方面是不完善的。但不能由此推导说，被盗财产的每次转让，或者甚至在地方军阀的监督下所进行的每一次转让，都把有效的权利赋予了新的占有人。你对自己财产的权利与确认该权利的程序是同样有效的。如果存在上述程序，那么你的权利也就优先于秘密获得被盗物品的那个人的权利，或者优先于意识到所获得的是被盗物品的那个人的权利。如果没有这些程序，或者既有的那些程序被违反了，那么你就保留了对抗购买人的强制法权。

同理，宪政体制优先于自然法权要求，即使宪法和在宪法之下通过的实在法在许多方面存在缺陷。不能由此推出权力和暴力的每一次有组织的使用都是一个合法建构起来的国家，也不能由此推出，那些发现自己受到强大压迫者压迫的人，无论是出于自卫还是（如果可能的话）使某人与他们一同进入合法权的状态，他们都无权使用强力。自然状态的确切特征是其中所有的行动只是单方面的。它的根本缺陷在于它与法权不相协调，因为“单方面的意志不能成为每个人的强制法则，因为这样的强制法则会损害符合普遍法则的自由。”❶ 在单方面行动的概念中，没有任何东西能够阻止它表现为一个高度的组织。因此，康德的论证为如下主张留下了理论空间，即世界上最恐怖的政体处于自然状态之中，以至于被这些政体施以暴力的那些人不仅被授权而且被要求使用强力，如果他们能够以这种方式使他们进入合法权的状态。从野蛮的暴力状态中建立一个国家不属于革命；它不过是在此前没有国家的地方建立了一个国家。

机构是康德关注的重点，因为它们是强力的使用能够获得全面权限的唯一方式。只有使机构有序化并对之加以区别，机构才具有上述功能，但不能推论说监督强力之有序使用的任何组织都是康德意义上的法律机构。在没有国家的情况下，犯罪团伙也可

---

❶ 6：256。

以组织得很好。［339］所以，实施有序抢劫的军阀也不会使自己成为合法的执政者。某个具体处境是否合乎这个描述，这不能先天地得到规定，它也不能根据设立的部分政府机构就获得规定。

在《实用人类学》(*Anthropology from a Pragmatic Point of View*）的最后部分，康德区分了强力与自由和法律的四种组合。

> 1. 有法律，也有自由，而没有强力，这是无政府状态（这是一个被理解为理性理念的自然状态)。
> 2. 有法律，也有强力，而没有自由，这是专制主义。
> 3. 有强力，但没有自由和法律，这是野蛮状态。
> 4. 带有自由和法律的强力，这是共和国（这是一个被理解为理性理念的公民状态)。❶

专制主义是共和国的有缺陷的形式，康德在《法权学说》中有关“忍受”暴虐立法的评论可适应于专制政体。专制主义可以是一般意志的可能形式，因为施加给专制国家成员的那些安排是法律上的，它们保障着属于他们的东西。❷ 在专制状态中没有自由，因为虽然人们知道他们的处境，因而能够以某种程度的确定性来筹划他们的事务，但为他们规定确定性的规则却是从外部强加的。在这种处境下（每个既存的国家至少在某种程度上都是它的范例——只有不完善的国家有责任完善自身，因而不完善国家必定事实上已经是国家了），大多数公民能做的只是针对国

---

❶ 《实用人类学》(*Anthropology from a Pragmatic Point of View*, Cambridge University Press, 2006), Robert Louden 译，7：330。另参见 Jan Joerden，“从无政府主义到共和国：康德的国家宪法理论”(From Anarchy to Republic: Kant’s History of State Constitutions)，载于 *Proceedings of the Eighth International Kant Congress*, Marquette University Press, 1995，页 139 – 156。

❷ 当康德说人民可以想要独裁统治时，他把这点放在 § 52 第一段中间来讨论。

家的过分举措而“请愿”。这些过分举措可能是极端的，但即便是这样一个国家，即它“在与从公民联合理念中推导出来的法权有关的效果上”存在巨大缺陷，也并不因此就脱离了合法权的状态。

野蛮状态的独特特征在于它不仅违反了源始契约理念，而且违反了公共法权的悬设。［340］因此，违反公共法权悬设的任何状态（通过不履行源始契约）都违反了源始契约理念，但它由于未能符合这个悬设，因而使自身沦为自然状态而不是有缺陷的合法权状态。该悬设要求人类“进入一种状态，在其中能够针对每一个他人来保障属于每个人的东西。”❶ 专制主义状态符合公共法权悬设；野蛮状态则不然。人们没有为其他人作出有缺陷的安排；某些人只是强迫其他人做一些事情。这种对强力的使用不能产生任何法权要求。

在《实用人类学》中，康德列举了几个实例来说明野蛮状态，包括一夫多妻制和在其中妇女被当作“家庭动物”的野蛮状态。❷ 在“国际法权”的总结性段落中，康德说战争是“解决争端的野蛮方式”。❸ 可以从两个方向来发展这些事例，与之相应的是有责任无法权的人类的两种状态，即奴隶和农奴。❹ 首先，如果某些人被视为（尽管他们已经是）其他人的财产，他们或被攻击，或被杀害，凶手却不必为此负责，那么他们所处的状态就与如下这个状态相反：在这个状态中，他们的法权受到保护以免遭到其他每个人的妨碍。他们是奴隶，因而不与主人分有一个合法权状态。其次，即使他们人性中的内在法权受到最低限度的保护，如果借助武装起来的暴徒所支持的社会规则，某个阶层的成员被迫不能拥有任何外在的东西——他们被排除在所有权

❶ 6：237。

❷ Kant，《人类学》（*Anthropology*），7：304。

❸ 6：351。

❹ 6：241。

体系之外，或者只许可按照他人设定的条件使用外在的东西——那么他们就是农奴。农奴阶层的成员不与其他人处于一个合法权的状态之中。事实上，甚至是私人法权悬设也不适用于他们，因为他们被禁止使用可以使用的物以设定和追求他们的目标。一方惯于通过使用强力在解决争端中胜出，这个事实无助于改善上述处境。服从他人暴力的那些人缺少公共授权来运用他们的合目的性，因为其他人规定着他们能否使用任何东西。[341] 在自然状态中，人们可以把物据为己有，尽管只是暂时地拥有；而在有缺陷的自然状态中，有些人甚至都不能暂时把物据为己有，因为组织起来的强力使其他人不能占有它们。

作为自然状态的一个有缺陷的形式，野蛮状态没有任何联合意志。一切强力不过是单方面的；当强力在野蛮状态中被组织起来时，它通过特权来而采取规则的形式，即使更强大集团的成员按照具体程序进行决策。不像专制主义，在其中法律有时被用于执政者的私人目标，在野蛮状态中，权力的一切运用必然是为了私人目标，即使它们被高度组织起来，因为不存在任何公共目标，（充其量）只有共同的目标。就此而言，能够用法权来抵制私人强力的使用。在野蛮状态中，不存在任何自由，因为每个人都从属于其他人的单方面任意。而且，不像无政府主义的理想情形（有自由，但无强力和法律），在其中每个人都是单方面地行动，但任何人都不会侵犯其他任何人的法权，在野蛮状态中是没有自由的，因为有强力却无法律。由于这个强力的特征不能被描述为联合意志的表达，因而它必定被理解为只是单方面的。以进入合法权状态的意图来抵制野蛮状态的那些人，他们的行为是正确的；而维护野蛮状态的那些人则“在最高程度上实施了不法行为”。野蛮状态不是一般意志的可能形式，因而无法证明其中保存了联合意志。能够证明只有在其中产生一个联合意志。

康德的野蛮状态观念对于理解他反对革命具有重要意义，因为人们经常用来困扰他的许多事例——最有名的当属纳粹德国——是康德意义上的野蛮状态。否认人的内在法权并禁止他们享有取得法权的政权，它既不保障法权，也不产生某种状态，在其中“能够针对每一个他人来保障属于每个人的东西”。❶

野蛮状态概念的规范性意义类似于暴民概念的规范性意义。作为集体的公民只能根据把他们表现为共同自我立法的机构才能与暴民相区分。[342] 然而，机构的意义不依赖于“它们是复合的”这个事实，而依赖于对法权和作为公共法权基础的强力进行比较。❷ 高度组织化的暴民仍然是暴民，因为它的行动是单方面的。

人们可能认为，引入野蛮状态概念将再次产生最初的困难：谁是这个政权中的审判者？批评者认为国家的行为是野蛮的；执政者声称他们代表着一般意志。由于缺少解决争端的纯粹经验性的方式，情况很可能是执政者是唯一能够审判自己案件的审判者。然而这个结论预设了这样一个观点（在描述野蛮状态的特征时这个观点是存有争议的），即有争议的强力的组织化使用是否通过“把东西给予每个人”而符合公共法权的悬设。什么东西属于什么人或者如何保障每个人的法权，在这些问题上，这样一种状态——在其中一些人被禁止拥有任何东西，或者他们被其他人奴役或杀害——并非一种困难的情形。在法权概念下审理个案的权利是从有权为所有人创设合法权状态的那些人的责任中推导出来的；甚至那些不支持这样做的人也无权审判自己的案件。在《理论与实践》中，康德把言论自由的特征描述为“人民法权的唯一守护神”，因为公民必须假定执政者不打算侵犯他，因而不会想去了解任何疏忽大意的不法行为。❸ 在野蛮状态中，这个假设是不可能的，因为国家不打算实施任何不法行为的唯一方式是

---

❶ 6：237。

❷ 6：307。

❸ Kant，《理论与实践》（*Theory and Practice*），8：304。

它至少试图全面地开展行动，而这是野蛮政权不可能做到的。在这种处境下，每个人能做的只是“看上去对他而言是正当的和好的事情”。❶ 虽然野蛮政权有时也可能把自己表现为在道德上被证成，把它们个别的野蛮行为表现为实际境况的要求，它们通过将生产出更多物品或者可能与较少的人发生冲突来证成自己，但它们不能要求代表人民。

［343］在野蛮状态中，人们将做些什么？康德给出了唯一的答案：与其他人联合起来走出自然状态。然而，如果组织化的团体正在运用野蛮的权力，那么其他人就不能成为联合的对象。相反，人民能够以法权来抵制他们。在这种处境下，不要求人类为了产生合法权状态作无谓的自我牺牲，但许可他们为了产生合法权状态而使用强力。即使野蛮人控制了先在的法律体系，即使他们把自己装扮成法律权威，情况也是如此。组织化的野蛮状态仍然是野蛮状态，它不会是合法权的状态。

Ⅴ. 人类自身的法权

强调专制主义和野蛮状态之间的区别还说明了为什么野蛮状态中的“官方”行为是没有法律强力的。当后续政权必须决定如何处理先前野蛮政权的官员所实施或批准的罪行时，这个问题变得尤为紧迫。这种情形发生于立法机关和个体行动者这两个层面。在立法机关层面，后续政权必须决定如何处理剥夺个人所有权或公民权的法令；在个体行动者层面，问题的产生与针对人格的犯罪有关，这些犯罪是根据官方的命令实施的，是经一般规则

❶ 6：312。

许可的，或者是由官员执行的。[1] 在这些案件中，人们实施了犯罪，这个犯罪通常是谋杀。虽然这些事实是确凿无疑的，但犯罪者主张，在有争议的事件发生的时候，他们受到有效的实在法的统治，其行为是为法律许可（或要求）的。[344] 这个处境总体的道德性是无可争议的：显然，该行为是严重的不法行为。但对这个行为的法律上的恰当回应则存有争议：首要的问题是，如何处理这类案件，以及特别地，诉诸野蛮状态中的有效规则，这在法律上是否合理，其次是一个更抽象的问题，即如何描述这些案件的特征。

人们对这些案件展开了讨论，其内容大多已由哈特和拉德布鲁赫（Gustav Radbruch）之间的争论构造出来了。这些案件是他们争论的焦点，他们赞同对这些案件进行裁判所得出的恰当结果。在一个案件中，一位妇女与另一个男人通奸，被其夫发现，于是向纳粹当局告密。丈夫被判处死刑，但没有执行，而是被送往几乎必死无疑的东部前线。当战后该妇女受到指控时，她争辩说她的行为在当时是获得法律许可的，因而没有违反法律。拉德布鲁赫证明那些有争议的法律在道德上是如此的可憎，以至于根本不配成为法律。根据他的分析，为了具有法律效力，实在法必须符合最低限度的道德标准：

> 在不致力于追求正义的地方，实在法也就有意抛弃了作

[1] 对于官员实施的不法行为的另一个回应是成立南非真理与和解委员会，该委员会撤销了民事损害赔偿以及某些人应接受的刑罚（这些人按照高度结构化的公开程序处置受害人，实施政治犯罪）。由于对这种处理予以拒绝的那些人对公共惩罚和民事损害赔偿负有责任，因而该委员会的运转不能成为回应法律无效状态的建国时刻。如果存在法律无效状态，那么在人类中就不可能存在由他们实施的不法行为，而只有最大程度的不法行为了。所以，惩罚和民事损害赔偿都不是人们可以免除的。相反，在康德看来，上述委员会必须被理解为它预设了新的合法律的政权承继了旧的政权，因而预设了最高统治者对如下法权的运用，即防止国家解体并陷入自然状态之中，这本身就是最高统治者施与仁爱的法权的例证。参见6：335，6：337。

为正义之核心的平等，那么法令不仅是“有缺陷的法律”，而且完全不包含法律的本质。法律，包括实在法，只能被界定为其意义在于实现正义的一套体系和机构。按照这个标准来衡量，国家社会主义的整套法律都不具有有效法律的尊严。❶

哈特把拉德布鲁赫之公式的特征描述为：

> 他深思熟虑的反思导致他接受这样一种学说，即人道主义道德性的根本原则属于真正的法权（*Recht*）概念或者合法律性概念，而且任何实在的法律规定或者法规——无论它表述得多么明晰，也无论它与既有法律体系的有效性的形式标准多么相符——只要它与道德性的基本原则相抵触，就都是无效的…… [345] [E] 每一个法律人和法官都应该声明违反了根本原则的法规不仅是不道德的或者不正当的，而且不具有任何法律性质；并且，当于具体情况中改变既有个体的法律地位时，不能考虑欠缺法律性质的法律规定。❷

因此，哈特反对这个其特征被如此描述的论证，他的反对结合了道德和法律的论证：

> 我们很多人可能会为此鼓掌叫好，因为它实现了使做出极不道德行为的女子受到惩罚的目的。但这仅仅是通过宣布一部 1934 年的法规无效而获得这个结果的，这样做是否明智至少值得怀疑。而且，完全还可以有其他两种选择。一种

❶ Radbruch，“制定法的非法律性与高于制定法的法律”（Statutory Lawlessness and Supra－Statutory Law），载于 *Oxford Journal of Legal Studies*，26，2006，页 7。

❷ Hart，“实证主义与法律和道德的分离”（Positivism and the Separation of Law and Morals），载于 *Harvard Law Review*，71，1958，页 617。

> 是使该妇女不受惩罚；人们可能会认为这是一件坏事。另一种是，直面现实，亦即，如果要惩罚该妇女的话，就必须引入一部公开溯及既往的法律，并且充分意识到以此方式使她受到惩罚时我们为此所要面临的代价。溯及既往的刑事立法与惩罚可能是可憎的，但在此案中如果这样做，至少会获得坦率的美德。必须要明白的是，为了惩罚该女子，我们必须在两种邪恶之间进行选择：要么使她免受惩罚，要么放弃法不溯及既往这一多数法律体系都接受的珍贵的道德原则。我们从伦理史上学到的唯一知识是，解决道德难题的办法便是不要隐藏它。❶

[346] 在此，哈特的处理方式有两点值得注意。第一，哈特假定拉德布鲁赫提供的是评判个别法规的标准，而不是他明确提出的“整套”法规。结果，他忽视了拉德布鲁赫对某些案件的整体讨论，在这些案件中，犹太人的被纳粹没收的财产得到了返还，因为没收财产所依据的官方指令被认为是无效的，拉德布鲁赫提到了“体系”，并评论了后来在同一篇文章中提出的这样一种可能性，“是否应该把费厄（Führer）和海希（Reich）大法官视为国家的法律首脑，这个问题根本上至少是可

❶ Hart，“实证主义与法律和道德的分离”（Positivism and the Separation of Law and Morals），载于 *Harvard Law Review*，71，1958，页619。此后哈特承认他错误地描述了这个案件的事实；参见《法律的概念》（*The Concept of Law*，第2版，Clarendon，1994），页304。他指出，他所描述的这个事例可看作一个假设的事例，因为它提出了野蛮政体中授予法律权力的能力问题。我将讨论哈特所构造的这个事例。呈交给法庭的这个实际争议涉及该女子的罪行与对其丈夫作出裁判的法庭的地位这两者间的关系。法庭的官员是根据法律责任行动的；该女子则不然。参见 Thomas Mertens，“拉德布鲁赫与哈特论怨毒告密者：一项再考察”（Radbruch and Hart on the Grudge Informer：A Reconsideration），载于 *Ratio Juris*，15，no. 2（2002）：页186–205，以及 David Dyzenhaus，“再论怨毒告密者”（The Grudge Informer Case Revisited），载于 *N. Y. U. Law Review*，83，no. 4，2008，页1000–1034。

以争论的。”[1] 在那些讨论中，拉德布鲁赫关心的不是个别法律的道德价值，而是政权的立法权力。哈特却使这点看上去好像是拉德布鲁赫试图引入一条法律规范——“人道主义的道德性”——这条规范在任何的官方行动中都缺乏基础，一个实施溯及既往惩罚的案件不应被看作仿佛是对当时的非法行为进行惩罚的普通案件。[2] 上述论证与合法律性要求实在法这个理念是相冲突的。但它不是拉德布鲁赫的论证。实际上，他的论证关注的是对立法机构或立法官员之能力的限制。他认为，表面上看起来有效的、改变法律的行为实际上是无效的，因而这些行为使先在的法律规范始终在场。此即为何经野蛮政权授权，许可拿走财产所有权人的财产后，财产所有权人在法律上仍有权取回他们的财产。在这些案件中，被假定为上述行为提供新的权限的制定法是无效的。谋杀和盗窃受到有效颁布的法律的禁止，野蛮政权不能改变这一切。

哈特构思的第二个值得注意的特征是，在“两种邪恶之间”进行选择，这是把某人除非违反了先在的法律否则不受惩罚的原则视为“一条弥足珍贵的道德性原则”，无论使法令生效（或者在这个案件中，使法令被悬置起来）的某种程序的道德性质如何，这条原则都像珠宝一般闪闪发光。[347] 哈特在其他著作中指出，拉德布鲁赫认为战后法院应当珍视的道德原则事实上不过是产生一些可靠的期待。在《法律的概念》中，不确定性被识别为第一个方面，在这个方面，哈特说“前法律”状态是有缺陷的；[3] 在《惩罚与职责》（*Punishment and Responsibility*）中，他证明刑法应该是这样一个体系，在其中个体能够“权衡他因守

---

[1] Radbruch，“制定法的非法律性与高于制定法的法律”（Statutory Lawlessness and Supra - Statutory Law），载于 *Oxford Journal of Legal Studies*，26，2006，页 3。

[2] H. L. A. Hart，《法律的概念》（*The Concept of Law*，2nd ed.，Clarendon，1961），页 207。

[3] 同上，页 90。

法而付出的成本”以及“对于每个人而言，惩罚的痛苦将告诉他违法赔偿使之付出的代价。”类似的观点可能隐藏于他的如下评论，他评论说，残暴政权的刑法的恶（他显然把纳粹政权归入这些政权）“通过如下事实得到了缓和，即残暴政权统治着某些人，这些人从明知自己在做这些政权所禁止的事情中获得了补偿。”❶

哈特力图在确定性中发现一条珍贵的道德原则，不管某人能够确定该原则是什么，这反映了他的工具主义的法治观念，这种观念在乎的是产生某些结果。相反，非工具主义的解释则认为，“珍贵原则”从如下事实中继承了它的道德性，这个事实指的是，使实在法生效的形式程序产生了合法权状态，而在欠缺先在法律的情况下实施的惩罚是不正当的，因为惩罚预设了罪犯所声称的“野蛮的、无法的自由”，这种自由是与合法权状态相悖的。❷ 虽然合法权状态保证公民知道在与对他们使用权力的那些人的关系中自己处于什么样的地位，但这个事实——人们知道在涉及暴力时自己处于何种地位——并不能使任何道德原则获得应用。知道某些邻居比其他邻居更加危险，因而能够决定何时通过加入一方而承受计算好的风险，这或许更好一些。［348］然而，其计划为人知晓的犯罪团伙，它所给予的“利益”并不能“减轻”它对强力的使用。这种强力是不法的，因为它与每个人的独立性法权不协调，即使它是可预见的。而且，某个犯罪组织或者腐败官员在某个犯罪活动中保护某人，这个事实并没有把这条珍

❶ Hart，“法律职责与辩护理由”（Legal Responsibility and the Excuses），载于他的 *Punishment and Responsibility*，Oxford University Press，1968，页 47。

❷ 对该原则较早的 构思狭义地解释了这条原则：“以下情形是不可能的，即某个团体能够预见到一个行动——当它实施时还是无罪的——接着应该通过一个随后产生的法律而转化为犯罪：因此他没有任何理由不为该行动负责”（Blackstone，《英格兰法律评论》（卷 1）（*Commentaries on the Laws of England*，University of Chicago Press，1979），Standley N. Katz 编辑，页 46）。谋杀应该通过后续法律被“转化为”不法行为，这几乎不是不可预见的。

贵的道德原则的保护给予这个人。

然而，康德一定会赞同哈特的观点，即对合法律性进行道德化的检验是错误的，而认为具体法律被废止只是由于它的可憎的本质，这也是错误的，如果这个检验就是哈特声称在拉德布鲁赫那里找到的，则错得更加离谱：如果“人道主义的道德性”在每一个案件中都是合法律性的前提，那么从道德立场来看在任何一方面存在缺陷的法律就根本不是法律了。在这种处境下，合法律性的价值也就丧失了，因为它完全从属于道德性，个别官员也无权把它应用于个案。❶ 每个人除了做那些他认为是“正当的和好的事情”以外别无选择，即使官员所说的经常看起来是正当的或好的。一切行动是单纯单方面的，官员们只提供了一个特别协调的观点。

康德一般的处理方式产生了一种根本不同的思维方式，这种方式用来思考继合法权状态解体之后于野蛮状态时期颁布的制定法。野蛮状态的问题不仅是通过了未受批判性的道德性检验过的恐怖法律。专制的然而是合法权的状态也有这个缺陷，共和政体有时也是如此。然而，野蛮状态的问题还在于它是一个有强力、无自由、亦无法律的状态。就此而言，不能把野蛮状态描述为任何种类的联合意志的表达，因而不能描述为合法权状态的有缺陷的形式。它根本不是合法权的状态。

康德的处理方式对于上述这种行为的法律地位（以及道德地位）具有重要影响。正如我们看到的，在康德对私法损害和刑罚的每一次讨论中，其解释的基本结构是不法行为从未改变法权。[349] 如果我不法地损害了你，你要求赔偿的权利并没有超出你要求我不损害你的权利。相反，它是这样一种形式，在其中，权利在时空中再次获得了效力。同理，对罪犯的惩罚只是时空中

❶ 因此，哈特认为拉德布鲁赫发展了一种立场，该立场类似于德沃金随后发展起来的立场（这与哈特自己的研究工作有关），按照德沃金的看法，每个公民必须诉诸道德性来确定法律在特定处境中提出什么要求。

法律的至高无上性。

这个分析也可以应用于公民社会机构解体后的野蛮状态。如果从魏玛共和国过渡到纳粹是从合法律性过渡到野蛮状态，那么无论野蛮状态如何被优良地组织起来，在其中所发生的都不过是单方面的强力而不是法律。而且，离开了它的其他道德性质，它只是单方面的强力而不是法律。在《理论与实践》的脚注中，康德论证说，如果暴民们“废止了先前既存的宪法”，而新的共同体又没有建立出来，那么无政府主义状态将“伴随着所有的恐怖产生出来，这些恐怖在无政府状态中至少是可能的。”❶

发生在纳粹时期的交易和行动能够获得评判，其依据的唯一法律是先前魏玛德国的法律。如果合法权状态在野蛮状态之后得到了恢复，那么它是先于野蛮状态的那个合法权状态的延续或者甚至就是这个合法权状态，它不要求肯定行为来识别它的法律。如果不法行为不改变法权，那么魏玛共和国的法律，无论它们在道德上有多少模棱两可或者缺陷，都没有被野蛮状态中所发生的事情改变。旧的宪法经历了野蛮状态而保存下来，这在革命失败的情形中尤其如此。康德评论说，只考虑成功的革命会妨碍清晰的思考。❷ 它不仅导致过分乐观，还掩盖了革命失败所产生的法律问题。如果暴民短暂地推翻了政府，但政府随后又复辟了，那么政权暂时失去权力并没有剥夺其法律的合法权的强力。不像康德所描述的法国革命，这不是如下这种处境，在其中一个新的合法权状态建立起来了，它能够通过束缚其公民的法律。［350］相反，旧政权的有效性暂时受到了损害，但其统治的法权则不然。此即为何丹麦或荷兰的流亡政府在盟军胜利后即可返回并把它们战前的法律视为有效的。在其流亡期间，它们只是临时的，也就是说，它们缺少强制强力，但统治的法权还持存着。

---

❶ 《理论与实践》（*Theory and Practice*），8：302。

❷ 《理论与实践》（*Theory and Practice*），8：301。

准确说来，向野蛮状态的螺旋式下降不同于成功的革命，因为成功的革命不再为人民说话，即使这个声称——他或她在革命前声称是以人民的名义来开展革命的——是内在不一致的。破坏合法权状态的野蛮人没有权力束缚任何人，因而人们还是临时受着先前法律体系的约束。

康德把革命的特征描述为不仅违反了宪法，而且"消灭"了宪法，人们或许期待当陷入野蛮状态时他也会有此一说。[1] 然而，宪法被消灭，这在一定程度上取决于之后发生的事情。如果革命爆发并失败了，那么它从未成功地改变宪法，即使政府在只有强力统治的这段时期内是缺乏效力的。另一方面，如果革命获得了成功并且巩固了它的权力，那么旧的宪法在政府解体时就被消灭了。在此，这个处境类似于康德有关通过长期占有而取得的讨论：如果我在足够长的时间里占据你的财产，那么它就成为我的了，因为我占有了它；如果在相关限期终止之前你打断了我的占据，那么我在这整段时间里就成了侵犯者。这些事例是不同的，因为对于合法权状态的中断而言，不存在任何公共的制定法上的限期，准确说来是因为不存在任何公共的法律秩序。这只意味着，扩展开的野蛮状态时期仍不享有任何立法权力；只有合法权状态的设立才享有这一权力。秩序可能被设立起来并获得严格的维护，但它既不是共和的也不是法律的。一旦法律秩序得到了恢复，它就可以把自身视为被野蛮状态时期悬置起来的那个法律秩序的延续。同理，一个新的公民状态会承认在它之前的自然状态中建立起来的临时法权，按照同样的方式，得到恢复的法律秩序也可以承认发生在野蛮状态时期的合法的私人交易。［351］这个承认不要求它把法律效力赋予野蛮状态中实施的行为，同样地，也不要求它把法律效力赋予发生在那个时期的被证明了的盗窃。

---

[1] 《理论与实践》（*Theory and Practice*），8：299。

其结果是，拉德布鲁赫和哈特所讨论的这个妇女不能获得辩护，因为她的请求只能被分析为求助于某个权威，这个权威是单方面的意志，尽管是一个权力的意志。这个事实——被法律视为私人的人，她声称自己免于法律的禁止，甚至声称法律为她提供了清除其丈夫的制度手段——不可能使她免于惩罚。❶ 虽然如此，按照康德的分析，不可能有其他方式来理解她的请求。❷

当把康德的分析应用于纳粹种族法令，包括应用于那些剥夺人们所有权和公民权的法令，结论是一样的。只能把那些法律理解为单方面意志发布的命令。因此，它们必定缺少法律的强力。如果犯罪团伙攻入政府机关，使用符合要求的文具纸张写下一系列法令，人们即刻会认定，他们的行为不具有任何法律的强力，这就像某人撕碎他人的公民权凭证并不能剥夺后者的公民权一样。在概念上，野蛮状态与此并无差别，无论它可能多么更加有力、因而也更难以战胜。❸

康德对革命法权的反对，其含义是令人吃惊的，该含义意味着，存在这样一些情形，在其中假定革命是最容易被证成的，这些情形实际上是一些野蛮状态，在这些状态中，私人有权使用强力来创设合法权状态。［352］它绝不是一个小小的嘲讽，即野

---

❶ 她所诉诸的制定法没有命令她为其丈夫的罪行作证，因而不存在有关威胁的任何问题。

❷ 并不是野蛮状态的每一种情形都是继合法权状态的解体而产生的，因而在某些情形中，可能不存在可以遵循的先在的法律。在上述处境中，个人仍然能够武装反抗野蛮状态，但是，对于野蛮状态中所发生的事情的裁判，强制执行它们却不可能存在任何法律根据。或许，倘若破坏合法权状态的野蛮状态所持续的时间足够长的话，那么随之产生的合法权状态将会按照这种方式把自身视为一次 *de novo*［新的］开始。

❸ 康德主义者的分析认为，这些法令无效是因为它们是单方面的，这个分析不仅具有学术上的利益，因为它使人们能够请求返还他们在 20 世纪那场恐怖的政治噩梦中失去的东西。有些人从康德主义者的这个观点——不法行为从未改变法权——的后续发展中受益，我就是其中之一，我能够重新获得德国公民权，因为我的母亲被纳粹种族法令剥夺了公民权。当我获得公民身份证时，领事官员施密特先生以标准的康德式术语描述了这个过程："现在你拥有了你本来拥有的东西，假如某些恐怖事件没有发生的话。"

蛮状态的问题恰好是被康德等同于革命的问题。无论野蛮人想到了什么，也无论为了巩固它的权力可能设置多么复杂的程序，那些力图进入合法权状态的人都会以法权来抵制野蛮状态。抵制野蛮状态就是使用强力以便进入合法权状态，因而是在最大程度上抵制不法行为。

Ⅵ. 结论：从人性的内在法权到人类自身的法权

康德的法权理论的起点是每个人人性中的内在法权，因而是这样一种权利，每个人独立于其他每个人的任意，每个人被看作自身的主人，看作一个人格而不是一个物。这些根本理念扩展到某种处境，在其中除了可以使用每个人自己的人身以外，还可以使用物来追求目标，这个扩展产生了私人法权。继而，私人法权要求公共法权：许多人能够与其他人协调地享受自由，其唯一的方式是与其他人联合起来并进入一个合法权状态。作为普遍法则之下每个人的自由与其他人的自由相协调的系统化的实现，合法权状态不仅是被视为个体的每个人的法权，而且是被视为整体的所有人的法权。公法之下的自由是人类自身的法权。

附录 “不可能得到进一步证明的悬设”

[355] 绝对命令是康德实践哲学的中心，事实上也是整个批判哲学的中心，因为它是这样一条原则，即理性只对其自身作出回应，而不对外在于它的任何东西作出回应。康德把它描述为道德性的最高原则，并利用它把道德性与他对人的自由的解释联系起来。康德的法律和政治思想似乎沿着完全不同的方向拓展。《法权学说》的核心原则是普遍的法权原则，它是作为“不可能得到进一步证明”的悬设被引入的。不像绝对命令，普遍的法权原则不被视为行动的动机；相反，它是“使用强制的授权”。据说它是由“先天的机构”“建构起来的”。对强制的强调似乎使普遍的法权原则与绝对命令拉开了距离；讨论先天的机构似乎是要与《纯粹理性批判》而不是《实践理性批判》进行比较。在这个附录中，我的意图是利用第一批判来说明普遍的法权原则的强制方面以及它与绝对命令的关系。我将证明，普遍的法权原则和绝对

命令之间的区别反映了概念间的比较与客体间的比较之间的区别。

[356] 本书的意图之一是在不面面俱到地阐述实践哲学宏大计划的情况下，说明康德对法权所作的规范性论证。然而，绝对命令和普遍的法权原则之间的关系提出了诸多文本问题、哲学问题乃至政治问题。之所以产生文本问题是因为无论我们向康德提出什么意见，❶ 他都会把《法权学说》纳入《道德形而上学》。然而，他不仅把它包含进来，还把它放在第一部分。“绝对命令”这个短语不时出现在《法权学说》中，但它在论证中似乎并不扮演系统化的角色，无论行为还是准则都不直接根据它来衡量。❷ 然而，在其他著作中，那些通常围绕绝对命令的词汇也可以在各个关节处找到：法权只在“普遍法则之下”才是可能的；合法权的正派要求你不许让自己“被视为单纯的手段”，人民必须“自我立法”。《法权学说》的这些核心比较也类似于道德哲学的其余部分的比较。独立于其他任何人的任意而成为你自己的主人的法权，类似于《基础》中对自律和他律的比较。

---

❶ Marcus Willaschek，“为什么《法权学说》不属于《道德形而上学》：论康德道德哲学中的几个基本区分”（Why the *Doctrine of Right* Does Not Belong in the *Metaphysics of Morals*: On Some Basic Distinctions in Kant's Moral Philosophy），载于 *Jahrbuch für Recht und Ethik*，5，1997，页 205–227。

❷ 绝对命令出现在《道德形而上学》导论的 6：221，6：222，6：223，6：225，6：227。它在私人法权中出现过三次：6：252（与法权有关的实践理性悬设），6：273（论为什么必须履行契约），6：280（论作为道德实践目标之可能性的自由存在者的产生）。所有这些都是这样一些情形，在其中，绝对命令允许从经验性的行为推导出有关自由的结论。下面我会讨论这些内容的第一部分。绝对命令在公共法权中也出现过两次：6：318（论努力使宪法符合法权的责任）和 6：331（作为绝对命令的惩罚）。在这两个事例中，比较而言，它出现在如下反对中，即反对诉诸作为法律责任或法律权力之根据的经验性结果。它还在附录的 6：371 中出现过一次（服从对你们拥有权力的权威，这个责任与你的内在道德性并不冲突），康德在那里回应了鲍特瓦克（Bouterwerk）发表于《哥廷根杂志》（*Gottingen Journal*）上的评论。最后这点类似于私人法权中提到过的，因为绝对命令允许从拥有权力的权威推出合法的执政者。令人惊讶的是，它没有出现在《法权学说》的导论中，而普遍的法权原则就是在这里被引入的。

[357] 从哲学上看，实践哲学的重大问题正处于危急之中：法权是个道德概念，但不只是某个更宽泛的、“完备的”道德理论应用于强力问题，如此，康德主义者还能维持法权与伦理之间的区别吗？在康德看来，绝对命令是这样一种方式，按照这种方式，实践理性不只是一件工具，因此，绝对命令必定会对如下方面产生影响，即法权不是实现其他某物的工具——甚至不是使绝对命令有效的工具。康德的实践哲学始终关注道德原则的形式，但不把该形式看作接近那个无需形式也能获得阐明的某物的有用工具。如果《法权学说》没有脱离这个方向的话，那么普遍的法权原则一定不只是绝对命令向日常人类境况的一次适用。❶ 然而，如果普遍的法权原则与康德在《基础》前言的评论保持一致的话，那么在某种程度上必须联系这条原则：“我发现根据其基础把该奠基作为导言单独来写是有用的，因为这样，在将来就不须把这里不可避免的细节引入那些更容易理解的学说中了。”❷

从政治上看，上述问题所面临的危险还要大些。博格认为，《法权学说》不是一种“完备”形式的自由主义，因为它不取决于接受康德的整个道德哲学。❸ 从前 11 章的论证来看，我对这种观点显然持同情态度，但一定不能以过高的代价来换取法权对康德主义之道德性的独立性。如果不能以任何方式把普遍的法权原则与康德主义之道德性的更为宏大的计划联系起来，那么将存在

---

❶ 罗尔斯在论文《康德道德哲学的主题》中把绝对命令解释为要求对通常的人类状况作出实际的承诺。罗尔斯的处理方式颇为有趣，但不同于康德自己的思路，因为它混淆了如下区别，即他所理解的康德的道德形而上学与考察人类处境之特性的可能的道德人类学之间的区别。参见 John Rawls，“康德道德哲学的主题”（Themes from Kant's Moral Philosophy，载于 *Collected Papers*，Samuel Freeman 编辑，Harvard University Press，1999，页 497－528。

❷ Kant，《道德形而上学基础》（*Groundwork of the Metaphysics of Morals*），4：391－392。

❸ Thomas Pogge，“康德的《法权学说》是‘完备的自由主义’吗？”（Is Kant's *Rechtslehre* a “Comprehensive Liberalism”？），载于 *Kant's Meta－physics of Morals*，Mark Timmons 编辑，Oxford University Press，2002，页 153－158。

一个危险，即需要以不同的方式来理解该原则，因为它将与康德主义的道德性协调不起来，无论该原则存在什么困难、矛盾乃至模糊性，对于所有的表现来说，康德主义的道德性无疑都是与道德性有关的合理的、完备的观点。[358] 这使我陷入另一个文本难题：在《道德形而上学》导论和《德性学说》中，康德认为所有的法权责任都间接地是德性责任，也就是说，他认为存在一个德性义务，即根据法权原则来行动，使这些法权原则成为你自己的行动原则。然而，如果的确如此的话，那么必定有某种方式把它们置于《德性学说》的范围之内，同时这种方式又不会使法权依赖于德性。

我相信康德有办法解决上述每一个困难，因而普遍的法权原则的确是从绝对命令中推导出来的，但不等同于绝对命令。它还提出一个结构，通过该结构，作为《道德形而上学》第二部分的《德性学说》处理人类之间的关系。其解决方案的要点可以在他对“外在”自由之本质的评论中找到，还可以在他的主张——“理性关心的是：为了建构法权概念，为知性尽可能多地提供先天直观”[1] ——中找到。法权关心的是外在自由，机构被要求用来精确地建构法权，因为法权支配着占据空间的自由的理性存在者之间的关系。[2] 就像可能经验到的每个客体必定具有的先天特征不能从纯粹形式的判断（或者其他任何纯粹概念的东

---

[1] 6：233。

[2] 在《实践理性批判》（*Critique of Practical Reason*）中，康德否认我们对自由拥有特别的直观：“这样一个超感性的自然，它的概念同时能够是通过我们的自由意志将它实现出来的根据，它的可能性不需要任何先天的直观（对一个理知世界的直观），这种直观在这种场合下作为超感性的直观，对我们来说也必然会是不可能的。”（5：45）“但它不是把直观、而是把这些法则在理知世界中的存有的概念、即自由的概念作为这些法则的基础。”（5：46）直观的潜在功能在 5：49 中被消解了：“假如实践理性意在于此，它就必然会想去指明，根据与后果的逻辑关系如何能够在不同于感性直观的另外一种直观方面得到综合的运用，也就是 *causa noumenon* [本体的原因] 是如何可能的；这是它根本做不到的，但它作为实践理性也完全不考虑这一点。”

西）中推导出来一样，占据空间的理性存在者之间的合法权关系的先天特征也不能从绝对命令中推导出来。内在意志与外在自由之间的区别——正如康德在有关理智的和感性这两者之间的类似区别的注释中所指出的——是先验的，而非只是逻辑的。[1]

［359］为了证明这点，我打算接受康德的主张，即法权原则是“一个不可能得到进一步证明的悬设”。对作为一个悬设的法权原则的特征进行描述，直接伴随该描述的是以下主张，即法权原则不等同于绝对命令——“但它根本就没有指望、更没有要求我应当只为了这种义务而把我的自由限制在那些条件上；相反，理性说的只是，在符合自由理念的情况下，自由被限制在那些条件上，而且自由还可能受到其他人积极的限制。”[2] 普遍的法权原则不是自我立法的原则。相反，其他人可以强制执行它。悬设被要求用来建立这条原则。

I．法权学说中的其他悬设

康德在批判著作中使用“悬设”这个术语。虽然它的意义存在矛盾，但某些特征却是清楚无疑的。来自《纯粹理性批判》与《实践理性批判》的悬设——上帝、自由和灵魂不死——被证明得到了实践根据的保证，康德有时把它们的特征描述为得到保证的理论信念。然而，在任何简单易懂的意义上，它们不是什么理论信念：康德这样来描述上帝存在这个确信的特征，这个确信“不是逻辑的确定性，而是道德的确定性”，因为“它与我的

[1] 《纯粹理性批判》（*Critique of Pure Reason*，Cambridge University Press，1996），Paul Guyer 和 Allan Wood 译，A44/B61。

[2] 6：231。

道德意向密切交织在一起。”❶ 这个观点甚至可以更清楚地应用于自由。它不是一个可以与理论认识的其他部分相融合的理论假设；它既不能就我们的认识作出任何说明，也不能给它添加任何东西。相反，我们每个人都得到了理性 *factum* ［行为］ 的保证，❷ 可以把自己的审议理解为自己自由的表现。康德在《纯粹理性批判》的先验感性论和范畴的先验演绎中论证道，我们认识到只作为时间中的“表象”的我们自己，而没有认识我们自身；在讨论谬误推理时，他证明了第一人称描述的逻辑形式仅把自我表现为物自身。［360］ 自由的悬设为如下假定提供了道德根据，即假定我们的思想和审议，它们自己处于时间之中，因而是通过理论认识而非物自身才得以个体化的，尽管如此，它们仍然是自由的表现。它要求你思考自己并且“在自由理念之下”展开行动，即使这样做不仅缺少认识根据，而且必然不可能有什么认识根据。我能够表现自我的唯一方式是把它表现为处于时间之中；然而，这样是把自我表现为经验性的实在，因而表现为从属于因果必然性。尽管如此，我必须把自己看作是自由的，因为我在道德上有义务假定我的审议是自由人格的经验性表现。❸ 对于这个结论，我不可能拥有任何理论的认可（或反对），因为对于任何有关物自身的个别化，我没有任何理论根据。相反，我有义务——在道德上——把自己理解为是自由的，因而有义务把我的审议和任意理解为自由的表现。因此，道德概念为如下权利奠基，一个权利是把这个自身视为包含着人格，另一个是把你的审议中的自我视为一个自由人格。因此，它们建构起人格的道德概

---

❶ 《纯粹理性批判》（*Crituque of Pure Reason*），A829/B857。

❷ 不是事实，而是 *factum* ［行为］，亦即行为。参见 Paul Franks，《所有或者全无》（*All or Nothing*，Harvard University Press，2005），第 5 章；Marcus Willaschek，《实践理性：康德的行为理论与道德根据》（*Praktische Vernunft：Handlungstheorie und Moralbegrundung bei Kant*，Stuttgart：J. B. Metzler，1992）。

❸ 《实践理性批判》（*Critique of Practical Reason*），5：49。

念并要求在第一人称的情形中我们把我们每一个人应用于我们自己。[1]

［361］在同样的意义上，普遍的法权原则是一个悬设：它允许在自由法则之下来考察时空中的事物，允许把道德概念应用于经验性的客体，因而设立了一个不能在理论根据之上设立的权利。理性 *factum*［行为］要求我们根据道德的自由概念来理解我们的思想，即使这些思想处于时间之中。普遍的法权原则要求我们把具体的人类——包括我们自己和其他人——理解为道德的人格概念的例证。在这个意义上，它要求悬设，而不是推理

[1] 该论证的相同思路在《实践理性批判》导言 5：5 中曾有介绍，而在 5：55 的开端处具体拓展开来。就如《纯粹理性批判》中的经验性思维的悬设一样，它们（［中译按］回到原文，它们应当指的是“模态的诸范畴”）不“增加它们应用于其上的诸概念”（A219/B266）。在第一《批判》中，悬设据说“表达了概念与认识能力之间的关系。”比较而言，实践的悬设表达的是经验性的概念与自由之间的关系。因为自由与义务是相互包含的（《实践理性批判》，5：29），所以自由的悬设也是道德法则的悬设。

康德没有明确把经验性思维的悬设与诸如上帝、自由和灵魂不死这些实践悬设联系起来，但如果前者被理解为实践的，那么它们也没有为其客体的概念增加任何内容，而是把其他客体置于义务和禁止这些新的模态范畴之下。在绝对命令的情形中，模态概念是与判断的逻辑表中的概念相对应的。在逻辑的情形中，中间范畴只是一个占位者：每件东西在逻辑上是可能的或者必然的，但没有东西在逻辑上是现实的，因而同样地，内在的道德性认为只有确定的准则是可许可的（或不可许可），其他则是义务的（或不是义务的）；现实范畴的任何类比都没有任何确定的应用。在判断的逻辑表中，中间范畴是“断言的”，亦即断定一个命题。在内在道德性的情形中，中间范畴将意愿一条准则。在法权悬设的情形中，模态范畴具有相关性，它们形成了康德所谓义务的六边形，即可许可的/被禁止的，单纯的可许可的/不可归责的，义务的/非义务的。中间的一对，与第一《批判》中现实的/非现实的相对应，它们反映了许可法的地位，许可法强调根据单纯可许可的行动进行归责，例如所有权的取得，订立契约与进入身份关系；它的相关性包含单纯的可许可的行动，根据这些行动，合法权的任何结果都不可被归责，例如使用你们没有取得的客体（6：269），或者向其他人告知某些事情或做某些事情，而这些事情并不妨碍已经属于他们的东西（6：238）。关于阿欣瓦尔所说的义务六边形的意义——康德就是使用他的教科书教授自然法权的——参见 Joachim Hruschka，《1767 年戈特弗里德·阿欣瓦尔的义务论的六边形》（*Das deontologische Sechseck bei Gottfried Achenwall im Jahre* 1767，Hamburg：Vandenhoek und Ruprecht，1986）。

和发现。[1] 同时，《法权学说》中的悬设还引入了新的自由法则。其引入方式在与康德引入的第二个悬设的关系中更容易领会。在私人法权的开篇，与法权有关的实践理性的悬设，是作为“不能进一步得到证明的悬设”被引入的，该悬设使理性“先天地扩展自身。”[2]

［362］我的策略将表明，第二个悬设为透彻思考第一个悬设提供了恰当的模型。为此，我将说明为什么普遍的法权原则足以为某人自己人格的人性中的内在法权奠基，但还要求一个产生所有权、契约法权和身份关系法权的悬设。在考察了上述悬设与普遍的法权原则赖以相互作用的结构之后，我将提出一个类似的结构来说明普遍的法权原则自身的导论。

普遍的法权原则说的是

> 任何一个行动，如果它，或者按照其准则每一个人的任意的自由，都能够根据一条普遍法则与任何人的自由共存，

---

[1] 与 Robert B. Pippin 相反，在“我的和你的？康德式的国家”一文中，引入其他悬设不要求每个人各自采取理性的 *factum*［行为］。相反，这个理性 *factum*［行为］——即存在若干义务——允许每一个悬设，这些悬设把自由的法则应用于客体的其他领域。参见“我的和你的？康德式的国家”（Mine and Thine？The Kantian State），载于 Paul Guyer 编辑，*Cambridge Companion to Kant and Modern Philosophy*，Cambridge University Press，2006，页 416－446。

[2] 6：247。《法权学说》还引入了第三个悬设，它与“公共法权”有关。因为我的阐述策略集中于第二个悬设的结构而非康德论证的具体细节，所以我只简短地评论一下第三个悬设。首先，就如其他两个悬设一样，它把自由概念拓展到时空中新型的客体上，即公共的法律机构和在其中供职的官员。康德认为，这个可能性“可以分析地从在外在关系上的、与暴力（*violentia*［暴力］）相对立的法权概念出发来阐明”（6：307）。可能进行分析地阐明，这个可能性是从法律机构的这种功能（第 7 章有讨论）——把个体对自由的运用置于普遍法则之下——中推导出来的。因此，公共法权悬设没有引入私人间的新的不相容性关系，但使私人从属于公法。新形式的潜在的不相容性要求把法律机构置于自由法则之下。因此，它应用于实际的机构，并要求人们把这些机构理解为源始契约理念的有缺陷的例证，“仅根据这个理念”，正如我们在第 7 章看到的，“我们可以思考一个国家的合法性了”。这个纯粹的情形提供了唯一可能的标准，根据这个标准，实际的情形可被视为合法权的。

就是正当的。[1]

在“作为整体的道德形而上学导论”中，康德根据“对某人通过行动来产生客体的能力的意识”来描述任意的特征，并把它与单纯的意愿进行比较，意愿是“不与这个意识相结合的”。[2]那么，必须根据选择追求何种目标的能力来理解任意的自由(*Willkür*)，而这——根据康德的分析——只是由于某人已经获得了力量才是可能的。因此，根据普遍法则，任意的自由的协存是许多人中每一个人使用他或她拥有的力量来设定和追求其目标的能力，该能力与其他人为同样行为的能力是相协调的。

普遍的法权原则所阐明的平等的自由观念支配着互动中的人格。[363] 它还需要一个不法行为的定义，该定义把不法行为定义为与法权不相容：按照与其他人使用其力量的能力不相协调的方式来使用某人的力量以设定和追求目的。康德认为法权之下平等的自由概念对于你人格的人性中的内在法权而言是足够充分的，这个内在法权就是你在普遍法则之下独立于其他人任意的法权。

作为限制各自行动的原则，普遍的法权原则不足以产生超出你自己人格的人性中的内在法权的任何其他法权。正如我们在第3章看到的，你人格的人性中的内在法权不包含某些法权观念，这些法权观念与任意的外在客体有关，亦即与物而非你用来设定和追求你自己目标的人格有关。在普遍的法权原则中，没有任何东西能够排除某类人的可能性，这类人能够设定和追求他们自己的目标，却不能使任何外在的客体从属于他们的任意。正如我们看到的，所有取得的法权，其显著特征在于它们拥有一个“我的或你的”的结构，由于拥有这个结构，所有取得的法权要求一个

[1] 6：230。
[2] 6：213。

设立它们的肯定行为。我们还看到，对取得法权的规范性论证关注的是某些方式，按照这些方式，物能够获得使用，这种使用是与每个人合目的性的形式结构相协调的。只为了具体的使用是不能获得物的，例如洛克式的自我保存，但必须能够 *simpliciter*［普遍地］获得物以使用之。

对任意的外在客体的引入产生了新的方式，按照这些方式，与某个客体有关的我的任意和你的任意是可以不相容的。正因为它可以是“我的或你的”——它可能从属于其他某个人——你的任意的任何客体必须从属于你的任意，即使它事实上不受你的控制。只要你物理地占有了这个客体——你把苹果握在手里——我通过妨碍你对它的物理占有而侵犯了你，只因为我这样做妨碍了你的人格。❶ 这个悬设把法权原则扩展为这样一种情形，在其中，我对你实施了与某个客体有关的不法行为，即使我没有妨碍你的人格，因而没有在我的行为与你的法权之间设置了另一个潜在的不相容性。同理，该悬设还把法权原则扩展到这种情形，在其中，我通过一份契约把我未来的行为转让给你。［364］如果没有这个悬设，我不能把任何肯定的法权义务归诸于你。这些义务是一些要求，即我使自己的行为与你的取得法权保持协调。新的不相容性产生出新的义务。

就私人法权的三个权利的每一个而言，第二个悬设设立了自由的相关法则，并且支持把自由的诸法则应用于时空中的客体。“为了使占有概念扩展到经验性占有之外”，该悬设消除了“设立经验性占有的所有直观条件”。康德把这另一种形式的占有标示为“非物理上的”、❷“理知上的”，或者“本体上的”。❸

正如塞拉斯（Wilfrid Sellars）指出的，这里所讲的直观观念是简单常见的：我们对其他人有义务把时空中的客体看作他们的

---

❶ 6：250。
❷ 6：252。
❸ 6：255。

客体，例如支付一美元债务的义务。由于义务是由自由的诸法则支配的，而自由的诸法则又必须是本体的而非现象的，由此可以推出本体地占有经验性的美元是可能的。❶ 本体地占有美元是可能的，对于这个假定我们不能提出任何理论根据，因为对于任何有关本体领域的假定，我们都不能提出任何理论根据，而且对于把本体领域中的客体个体化或者对于假定本体领域中有些部分，它们以任何方式与经验性客体是同形的，我们在理论理性中也缺乏任何根据。然而，对于接受本体地占有美元这种可能性，我们能够获得实践的、亦即道德的根据：如果我欠你一美元，那么你本体地占有这样一个行为，即我把美元转让给你。如果我不法地把一美元从你那儿拿走了，那么你本体地占有了我物理占有的这一美元。❷ 更一般地，该悬设通过允许自由的诸法则向时空中的客体扩展，从而允许从经验性的占有中抽象出合法权的占有。❸

[365] 与法权有关的实践理性的悬设阐明了本体占有的结构。它表明，我能被授权在时空条件的抽象中来思考任意的外在客体。不是理论理性允许作这样的抽象——此即为何康德否认该悬设表现了认识的扩展——而是实践理性允许作这样的抽象。平等的自由体系要求使用可资利用的物在道德上是可许可的，这个

---

❶ 由于抽象，我们可能把美元理解为非经验性的，就此而言，塞拉斯所选择的事例潜在地具有误导性。在有关返还他人财产之责任的问题上也可得出相同的结论：所有权人本体地占有一个经验性的客体。

❷ Sellars，《康德与前康德式的主题》（*Kant and Pre - Kantian Themes*，*Ridgeview*，2002），Pedro Amaral 编辑，页 61。该书是把 1975 年和 1796 年塞拉斯在匹兹堡大学开设康德课程时所用的讲义编辑而成的。在我于 1982 年参加的秋季学期的课程上，他列举了同一些事例。

❸ 康德评论道，与法权有关的实践理性悬设中的权利只是理性的事实。“任何人都无需诧异的是：外在的‘我的’和‘你的’的理论原则沉迷在理知的东西之中，而且并不表现任何扩展了的知识，因为在这些原则所依凭的自由概念无法对这种占有可能性进行理论演绎，只能从作为同一个理性的行为的理性实践法则（绝对命令式）中推论出来。”（6：252）。康德在这里的主张类似于《纯粹理性批判》和《实践理性批判》中对把我们自己视为自由的这个权利所作的论证。

要求符合康德有关使用某物意味着什么的形式的观念：使它从属于你的任意，因而你可以用它来设定和追求目标。因此，把可资利用的东西据为己有，这一可能性要求你一般能够拥有它，亦即，它从属于你的任意，这是与他人的任意相对立的，即使你没有占有它。所有权结构只是一种权力，它使空间中的某个物理客体从属于你的任意，即使你没有持有这个客体；契约结构是一种权利，它使他人的行动从属于你的任意，即使这个行动之前已经履行过了。你可以让契约对方解除契约，但他不能自己解除。身份结构要求某人为了他人的目标而行动，因此，当她依据其身份作出行动时，她就放弃了独立的合目的性。在以上每一个情形中，你的权利应用于你之外的某物；它可以作如此应用，仅当在决定做什么时，我可以把我的审议看作本体的任意的反映，同理，物理客体和人的行动可以被理解为本体秩序的表现。❶

Ⅱ. 普遍的法权原则

[367] 对第二个悬设的关注为我们提供了一种方式来理解是什么导致康德引入第一个悬设的，他在其他地方把第一个悬设称为“外在自由的公理”。❷ 私人法权的悬设把普遍的法权原则扩展到考虑某种不相容关系，这个关系是该悬设没有预设的。普遍的法权原则又把绝对命令扩展到考虑某种不相容关系，这个关系又是该原则没有预设的。这个不相容性的新的本质是把普遍的法权原则从绝对命令中剥离出来这个常见困难的根源。强制的可能性没有包含在绝对命令之中，因为康德是在《基础》或者

❶ 在《法权学说》中，康德使用“理性事实”和“绝对命令”来描述这个允许的特征。参见6：252。

❷ 6：268。

《实践理性批判》中来构思绝对命令的。在对绝对命令的任何构思中，为了以上述任何一个构思中的绝对命令来内在地约束意志，对于某些形式的不相容性，必须具有如下这个潜在的含义：准则必须内在地不能被意愿为一条普遍法则。矛盾的相关类型、绝对命令的各种构思之间的关系以及能够对各种矛盾进行分类的方式，关于这些问题的各种细节，我们暂且搁置，那么绝对命令的无矛盾性指的是假定它表明了某些准则不能成为普遍法则，因为在它们的内在形式中存在着若干缺陷。使用不恰当的手段来追求已设定的目的，或者未能接受对于任何有限的理性存在者而言是依法要求的目的，这都是意志的缺陷，这个缺陷完全是在如下这个层面上产生的，即不管其他任何人做了什么，或者甚至不管是否存在其他任何人，什么是可以被意愿的。

不相容关系是绝对命令关心的问题，它们内在于有争议的准则的意愿。康德把自由意志的前提归类为综合的；如果他的证明被接受的话，那么有争议的矛盾就是概念的而不是分析的。在康德所谓“完全”责任的情形中，不相容性的概念本质是显而易见的，因为他所考虑的准则甚至不能被构想为普遍的法则——它们是自我矛盾的，不论这个世界会成为什么样子。甚至在康德所谓的、把某人自己的完善性或者其他人的幸福作为目的的“不完全责任”的情形中——对于这些责任而言，矛盾“处于意志之中”，而不“在观念之中”——不相容性仍然是概念的：意志不能通过选择这样一个世界——在其中，它不拥有任何扩展后的力量，或者在其中，合作与相互帮助是不可能的，即便如此——来否认它自身的自由。[1] 意志对它自己合目的性的关心要求它使这些可能性保持开放。普遍法则，倘若它阻止把发展你的力量和帮

---

[1] 康德在每一种情形中的论证，它们在《道德形而上学》之第二部分的《法权学说》中，比在《基础》中得到更为具体的处理。关于该问题的讨论，参见 Barbara Herman，“道德要求的范围”（The Scope of Moral Requirement）和“意志及其客体”（The Will and Its Objects），载于 *Moral Literacy*，Harvard University Press，2007。

助其他人作为可能的目的，它就是对自由施加专横的限制。因此，它们必定处于你的目的之中，只因为你是能够自我设定目标的理性存在者，因为它们的可能性被包含在理性意志的概念之中。❶

那么，对于完全责任和不完全责任，绝对命令识别出那些内在地具有缺陷的准则。绝对命令的概念结构是康德如下论证的根本，即绝对命令是纯粹实践理性的原则。即便只有一个人，绝对命令也仍然是他或她的理性的自律原则。❷［368］如果你的准则直接或间接地与其他人相关，那么绝对命令要求你要考虑他们，但这个要求是你自身自由的理性要求；绝对命令把与其他人相协调的要求奠基于你自身准则的协调性的要求之上。

如果我们按照这种方式来理解绝对命令，那么它把协调性要求置于个别行动者的意志之中。这个不相容性的主题经常与其他人的行为和目的有关，但对其相容性的检验则纯粹是内在的。作

❶ 在此我假定，要理解绝对命令，其依据是科斯迦尔德所说的“逻辑的矛盾”或“实践的矛盾”的解释，而不是“目的论的”解释。科斯迦尔德反对逻辑的和目的论的观念，但在文本的证明中没有任何东西依赖于逻辑观念和实践观念之间的区别。然而，它取决于对目的论解释的否认，根据这个解释，绝对命令是一个空洞的公式，它需要结果论者的考虑以便应用于任何事物。这显然不是康德构思该问题的方式。参见 Korsgaard，“康德的普遍法则公式”（Kant's Formula of Universal Law），载于她的 *Creating the Kingdom of Ends*，Cambridge University Press，1996，页 77－105。

❷ 在此我虽然不能对这个主张作一番详细的辩护，但我相信，绝对命令为整个批判体系奠定了基础。作为理性自己的法则，也就是说，它表达了如下要求，即理性只能对它自己作出回答，它从不能回答它之外的任何事物。根据最有力的解释，理性有它自己的法则，这个观念为先验观念论提供了哲学的灵感：先验实在论者，无论被表现为独断论者还是怀疑论者，他都是这样一个哲学家，即他坚持认为理性对某物而非对它自身作出回答。第一批判的序言谈到修建通天塔的独断论者，这些独断论者试图使用理性这个工具去刺穿天空，因而最终把握真正的实在之物。而毁灭通天塔的怀疑论者则通过谦卑的理性使独断论者保持谦卑，他们表明理性不适于独断论者的野心。他们所分有的东西——正如经常指出的——不仅是我们能够按照事物自身所是的那样去认识事物。这个主张还是他们更深层次地分有某种一致性的表现，这个一致性就是理性自身是研究某物的工具，没有这个研究，该物也具有完全确定的本质。关于这条论证线索的进一步发展，参阅 Onora O'Neill，“康德主义事业中的理性与政治”（Reason and Politics in the Kantian Enterprise），载于她的 *Constructions of Reason*，Cambridge University Press，1989，页 3－27。

为理性法则，绝对命令把所有行动者视为恰好处于同一个处境：他们的任务是为所有的理性存在者立法。同时，在每一个情形中，这个任务是我的任务，亦即，这个问题始终是行动者尤其应该依据什么原则来行动。我们每个人被假定好像在为目的王国立法一样来选择准则；毫无疑问，我们要通过强力的使用把我们对外在自由各自的运用协调起来。

在对绝对命令的各种相互竞争的解释和评价之间，我让这些有关绝对命令的考察保持中立。如果没有更多的考察，所有这些考察都不能产生给强制授权的普遍的法权原则。[1] 然而，它们能够通过如下悬设做到这点，即该悬设把道德概念应用于以不同方式而不相容的事物，由此引入一系列新的不相容关系。法权的悬设正好是这样的悬设。

康德在《法权学说》中显然利用了空间的图像。内在法权根据占据相同空间的不同人的不相容性而被模拟。在私人法权中，所有权的基本情形是土地，[2] 土地被理解为地球表面的特定区域；本体的占有是从时空中抽象出来的，因为物理的占有是占有的简单情形；契约的最初例子是物理客体的即时转让。[3] [369] 在公共法权中，领土标志着国家的界限，它甚至被表现为国家的身体；国家是“土地的最高所有权人”，因为只有它才能把土地划分为诸多部分。[4] 选择若干模型并不奇怪，因为在康

[1] Marcus Willaschek，“法权与强制：康德的法权观念可以从他的道德理论中推导出来吗?”（Right and Coercion：Can Kant's Conception of Right Be Derived from his Moral Theory?），载于*International Journal of Philosophical Studies*，17，no. 1，2009，页49－70。

[2] 6：261。

[3] 6：272。

[4] 虽然根据任何对物的在先的、“临时的”法权，国家是优先者，但仅当国家领土被理解为它的一般意志的表现时，上述临时法权才具有信服力；分割领土的根据是“分割的形式原则，而非聚合的原则（该原则从部分推进到整体）。”在此，康德对土地的空间性特征所作的描述类似于他在《纯粹理性批判》中提出的主张，该主张认为空间的诸部分“不能先行于那唯一的无所不包的空间，仿佛是它的组成部分（空间通过它们才可能被构成）似的，相反，它们只有在空间中才能被设想。”（参见6：323和《纯粹理性批判》（*Critique of Pure Reason*），A25/B39）。

德看来，空间是外感官的形式，普遍的法权原则是外部（外在的）自由的法则。在《纯粹理性批判》的先验感性论中，康德证明空间是这样一种形式，在其中，客体呈现为外部的；他在《法权学说》中说道：“理性关心的是：为了建构法权概念，为知性尽可能多地提供先天直观。”❶《批判》教导说，仅当直观是形式的，直观才能够是先天的，因而用来建构法权概念的直观必须是形式的。法权原则支配着外部自由，因而对它的先天直观必须符合外部直观的形式——空间。❷

［370］康德的核心主张是，我们是占据空间的理性存在者。悬设“不能得到进一步的证明”，因为任何东西都没有资格成功地证明它。概念不可能提供证据，因为正如康德在先验感性论中证明的，空间是非概念的，它不能被化约为任何概念或概念之间的关系。论证的细节是复杂的并且不时受到挑战，但其基本要点是简单而常见的：空间是非概念的，因为它具有的一般性和概念所具有的一般性不是一个类型。一个概念是一般的，这是在如下意义上说的，即（可能的）例证都处于这个概念之下。比较而言，空间拥有的是部分而不是例证。概念的例证比概念更具体，它们拥有更确定的内容，因而马匹的概念比哺乳动物的概念具有更大的确定性；空间的部分都是一样的，它们只在它们的外在关系上，也就是在它们的位置上有所差别。而且，康德主张作为整体的空

❶ 6：233。

❷ 如果“任何相应的直观都不能为一个理性概念而被给予出来”，那么为了建构法权概念，直观又如何能被“提供出来”呢？康德是在如下情境中提出后一个主张的，这个情境指的是他讨论了与法权有关的实践理性悬设，这个悬设关涉的是这样一条综合原则，即通过取消所有的“设立经验性占有的直观条件”（6：252）才能获得这条原则。非经验性占有的概念采用了已被建构起来的法权概念，它包括通过妨碍她所持有的某物来妨碍她，非经验性占有的概念还无视它的特定的直观条件。取消或无视经验性条件，这就取消了所有的直观条件，而且还依赖于在实践的基础上把本体领域个体化的权利。这一个体化是非经验性的，因而不能为它给予任何直观。相反，占据相同空间的不同个人的不相容性被扩展了，它通过把与所有权人有关的客体从特定位置中抽离开而覆盖到这些客体。这个扩展是综合的，因为它引入了某些新的东西。

间先于它的部分：它不是由具体部分构成的，相反，通过对空间的划分，它的部分才被区分开来。因此，空间的部分代表着不相容性关系的非概念形式。经验或者对空间的先天直观也不能证明这个悬设，因为任何两者都不包含一个理性存在者的概念。❶

如果不能获得任何证据，那么悬设被要求引入一些规范，这些规范支配着一个具体的理性存在者的概念，亦即支配着占据了空间并服从自由法则的理性存在者的概念。具体的个人负有责任并享有权利，因为他们是理性的存在者；责任的形式和权利的形式反映了占据空间的存在者之间独特的不相容性。［371］两个人身不能同时占据相同的空间，❷ 这个先天综合的真理被包含进

❶ 尽管德性的原则是综合的，因为它“超出了外在自由的概念，而且它还按照普遍的法则把一个它使之成为责任的目的与它联结起来。”参见《德性学说》（*Doctrine of Virtue*），6：396。

❷ 严格来说，空间概念不产生不相容性，不相容性是由空间中的固体概念产生出来的。在《自然科学的形而上学基础》中，康德证明固体概念是经验性的。参见《自然科学的形而上学基础》（*Metaphysical Foundation of Natural Science*，Cambridge University Press，2004），Michael Friedman 编辑，4：496ff。还可参见《纯粹理性批判》（*Critique of Pure Reason*），B5，康德在这里把身体概念的经验性方面中的“同样的”不相容性也包括进来了；在 B35，他描述了“属于感觉”的物的不可穿透性的特征；而在 A41/B58，空间中的客体的实存只通过经验才被发现。在这个附录中，没有任何东西为回答不相容性的本质提供了启发。能否穿透某个客体，这是经验性的，但不可穿透性概念——它被理解为对空间的不能相容的占据——则不然；正如朗格内斯（Longuenesse）指出的，它是物的纯粹关系性的特征，这些物与空间中的其他物有关（Beatrice Longuenesse，《康德与判断力》（*Kant and the Capacity to Judge*，Princeton University Press，1998，页 144）。在对谬论的“考察”中，康德认为“仅从扩展开的不可穿透的存在者这个单纯概念就能先天地认识人身的理论”（A381）。康德在 *Opus Postumum*［晚期作品］中也提过类似的主张。（Kant，《晚期作品》（*Opus Postumum*，Cambridge University Press，1993），Eckart Forster 和 Michael Rosen 译，21：475。即使可穿透的客体在时空中能被个体化（例如灵魂），该悬设的这个作用是把道德概念应用于在时空中已被个体化了的人格，因而这个作用产生了不相容性关系，这些关系是被如此个体化了的物的特征。至于对《法权学说》中不可穿透性作用的更多怀疑论的解释，参见 Douglas Moggach，“法律空间的建构：康德在《道德形而上学》中对关系的类比”（The Construction of Juridical Space：Kant's Analogy of Relation in the Metaphysics of Moral），载于 *Proceedings of the Twentieth World Congress of Philosophy*，vol. 7，Mark Gedney 编辑，Philosophy Documentation Center，Bowling Green，Ohio，2000，页 201－209。

自由的法则，这条法则规定，任何人都不能侵入由他人占据的空间；如果这个悬设要求我们在空间中把个人个体化，那么在不同个人对空间的占据之间所存在的任何潜在的相容性，就成了道德的不相容性。

康德从未明确主张普遍的法权原则对于占据空间的理性存在者而言是独一无二的道德原则，但可以通过如下方式提出一个证明，即把该证明与对有关法权的实践理性的悬设所作的证明进行类比。这个证明表明人们据以有权使用物而非他们人身的条件必须是形式的，而非质料的，因为否则对可资利用的客体的可使用性将取决于其他人任意的内容。这在如下这点也是适用的：如果你被禁止以任何方式使用你的人身或者类似的事物，那么你在条件上受到了禁止，以至于你使用自己的人身做任何事情的权利从属于其他人的任意，正如质料的原则将会要求（或许每个人或者甚至某个人，不得不支持你选择实施的任何行动）你设定和追求自己目标的能力将从属于他们的任意。任何这类质料原则都不可能是符合《基础》中所设定的标准的普遍法则，因为作为一个理性存在者，你不能意愿这样一条普遍法则，在该法则下，你从来不能为自己设定一个目标，或者你意愿这样一条普遍法则，在该法则下，你只有经过他人的许可才能为自己设定目标。[372]所以，一旦引进不相容性的空间形式，那么只有外在自由的形式原则——普遍的法权原则——可以支配自由的然而在空间上个体化了的个体的活动。这个论证不是把普遍的法权原则从绝对命令中推导出来；它只表明前者乃是后者的合法扩展。❶

如果道德的个人在空间中被个体化，那么把自由置于普遍法则之下的唯一方式是每个具体化的理性存在者根据它的人性享有对自己的人格、亦即对人身的法权。这个法权必须是内在的，因为任何东西都不能等同于设立它的肯定行为——该法权应用于任

❶ 我要感谢诺摩尔（Calvin Normore）敦促我处理这个问题。

何占据空间的理性存在者，因为它的法权只是它对其恰好占据的这个空间的法权。

正如我们在第 2 章看到的，毫不奇怪地是，被法律体系识别为“反对人格的不法行为”就是反对人身的不法行为，因为你的人身只是你的人格。你没有占据你的人身；你的人格占据了空间。你的人身使你能够设定和追求时空中的目标，但你必须按照某种方式行动，这个方式与其他具体的理性存在者设定和追求他们时空中的目标的能力是相协调的。正如康德指出的，这个相容性只能在如下这个抽象中实现，即从“任意的质料，亦即每个人心中所拥有的、与他想要的客体有关的目的的内容”中抽象出来。然而，“有争议的所有东西都是双方的任意关系的形式，只要这种任意单纯地被视为自由的。”❶ 也就是说，如果每个人的人身都从属于自己排他性的任意，那么每个人理性的合目的性只是与其他人理性的合目的性保持协调。每个人都被禁止损害或使用他人的人身。继而，损害和使用可以得到识别而无需诉诸不法行为人的行为所依据的准则。人格的损害只是对他人人格的损害，亦即对人身的破坏；殴打这个常见的不法行为——未经授权而接触他人的人格——是为了他人没有授权的目标而利用其人格的最简单的例子。损害一个人格即妨碍了他的合目的性，其方式要么是剥夺了他设定目标的某些力量，要么是为了他没有设定的目标而使用他的力量——他的人格。

［373］如果空间是由部分/整体关系而非概念/例证关系支配的，那么除了作为绝对命令之客体的潜在准则的概念的不相容性以外，具体的理性存在者还代表某种新型的、彼此之间的不相容性关系。尤其是，因为他们占据着空间，他们的活动能够在普遍法则下协调起来的唯一方式是他们既不占据也不妨碍其他人占据的空间。正如康德所指出的，我们每个人都有权生活在“自然

❶ 6：230。

或偶然”可能把我们置于其中的“任何地方”——占据我们恰好占据的空间。❶ 相反，每个人都因另一人占据了空间而受到约束。此即为何康德会说，在任何取得之前，地球表面是“分离地”被持有的，也就是说，是根据相互排他而被持有的。先于任何取得的“共同的内在占有”❷ 既不是洛克主义者所谓的为地球造人的上帝观念，也不是格劳秀斯主义者的原始社会观念。相反，每个人都有权占据目前尚未被其他任何人占据的空间。❸

Ⅲ. 普遍的法权原则和纯粹理性批判

把普遍的法权原则与绝对命令区别开来的这个一般结构在《纯粹理性批判》中有其根源。在那里，康德论证的细节和说服力是有争议的，但大体轮廓还是清晰的。先验感性论根据感性和知性相结合的功能解释了可能经验的客体。感性和知性使经验的客体得以可能。在欠缺感性——尤其是欠缺有关空间的各种不相容性特征——的情况下，理性自身缺少使客体个体化的资源，它只能应用于概念之上。判断的逻辑形式支配着概念的思维；范畴支配着对客体的思考。［374］同理，绝对命令支配着准则；普遍的法权原则支配着行为的任意。通过空间引入的额外关系的内容不仅添加了新的东西，还导致纯粹概念不足以对时空中的客体作出判断。在先验感性论中，康德证明了经验的客体不能是物自

❶ 6：262。

❷ 6：246。

❸ 在《纯粹理性批判》和《逻辑学讲义》的“形而上学演绎”中，康德把分离性视为相互排他的逻辑范畴。与分离性的逻辑形式相应的知性范畴——这个形式指的是当分离性被应用于时空中的客体时它所采用的形式——也是如此，亦即它是对空间中的人身的相互限制。

身，因为我们只有通过它们的关系特征、亦即它们在空间中的位置才能把握它们。[1] 只能根据事物的内在规定而非外在规定来描述事物的物自身，这是上述论证认为理所当然的。该论证不打算表明经验的客体不具有任何内在的规定性；只有上述规定是不会对我们认识那些客体构成影响的；它们必然要超出经验。

同理，普遍的法权原则是从某人据以行动的准则中抽象出来的，它关注的是行动者之间纯粹的外在关系。作为内在规定的原则，某人的准则是根本性的，但它对于某个具体个人附加给他人的那些外在责任不构成任何影响。如果我妨碍了你的法权，不论我据以行动的准则是什么，我都侵犯了你，但我按照某条不道德的准则行动并不构成对你的侵犯，除非该行动妨碍了你的人格或所有权。[2]

康德在本体与现象一章的附录中更为完整地阐述了概念和客体之间的区别，他把这章称为“反思概念的歧义”。康德批判的对象显然是莱布尼茨，但其论点具有更广泛的意义。康德辨别了比较客体的四种方式，通过对这些方式进行考察，阐述了自己对莱布尼茨的批判。在每一种情形中，他区分了这些比较与对概念进行比较所能采取的方式。对客体的每一个比较都类似于普遍的法权原则和绝对命令之间的比较。在这个部分，我利用了歧义讨论中所考察的那些比较来说明感性形式的如下功能，即感性形式产生了其他若干标志，这些标志是普遍法权原则与绝对命令之间的差异的标志：[375]（ⅰ）“相同性和差异性”，它产生了两种使行动个体化的独特方式；（ⅱ）“一致和冲突”，它说明了为什么绝对命令下的不法行为是内在的矛盾，而普遍的法权原则下的不法行为应受到外在的强制；（ⅲ）“内部和外部”，它产生了针对特定个人的法权概念，以及附加给特定个人的责任；

[1] 《纯粹理性批判》（*Critique of Pure Reason*），A26/B42。

[2] 如果我力图侵犯你却失败了，那么我可能实施了犯罪，但（除非你的攻击之虑使我的行为成为一次攻击）我并没有对你实施私人性的不法行为。

（ⅳ）“形式和质料”，它说明了为什么法权原则没有考虑目的。在每一个情形中，概念与客体之间的形而上学区别在以下两种自由法则上造成了差异，一种是适用于概念的自由法则，另一种是适用于处于外在关系之中的存在者的自由法则。❶

（ⅰ）相同性/差异性（使行动个体化）

康德对莱布尼兹的讨论从质的❷和号数上的相同性和差异性开始：两滴水可以在质上和量上保持同一，但在号数上不同，因为它们占据着不同的位置。［376］类似的比较标志着作为概念检验的绝对命令和作为空间检验的普遍的法权原则之间的差别。

---

❶ 在致斯蒂林（Heinrich Jung - Stilling）的信中，康德说明了如何把范畴应用于“在一个已经预先设定的公民社会中是怎样立法的；

1. 在量上，法律必须包含着一人为大家、大家为一人的性质。

2. 在质上，法律必须不涉及公民的目的（人们使每一个人都按照自己的爱好和能力追求幸福，每一种法律都涉及这种幸福），而是涉及每一个公民的自由，并且通过强制，把这种自由限制在使它能与他人的自由共存的条件下。

3. 就公民的行动之间的关系来说，法律必须不涉及公民针对自身采取的那些行动，或者公民以为是考虑到神而采取的那些行动，而仅仅涉及限制了其他公民自由的那些外在行动。

4. 在样式上，如果法律（作为强制的法律）对普遍的自由是必然不可缺少的，那么，它们必须仅仅以普遍的自由为目的。法律不能为了任意的目的，作为专断的、偶然的命令出现。”（Kant，《书信集》（*Correspondence*，Cambridge University Press，1999），Arnulf Zweig 译，23：494。

这个划分按照与文本中的划分相对应的方式使实践的诸概念作用于客体：量对应的是相同性/差异性（在公共法权中，这个对应通过所有人的法权使每个人的法权得以个体化）；质对应的是一致/冲突（这个对应是外在的，而非内在的）；关系对应的是内在的/外在的；模态对应的是形式/质料（因此，自由优先于特定的目标。）关于歧义与范畴的关系，参见 Longuenesse，《康德与判断力》（*Kant and the Capacity to Judge*）。

❷ 康德在描述纯粹知性客体的特征时把“*qualitas et quantitas*［质和量］”也包括进来了。把量包括进来，以及把它与号数进行比较，这两者伴随的是“判断中知性的逻辑功能”表中对量的特征的描述（《纯粹理性批判》（*Critique of Pure Reason*，A70/B95）。如果这两个概念在质上相同但一个是普遍的，另一个是单一的，那么它们在知性上是可以存在差别的。

我们具体个人之间的不相容性——我们不能同时处于同一位置的事实——引入了某种方式，按照这种方式，无论我们按照何种准则行动，我们的行为都可能发生冲突。此即为何无需“每个人的符合法则的义务意识”❶ 也能够阐明普遍的法权原则。义务意识——假定在绝对命令的形式中——是法权的基础，但我们“不可以也不能够把它作为一个对他的符合法则的任意进行规定的动机而诉诸于它”。❷ 为了识别为普遍的法权原则所禁止的那些行为，任何义务意识都不需要。相反，行为根据它们与其他人占据空间的潜在的不相容性而被个体化。

（ii）一致和冲突（强制执行）

《批判》所考察的第二个反思概念是一致和冲突。康德批评莱布尼茨未能把握逻辑冲突和实在冲突之间的区别。康德承认莱布尼茨的主张，即由纯粹知性表现出的实在性不承认任何冲突，因为它只表现了概念，对于这些概念而言，冲突的唯一形式是对立面。逻辑冲突只是对立面。相反，“在现象中的实在的东西（*realitas phaenomennon*［现象中的实在的东西］）相互之间自然可以处于冲突之中，并且当结合在同一个主体中时，一个实在的东西就会完全或部分地取消另一个的后果，例如在同一直线上两个运动的力在它们朝相反的方向牵引或挤压一点时，或者一个与痛苦保持着平衡的快乐，都是如此。”❸ ［377］ 康德后来以如下评论来注释这同一个论证：“凡是在 A－B＝0 的地方，即凡是在一个实在性与另一个实在性在同一个主体中联结时一个就取消另一个作用的地方，就总是会发生，这种情况是自然界所有的阻抗和反作用都不停地展示在我们眼前的，尽管这些阻抗和反作用由

❶ 6：232。

❷ 同上。

❸ 《纯粹理性批判》（*Critique of Pure Reason*），A265/B321。

于它们建立在各种力（forces）之上，而必须被称之为 *realitates phaenomena*［现相的实在性］。”❶ 康德还主张力学能够提供这一先天冲突的状态。❷

类似的论证出现在《法权学说》导论中。康德强调了使用强制的权限，这首次在妨碍的词汇中表述出来，然后在作用与反作用的词汇中表述出来。这不仅是语言上的类比：违反绝对命令是一种自相矛盾，行动者由于这个自我矛盾必定会在良心上谴责自己。你完善自己的义务则加剧了谴责的可能性。由于你没有完善其他人的责任（或者他们完善你的责任），因而其他人在法律上没有资格谴责你。如果你根据与绝对命令相矛盾的准则行动，那么你行动的准则会与自身发生矛盾。上述不法行为的坏的效果能通过你自己的良心而施加于你。❸ 从绝对命令的观点来看，不法行为自身无需被取消；与自我相矛盾的准则就自我取消了。❹就知性表现出的概念而言，唯一的矛盾是逻辑的矛盾。

然而，如果你违反了法权责任，其他人有权妨碍你对自由的妨碍。［378］这个妨碍不是减少违反数量的策略性的努力；它只是被破坏的法权在某个体系中重申自己，在这个体系中，任意

---

❶ 同上，A273/B329。

❷ 关于康德的力（forces）的观念，参见《自然科学的形而上学基础》（*Metaphysical Foundations of Natural Science*），第 2 章：“动力学的形而上学基础”，4：496ff。）对康德动力学观念和不可穿透性观念的详细讨论，参见 Daniel Warren，《康德自然哲学中的实在性与不可穿透性》（*Reality and Impenetrability in Kant's Philosophy of Nature*，Routledge，2001）。艾凯莱（Alexander Aichele）向我指出，康德比他在上述段落中表述得更不明晰，因为他从一般地讨论对客体的比较——每个客体都潜在地是一个判断的主词——过渡到讨论对力的比较（力作用于客体）。这个转变暗示了在法权情形中的类比原则支配着相互冲突的任意。

❸ 6：431。

❹ 《纯粹理性批判》（*Critique of Pure Reason*），A274/B330。一条不协调准则的自我矛盾性，它需要那个按照该准则行动的某人承担起对该准则所破坏的道德关系加以修复的责任。一旦引入关系概念（或者对关系加以修复的概念），那么人格就在空间中被个体化了。当前的重点关涉的只是不协调性的性质，不协调性的性质使准则、因而使依据它作出的行动，都成为不法的。

根据普遍法则而相互限制。如果我侵犯了你占据的空间，你可以把我推开。如果我拿走了你的东西，我必须返还，只因为它是你的东西。正如康德看到的，如果他人“侵犯了我，而且我有权要求他人作出赔偿，由此毕竟只是一分不少地保存下‘我的’。”❶迫使某人给我某物，以便“一分不少地保存下‘我的’”，这就取消了不法行为，使我的外在人格和手段完整无缺地保存下来。最初的不法行为妨碍了我的自由，其方式是剥夺我可以用来设定和追求我的目标的力量。在对赔偿的规定中所运用的救济强力取消了最初的、不法的强力，因而“妨碍了对自由的妨碍”。对妨碍进行妨碍的*形式*——使救济与不法行为相匹配，使不法行为好像没有发生过似的——可以*先天地*表现出来。在任何特定的情形中——例如，我剥夺了你的物的价值——妨碍的*质料*要求对经验性的个案进行判断，这个判断必须根据理性概念作出，但不会被它们穷尽。

因此，对概念的不相容性和时空中的冲突所作的比较说明了为什么可以由其他人来强制执行法权：强制执行法权不是有关责备的制度表现，也不是试图预期地指引行为。以上任何一种观点都是把法律性视为工具。相反，正如我们在第10章看到的，它只是维护一个被破坏的法权。同时，强制的预期为合法权的行为提供了可选择的动机。行为的合法权性不取决于它的动机，但对强制的预期为合法权的行为提供了其他动机。这个动机会产生影响，因为正如一个强力妨碍了另一个强力，所以同样地，一个任意也能够妨碍另一个任意。康德主张“严格的法权也可以被表现为完全交互使用强制的可能性”❷，该主张通过相互冲突使相互限制的观念得以一般化。就像空间中互动的人身，占据空间的理性存在者能够限制彼此；因为他们是理性的，他们能够在普遍的

---

❶ 6：271。还可参见6：232。

❷ 6：232。

自由法则下相互限制。

（iii）内部/外部（对其他个人的责任）

［379］晚近的哲学著作关注的是法权概念的关系本质，关注的是两种道德性之间的形式差异，一种道德性强调责任，而另一种强调一个人对另一个人的关系责任（relational duties）。❶ 后者据说是不可化约的，它提出一个问题，即关系责任与非关系责任之间的关系问题，这个问题类似于与普遍的法权原则有关的核心问题。康德对内部和外部之间的差异的分析表明了法权如何在不可化约性上是关系的，同时又是绝对命令的表达。

在歧义一章中，康德批评莱布尼兹忽视了外部关系的本质：

> 在一个纯粹知性客体上，惟有那与任何某种与它相异之物（在存有方面）完全没有什么关系的东西才是内部的。反之，空间中一个 *substantia phaenomenon*［现相的实体］的内部规定无非是关系，而现象实体本身也完完全全是一些纯粹相关性的总和。对于空间中的实体，我们只是通过空间中起作用的力来认识的，这要么是把另一实体推向它的力（吸引），要么是阻止另一实体向空间中侵入的力（排斥和不可入性）。❷

［380］一个类似的结构（在它没有采取批判形式的情况下）

---

❶ Michael Thompson，“侵犯某人意味着什么？正义之谜”（What Is It to Wrong Someone ? A Puzzle about Justice），载于 R. Jay Wallace，Philip Pettit，Samuel Scheffler 和 Michael Smith 编辑，*Reason and Value*，Oxford University Press，2004，页 333 – 38，以及 Stephen Darwall，《第二人格立场：道德性、尊重与负有义务》（*The Second Person Standpoint*：*Morality*，*Respect*，*and Accountability*，Harvard University Press，2006）。

❷ 《纯粹理性批判》（*Critique of Pure Reason*），A265/B321。

应用于绝对命令：在第一个例证中，它识别出一个内在的不正当，亦即自由意志与其自身的不一致性。就此而言，它与如下这个问题相对，即某人只间接地侵犯了他人，这意味着什么。“人性的公式”❶ 和“目的王国”的公式都与其他人有关，但这一关系是通过把其他的自由存在者分别纳入行动的目的和行动者据以行动的准则才建立起来的。通过致力于准则中的目的，这些公式保存了它们与普遍法则公式的同等性。正如康德在《基础》中所评论的，“事物的本质并不因它们的外在关系而改变，只有那些不考虑这些关系的东西，才构成人的价值。”❷

在这三个公式的任何一个公式下，绝对命令禁止普遍的法权原则所许可的某些行为，并鼓励某些行为，普遍的法权原则把得到鼓励的这些行为看作单纯可许可的，亦即完全可选择的。绝对命令有理由谴责这样一位诚信的店主，他的行为乃出于爱惜自己的名声，谴责的缘由要么在于他据以行动的准则，要么在于他行动的目的。❸ 比较而言，普遍的法权原则只关注这个纯粹的外在问题，即某人是否侵犯了他人。

内在相似的事物在外在方面可以是不同的，正如两滴水在内在方面（质的方面）不可区分，但在外在方面（号数上的）则有所不同。号数上不同而质上同一的客体是不能相容的，因为他们不能占据同一个位置（同时）。关于并非不法但不具有道德价值的行为，《基础》所列举的事例符合普遍的法权原则，因为它们在它们与其他行为的外在关系中都是相似的。你负有伦理责任使法权成为你行动的准则，因而所有的法权责任是“间接的”

---

❶ 他人能否同意一个欺诈的承诺者据以行动的准则，该问题在某种程度上使这个图景变得复杂起来，因为它将表明，同意的可能性不取决于欺骗者的意志，而取决于他的行为。这个复杂性在《基础》所列举的侵犯人格和所有权的事例中表现得特别明显，4：430。然而，这些事例被引进来表明，“显而易见，某人处心积虑地践踏人的法权，这是把其他人的人格只用作单纯的手段。”

❷ 同上，4：439。

❸ 同上，4：387。

德性责任。❶［381］无恶意的侵犯表明使法权成为你的准则并不保证你将不会侵犯他人。侵犯土地包括未经所有权人的授权而使用他人的土地。你为了做其他事情而使用土地，在这个意义上，使用要求具有意图，但不要求与权利有关的意图。如果你被风刮到邻居的土地上，你不是一个侵入者，但如果你在哪里是界限的问题上弄错了，你就成了侵入者，因为你仍在使用他人的土地。因此，即使你把尊重其他人的所有权作为你的准则，你可能还是妨碍了正好属于他们的东西。

“人性的公式”或许首先表现得较为接近普遍的法权原则，因为每个人关心的是任意可以获得的手段。然而，人性的公式与普遍的法权法则是不同的，因为在不违反其中一个的情况下，另一个可能被违反。我可以外在地把你视为单纯的手段，同时却根据可接受的准则行动：我可能为了你没有授权的目标，无恶意地或者错误地使用你的人格或财产。如果我沿着地下矿层行走时走错了方向，以致错误地运走了你土地上的煤炭，那么我的准则没有什么不正当，但从法权的立场看，我还是侵犯了你。而且，如果我真诚地与你缔结契约，但不能在指定的时间内履行，那么我侵犯了你，即使我据以行动的准则本是一条普遍的法则。❷如果你寻找来自我的损害，那么你不是在寻找它们，因为你发现我的准则是可反对的；你在寻找它们是由于我对你所做的事情。

一个据以作出行动的方式可能违反了绝对命令，但仍然是合法权的，或者相反，它们拥有符合绝对命令的准则，但仍然与法权不相协调，这反映我做了什么和我对你做了什么是不同的。我做什么是通过我据以行动的准则而被个体化的，它完全根据所有理性存在者为了上述目的而使用上述手段的可能性来评价。

---

❶ 6：221。

❷ 假设有关准则是这样一种东西，它遵循如下方向，即“你要通过制定协定来推进你的目标，只要你有能力履行它们”，而不是“仅当实际情况不可能阻止你尊重这些协定，你才通过订立协议来推进你的目标”，这就过于严厉并且有损于自由。

我对你做什么，其得以个体化的方式是我是否妨碍了你对之享有法权的某个物。我做什么是非关系性的；我对你做什么是关系性的。

[382] 法权的关系方面反映了这个事实，即不法行为始终特别是反对其他某个人的不法行为。[1] 如果我侵犯了你，无论是无恶意地还是有罪地，我都是特别地侵犯了你，而你则特别地对我提出控告。比较而言，如果我在没有侵犯任何人的法权的情况下违反了绝对命令，那么由于我违反了德性责任，对其他人造成了影响，他们可能对我提出控告——例如，在某件事情上说谎，但无关乎法权——该控告必定最终根源于我违反了自己的理性原则。

关系范畴的不可化约性还说明了为什么法权无需像绝对命令那样要求一个内在动机。外在动机剥夺了绝对命令的理性的纯粹性，因为行动者会对动机的质料作出反应，而不会对其准则本身的形式作出反应。《基础》列举了若干与缺少道德价值的行为有关的事例，事实上，以上正是这些事例的要旨，两者都表现了动机的本质。比较而言，普遍的法权原则在关系上识别出对外在自由的可接受的限制。由于外在关系始终是外在的，因而某人是否符合外在关系的具体规范并不取决于他的内在规定性，也就是不取决于他或她据以行动的原则。

因此，在他对反思概念之歧义的讨论中，康德详细阐述了在概念间（或准则间）的比较和客体间（或行动间）的比较之间所作的对比，这个对比说明了为什么法权在两个方面的每一个方面都是可以强制执行的：法权无需成为行动的动机，强力可用来

---

[1] 从法权的立场来看，反对其他人的不法行为就是康德所说的“质料的”不法行为。他指出，还有“形式的不法行为”，它们是“最大程度的不法行为”，因为它们“反对人类自身的法权”。形式的不法行为与共同生活在合法权状态的人格的可能性不相协调，在没有实施质料的不法行为、亦即没有实施反对特定的任何人的不法行为的情况下，形式的不法行为也是可以实施的。

维护法权，这要么是反作用地，例如在这样的情形中，即由于我侵犯了你，因而需要对你作出赔偿，要么是预期性地，例如需要对你作出赔偿的预期向我提供了行为要符合法权的动机。如果由于我害怕法律制裁而尊重你的法权，那么我的准则（例如，为了不进监狱而避免夺走其他人的财产）没有任何道德价值，但它符合法权，因为它抑制着我使用被禁止的手段。［383］强制执行的动机是可以获得的，因为我所害怕的结果本身在维护你的权利，该权利是普遍法则之下的平等的自由体系中的权利。法权不许可仅根据威胁指引行为的效率来使用威胁，但如果威胁的结果自身只是要维护法权，那么它许可使用威胁。如果我知道我将赔偿你的损失，那么我对于你的安全会更加小心谨慎；如果我知道倘若我决定对你实施了不法行为就会受到惩罚，那么我将三思而后行。在这两种情形中，如果我损害你的自由，我的自由也将受到妨碍，这个预期既是普遍法则之下的自由体系的表现，同时也是符合该体系的动机。

（ⅳ）形式/质料（欠缺目的的手段）

在《实践理性批判》中，康德证明绝对命令是一条纯粹形式的原则。[1] 因此，形式/质料的区别为绝对命令中的形式高于质料赋予了优先性。然而，在形式和质料之间还有另一个区别，它在《法权学说》中得到了应用。如果《基础》、《实践理性批判》和《德性学说》的论证是成功的，那么绝对命令自身即强加了依法要求的目的。事实上，人是目的的理念是这样一个理念，准则的形式表象，其自身就可以成为依据准则来行动的动机：出于对道德法则的尊重而行动，你必须为了使绝对命令有效而采取手段。因此，形式能够产生自己的质料，至少在如下这个

[1] 《实践理性批判》（*Critique of Practical Reason*），5：31。

要求的有限情形中是如此，这个要求是，意愿将把自己活动的特有形式作为它的客体。

在另一种意义上，普遍的法权原则也是形式的。❶ 在已经提及的段落中，康德认为“任意的相互关系”不考虑“任意的质料，亦即不考虑每个人心中持有的、与他想要的客体有关的目的。”❷［384］甚至当康德根据准则来构思普遍的法权原则时，这些准则无需质料也能被使用：“任何一个行动，如果它，或者按照其准则每一个人的任意的自由，都能够根据一条普遍法则与任何人的自由共存，就是正当的。”❸ 如果准则被当作意愿的主观原则，❹ 那么这对构思的第二个构思似乎令人感到奇怪，即使把它与第一个构思等量齐观则更是如此。当康德把普遍的法权原则的特征描述为“准则的原则”时，他立即警告说“不能要求这个一切准则的原则本身继而又是我的准则，也就是说，不能要求我使它成为我的行动的准则；因为任何人都可以是自由的，只要我通过自己的外在行为并没有损害他的自由，即便我对他的自由全然不关心，或者即便我内心里很想破坏他的自由。”❺

普遍的法权原则的另一个形式化需要准则在法权和在伦理中扮演不同的角色。就伦理的目标而言，普遍法则的公式是根据设定的目的和用以实现该目的的手段的契合性来检验准则的。在《基础》所列举的著名的自杀案例中，自杀准则的困难之处不在于选择的手段，而在于那些手段与它们目的的不一致性。同理，欺诈承诺的事例也被排除出去，其理由在于，如果欺诈承诺是一

---

❶ 在《逻辑学》和《纯粹理性批判》中，康德是在形式/质料这个区分的不同层次上展开论证的，这个观点在朗格内斯那里得到了发展，参见《康德与判断力》（*Kant and the Capacity to Judge*），页149。

❷ 6：213。

❸ 6：230。

❹ 《基础》（*Groundwork*），4：401。

❺ 6：231。

条普遍法则，那么利用欺诈承诺不能促进说谎者目标的实现。在《实践理性批判》中，返还订金的虚假承诺也遭到了否定，因为如果它成为一条普遍法则就不能达成它的目标。上述每一个事例都假定绝对命令表明手段不能用于达成某个目的。在其他事例中，就像未能帮助其他人或者发展你的才能，意愿自身的理性结构要求它采纳具体的目的。

普遍的法权原则还引入另一种形式主义，即只关注某人使用的手段，而不管它们与既定目的的可适合性问题。通过把任意的“质料”抽离出去后，普遍的法权原则按照与其他人使用其手段的自由相协调的方式，只关心特定的行动是否利用外在的手段——时空中的客体。[385] 在康德对人性的内在法权以及私人法权的讨论中，普遍的法权原则的发展都遵从这个模式。人性的内在法权包括每个人在设定和追求目标时按照与其他人使用自己人身的权利相协调的方式来使用自己的人身。也就是说，它禁止利用他人的人身，或者按照会妨碍其他人使用他们人身的能力的方式来利用你自己的身体。私人法权的三个划分强调的是这样一些方式，按照这些方式，某人可以为了设定和追求目的而获得“任意的外在客体”，并且在每一种情形中，有争议的法权约束着其他人的行为：每个人必须按照与其他人使用他们的外在手段的能力相协调的方式来使用自己的外在手段。

虽然作为自由法则基本形式的绝对命令看上去比作为自由法则之空间形式的普遍的法权原则更为根本，但法权的空间形式比准则中人性的表象更为优先，因为在《德性学说》中阐明的两个依法要求的目的只能作为普遍法则的客体，如果许多自由存在者能够协调地追求它们的话。对于占据空间的存在者而言，促进其他人的幸福或者他们自己的自我完善可能会相互冲突，除非有某种方式来限制外在手段，这些手段是在追求上述任何一个目标时所能接受的。❶ 对于占据空间的自由的理性存在者而言，限制能够使用的手段只是法权的问题。

在绝对命令的歧义中勾勒出的区别的可应用性并不表明绝对命令是有缺陷的或者它按照一种令人反感的方式是“莱布尼茨式的”。[386] 相反，它表明了它的强大力量，其方式是说明它是什么，以及揭示出真正的尽管有限的意义，在这个意义上，康德按照广义的莱布尼茨式的方式来设想物自身。在感性论中对先验观念论的论证把经验客体表现为被它们的关系属性所穷尽，并且把物自身表现为只通过它们的非关系的属性、亦即一元的属性而被建构起来。❷ 这点也可以应用于被视为纯粹自我立法的意志。意志本拥有一条它自己的自由法则，如果该法则独立于每件事物而非它自身，包括独立于它自身的感性形式。❸ 绝对命令被剥夺了感性形式的所有特性，它必定是非关系的，并且被限制在内在的规定性上；外在于它的任何东西只能通过使它成为意志自身对它的表象的内在特征而具有关联性。这就是绝对命令只能关注准则的内在协调性的原因。作为准则的原则，绝对命令只是一个纯

---

❶ 在这点上，康德对莱布尼茨的评论或许可以很好地应用于这个立场，人们常把该立场归功于康德，根据这个立场，《法权学说》必定从属于善良意志。参见，例如，“这位智性哲学家不能容忍让形式先行于物并规定这些物的可能性；当他假定我们所直观到的物是它们所是的那样（虽然带有模糊的表象），那么他的这种审查乃是非常恰当的。”（《纯粹理性批判》（*Critique of Practical Reason*），A267/B323）。同样的批评可能在如下这些推定的“康德式”立场的背景下被均质化，这些立场认为康德持有这样一种主张，即道德性首要关注的是你自身意志的善。上述观点会发现外在自由的优先性太大以至于难以承受。他们提出一个令人吃惊的、与功利主义者的观点相似的观点，功利主义者认为，道德规则只是功利原则的被混淆的表象；功利主义者（和他们在法学院的后继者，包括法律实在主义者、经济分析者和批判法学者）“不能接受”法律规则应该先于对其结果的考量。

❷ 康德解释了物自身，关于该解释之要点的意义，参见 Warren，《康德自然哲学中的实在性与不可穿透性》（*Reality and Impenetrability in Kant's Philosophy of Nature*），45ff。

❸ 这是《实践理性批判》中问题Ⅰ和Ⅱ的形式，参见《实践理性批判》（*Critique of Practical Reason*），5：28。

粹内在规定性的体系。它不能获得任何关系性的东西。此即为何它唯一的问题关心的是，如果完全脱离与其他理性存在者实际能做什么有关的任何问题，准则能否被意愿为一条理性存在者的普遍法则。但这只是说，正如康德所指出的，当理性抓住了它自己在绝对命令之下的自由时，它是无条件的：它是物自身。

如果绝对命令采取了另一个步骤假定外在关系是内在关系的单纯的混乱表象，也就是说，如果在普遍的法权法则之下归给其他人的责任被视为绝对命令所承诺的内在自律的混乱表象或者内在自律的近似物，那么绝对命令将是令人反感的莱布尼茨式的。康德的某些解释者力图严格按照这个方式来勾画普遍的法权原则，结果是，他们要么把强制看作与绝对命令无关，要么把它看作仅仅与绝对命令处于因果关系之中，[1] 而其他人则认为康德本应采取上述处理方式。[2] [387] 康德对概念间的比较和客体间的比较所作的区分，因而对概念之间的关系和客体之间的关系所作的区分，有助于理解如下问题，即为什么绝对命令对于实践哲学而言是根本的，但尽管如此，普遍的法权原则是不可化约的。

上述比较强调的是两类标准之间的关系和差别，前一类标准是当你运用自己的自由时你必须使自己坚持的标准，后一类标准是通过国家来行动的其他人可能正当地要求你要坚持的标准。在绝对命令的层次上，你必须出于准则而行动，这些准则能够被意愿为普遍法则。当你决定做什么时，你根据自己可以选择作为普遍法则的准则来行动的义务即应用于你。如果道德性是自由，那

---

[1] Hermann Cohen，《康德的伦理学根据》（*Kant's Begründung der Ethik*，2nd ed.，Bruno Cassirer，1910）；Jeffrie G. Murphy，“休谟和康德论社会契约”（Hume and Kant on the Social Contract），载于 *Philosophical Studies*，33，1978，页 76；Patrick Riley，《康德的政治哲学》（*Kant's Political Philosophy*，Rowman & Littlefield，1983），页 98－99；Paul Guyer，“康德的法权原则演绎”（Kant's Deductions of the Principles of Right），载于 *Kant's Metaphysics of Morals*），页 25－26。

[2] Stuart M. Brown，Jr.，“康德有法哲学吗？”（Has Kant a Philosophy of Law ?），载于 *Philosophical Review*，71，1962，页 36。

么它是你的自由，它要求你在自身行动中保持协调性。

外在自由的悬设要求每个人行为的外在方面与其他人的保持协调。它是一个悬设，因为许多理性存在者的具体化——亦即他们占据空间的事实——不包含在绝对命令之中。因此，人们必定会使绝对命令对具体化的理性存在者产生影响。扩展它的唯一方式是把普遍的自由法则强加于对空间的占据。若外在地考虑，你有权通过捍卫你的空间来保护自己的自由，因而你有资格迫使其他人把他们的自由限制在如下条件下，也就是使他们的自由与你的自由在普遍法则之下协调起来。

Ⅳ. 结　　论

如果在有关悬设之功能的问题上我是正确的，那么文本的、哲学的和政治的问题就有一个解决方案了。在文本上，《法权学说》属于《道德形而上学》。它一开始就属于，而法权原则，包括公共法权和私人法权，限制了行动者可获得使用的手段，因而限制了他们可能据以行动的准则。《德性学说》中关于被归给其他人的责任的讨论预设了作为具体的理性存在者的人格的个体化。[1]［388］在哲学上，康德有一个独特的法权观念，这个概念使我们能够避开反作用的、化约的主题，这些主题对政治哲学构成了持续的影响。试图把法权原则从绝对命令自身中推导出来，这项工作归于失败，并终结了对法权原则的反对或者终结了对绝对命令和法权原则的反对。当然，如果只关注绝对命令，在这样一些事物上——宽泛而言，这些事物就像某种方式，按照这种方

---

[1] 康德的这个令人惊奇的主张——人类把德性责任只归给其他人，而不归给动物或上帝——完全取决于这个观点（6：442）。

式，从莱布尼茨的视角来看，外在关系、甚至物理客体必定看上去就像内在之物的混乱表象——实施强制，该强制必定看上去是偶然的。最后，我们通过解决第一个文本的问题来解决政治问题。甚至对于不能接受《基础》和《实践理性批判》的所有论证的那些人来说，康德的《法权学说》也有诸多可取之处。我在这个附录中试图提出，对于准备接受康德的更为雄心勃勃的主张，亦即接受道德性就是自由的那些人而言，《法权学说》也有诸多可取之处。

索　　引

译　后　记

分工协作不仅提高劳动的效率，还使人萌生感恩之心与奉献的热忱。对于置身于科学时代的哲学爱好者而言，这不啻为一条从虚无走向存在的光明之路。生存下去不是一件容易的事情。我既不种，也不收，却能安全、舒适地坐在书房里读书、写作、酣睡，都得益于其他人的辛勤劳作乃至无私奉献。因此，本书权当向社会索取了三十年之久的自己所给予的一点微薄的回报，尽管这份回报小得微不足道。感谢匿名的他们在农地与工厂里挥汗如雨，感谢他们与我分享人生的智慧。感谢身边一直支持我的亲友，他们是：华东政法大学的黄涛博士、华东师范大学的吴彦博士。两位学兄作为这套译丛的主编，时刻关心我的翻译进度和翻译质量，无私地校改部分章节。江苏师范大学的刘凤娟副教授是我在武汉大学的学姐，在繁重的教研之余，她通读了全文，提出了很多宝贵的意见，并校对了部分德文译文。西南政法大学的周尚君教授、北京大学的杨天江博士也帮助阅读了部分章节，为译文的可读性增色不少。知识产权出版社的王玉茂先生“临危受命”，后期接过本书的出版工作，把纷繁无序的事项整理得有条不紊，其间付出的辛劳令人感佩。我的远在福建老家的父亲、母亲、小姨、姨父和即将大学毕业的妹妹，一直是我孜孜求学的动力。还有许多许多无法提到的人，短短的后记已无处安放他们的关爱。

翻译是译者再创作的语言游戏。译者的理解与表达的能力、独特的视角难免遮蔽原文丰富的意味。以书名《强力与自由》为例。“强力”的原文是“force”。本书初稿原本沿袭该词的日常语义，译为“暴力”。后几经考虑（吴彦兄曾多次建议），定稿前夕又改为“强力”，而相应地，“violence”原本译为“暴行”，最后改为“暴力”，其理由如下：李普斯坦教授依据的英译本主要是格雷戈尔（Mary J. Gregor）的译本。翻阅格雷戈尔所译的《实践哲学》（剑桥大学出版社，1996 年版）的德英译名对照可知，在有的情况下，她把“Kraft”和“Gewalt”都译成“force”。在康德的《法权学说》中，“Kraft”的词义似乎偏重于物理力量，通常可译为“力”“力量”，“Gewalt”的词义则是社会性的、中性的，既可指公共法权状态下的国家强制力，又可指前公共法权状态下的强制力。因此，当李普斯坦追随格雷戈尔在 Gewalt 的意义上使用“force”时（在“Kraft”还是“Gewalt”意义上使用“force”，往往难以区分），以“暴力”来翻译“force”，就容易遮蔽“Gewalt”的第一层含义，因为中文“暴力”给人一种非常浓重的“非法强制力”的意味。所以最后定稿时，决定还是译为“强力”。值得一提的是，这个译法并非译者首创，康德专家邓晓芒先生在《实用人类学》（上海人民出版社，2005 年版）的汉德译名对照中，就把“Gewalt”译为“暴力、强力”。至于“violence”，本来译为“暴力”是最合适的，原先因为把“force”译为“暴力”，故勉强把“violence”译为“暴行”。如今既然“暴力”一词“闲”下来了，用它来对译“violence”就再自然不过了。以上改译的事例当然不是为翻译的讹误开脱，而是说明其中的缘由，并借此表达一个期望：译著倒不一定适合套用利科所说的“作品诞生之日就是作者死亡之时”，它其实只是翻译游戏的半成品。有兴趣的读者完全可以自己和原典对话，并把你看到的“事情本身”与译者分享。我的邮箱是：278738023@ qq. com。

毛安翼

2013 年 3 月 12 日校毕于

武汉大学珞珈山北麓枫园

2013 年 9 月 18 日修定于

东莞理工学院松山湖校区图书馆

图书在版编目（CIP）数据

强力与自由：康德的法哲学与政治哲学/（加）李普斯坦（Arthur Ripstein）著；毛安翼译．—北京：知识产权出版社，2016.3（2016.10 重印）
（西方传统：经典与解释—德意志古典法学丛编）
原书名：Force and Freedom：Kant's Legal and Political Philosophy
ISBN 978－7－5130－1600－1

Ⅰ. ①强… Ⅱ. ①李… ②毛… Ⅲ. ①康德，Ⅰ.（1724～1804）—哲学思想—研究 Ⅳ. ①B516.31

中国版本图书馆 CIP 数据核字（2012）第 244818 号

责任编辑： 倪江云　　**责任校对：** 谷　洋
装帧设计： 张　冀　　**责任出版：** 卢运霞

西方传统：经典与解释—德意志古典法学丛编
强力与自由：康德的法哲学与政治哲学
［加］李普斯坦（Arthur Ripstein）著
毛安翼　译

出版发行： 知识产权出版社有限责任公司
网　　址： http：//www.ipph.cn
社　　址： 北京市海淀区西外太平庄 55 号
邮　　编： 100081
责编电话： 010－82000860 转 8541
责编邮箱： wangyumao@cnipr.com
发行电话： 010－82000860 转 8101/8102
发行传真： 010－82000893/82005070/82000270
印　　刷： 北京科信印刷有限公司
经　　销： 各大网上书店、新华书店及相关专业书店
开　　本： 880mm×1230mm　1/32
印　　张： 14.5
版　　次： 2016 年 3 月第 1 版
印　　次： 2016 年10月第 2 次印刷
字　　数： 392 千字
定　　价： 46.00 元
ISBN 978-7-5130-1600-1
京权图字：01-2011-7160